JERZY GROTOWSKI

COLEÇÃO

Copyright © 2010 by Ludwik Flaszen
Copyright da edição brasileira © 2015 É Realizações
Título original: *Grotowski & Company*

Produção editorial, capa e projeto gráfico
É Realizações Editora

Preparação de texto
Marcio Honorio de Godoy

Revisão
Renata Gonçalves

Reservados todos os direitos desta obra. Proibida toda e qualquer reprodução desta edição por qualquer meio ou forma, seja ela eletrônica ou mecânica, fotocópia, gravação ou qualquer outro meio de reprodução, sem permissão expressa do editor.

CIP-BRASIL. CATALOGAÇÃO NA PUBLICAÇÃO
SINDICATO NACIONAL DOS EDITORES DE LIVROS, RJ

F615g

Flaszen, Ludwik, 1930-
Grotowski & companhia : origens e legado / Ludwik Flaszen ; tradução Isa Etel Kopelman. - 1. ed. - São Paulo : É Realizações, 2015.
448 p. ; 23 cm. (Biblioteca teatral ; Coleção Jerzy Grotowski)

Tradução de: Grotowski & company
Inclui índice
ISBN 978-85-8033-192-9

1. Grotowski, Jerzy, 1933-1999. 2. Artes cênicas - Polônia. 3. Teatro polonês. I. Título. II. Série.

15-20838   CDD: 790
                                                                                              CDU: 792

11/03/2015   16/03/2015

É Realizações Editora, Livraria e Distribuidora Ltda.
Rua França Pinto, 498 · São Paulo SP · 04016-002
Caixa Postal: 45321 · 04010-970 · Telefax: (5511) 5572 5363
atendimento@erealizacoes.com.br · www.erealizacoes.com.br

Este livro foi impresso pela Assahi Gráfica e Editora, em março de 2015. Os tipos são da família Sabon LT Std e Trajan-Normal Regular. O papel do miolo é pólen soft 80g, e o da capa, cartão supremo 300g.

Ludwik Flaszen

Grotowski & Companhia

Origens e Legado

Tradução: Isa Etel Kopelman

Introdução: Paul Allain

Tributo a Ludwik Flaszen: Eugenio Barba

É Realizações Editora

SOBRE A ICARUS PUBLISHING ENTERPRISE

Considerando que 50% dos livros traduzidos no mundo têm como língua de partida o inglês, enquanto somente 6% o têm como língua de destino, os grupos Odin Teatret (Dinamarca), The Grotowski Institute (Polônia) e Theatre Arts Researching the Foundations (Malta) criaram a **Icarus Publishing Enterprise**, cujo objetivo é apresentar, em inglês, textos de artistas e estudiosos sobre a prática e a visão do teatro como laboratório.

Icarus era o nome de um veleiro que em 1697 navegava de Civitavecchia com uma carga destinada a um mercador de Veneza residente no porto comercial de Smyrna. Seu nome mitológico foi concebido, paradoxalmente, como portador de boa sorte para precaver-se de naufrágios. Em seu porão, o pequeno barco também levava uma cortina luxuosa nunca usada antes, algumas pinturas e uma série de roteiros e partituras musicais de um teatro erguido em Roma pela Rainha Cristina da Suécia e destruído por ordem do Papa Clemente X.

Tal como aquele veleiro, a **Icarus Publishing Enterprise** quer transportar em águas internacionais os textos de artistas e de estudiosos de teatro que, apesar de seu valor, têm uma circulação limitada por causa da língua em que foram escritos.

Sabemos, por experiência, que os estudos teatrais somente são eficazes quando conseguem perfurar a embalagem dos lugares-comuns acadêmicos e inspiram aqueles que desejam fazer teatro. Nos livros que a **Icarus Publishing Enterprise** traduz e publica, além do conhecimento do passado, estão ocultas as sementes de acontecimentos futuros. Muitos pensam que o teatro não tem futuro. Talvez seja verdade. No entanto, uma coisa é certa: no futuro certamente haverá algo que somos incapazes de imaginar agora, mas que se chamará teatro.

SUMÁRIO

Agradecimentos – Paul Allain   11
Um Tributo a Ludwik Flaszen – Eugenio Barba   13
Introdução – Paul Allain   15

I. ANTES DO TEATRO LABORATÓRIO

Os Filhos de Outubro Olham para o Ocidente   27
O Fracasso, ou Sobre a Necessidade do Prazer   64
Tchékhov Contemporâneo e o Que Surgiu Daí   70

II. NO TEATRO POBRE

Um Comentário sobre os Comentários   77
Orfeu – Algumas Informações   82
Caim – Algumas Informações   84
Mistério Bufo – Algumas Informações   87
Sakuntala. Um Guia de "Como Assistir", para o Público e, Especialmente, para os Críticos   90
Dziady. Um Comentário sobre a Direção de Jerzy Grotowski   93
O Idiota. Notas Marginais sobre a Direção de Waldemar Krygier   96
Teatro das 13 Fileiras   99
Kordian. Um Comentário sobre a Direção de Jerzy Grotowski   103
Akrópolis. Um Comentário sobre o Espetáculo   106
Dziady, *Kordian*, *Akrópolis* no Teatro das 13 Fileiras   109
Um Teatro Condenado à Prática da Magia   131
A Trágica História do Dr. Fausto. Um Comentário sobre o Espetáculo   134
Estudo sobre *Hamlet*   137
Hamlet no Teatro Laboratório   140
Sobre o Método de Atuação   148

O *Príncipe Constante*. Notas de Rodapé do Espetáculo   152
O *Príncipe Constante*. Uma Sinopse Cena por Cena   155
Depois da Vanguarda   159
Apocalipse cum Figuris. Algumas Observações Preliminares   166
Ecléticos ou Doutrinários   171

III. VOZ – VEÍCULO

O Livro   179
Meditações em Voz Alta   185
Sobre Dialogar e Algumas Outras Coisas   205
Dos Tabus às Alergias   216
A Metafísica Foi para a Rua   225
Grotowski e Silêncio   231

IV. DEPOIS DO FIM

Teatro – A Arte do Intervalo   249
Antek   262
Teatro, ou o Olho de Deus   274
Grotowski *Ludens*   286
O Último Encontro   379
Fim de Jogo   403
Um Lustro Final   433

Notas Editoriais   436
Índice Onomástico   443

Jerzy Grotowski e Ludwik Flaszen diante do telão de *Mistério Bufo*,
Teatro das 13 Fileiras em Opole, 1960. Fotógrafo: Leonard Olejnik.

Acima de tudo, não me confunda com outro!
FRIEDRICH NIETZSCHE, *ECCE HOMO*

Se eu não for por mim, quem será por mim?
E se eu for só por mim, o que sou eu?
E se não agora, quando?
PIRKEI AVOT (1:14)

Agradecimentos

Paul Allain[1]

Gostaria de agradecer a Grzegorz Ziółkowski e a Jarosław Fret, Diretor do Instituto Grotowski, pela honra de me convidar para assumir o que se tornou uma tarefa de mamute, porém muito gratificante. Como antigo diretor de Programação do Instituto, Grzegorz foi fundamental na iniciação do livro. Seu conhecimento possibilitou um lançamento muito mais seguro de um bloco de anotações. O esforço todo me ensinou muito a respeito de Grotowski, do quanto ele alcançou através da colaboração, ao extrair o melhor dos outros. Espero que eu também tenha feito isso.
O livro foi realmente um esforço conjunto entre o habilidoso tradutor Andrzej Wojtasik e eu; nosso trabalho remoto foi facilitado pelo envio de (seus) e-mails e anexos de madrugada e dos (meus) pela manhã. Espero que juntos tenhamos conseguido deixar Flaszen orgulhoso.

Outros colaboradores-chave, juntamente com Andrzej e eu, ajudando sobretudo no processo de edição dos textos e na produção, foram, especialmente, Monika Blige e Adela Karsznia, ambas do Instituto Grotowski, às quais sou imensamente grato. Elas tornaram nossas vidas muito mais

---

[1] Paul Allain, ao lado de Andrzej Wojtasik, foi o responsável pela tradução desta obra do polonês para a língua inglesa. Foi também editor da edição em inglês e autor da introdução deste volume.

fáceis, enquanto a delas era sobrecarregada por essa carga combinada com a tarefa sisífica de terminar suas teses de doutorado – o de Monika, na realidade, era sobre Flaszen (o que lhe deu um inestimável domínio e clareza deste projeto). Em termos de apoio mais prático, agradeço à Universidade de Kent e ao Conselho de Pesquisa em Artes e Humanidades por me fornecerem financiamento e tempo para que esse trabalho acontecesse, e aos meus colegas de teatro na Kent, por me cobrirem. Colega da Kent e membro da equipe Icarus, Frank Camilleri foi especialmente prestativo e solidário nas etapas finais. Estou em dívida com Giuliano Campo, meu Assistente na Pesquisa, por toda a sua ajuda e inabalável assistência nesta e no decorrer das muitas atividades que assumimos como parte do Projeto Britânico Grotowski. E, finalmente, tenho o prazer de reconhecer a grande ajuda do Instituto de Adam Mickiewicz (IAM) e de toda sua equipe, mas, acima de tudo, a Dorota Szczepanek. O IAM gentilmente financiou a tradução e, como resultado de sua generosidade, o livro foi publicado como parte do Ano Polska!, a celebração 2009/2010 da cultura polonesa no Reino Unido.

Agradecemos à Routledge por sua gentil permissão para publicar a tradução inglesa de "O Teatro Laboratório Decidiu Romper". Somos gratos também a Jennifer Kumiega e a Marek Miller por suas entrevistas.

Andrzez Wojtasik gostaria de expressar sua profunda gratidão a Iza, mas também a Bruno, nascido no meio desse trabalho..

Um tributo a Ludwik Flaszen

Eugenio Barba, abril de 2009

Somos muitos os que estamos agradecidos a Ludwik Flaszen por este livro. Não consigo achar uma única palavra supérflua aí. Ele nos leva pela concisão lacônica da escrita. A voz desse autor rebelde e astuto está inequivocamente enraizada no silêncio. Seu humor tem o sorriso de alguém prestes a se calar. Este é um livro de sabedoria teatral.

Flaszen vai direto ao centro do problema sem olhar para o resto. O centro é a utilidade luminosa e zombeteira do teatro em nossa vida. O resto é a glória e suas sombras. Glória e sombras pertencem à aventura, até agora lendária, à qual Ludwik Flaszen dá vida, convocando ao seu lado um jovem diretor teatral, ainda estudante, para dirigir com ele um pequeno teatro insignificante na província da Polônia. O jovem pupilo era Jerzy Grotowski, que mais tarde se tornou seu "professor". Isso aconteceu há muito tempo, em 1959.

O autor deste livro clássico de conhecimento teatral é um homem do exílio. Não só por ser judeu e polonês, mas por ser um mineiro. Ele vive nas minas do teatro, nas galerias e cavernas de onde se origina a matéria bruta da eficácia do ator e do palco. Ludwik Flaszen envia à superfície presentes desse subterrâneo profundo, onde resplandecem as luzes minerais e pairam os venenos gasosos. Não são mensagens, apenas toscas caixas de madeira que não despertam a cobiça de ninguém. Elas contêm punhados de diamantes cuidadosamente lapidados e facetados.

Introdução

Paul Allain, fevereiro de 2010

Ao menos nos círculos da língua inglesa, o nome de Ludwik Flaszen é normalmente obscurecido por outro mais famoso – o de Jerzy Grotowski. No entanto, na prática, esses nomes estão quase indelevelmente entrelaçados. O célebre crítico e historiador teatral polonês e observador de longa data do Teatro Laboratório,[1] Zbigniew Osiński, escreveu sobre esse relacionamento como uma das maiores parcerias do teatro do século XX, como a de Nemirovich-Danchenko e Stanislávski.[2] A História pode celebrar o individual mais do que o coletivo, mas devemos perguntar o que seria de um sem o outro. Com quem Grotowski se relacionava e quem era sua real "Companhia"? Este livro pretende reparar a relativa invisibilidade de Flaszen e o desequilíbrio que estou destacando aqui.

Os textos reunidos nesta coletânea levam-nos aos bastidores das grandes obras teatrais do Teatro Laboratório de Grotowski e Flaszen, que

---

[1] Daqui em diante, usamos Teatro Laboratório como o termo padrão nesta edição em português. (N. T.)

[2] Ver o texto polonês "Grotowski o 'parach teatralnych' (Osterwa – Limanowski, Stanislávski – Niemirowicz-Danczenko, Grotowski – Flaszen) i swoim Centro di Lavoro – Workcenter w Pontederze". In: *Pamiętnik Teatralny*, L (2001), p. 5-13. Na realidade, Osiński segue as sugestões de Grotowski na busca dessa concepção.

fundaram juntos na pequena cidade de província do sudoeste de Opole na Polônia em 1959. Foi inicialmente chamado de Teatr 13 Rzędów [Teatro das 13 Fileiras], conforme o número de fileiras de assentos. Esta edição devolve-nos aos conceitos iniciais do "teatro pobre", do "ator--santo" e da "via negativa", que tão claramente marcaram e alteraram o teatro do século XX. Flaszen deu nome e forma a ideias toscas que iam sendo cunhadas nas práticas do estúdio do Laboratório, não apenas organizando as estruturas conceituais, mas também gerando essa nova terminologia. Seus escritos sobre a evolução dessas ideias nos dão uma noção do esquema pessoal, assim como do contexto político e cultural que as modelou. Permitem-nos traçar do início ao fim uma importante revolução do teatro do século XX.

O livro é uma coletânea de diversos artigos, que serviram a diferentes funções em tempos variados e foram escritos em várias circunstâncias, de 1957 a 2009, o ano Grotowski designado pela Unesco, e o quinquagésimo aniversário da fundação do Teatro Laboratório.[3] Alguns são muito curtos e explicativos, dando acesso a uma perspectiva de certos espetáculos; em geral, estes foram escritos para ajudar os críticos da época a apreender melhor o que estavam assistindo. Alguns são ainda mais funcionais, como "Sobre o Método de Atuação", publicado pela primeira vez em polonês no programa de *O Príncipe Constante*. Alguns são palestras, com um discurso reflexivo mais fundamentado – "Grotowski e Silêncio", por exemplo. Há duas entrevistas e numerosos artigos, muitos dos quais publicados primeiramente em *Odra*, uma antiga revista cultural mensal de Wrocław, embora já houvesse a intenção de incluí-los no presente livro. E há quatro artigos finais escritos especialmente para o livro; "Grotowski *Ludens*" é um testemunho muito substancial e muitas vezes pessoal e revelador do arco completo da colaboração de Flaszen com Grotowski.

Os textos de Flaszen começam com "Os Filhos de Outubro Olham para o Ocidente", que dá um panorama vital e contextualizado do escritor

---

[3] As notas editoriais no final do livro detalham a origem de todos os textos, embora alguma informação esteja também incluída no corpo do livro, para ecoar os casos em que isso foi fornecido na publicação original.

no trabalho, em Paris, cidade que foi seu lar desde 1984, logo depois da suspensão da Lei Marcial de 1983. Explica aspectos de sua última autobiografia profissional e revela a estreita ligação que os ativistas culturais poloneses, como Flaszen, formaram durante o regime comunista; e leva-nos aos primeiros encontros e à colaboração inicial entre Grotowski e Flaszen. Logo depois desta abertura, os artigos são apresentados em ordem cronológica, na medida em que acompanhamos Flaszen de Cracóvia a Opole, passando por Wrocław e Brzezinka (celeiro de ovelhas, a trinta milhas a nordeste de Wrocław, que abrigou muitas atividades parateatrais), retornando a Paris, onde o livro começa. O todo está estruturado em quatro partes: "Antes do Teatro Laboratório"; "No Teatro Pobre", que (talvez compreensivelmente) tem, de longe, a mais ampla variedade de materiais; "Voz – Veículo", sobre as experiências parateatrais de Flaszen; e "Depois do Fim". A última parte inevitavelmente envolve muito mais síntese e reflexão melancólica: o Teatro Laboratório terminou em circunstâncias muito difíceis, obscurecido por doença e morte e por severas crises em nível nacional. A coletânea move-se assim a partir de duas entrevistas curtas sobre o trabalho de Grotowski anterior à formação do Teatro Laboratório, passando por vinte e sete textos do período do Laboratório (incluindo tanto o teatro de espetáculos como o parateatro), até as longas reflexões e homenagens subsequentes, posteriores à dissolução do Teatro Laboratório em janeiro de 1984. O fato de muitos dos artigos aqui reunidos serem posteriores a essa dissolução mostra como o teatro está enraizado em muito mais do que a vida das instituições, revelando a longevidade duradoura do *ethos* e da inspiração do Laboratório no decorrer dos sessenta anos da escrita de Flaszen.

Fora os quatro artigos finais de Flaszen, todos os textos foram publicados ou apresentados em outros lugares, embora quase exclusivamente em polonês. Duas notáveis exceções são os pequenos artigos encontrados também em *Em Busca de um Teatro Pobre*: a seção sobre *Akrópolis* em "*Dziady, Kordian, Akrópolis* no Teatro das 13 Fileiras" é extraída de "*Akrópolis*: Tratamento do Texto"; "*O Príncipe Constante*. Notas de Rodapé do Espetáculo" é baseado em *O Príncipe Constante*. Leitores observadores perceberão que esses dois textos diferem ligeiramente da publicação anterior. Decidimos traduzi-los novamente e harmonizá-los ao estilo e tom do restante do livro, também aproveitando a oportunidade de atualizar e corrigir aspectos de traduções agora datadas. Onde, em *Em Busca de um Teatro Pobre,* o papel de Grotowski é referido como produtor, termo que atualmente tem outras conotações em inglês [e português], nós traduzimos como diretor. Todavia, mantivemos certas frases, na medida em que se tornaram tão conhecidas que reinventá-las seria arriscar a criação de uma nova filologia completa dos termos grotowskianos: um deles é "o cemitério das tribos" no texto sobre *Akrópolis*. Parte de minha tarefa como editor foi conectar ideias e termos aqui encontrados novamente com os que já estão em circulação corrente em inglês, evitando a defasagem de tempo que pode ocorrer se princípios ou descobertas posteriores forem empregados de modo retrospectivo com mão muito pesada, que também poderia perder qualquer sentido do período em que os textos foram escritos.

Como se pode inferir, a tarefa de tradução não foi fácil,[4] em parte devido à varrição histórica desses textos, mas também devido a sua diversidade. Em quase todos os casos, há notas de rodapé acrescentadas por mim com o tradutor, para ajudar na contextualização e explicação de quaisquer referências particularmente polonesas, locais ou históricas. As próprias notas de Flaszen, que concorriam com o texto ou foram inseridas mais tarde numa reedição polonesa, são indicadas com suas iniciais L.F. Tentamos reduzir ao mínimo as nossas notas para não interromper o fluxo do leitor, mas acrescentamos necessariamente muitas explicações em "Grotowski *Ludens"* e em "Os Filhos de Outubro Olham para o Ocidente". Consideramos isso necessário para apresentar aos não poloneses as inúmeras pessoas e artistas às quais Flaszen se refere em especial no último texto: parte das complexas estruturas e redes de trabalho, na maioria das vezes não oficiais e, portanto, além do controle estatal, que emergiam para sustentar a vida cultural e intelectual sob o comunismo tanto em casa como no exílio no exterior.

---

[4] Todos os textos foram traduzidos por mim e por Andrzej Wojtasik do polonês para o inglês, exceto "O Livro", gentilmente traduzido por Adela Karsznia e Duncan Jamieson, e incluído aqui por cortesia de Richard Gough e Black Mountain Press, que encomendaram a tradução para um próximo livro de textos de autores poloneses sobre Grotowski (outono de 2010).

Com algumas exceções (por exemplo, "A Metafísica Foi para a Rua", uma entrevista com a autora britânica e então doutoranda, Jennifer Kumiega, inicialmente conduzida em francês), a maior parte dos textos foi escrita (ou falada) primeiramente em polonês e, assim, endereçada a companheiros de Flaszen e a colegas comentaristas e críticos da cultura. Sua erudição cintila e é difícil apreender seu polonês em geral muito rico e lúdico. Os textos são repletos não só de extensivas referências culturais, que em parte refletem o fato de o Teatro Laboratório encenar os grandes textos clássicos europeus (e, no caso do *Sakuntala*, asiático), mas também de menções a pessoas e eventos significativos da época. Havia contínuas contestações políticas e sociais na Polônia do pós-guerra, e a imersão na literatura e nas buscas intelectuais tornaram-se uma forma de santuário desses eventos na maioria das vezes tumultuados e violentos, uma fuga do controle e do isolamento da vida pública sob o comunismo.

Em nossa tradução tentamos manter algo da linguagem e especialmente da formalidade das análises teatrais e da escrita crítica dos anos de 1950 e de 1960. Algumas frases podem soar pomposas hoje em dia, mas isso reflete o modo formal de tratamento e o tom dos documentos oficiais do Teatro Laboratório. Devemos também lembrar que as formas polonesas Pan e Pani (masculino e feminino de senhor, como o francês "vous") foram usadas com frequência entre os artistas do Teatro Laboratório. Por menor que fosse o grupo de Opole e posteriormente de Wrocław, ele ainda tinha o formato organizacional dos maiores teatros de repertório da Polônia comunista, com uma hierarquia que talvez possa ser percebida por trás de muitos textos, mas que então se dissolve com a democratização mais inclusiva dos projetos parateatrais dos anos de 1970. O desenvolvimento cronológico que se evidencia numa leitura linear dos artigos contidos aqui mostra esse relaxamento de registro, uma vez que a instituição abria suas portas aos novos membros mais jovens e a um modo completamente diferente de produção cultural, conhecida também como cultura ativa.

Os últimos textos nos oferecem percepções fascinantes não somente do parateatro, mas também do próprio papel de Flaszen dentro dele. "Meditações em Voz Alta" mostra a dor e a dificuldade da verdadeira investigação e exploração aberta. Lemos como ele luta abertamente com o desconhecimento de seu rumo, mas também reconhecemos seus esforços para levar os outros com ele, partindo de um lugar de humildade e de uma busca igualitária. Em "Sobre Dialogar e Algumas Outras Coisas", Flaszen fala francamente com Marek Miller a respeito desse esforço e dessa pesquisa:

> O que vou dizer é pessoal. Num dado momento da minha vida, me desiludi com a escrita. Era uma espécie de fuga da luta com a vida. [...] Desse modo encontrei um reino para mim mesmo, um reino de papel, um reino de signos no papel onde eu reinava absoluto, onde tudo que não conseguia fazer era possível. Aqui eu era rei. Escrever se tornou um ato praticado com sentimento de culpa: eu o fazia para encobrir minha condição aleijada.

Embora o parateatro recebesse uma atenção negativa, não menos de Richard Schechner, cético sobre a reintegração dos participantes na sociedade após a momentânea suspensão de seu dia a dia [dos participantes], podemos, no mínimo, observar aqui como essa busca possibilitou o profundo autoexame, nesse caso, em um de seus líderes.

Assim como a supervisão das estruturas teóricas do Teatro Laboratório, Flaszen também tinha a tarefa de fundamental importância de diretor literário, uma posição inevitavelmente renegociada nas atividades pós-teatrais dos anos de 1970. Seu trabalho com os textos de encenação no final dos anos de 1950 e de 1960 foi frequentemente muito negligenciado e ignorado em círculos da língua inglesa, em que a primazia era quase sempre dada ao gesto e ao som. Em sua obra *Criadores do Teatro Moderno*, Robert Leach tipifica tal cegueira de linguagem:

> Seu "Teatro Pobre" foi um teatro cerimonial no qual a fisicalidade dos atores, assim como o espírito e comportamento, objetivava impactar diretamente a psique do espectador. Estabelecendo a ação em torno do público privilegiado, deliberadamente pequeno, Grotowski visava reduzir [sic] a importância das palavras e criar uma ponte para superar a divisão "corpo/mente". Assim, em sua famosa produção de *O Príncipe Constante* (1966), ele despiu o texto tal como Artaud propusera fazer com as tragédias elisabetanas.[5]

---

[5] Robert Leach, *Makers of Modern Theatre*. London & New York, Routledge, 2004, p. 190.

Embora o texto fosse enunciado com enorme rapidez, e às vezes inaudível, atendia a uma função vital de encantação, ritmo e som, bem como a uma função semântica. O "desnudamento" pode igualmente não ser tanto uma questão de redução, mas de ênfase selecionada com cuidado. É difícil mensurar claramente, a partir desses textos, como se dava a colaboração entre Grotowski e Flaszen em tais processos literários, mas sabe-se que Flaszen foi um dos muito poucos não atores admitidos na sala de ensaio.[6] E fica claro que o sucesso das produções do Teatro Laboratório não era atribuído somente aos espetáculos e às encenações, mas também às interpretações cuidadosas, e às colagens dramáticas posteriores, aos complexos materiais textuais e clássicos.

Por mais que fossem formalizados o papel e as responsabilidades de Flaszen como diretor literário, também ficamos sabendo por esses textos algo das estruturas mais profundas: como em qualquer conjunto ou grupo, é preciso haver alguém que desafie, provoque, sem perturbar o equilíbrio sensível. Flaszen fazia justamente isso, como o advogado do diabo de Grotowski, "uma espécie de parceiro de treinamento na arte de produzir palavras", como ele descreve em "Um Comentário sobre os Comentários" (2006). Mas ele também não deixou de provocar o estado, como demonstra o primeiro artigo. Há muita ironia na escrita de Flaszen, sobretudo em suas obras iniciais. Como escreveu em "Um Comentário sobre os Comentários": "Esses jogos verbais podem ocultar uma ironia maquiavélica, legível à época". Declarações altamente irônicas sinalizavam aos que conseguiam interpretá-las que nada ia bem nesse mundo. Esse arranjo textual fala indiretamente das vidas duplas que muitos levavam, das sombrias correntezas que se moviam por debaixo da maior parte das atividades públicas.

Em nenhum período as circunstâncias políticas foram mais difíceis para os membros do Teatro Laboratório do que em 1981. A importância de Flaszen no Latoratório e na história de Grotowski ganha mais peso pelo fato – discutido em alguns momentos aqui – de ele se tornar o diretor formal nos últimos anos do Teatro Laboratório, de 1980 a 1984, inclusive

---

[6] Ficamos sabendo um pouco mais a respeito na entrevista de Eric Forsythe "Conversations with Ludwik Flaszen" publicado em *Theatre Journal*, 30, 3 (oct. 1978), p. 301-28. Esse é um dos pouquíssimos textos de Flaszen previamente disponíveis em inglês.

depois do exílio de Grotowski com o estabelecimento da Lei Marcial. Embora se imagine que esse não foi um papel que ele assumiu com prazer, Flaszen entendeu claramente as necessidades do tempo e o temor muito real de Grotowski quanto ao futuro: ele era seu sucessor natural.

Em uma nota mais positiva, as frustrações e dificuldades da vida na Polônia comunista dos anos de 1950 aos de 1980 talvez levassem a uma canalização de energia ao ofício (semelhante à imersão na literatura que mencionei antes). Flaszen já era um escritor e crítico renomado antes de conhecer Grotowski, e já havia provado seu imenso talento – na realidade, ele começou na crítica em 1948, bem antes de conhecer Grotowski e antes de qualquer artigo aqui incluído. Mas os processos ainda mais rigorosos pelos quais passou no Teatro Laboratório ajudaram-no mais tarde a afiar a já aguda inteligência de navalha e o jeito com as palavras. O árduo compromisso dos atores de Grotowski muito documentado se equiparava a um processo igualmente rigoroso dos outros colaboradores. No filme de Maria Zmarz-Koczanowicz, *Jerzy Grotowski: An Attempt at a Portrait* [Jerzy Grotowski: Uma Tentativa de um Retrato] (TVP S.A./Arte, 1999), Flaszen relata que foi despertado por Grotowski no meio da noite para discutir uma ideia. Não havia descanso para os ímpios; não para um advogado do diabo.

Será que aprendemos o bastante sobre o Flaszen homem nessa coletânea? Talvez, surpreendentemente, em especial quando considerado em relação à sua extrema erudição, observamos sua enorme modéstia. Dezenove dos textos aqui incluídos estão reunidos numa edição polonesa sobre o Teatro Laboratório e sobre Grotowski, intitulada *Misterium zgrozy i urzeczenia*,[7] precedidos pela nota explicativa "Um Comentário sobre os Comentários". Ali, Flaszen escreve:

> Não mudei nada nem corrigi estes textos. Estão como estavam. Não sei se algum deles (considerando seu tempo de arquivo) pode interessar a alguém hoje em dia. Estão cheios de controvérsias datadas: é possível adaptar ou reescrever os clássicos, especialmente as obras primas "sagradas" dos Bardos Românticos? O teatro é arte de palavras? Teatro de elite *versus* teatro de massas?, etc.

---

[7] *Misterium zgrozy i urzeczenia. Przedstawienia Jerzego Grotowskiego i Teatru Laboratorium*. Ed. Janusz Degler e Grzegorz Ziółkowski. Wrocław, Grotowski Institute, 2006.

Chegamos também a entender um pouco de seus pontos de vista e de sua coragem moral no artigo de abertura, em que descreve sua posição contra o editor da revista *Życie Literackie*, de Cracóvia, na qual trabalhou por muitos anos antes de se mudar para Opole. Tal atitude não foi isenta de riscos, mas Flaszen parece valorizar princípios acima do perigo pessoal. Essa bravura talvez se origine de uma difícil infância na época da guerra; aos nove anos, ele e sua família foram deportados, em 1940, para um campo de trabalho no longínquo nordeste da União Soviética, de onde ele foi ao Uzbequistão, regressando à Polônia somente em 1946.[8] Sua coragem e esses aspectos de sua vida lembram as experiências de muitos escritores sob o comunismo soviético, inclusive os mais famosos, Vaclav Havel, na Tchecoslováquia, e Alexander Solzhenitsyn, na Rússia. Sua ascendência judaica somente compõe tais dificuldades, que emergiram, em especial, novamente da vergonhosa politicagem antissemita na Polônia de 1968, que Flaszen discute em vários lugares do livro.

No final, podemos bem imaginar o quanto esse é só um livro sobre o teatro como uma forma. Claro, alguns artigos muito obviamente são assim, como os comentários sobre os espetáculos e as descrições de cenas do Teatro Laboratório. Mas é também sobre como viver no teatro; como encontrar um lugar numa corrente de evolução cultural que se movimenta vertiginosa e constantemente. E, nesse aspecto, quando o livro explora as aventuras de longo alcance do parateatro – material tão precioso porque pouco publicado em inglês –, ele é especialmente rico. Ajuda a esclarecer como o teatro se torna um lugar de encontro, uma ferramenta, um meio de ajuda à interação, um veículo, como Grotowski o nomeou posteriormente através de Peter Brook, que cunhou a frase "Arte como veículo". Nisso, Flaszen nos ensina muitas lições. E, de modo vital, ele nos lembra do poder das palavras e do silêncio numa época em que quase sufocamos em texto, que, cada vez mais, parece não ter significação alguma além de contribuir para a continuidade, acumulação, repetição e circulação de *bytes* de informação.

---

[8] Sou grato a Eugenio Barba por me passar suas observações da história pessoal de Flaszen. Flaszen menciona brevemente esse aspecto de sua história pessoal em "O Último Encontro" e em "O *Ludens* Grotowski".

I
Antes do Teatro Laboratório

OS FILHOS DE OUTUBRO OLHAM PARA O OCIDENTE

Fiquei pensando por muito tempo e ainda não tenho certeza do que devo contar aqui aos senhores, neste lugar tão honroso,[1] tão fiel à tradição, onde talvez perambulem à noite muitas gerações de espíritos de homens famosos. O que falar dos eventos, das pessoas e de suas obras que, por meio século, viveram num país escravizado, embora num período de certa abertura no interior das estruturas de soberania limitada?

Quando eu, não mais um jovem, penso naquela época – em que testemunhei e fui participante ativo da vida literária e teatral –, vêm à mente muitas memórias e reflexões, multiplicadas pelo tempo. Tenho algumas dúvidas sobre o que selecionar de útil de modo a não ser muito cansativo. E como evitar a anedota ou a pieguice de um velho veterano que esteve ali e lutou dramaticamente por si mesmo e a seu modo?

NO CENTRO MAGNÉTICO DO DEVANEIO ROMÂNTICO

O ano de 1956 – e depois... por volta daquela data inscrita nos anais da Polônia e do mundo comunista como o período da primeira crise do

---

[1] Esta palestra em francês, originalmente intitulada "Por Volta de 1956. Revolta e Conformismo na Vida Cultural Polonesa", aconteceu na Biblioteca polonesa, em Paris, em 16 de março de 2007.

regime, seguido da liberalização. Não duvido que muitas coisas mudaram depois daquela data.[2]

Perdoem-me por perseguir o campo das memórias justamente como todo velho propriamente faria. Portanto, esta não será uma palestra, mas (permitam-me usar uma palavra em moda) um testemunho.

Em 1958, no alto verão, vivi um mês num quarto miserável – quinhentos francos antigos por dia! –, no Hotel d'Alsace, não longe daqui, na rua Saint-Louis en l'Île. Muitos de meus amigos de Cracóvia estiveram ali antes de mim: o jovem escritor Sławomir Mrożek[3] e o jovem poeta Tadeusz Nowak.[4] Meu vizinho no "lar parisiense de escritores poloneses" era Zbigniew Herbert.[5] Esse poeta era um pouco mais velho, mas faria sua estreia apenas depois dos acontecimentos de outubro.

Todos tínhamos uma bolsa do Ministério Polonês da Cultura e das Artes. Tínhamos permissão para permanecer em Paris por um mês e recebíamos cem dólares.

Naquela época, a Île Saint-Louis era um distrito de classe baixa da velha Paris, cheia de barracos e pequenas lojas. Hoje em dia, é um dos lugares mais valorizados da cidade. E nossa base, o Hotel d'Alsace, é um hotel elegante e caro para turistas ricos.

Quero justamente lembrá-los de que outro edifício localizado na mesma rua é o histórico Hotel Lambert, sede e salão da Grande Emigração[6] em Paris da época de Balzac. E há também a famosa Biblioteca

---

[2] Flaszen refere-se às mudanças radicais (ainda que sem derramamento de sangue) na cena política polonesa, que aconteceram na segunda metade de 1956, depois do 20º Congresso do Partido Comunista da União Soviética, e que envolveram a tomada de poder por uma facção reformista do partido comunista, liderada por Władysław Gomułka. Esses eventos, geralmente chamados de "Outubro Polonês", resultaram numa liberalização temporária do regime, o "degelo" depois do duro "inverno" do stalinismo na Polônia.

[3] Dramaturgo, escritor e cartunista, amplamente considerado um representante do teatro do absurdo polonês (n. 1930).

[4] Eminente poeta e escritor, autor de obras visionárias escritas na primeira pessoa, trabalhando o imaginário e onirismo rural (1930-1991).

[5] Poeta, ensaísta, dramaturgo e um dos mais proeminentes autores poloneses do pós-guerra (1924-1996).

[6] O Hotel Lambert é uma ampla construção palaciana na Île Saint-Louis, Paris. No século XIX, foi adquirida pela poderosa família aristocrática, os Czartoryskis, e tornou-se o salão cultural e político mais influente da chamada "Grande Emigração", reunindo

Polonesa, de onde tenho a honra de lhes falar. Em nossa época, havia também a livraria e galeria Romanowicz, que fechou muitos anos atrás... Frequentávamos esse lugar para encontrar compatriotas, saber o que se passava no mundo, fofocar sobre o que acontecia na Polônia – e encomendar exemplares livres da revista *Kutura*[7] (o maior número possível), e alguns livros.

Aqui sentíamos como se estivéssemos no centro magnético do sonho romântico, no próprio coração da emigração polonesa – lendária, do século XIX. Ao mesmo tempo, nos encontrávamos no coração da emigração contemporânea – com a qual nós, vivendo na Cortina de Ferro, conduzíamos conversas imaginárias (além daquelas intensas conversas noturnas de puro suprimento polonês "fabricado na República Popular da Polônia", que mantínhamos com nossos compatriotas).

Herbert e eu visitávamos Maisons-Laffitte, encontrando Kot Jeleński, os Czapskis, os Hertzs, e, naturalmente, Sua Majestade Ducal – o Editor-Chefe. Eles ficavam muito ansiosos por uma troca espiritual, intelectual e, obviamente, política conosco. Tínhamos permissão de manter uma relação cautelosa, mas aberta, com eles. Embora o laço pós-outubro de Gomułka

---

exilados poloneses depois do colapso do Levante de Novembro (1830-1831) na Polônia. Atualmente, é propriedade de Hamad bin Jassim bin Jaber Al Thani, um membro da família real do Catar.

[7] *Kultura* foi uma importante publicação político-literária dos exilados poloneses, publicado de 1947 a 2000. A editora localizava-se no subúrbio de Paris, Maisons-Laffitte. Além de um jornal mensal, a equipe de *Kultura* (Instytut Literacki) também publicava livros em polonês, tanto traduções como obras de autores poloneses (emigrantes, bem como os que viviam na Polônia e queriam evitar a censura). Essas obras foram banidas no comunismo polonês e geralmente eram confiscadas pela polícia alfandegária. Flaszen lista alguns dos mais eminentes colaboradores: Konstanty "Kot" Jeleński (1922-1987), ensaísta e promotor da cultura polonesa na Europa, Józef Czapski (1896-1993), pintor e escritor; sua irmã, Maria Czapska (1894-1981), uma historiadora de literatura; Zofia Hertz (1910-2003), editora e tradutora; seu marido, Zygmunt Hertz (1908-1979), intelectual e administrador. Flazsen lista também alguns dos mais eminentes autores emigrados que publicavam na *Kultura*: Witold Gombrowicz (1904-1969), novelista e dramaturgo; e Czesław Miłosz (1911-2004), poeta e ensaísta laureado com o Prêmio Nobel de 1980. O Editor Chefe de *Kultura*, Jerzy Giedroyć (1906-2000), era chamado (jocosa, porém respeitosamente) de Sua Majestade Ducal, devido à sua ascendência aristocrática. Quando Maisons-Laffitte se tornou uma espécie de "Hotel Lambert da Guerra Fria", o título de nobreza de Giedroyć era também uma alusão ao Príncipe Adam Ludwik Czartoryski, a principal figura da Grande Emigração.

fosse apertando visivelmente,[8] considerávamos uma visita ao escritório da *Kultura* como uma peregrinação obrigatória ao santuário.

Poucos meses antes, os escritores que viviam na Polônia ousaram publicar abertamente na *Kultura*, e as obras dos emigrantes, em particular de Miłosz e de Gombrowicz, começaram a surgir nas revistas culturais e livrarias. Diria que era uma questão de honra para o visitante do pós--Outubro Polonês (ainda que só dispusesse de meios financeiros limitados do estado comunista) visitar a comuna Maisons-Laffitte – e ser aceito.

O "degelo" liberal já havia acabado, e um de nossos deveres era visitar a Embaixada Polonesa na rua Talleyran, mas não me lembro de nenhuma proibição estrita sobre a ligação com os emigrantes. No entanto, éramos indistintamente discretos e não fazíamos nenhuma exibição de nossos contatos com os círculos da *Kultura*.

O ŚWITEŹ DAS CERCANIAS DE PARIS[9]

Quando fui a Paris, minhas malas estavam bem pesadas com comida – linguiça seca, latas de peixe e jarras de banha de porco – que decidi levar para economizar alguns francos; na volta, todavia, minha bagagem era ainda mais pesada, cheia de livros.

Naquela época, os fiscais comunistas da alfândega ainda não eram muito rígidos e, ao examinar a bagagem, fingiam não notar as publicações de emigrantes banidos.

O Outubro foi um milagre para mim. Talvez o Outubro fosse um milagre real? No entanto, entendíamos que tínhamos de ser cuidadosos com as dádivas milagrosas do Destino, da Coincidência ou da Providência; não

---

[8] O degelo polonês começou em 1955 e desenvolveu-se plenamente depois do 20º Congresso do Partido Comunista da União Soviética, e do famoso discurso de Nikita Khrushchev. Foi estimulado pelo levante de Junho de 1956, em Poznań, reprimido de maneira sangrenta. O período de liberalização de Gomułka foi apenas relativamente curto, e as vozes consideradas muito radicais foram rapidamente abatidas (uma revista semanal independente, *Po prostu*, foi fechada), e a Polônia entrou num período de desilusão em geral chamado de "pequena estabilização", que terminou em 1970 com a deposição de Gomułka. A frase é tirada da peça de Tadeusz Różewicz, *Świadkowie czyli nasza mała stabilizacja* [*As Testemunhas*, ou *Nossa Pequena Estabilização*], publicada em 1962.

[9] O Świteź é um pequeno lago na Bielorrússia, próximo de Nowogródek, conhecido pelos poemas de Adam Mickiewicz.

devemos confiar muito nelas, pois – de algum modo, dialeticamente, como observaria Marx – são passíveis de se transformar em sua antítese. A Cortina de Ferro poderia cair novamente.

Estávamos aqui no Ocidente real com o qual havíamos sonhado em viagens imaginárias na poltrona de nossos pobres apartamentos poloneses!

Obviamente, estávamos em contato com Miłosz (talvez especialmente com ele), muito ansioso para conhecer recém-chegados da Polônia. Fiquei lisonjeado ao ser convidado para ficar um dia inteiro em sua casa em Montgeron, herdada de seu primo Oscar Miłosz, um sofisticado poeta francês. Havia uma onda de calor monstruosa, então sentamos sob uma macieira do jardim. Miłosz lia em voz alta fragmentos de sua tradução das obras de Simone Weil, recém-publicadas na *Kultura*. O poeta, vestindo roupas simples que eu atribuiria mais a um engenheiro de filmes checos do gênero do realismo socialista do que à sua profissão, ficava me testando, perguntando, se Simone Weil – aquela insana autora mística de escrita cristalina comparável a Blaise Pascal – alimentaria a vida espiritual polonesa. Fiquei tão surpreso que não soube o que dizer. Foi provado que ela forneceu esse alimento – e até alguns anos depois seus textos inspiraram Grotowski, e um de seus textos se tornou um grande monólogo da famosa peça *Apocalypsis cum Figuris*, do Teatro Laboratório.

À tarde, Miłosz vestiu um casaco de lona, pesadas botas emborrachadas de cano alto, e, pegando um enorme bastão nodoso, conduziu-me através dos juncos e brejos até um lago ou rio... O Lago Świteź? O Rio Neman?[10] Era o que esse cenário evocava em mim. Talvez essa fosse a intenção de meu guia com seu bastão e casaco de peregrino. Fiquei impressionado com seu jogo silencioso com Mickiewicz e com a Lituânia.

AS BARREIRAS CAÍRAM

Em agosto de 1958, havia muitos compatriotas da Polônia em Paris. Não nos fazíamos a famosa pergunta de Mickiewicz: "O que fazer numa

---

[10] O Neman é um rio importante que começa na Bielorrussia e corre pela Lituânia. Tanto Mickiewicz (considerado o maior poeta polonês do século XIX) quanto Miłosz (considerado o maior poeta polonês do século XX) nasceram na fronteira da Lituânia/Bielorrússia.

calçada parisiense?"[11] Todos nos sentíamos eufóricos e febris: não havia tempo para dormir. O Ocidente! A França! Paris! Sempre nos consideramos uma parte da Europa ocidental, compartilhando a linguagem latina, a cultura mediterrânea, a lei romana, a religião católica e o Iluminismo. Uma pequena parte provinciana, no entanto. E não muito amados pelos outros, como se fôssemos uma linhagem menor de europeus. Ainda assim, aspirávamos ao "europeísmo", e, portanto, não sem complexos. Ou – como seu oposto – procurávamos, com o orgulho sármata,[12] as vantagens de nossa simplicidade, mais calorosas do que as da França.

A abertura do pós-Outubro possibilitou que nossa geração testasse o verdadeiro lugar da Europa em nossa vida espiritual e, nessa base de algum modo empírica, edificasse um processo de autorrealização em relação à nossa pátria mãe espiritual.

Um ano depois do Outubro, e um ano antes de minha visita a Paris, publiquei um ensaio com a data "Outubro de 1957" em uma revista literária. Cito:

> O degelo. As barreiras artificiais caíram: o Ocidente entrou em nosso pensamento numa imensa onda varredoura. Devoramos Sartre, Camus, Beckett, Steinbeck e Hemingway apaixonadamente. Faíscas de grandes reflexões, atitudes modelares, as forjas de formas estavam ali. E agora nos tornamos inquietos [...] Nossa admiração somente prova quão subdesenvolvidos somos.
>
> Quanto aos franceses – na realidade, eles vivem fora daqui. Estamos mais envolvidos com os problemas de poder, de liberdade e de necessidade do indivíduo e da massa, do ambiente de cataclismos históricos,

---

[11] Flaszen refere-se ao epílogo do poema narrativo de Adam Mickiewicz, *Pan Tadeusz* (1834). No original, não é uma pergunta, mas a palavra de advertência do poeta aos seus leitores para a evocação do passado consolador em meio às "insanas disputas" que atormentavam os emigrantes poloneses "numa calçada parisiense".

[12] A nobreza polonesa do século XVI (a chamada Idade de Ouro) e posterior clamava descender imaginariamente da antiga tribo sármata. O tradicional estilo de vida e cultura "sármata" da República das Duas Nações Polonesa-Lituana incluía elementos como amor à liberdade, irmandade de todos os nobres, bravura cavalheiresca e respeito à tradição.

do que eles. Esses temas têm amadurecido em nossas barrigas por um longo tempo. Apesar disso, eles chegaram e os expressaram mais rápida e habilmente do que nós. Sentimos mais profundamente; só que eles são mais sagazes. O que consideramos como algo que não pode ser mudado como nossa pele, do ponto de vista deles, um cálculo espiritual livre. Nossas dores são para eles uma questão de cálculo frio. Na realidade, eles roubaram nossos conteúdos. Não somos piores do que eles, apenas menos hábeis na técnica de expressão. Eles não contam nenhuma novidade ou revelação. E a habilidade deles nos torna superficiais. Parece que o Ocidente também conseguiu suas próprias crises, na medida em que acompanhou nossos problemas, não os dele propriamente. Parece passar por uma decadência quando tenta se rejuvenescer com nossos conteúdos. Ao procurarmos riqueza, caímos na esterilidade de outra pessoa, como se não tivéssemos a nossa própria riqueza em abundância. Mesmo em Paris eles não transformam aveia em arroz.[13] Eles são grandes, sem brincadeira, mas, falando francamente, estamos um pouco cansados deles.[14]

Gostaria de acrescentar mais uma questão a esse testemunho cinquentenário (uma certa *vox populi* intelectual, que não se iguala à opinião do autor): será que é possível escrever poesia *depois de Auschwitz*? Essa questão, hoje em dia um dos aspectos cruciais da antropologia cultural contemporânea, foi feita pelo famoso pensador Adorno. E repetida *ad nauseam*. Talvez fosse interessante se aqueles que fazem essa questão ouvissem as vozes dos autores poloneses ativos até depois de Auschwitz. Escritores proeminentes, como Tadeusz Borowski[15] (ele mesmo um prisioneiro de Auschwitz), ou Adolf Rudnicki e o poeta Mieczysław Jastrun, que

---

[13] Um provérbio polonês que significa mais ou menos o mesmo que "Você não pode fazer uma bolsa de seda de uma orelha de porco". Aqui Flaszen sutilmente menciona Paris como capital cultural do mundo.

[14] Ludwik Flaszen, *Rozważania o potrzebie radości* [*Meditações sobre a Necessidade da Alegria*], *Przegląd Kulturalny*, 24-30 de outubro de 1957, p. 1.

[15] Escritor, poeta, editor e sobrevivente de Auschwitz e de Dachau (1922-1951). Seus livros são reconhecidos como clássicos da literatura polonesa do pós-guerra e foram muito influentes na sociedade da Europa Central. São considerados entre os testemunhos mais impressionantes do Shoah [Holocausto] e do "universo dos campos de extermínio". No verão de 1951, Borowski cometeu suicídio.

viveram escondidos no "distrito ariano" da Varsóvia ocupada pelos nazistas[16] e testemunharam (de fora dos muros) a destruição do Gueto de Varsóvia, mas puderam evitar milagrosamente seu próprio extermínio. Outra pessoa que vale consultar sobre essas questões é o velho poeta de 85 anos, Tadeusz Rożwicz.[17]

HERBERT, O EUROPEU ATIVO

Talvez esse clima ambíguo tenha caracterizado nossas discussões enquanto nós, recém-chegados da "Europa menor", fascinados com Paris, desfrutávamos das delícias e maravilhas da capital cultural do mundo tanto quanto nossos limitados meios permitiam. Creio que nenhum de nós tinha acesso à alta sociedade da elite intelectual local. Nós, representantes da elite vistulina,[18] nos sentíamos como pessoas comuns aqui. Alguns de nós tentavam se manter em forma. Outros, depois da euforia inicial, ficavam profundamente deprimidos – eu era um deles. Zbigniew Herbert, meu vizinho do Hotel d'Alsace, era minha babá; ele piedosamente me levava a um *strip-tease* próximo ao Quartier Pigalle. Naquela época, visitar aqueles *shows* ocidentais era considerado uma obrigação cultural dos recém-chegados da puritana Europa do Leste onde a ideologia e a polícia salvaguardavam a inocência de nossos costumes.

Sendo nós espiritual e materialmente pobres às margens do Sena, podíamos nos consolar com o fato de sermos, da perspectiva de nossos compatriotas na Polônia, os homens mais felizes sob o sol, homens privilegiados, lordes andando por ruas elegantes, contemplando a Mona Lisa no Museu do Louvre, sorvendo drinques refinados em restaurantes, pegando lindas garotas francesas e "brilhando" nos salões parisienses. E definitivamente encontrando Sartre e Simone de Beauvoir no Café de Flore.

Em 1956 e depois, o existencialismo estava muito em moda na Polônia, apesar de Miłosz ter zombado dele uns dez anos antes em sua obra poética intitulada *Traktat moralny* [Um Tratado Moral]. Preciso confessar que pouco antes, em Cracóvia, deixara crescer minha barba – um

---

[16] Rudnicki (1909-1990) e Jastrun (1903-1983) eram escritores poloneses, mas, por sua ascendência judaica, segundo as leis de Nuremberg, deviam viver no gueto.
[17] Um dos maiores poetas poloneses do pós-guerra e o mais inovador dramaturgo (n. 1921).
[18] O Vístula é o principal rio polonês que corre por Varsóvia e por Cracóvia.

emblema do existencialista boêmio, não do professor senil, como é agora. Apesar de minhas opiniões não conformistas sobre as modas locais de Paris, sucumbi às tentações ou iniciações existenciais e comprei um pulôver preto (numa liquidação!). Mais adiante, eu o usei por anos em Cracóvia, demonstrando minha rebelião contra os ternos e gravatas da burguesia horrorosa, contra os antigos e novos filisteus, os hipócritas, os novos ricos e os *apparatchiks* [burocratas] carreiristas do pós-Outubro, que abandonaram seus molambos "proletários" e começaram a usar elegantes paletós e camisas brancas.

Na capital cultural do mundo ninguém prestava atenção ao meu aspecto não conformista. Ao mesmo tempo, nos subúrbios de Cracóvia, cada novo barbudo podia ouvir aquele sincero dito do povo local: "Oi, Moishe, é melhor você se barbear".[19] A indiferença da "multidão silenciosa"[20] nas ruas da Babilônia do Sena amplificava meus sentimentos de solidão e estranhamento.

Por sinal, o povo de Cracóvia logo iria gostar de seus barbudos à medida que sua população crescia devido à atividade popular dos novos boêmios do jovem cabaré "Piwnica pod Baranami".

Herbert era fiel ao seu terno polonês apertado – provavelmente comprado numa Loja PDT.[21] Enfiado no terno, ele parecia um adolescente prestes a fazer seus exames escolares finais. Ele sempre levava um caderno, mesmo sem uma pasta ou sacola, e anotava cuidadosamente, expondo a ponta de sua língua para ajudá-lo. Este é um sujeito diligente, ele irá longe – era o que eu pensava então. Era um estreante recente – publicara seu primeiro livro em 1956 – e prometia muito. Não um visionário poético, mas um cérebro sincretista.

O caderno era seu amigo inseparável, um camarada, confidente, cúmplice dos planos de seu proprietário. E exatamente aquele homem,

---

[19] Flaszen refere-se ironicamente aos sentimentos antissemitas dos piores poloneses. Ele discute a questão de modo mais detalhado neste livro na seção *Apocalipse 1968* do ensaio "Grotowski *Ludens*", p. 338-78.

[20] Uma alusão ao famoso estudo sociológico de David Riesman sobre o conformismo moderno *A Multidão Silenciosa*, publicado em 1950.

[21] Pańsntwowy Dom Towarowy significa literalmente uma Loja de Departamento Estatal. As roupas disponíveis ali eram conhecidas por seus cortes ruins e tecidos inferiores.

Zbigniew Herbert, com a aparência de um camarada jovial, parecia exibir uma espécie de ar misterioso. Ele não desperdiçava seu tempo em vão, em vã contemplação. Era preciso ser um europeu ativo, não um vistulino abúlico[22] observando as maravilhas estrangeiras de bocarra aberta.

Foi como eu interpretei a mensagem transmitida pelo personagem. Ele tinha algo de emblemático.

DOMANDO A FERA

O ritmo lento da era stalinista havia terminado. Por que um escritor, um poeta, um ser humano se apressaria naqueles anos cinzentos e sem esperança? Agora alguma coisa poderia ser feita. Depois de 1956 – foi assim que os sinais do *Zeitgeist* foram popularmente interpretados na Polônia de então – era o momento de se pensar em si mesmo, em sua verdadeira carreira literária, em seu lugar na terra. O chamado povo comum começou a trabalhar duro, a ganhar algum extra, a ter um apartamento e algumas roupas melhores, a fazer uma espécie de carreira. E os artistas, escritores, poetas sentiam *der Wille zur Macht*.[23] Herbert, por detrás de sua máscara jovial, irradiava essa "vontade de poder" e a sagacidade de um homem para quem vale a pena algum autoinvestimento, embora não com um ímpeto espetacular, mas cuidadosamente, como um conspirador. Suas últimas obras eram parecidas.

Uma nova atitude estava amadurecendo nele: a de um homem sofrendo e lutando por dignidade e respeito próprio numa situação de escravidão, um conspirador espiritual estrangulado internamente contra o regime comunista, um Sr. Cogito,[24] um Príncipe Constante que, por acaso, vive na República Popular da Polônia.

Herbert era um estrategista; ele conhecia bem a felicidade e os sombrios recessos perigosos dos modos de resistência. Ele fazia um jogo com o regime. Era um especialista nesse jogo. Acredito que esse jogo o fascinava

---

[22] Abulia é a inabilidade de agir ou de tomar decisões independentemente; uma condição típica de algumas formas de neurose.

[23] Flaszen refere-se à conhecida fórmula de Friedrich Nietzsche, "a vontade de poder".

[24] Em polonês, Pan Cogito. O porta-voz de Zbigniew Herbert, um personagem em muitos de seus poemas, é um racionalista corajoso que se distancia da loucura do mundo e cultiva virtudes antigas.

e dava-lhe impulso criativo. Sem dúvida, Herbert pertencia aos rebeldes exemplares e populares do pós-Outubro. Sua rebelião era simultaneamente explícita e oculta. Em 1944, ele lutou no Levante de Varsóvia, e viveu a derrota de uma geração. Ele se defendia para manter um equilíbrio interior de vários modos. Seguindo o exemplo dos antigos mestres, utilizava ironia, autoescárnio e estoicismo. Ele contou sua complicada história escondendo-se atrás da máscara de monólogos de homens famosos de muito tempo atrás. Suas outras armas eram a contemplação de objetos e de obras de arte e a leitura de obras filosóficas. Viajou (e registrou as viagens em seus ensaios) às fontes da cultura mediterrânea, nossa mãe espiritual. Como muitos de nós, ele se fingia de simplório.

Ainda assim, explodia às vezes e falava abertamente, como um moralista. Quando leio alguns de seus poemas hoje, espanto-me como os editores estatais se arriscaram publicando tais mensagens explicitamente antirregime.

Depois de 1955, a República Popular da Polônia tornou-se um totalitarismo "esburacado": foi temporariamente indulgente com paixões ilegais sem consequências drasticamente negativas. E os rebeldes – os mais inteligentes – tinham alguns privilégios. Entre os dirigentes comunistas havia um grupo dos chamados "liberais", que achava não ser tão ruim haver alguns rebeldes – só por precaução, e somente de vez em quando. Era essa a tática de domar a fera? Não se deve excluir que alguns dos comunistas – especialmente aqueles que ocupavam os escalões mais baixos do comando do poder e que tinham contato direto com artistas – respeitavam os valores e faziam vista grossa à insubordinação porque tentavam aplacar a consciência culpada dos servidores do regime. Certamente havia também aqueles que não entendiam nada, mas que – sendo fiéis ao Estado e à Nação – assumiam a necessidade de haver algo da grande cultura no socialismo.

Não vou tão longe ao afirmar que todo funcionário do regime tinha seu próprio rebelde, e cada rebelde, seu próprio funcionário do regime. Na realidade, na Polônia comunista todos eram rebeldes de vez em quando. E o comunismo não era uma rebelião fundamental contra o *status quo*? *Le monde va changer de base...*[25] O verão de 1958 foi um período fácil para

---

[25] Este é o sétimo verso de *A Internacional*, que pode ser traduzido como "O mundo vai mudar de alicerce".

encontrar poloneses famosos por aqui, nas cercanias da Île de La Cité, perto de Notre-Dame de Paris (para nós, provincianos, a catedral era o maior símbolo da Europa!). Eu vi Miłosz ali muitas vezes, contemplando as margens do Sena, de mãos dadas com uma mulher. Ele fingia não me ver. Acho que o espírito do poeta gentilmente me perdoará essa indiscrição tardia.

Certa vez, encontrei ali – casualmente ou não? – Leszek Kołakowski,[26] num banco de jardim atrás da Notre-Dame. Havia um silêncio de claustro, uma hora de sesta no meio de um dia quente. Discutimos a situação da Polônia (que mais poderiam discutir dois poloneses às margens do Sena?). Kołakowski estava sempre apaixonadamente interessado em religião. Lembro-me de ter dito (provavelmente por instigação do meu demônio interior) algo como:

> Leszek, você é um ateísta tão convincente, mas veja: estamos conversando sentados próximos da catedral. De qualquer forma, não na frente, na entrada, mas atrás. Aproximamo-nos dela, mas será que ela não está virando as costas para nós? Será que à noite você não fica talvez atormentado por visões sagradas?

Antes de explodir em riso, ele me avaliou: era a sério ou de brincadeira? Talvez as visões fossem minhas? Não, ainda não...

KOŁAKOWSKI, O HERÉTICO

Naquele tempo, Kołakowski era famoso como editor anticatólico. Ele era um livre pensador militante – em nome de uma Polônia iluminista laica, racional e moderna; ele tinha a missão de liberar a nação do obscurantismo do chamado período saxão,[27] para exterminar impiedosamente suas tendências anteriores. Ele tinha uma escrita aguda, de rara erudição para sua geração, e sua cultura filosófica não se comparava com a dos combativos vistulinos do período. Seu estilo, em contraste com o dos oficiais

---

[26] Notável filósofo e historiador de filosofia, mais conhecido por suas análises críticas ao pensamento marxista (1927-2009). Em 1968, impossibilitado de lecionar, deixou a Polônia. Entre 1972 e 1991, foi Pesquisador Sênior na Universidade de Oxford.

[27] "Czasy saskie", em polonês – a primeira metade do século XVIII, quando a República das Duas Nações Polonesa-Lituana foi regida pelos reis da Casa Saxônica dos Wettins. Geralmente considerado um período de declínio político e cultural do país.

marxistas entediantes, era sofisticado, pois usava sintaxe de Cícero, formas elegantes, com o refinamento linguístico do polonês antigo. Como um sábio sármata da Idade de Ouro...

Ele dava alguma referência, uma perspectiva intelectual e uma dimensão espiritual aos acontecimentos vigentes. Era como um sábio educado no fórum ou na *agora*... Ou será que era – segundo a tradição polonesa – como um pregador específico defendendo o Iluminismo (que nunca acabou realmente na Polônia) tão entusiasticamente quanto Piotr Skarga defendia o catolicismo?[28]

Kołakowski tinha o temperamento do homem de ação. Foi muito ativo no Outubro polonês. Um intelectual, um pensador, um autor engajado – no entanto, não como os "autores engajados" que se calaram para "não desestabilizar Billancourt".[29]

Ele se comprometeria radicalmente mais uma vez – arriscando tudo –, em março de 1968.[30] Então, em Paris não podíamos imaginar que algo como Março de 1968 fosse possível na Polônia. Naquela época,

---

[28] Um teólogo jesuíta e pregador da nobreza na corte do rei Sigismundo III Vasa, famoso por seus sermões e discursos polêmicos (1536-1612). Na cultura polonesa, simboliza um profeta apaixonado e orador habilidoso.

[29] Flaszen refere-se aos debates entre os dois filósofos existencialistas, Jean-Paul Sartre e Albert Camus. Em seu ensaio "L'Homme Revolté" (1951), Camus exaltava o espírito de rebelião, mas denunciava as injustiças e os crimes cometidos em nome da revolução. Sartre o criticou e preconizou que os intelectuais progressistas não deveriam condenar abertamente as atrocidades do comunismo (especialmente o sistema do Gulag) por tirar as esperanças, encarnadas pela União Soviética, da classe operária ocidental (simbolizada por Billancourt, um subúrbio da classe operária de Paris).

[30] Março de 1968 anunciou uma crise política na Polônia, que começou com protestos de estudantes e intelectuais. Estes foram logo reprimidos pelos serviços de segurança, e em seguida houve uma odiosa campanha massiva contra os judeus poloneses instigada pelas autoridades comunistas para distrair a atenção pública dos problemas reais. Oficialmente, essa campanha não foi antissemita, mas visava os "Sionistas" (depois da Guerra dos Seis Dias, o bloco Soviético teve uma firme posição anti-israeli). Como resultado da propaganda e dos expurgos, aproximadamente 15 mil poloneses, a maioria de descendência judaica (junto com não judeus "elementos inconvenientes", dissidentes intelectuais, rotulados de "revisionistas"), deixaram o país. Os imigrantes do pós-Março foram forçados a renunciar da cidadania polonesa. O papel do Ministro do Interior, general Mieczysław Moczar, conhecido por sua atitude xenófoba, desejando ameaçar com suas ações a autoridade de Władysław Gomułka, foi fundamental nesses acontecimentos vergonhosos.

Kołakowski já estava livre para seguir "a única doutrina militante correta". Ele se tornou um modelo de revisionista polonês,[31] um rebelde contra o cânone da Escritura, contra seus elevados comentadores e continuadores criativos. Uma revolta no âmbito da ideologia oficial – e, na época, tornava-se cada vez mais poderosa – era absolutamente intolerável para a nomenclatura e para os mantenedores da doutrina. Para piorar, o santuário da Ideologia Global do Progresso, localizado no Kremlin de Moscou, observava com atenção o insalubre fenômeno no Bloco Oriental inteiro, com medo da contaminação. Um revisionista – um incorrigível, depravado impenitente – era simplesmente um inimigo professo do sistema. Um católico, por exemplo, em especial um sensato, lúcido patriota, ou uma espécie de idealista ou fenomenólogo, cujos questionamentos não se intrometessem na doutrina, podia escapar disso; os dirigentes fariam vista grossa a suas escritas não tão obscenas. Ele poderia, obviamente sob controle, cultivar seu próprio jardim.

Mas o revisionismo era tratado como uma heresia. Os infiéis controlados, sobretudo os famosos, poderiam ser perdoados. Eles poderiam ser deixados em paz na periferia e até mesmo, se surgisse uma oportunidade, poderiam ser atrelados a alguma atividade patriótico-socialista normal. Um herético é um escândalo ontológico – ele simplesmente não deveria existir. Ele não deveria envenenar as mentes jovens das academias socialistas.

A carreira de Kołakoswski na Polônia terminou depois dos "expurgos" que se seguiram a Março de 1968. Ele não tinha nenhuma ascendência judaica, e ainda assim foi expulso do país junto com os chamados "Sionistas". Mas antes, no verão de 1958, Kołakowski, um espírito inquieto, dera uma pausa, um período de suspensão, à sua revolta ativa. Tinha uma bolsa de estudos em Amsterdã, e garimpava casualmente em várias bibliotecas antigas da Europa – quem sabe também aqui?

---

[31] "Revisionismo", num contexto comunista, refere-se à interpretação não dogmática de conceitos encontrados nas obras de Karl Marx, "revisando", desse modo, e possivelmente questionando, alguns aspectos fundamentais da ideologia marxista-leninista ortodoxa; a princípio o termo foi inicialmente usado de modo pejorativo. No jornal do partido comunista, era utilizado como insulto para combater quaisquer desvios da linha oficial.

Recolhia fontes para sua obra fundamental sobre a consciência religiosa e os vínculos eclesiásticos.³²

Essa vasta obra científica sobre "o nominalismo protestante" do século XVII, apesar do aparente caráter puramente acadêmico, não era tão inocente. Tratava-se da relação entre religiões institucionais e doutrinas sob o controle eclesiástico – e várias heresias e seitas; um tópico que evocava o sistema ideocrático vigente e os seus críticos. Em outras palavras, o assunto do livro era a liberdade de consciência e de pensamento, a independência espiritual dos indivíduos soberanos praticando sua fé fora do controle institucional, etc. As analogias com o Partido Comunista e com a doutrina oficial do marxismo leninismo eram contundentes.

É provável que naquela época Kołakowski – além de toda revolta política e também doutrinária – investisse diligentemente em si mesmo como um futuro especialista no campo de religião e como palestrante das mais famosas universidades. Sem peçonha polêmica, alegre e equilibrado, especializado, mas sem associação espiritual, independente, e sem professar demais, ele se tornou em uma espécie de teólogo não licenciado, um curioso espectador metafísico. Ou, talvez, um pesquisador da Verdade Última? O *sacrum*, especialmente o *sacrum* cristão, com certeza se tornou a maior paixão de sua vida. Por décadas, ele faria sua dança concebida de muitas formas em torno do poste invisível do totem tribal, pantribal, do Grande Mistério. Anos depois, ele participaria dos debates eruditos do Castelo Gandolfo.³³

Mas naquela época, apesar da aparência e do comportamento de um *scholar* anglo-saxônico, que jogava tênis como uma espécie de Bertrand Russell, tinha muito em comum conosco. Podíamos reconhecê-lo como um de nós, um recém-chegado da cortina de Ferro, da outra Europa. Os mesmos acadêmicos, professores ou cientistas andavam com suas pastas

---

³² Leszek Kołakowski, *Świadomość religijna i więź kościelna. Studia nad chrześcijaństwem bezwyznaniowym siedemnastego wieju* [Consciência Religiosa e o Vínculo com a Igreja: Estudos do Cristianismo Não Nominalista do Século XVII]. Warszawa, Państowowe Wydawnictwo Naukowe, 1965.

³³ Castelo Gandolfo, a residência de verão do papa, localizada a trinta quilômetros de Roma, foi, em 1980, um lugar de encontro de João Paulo II com cientistas, filósofos e intelectuais.

repletas na rua Krakowskie Przedmieście em Varsóvia, próxima do prédio da Universidade e da Academia Polonesa de Ciência.

TEOCRACIA SOVIÉTICA

A metáfora da obediência religiosa foi um linguajar comum da época: como abrigo para escritores rebeldes, mas também como figura de linguagem desprezível da crítica ortodoxa – ou da autocrítica – doutrinária, quando o Partido estava mudando de rumo e buscando a propaganda para justificar a mudança de cânone. Podiam-se ouvir termos como "dogma", "dogmatismo", "sectarismo", "talmudismo" exclamados do pódio oficial para condenar divergentes e desviados. O marxismo-leninismo não é uma religião, mas uma visão de mundo científica...

Os oposicionistas propositalmente usavam palavras como "heresia", "inquisição", "escatologia", a "Nova Fé". Na verdade, em teoria, o comunismo não evocou a religião da salvação coletiva da humanidade? Será que não tinha uma curva messiânica? Grossos volumes foram escritos a esse respeito. E o comunismo no poder não teria de fazer surgir associações com alguma teocracia arcaica? Teólogos clamavam que o diabo é *simia dei*, o "macaco de Deus", imitando o Criador para enganar a humanidade. Será que o regime soviético não foi similar a uma peculiar teocracia reversa?

Na realidade, muitos atos de aceitação da ideologia comunista na Polônia, e obviamente na Rússia, seriam comparáveis a uma conversão religiosa. Miłosz rotulou isso de Nova Fé. Vale mencionar que na tradição polonesa a inteligência – mesmo a secular – martelara em suas mentes um sentido de dever e de missão a serviço de uma Causa Maior. A pessoa tinha de sacrificar-se à pobre nação e ao infeliz país natal. Sim, um sacrifício! A *intelligentsia* polonesa sentia-se culpada. O motivo dos chamados "acertos de contas da *intelligentsia*" era o do regresso regular depois da guerra. O regime encenou esse sentimento de culpa. Nós, cujo trabalho era apenas a composição trivial de palavras, devíamos permanecer ascéticos quando havia tantas tarefas árduas para assumir e tanto sofrimento coletivo para tranquilizar.

Essas aventuras da alma da *intelligentsia* podem também ser explicadas em termos de uma rebelião. O intelectual, o artista, o escritor deve sofrer primeiro, antes de poder falar. Este é o tradicional preço da credibilidade. Quando dava palestras no Collège de France, Mickiewicz dizia, segundo [Louis Claude de] Saint-Martin, que havia três espécies de dor: individual, artística e profética. Naquela época, Mickiewicz não se considerava mais um poeta, mas um profeta. Ele se tornou uma espécie de Adorno *avant la lettre*, porém mais sério: Auschwitz não interferiu no hábito da escrita desse autor e filósofo.

Será que há algum sentimento ontológico de pecado, pecado original, por trás disso? Pode-se dirigir uma rebelião contra o próprio pecaminoso, contra os pecados do mundo, contra os Outros... E lutar por um mundo futuro aqui, na terra. Encontrar a própria missão literária e contribuir para a salvação de toda humanidade.

OS INCONSISTENTES COM UMA VIRGEM MARIA EM SUA LAPELA

Lembremo-nos, com Miłosz, do exemplo de Jerzy Andrzejewski, autor de *Popiól i diament* [*Cinzas e Diamantes*].[34] Antes da guerra, fora católico confesso. Depois da guerra, ele se tornou um dos primeiros – e mais ostensivos – proselitistas da Nova Fé a publicar na imprensa um famoso ato de confissão. Antes disso, foi autor de folhetos "devocionais" para membros do Partido, escritos em linguagem simples, como um catecismo para pessoas comuns. Stálin, o autor de "Um Pequeno Curso da História do Partido Comunista na União Soviética", que na juventude fora estudante de um seminário teológico preparatório de padres, tornou-se mestre e modelo estilístico de Andrzejewski.

Em meados de 1950, cópias da prosa grotesca de Andrzejewski começaram a circular entre amigos – ele me deu um desses manuscritos datilografados por ele mesmo. Um era sintomaticamente intitulado *Wielki lament papierowej głowy* [*O Grande Lamento de um Chefe de Jornal*]. O narrador – uma espécie de porta-voz do autor – zombava dessa conversão à Nova Fé. Era novamente uma confissão, mas dessa vez mais amarga e sarcástica. Em

---

[34] Famoso novelista, ensaísta e memorialista (1909-1983). Seu zelo neófito depois da conversão ao comunismo foi descrito em *Mente Cativa*, de Czeslaw Miłosz. Desiludido com o regime, tornou-se membro ativo do movimento dissidente.

1957, Andrzejewski publicou sua famosa novela *Ciemności kryją ziemię* [*E a Escuridão Cobriu a Terra*]. Era uma história da época da Inquisição. No auge, um jovem monge, desiludido com sua fé, estapeia o rosto de seu mestre, o Grande Inquisidor, expressando sua libertação espiritual.

Evidentemente, todo mundo entendeu o que estava em jogo. Até onde sei, Andrzejewski teve problemas com a censura antes de conseguir publicar o livro. Ele disfarçou sua rebeldia contra o Partido e contra o comunismo com uma capa religiosa.

Será que foi apenas um disfarce? Ou talvez uma semelhança peculiar? Deus – e seu macaco? Talvez não devamos discutir os sombrios segredos da alma de seu autor, que foi um símbolo dessa época, e que posteriormente se tornou uma das mais importantes figuras de oposição literária ao regime.

Aqui desejo fazer uma observação: a quase total aderência massiva da juventude intelectualmente ambiciosa à ideologia do regime, que combinava um programa de ateísmo com explosões de messianismo romântico, provavelmente pode ser relacionada à natural crise religiosa do jovem adulto, com sua rebeldia edipiana contra os pais; em especial, pais derrotados. Lembro-me: os chamados "pryszczaci" ["os inconsistentes"], os jovens literatos revolucionários, comportavam-se como fanáticos religiosos. O Partido Comunista era a igreja deles. Eram como apóstolos entusiasmados ardendo em paixão para combater o mal. Depois, muitos deles entenderam a falsidade da ideologia em que estavam comprometidos e tentaram redimir sua culpa comparecendo, em Budapeste, à Revolução Húngara de 1956, escrevendo artigos sobre a pobreza na Polônia, protestando, e participando ativamente da oposição democrática.

Lembro-me do poeta Wiktor Woroszylski,[35] um dos "inconsistentes" de outrora, que encontrei muitos anos depois em Paris. Foi numa noite literária dos padres palotinos.[36] Woroszylski, assim como Lech Wałęsa, usava um emblema da Madonna Negra de Częstochowa na lapela.

---

[35] Poeta, escritor e editor (1927-1996). Inicialmente um entusiasta do comunismo, envolveu-se depois com a oposição democrática ao testemunhar a repressão da Revolução Húngara de 1956.

[36] Centrum Dialogu [Le Centre Du Dialogue], um influente centro cultural da imigração polonesa na rua Surcouf, em Paris, dirigido pelos padres palotinos, fundado em 1973 pelo reverendo József Sadzik S.A.C.

A igreja daquela época era uma força liberadora, portadora de esperança com habilidades diplomáticas excepcionais, protetora dos rebeldes – e não questionava o seu credo.

Por sinal: o último Ryszard Kapuściński,[37] o maravilhoso escritor tão saudoso, recentemente falecido, era o mais jovem dos "inconsistentes". Posso vê-lo – um rapazote – em pé num pódio recitando um de seus poemas radicalmente militantes. Um início feio de uma grande carreira. Isso costumava acontecer com nossa geração que estreava na época do stalinismo.

Queriam se livrar das crenças obsoletas de seus pais – num ato de rebeldia jovem – e caíam na dura, inflexível religião de um brilhante futuro controlado por uma casta de ideólogos. E então, desiludidos, fizeram a manobra espiritual na direção oposta.

UM JOGO COM O OLHO

Podem dizer que minhas palavras soam como se fossem tiradas do *Eclesiastes*, mas preciso observar que nas vidas dos escritores, artistas e intelectuais do sistema totalitário há uma época de conversão e uma época de rebelião, uma época de fé e uma época de traição, uma época de euforia e uma época de arrependimento. Com várias intensidades, ordens, proporções.

Certamente, alguns deles seriam motivados pelo cálculo frio, cínico, ou por uma semi-ingenuidade ridícula, ou "desembestada", para se beneficiar do calor do rebanho (mesmo se o pastor fosse ríspido). No entanto, com muita frequência seus motivos variavam e não eram necessariamente baixos. Nem todos conseguiam acessar a companhia "Medo & Estômago" (como o poeta Konstanty Ildefons Gałczyński[38] costumava chamar); é preciso também mencionar que o regime não poupou despesas nem aliviou a pressão sobre a cultura.

---

[37] Jornalista e escritor polonês de ponta, mais conhecido por sua reportagem sobre África dos anos de 1960 e 1970 (incluindo o famoso *O Imperador: Queda de um Autocrata*) (1932-2007).

[38] Eminente poeta e satirista muito popular (1905-1953). Lembrado principalmente como autor de absurdas minipeças populares (Teatrzyk Zielona Gęś), ele também pagou tributo artístico ao regime comunista (esse episódio infame é descrito em *Mente Cativa*, de Czesław Miłosz). Antes da Segunda Guerra ele esteve ligado à extrema direita.

A vida em tal regime é vivida na constante presença de um Olho específico. Trata-se de uma violação da autenticidade humana mais forte do que qualquer Olhar Sartreano, o Olho interno do Pai Freudiano, o Olho da Sociedade, ou o vislumbre interpessoal deformador que Gombrowicz apelidou de "Carranca e Traseiro".[39]

Cada um desses tradicionais ou clássicos Vislumbres Visuais é mais ameaçador em um sistema totalitário. Cada um deles pode ser o Vislumbre de olhar do Controlador Ubíquo, "vaporizado" no ar, o Guarda da Retidão, o Pedagogo, o Estado, o Partido, a Nação – e todos eles são de algum modo coessenciais, mutuamente multiplicados. Seu poder demoníaco vem do Grande Olho do Leviatã Kremlin: o onisciente Olho do Espírito da História. Sem mencionar o Olho do Policial, do Espião, ou do Informante da vizinhança.

O senso comum dirá: é apenas medo. E a psicologia profunda dirá: é uma permanente situação traumática penetrando no inconsciente individual pela camada consciente da psique e que acessa o inconsciente coletivo, a mãe dos arquétipos.

Uma situação difícil, cheia de tensões, que leva à loucura e a desvios psíquicos. Ainda assim, paradoxalmente, também leva à criatividade, imaginação e reflexão.

Na Polônia comunista, às vezes, vivíamos uma vida dupla, ocultando nossos pensamentos e emoções, multiplicados por nossos fantasmas, assombrados pelos espectros, espíritos de nossos ancestrais; pelo significativo em *algum lugar* e em *algum momento* de nossos sonhos despertos. A realidade tinha a consistência de uma alucinação. Uma eterna *Dziady* ou uma infinita *Wesele*[40] poderiam reviver e se materializar a qualquer momento. O drama, a festa, o baile, o grotesco e a tragédia combinados,

---

[39] Dois termos-chave da novela *Ferdydurke* (1937) de Witold Gombrowicz. "A Carranca" (em polonês, "geba") define todas as formas sociais, convenções e máscaras que somos forçados a usar, em contato com outros homens. "O Traseiro" (em polonês, "pupa") é um símbolo de infantilidade. As duas frases eram usuais em meio à *intelligentsia* polonesa. A obra de Gombrowicz é notoriamente difícil de traduzir. Seguimos a versão de 1961, de Eric Masbacher. Na nova tradução (2000), de Danuta Borchardt, o último termo fica em polonês.

[40] Flaszen refere-se aos dois dramas mais importantes – ambos lidam com o contato com os espíritos ancestrais e com reflexões sobre o destino da nação.

humor e desespero, zombaria e apoteose, os mortos vivos e os vivos mortos em uma dança compartilhada. Era essa a Dança do Chochoł?[41]

Todo mundo que conhece a arte polonesa – poesia, teatro, cinema, prosa – depois de 1956 reconhecerá, espero, nesse incompetente resumo acima, algumas obras particulares, ou talvez até o espírito da arte daquela época em suas maiores expressões.

O jogo com o Vislumbre do Olho, o jogo na presença do Vislumbre do Olho, exigia uma atenção específica e resultava em interessantes obras artísticas e modos de pensar. Será que isso era um jogo com o Olho? Ou talvez um tipo específico de jogo do Olho?

RINOCERONTES, RAPOSAS E LEÕES

Pode-se imaginar: como era possível que o totalitarismo polonês levasse à criatividade por tanto tempo? Alguém deliberava – de modo mais generalizado – a relação distorcida e perversa entre liberdade e ato criativo do artista. Grandes autores, como Alexander Pushkin ou Nikolai Gógol trabalharam prolificamente sob o duro regime despótico do tzar Nicolau I. Mickiewicz, exilado na Rússia, escreveu seu poema *Konrad Wallenrod* (1828) – e o título do poema deu nome ("walenrodismo") à tática de revolta disfarçada em lealdade... O poeta dedicou sua obra ao tzar...

O Vislumbre de Olho cinza, demoníaco, ubíquo, quase metafísico, paradoxalmente – bem, será de fato um paradoxo? – destacava o valor do homem individual, ao menos do criativo. No regime totalitário polonês, vazado e fraco depois de 1956, era possível fazer algo: lamentar a impossibilidade, enganar o déspota, que às vezes se deixava enganar e não reagia porque, sem fôlego, era obrigado a dar um tempo a sua própria severidade.

L'Homme Révolté[42] foi como Albert Camus chamou o fenômeno, que, aliás, não por acaso gozou do estatuto de *cult* na Polônia comunista. "Um

---

[41] A "Dança do Chochoł", uma cena final perturbadora e ambígua de *Wesele* (*O Casamento*) de Wyspianski – os convidados do casamento dançam num sonho, conduzidos pelo misterioso Chochoł ("homem de palha") – é normalmente interpretada como símbolo de escravidão e estagnação.

[42] Francês para "o homem revoltado". O livro de Camus (1951) surgiu em tradução inglesa como *The Rebel*.

homem, o inimigo da ordem"⁴³ – como Czeslaw Miłosz acrescentou. Nós, artistas da Polônia comunista, sentíamos desse modo: eles têm medo de mim, então talvez eu não seja insignificante... Sou vigiado, *ergo sum*...

Havia três "perfis" básicos de escritores e artistas na Polônia comunista. Havia os Rinocerontes (de Ionesco), as Raposas e os Leões. Os Rinocerontes eram criaturas de princípio, prontos para servir totalmente ao Partido e à Nação. As Raposas faziam um jogo com o regime para ser mais espertas do que ele e salvar sua própria identidade artística e sua crença dentro das regras. Os Leões eram feras corajosas que rugiam abertamente.

Esses eram, por assim dizer, modelos ideais. Na realidade, não era fácil encontrar uma forma pura. Alguns Rinocerontes podiam, na realidade, ser Leões, enquanto alguns deles (dependendo da chamada "*etap*"⁴⁴ em que estivessem) fingiam ser Leões. De qualquer modo, todo artista queria ser um Leão, mas, com mais frequência, decidiam permanecer Raposas, as espécies mais comuns na população daquela época.

"Misturas raciais", mestiçagens – era um fenômeno comum. Dependendo das convulsões do *Zeitgeist*, da ampliação ou do estreitamento das liberdades, adotavam-se variados perfis. Havia Rinocerontes liberais, Raposas totalitárias e Leões circunstanciais. Algumas espécies eram puras, sinceras e autênticas – ou fingiam sinceramente. Eu diria que havia poucos Rinocerontes, Raposas e Leões não adjetivados.

Às vezes, um indivíduo não conseguia reconhecer o que era. Era uma população num estado de constante evolução – ou involução? Por exemplo, em março de 1968, e sobretudo depois de março, quando a nova nomenclatura, racialmente limpa, esteve procurando apoio na elite criativa (artística), podia acontecer de alguns velhos Leões de outubro, Leões com um nobre passado no Lar do Exército,⁴⁵ que foram perseguidos pelo

---

⁴³ Em polonês, "Wróg ładu, człowiek" – o título do oitavo capítulo de *A Mente Cativa*, de Miłosz. Na versão inglesa, "Man, his enemy".

⁴⁴ "Fase", em polonês, ou uma "etapa" ("significando uma etapa do constante processo de aproximar-se do comunista ideal"). No neologismo comunista, era usualmente um eufemismo de um período em que uma facção particular do Partido estava no poder.

⁴⁵ O Lar do Exército (*Armia Krajowa* ou AK, em polonês) era o movimento de resistência polonesa dominante na Polônia ocupada pela Alemanha durante a Segunda Guerra Mundial. Era leal ao governo polonês, que tinha sua base no exílio na Inglaterra, sendo a força armada do chamado Estado Polonês Clandestino, e hostil ao comunismo.

regime, e jovens "beatniks" Leões carecas, confraternizarem com os velhos "partizans das florestas" do General Moczar,[46] e dividirem o assado de um caçador com eles ao redor da fogueira. Cenas similares surpreendentes seriam vistas depois, durante a lei marcial dos anos de 1981-1983, quando uns poucos intelectuais independentes, funcionários ou críticos eminentes declarariam seu amor pelos soldados do general Jaruzelski e tomariam com eles sopa de batata em torno do braseiro.

Qualquer um poderia ter seu dia de Leão, de Raposa, de Rinoceronte. Havia a possibilidade de reversão, em vários graus.

A dinâmica espiritual no país escravizado era, em geral, assim: da poluição da vida cotidiana à purificação; do compromisso à revolta; da humilhação à revolução. Eis a dinâmica "dostoievskiana", uma espécie de versão vistulina suavizada do "clima dostoievskiano": um deslizar da sarjeta ao altar, do pecado à santidade, da queda à salvação. De excesso de bar a um ato artístico ardente.

Isso também pertence à geração de jovens rebeldes que surgiram em grande número por volta de 1956.

Era um geração de novos boêmios, poetas, escritores, artistas, pessoas de teatro, músicos, que transgrediam a estrutura da corte: a literatura governamental, a arte política.

JAZZ! JAZZ!
No início de 1957, buscando diagnosticar a nova situação, escrevi:

> O artista é alguém que deseja rearranjar seu destino. Ele se rebela infinitamente: rompe com as convenções sociais, intelectuais e morais. Uma posição de equilíbrio é um conceito alheio a ele [...] A ideia do artista definida na segunda parte do século XIX, começando com Baudelaire e Rimbaud, ressurge agora. Cruéis, rapazes bárbaros, barbudos e livres, estão experimentando o material e a palavra, dando vazão às suas inclinações sombrias. Há uma revolta existencial constante em sua própria base – mesmo que usem modestos macacões de trabalho ou deixem crescer o cabelo em estilo boêmio. Eis nossos

---

[46] Ver nota 30 deste capítulo. Moczar envolveu-se nas atividades da guerrilha comunista durante a Segunda Guerra Mundial.

"contemporâneos" – Não cidadãos, não moralistas, não editores. Artistas – extraindo sua visão do subsolo.[47]

Era uma espécie de eco da Polônia Jovem[48] em Cracóvia, seu berço. Mas eles não eram epígonos; eles eram modernos, eram *beatniks* poloneses. Esse fenômeno nasceu sob estrita vigilância da ideologia vistuliana.

A Cracóvia daquela época... Não consigo resistir à reminiscência de um velho...

O Outubro em Cracóvia – além das questões políticas, esperanças e tensões – foi um evento artístico incrível. Foi um carnaval da liberdade artística.

Estive no nascimento do "Piwnica pod Baranami" e tornei-me um dos primeiros frequentadores desse cabaré, famoso por décadas. No início, tínhamos de ir lá secretamente, por uma janela minúscula que dava para a rua, e ainda havia pilhas de carvão no porão. Toda noite eu ficava até de madrugada fascinado com o recém-aberto teatro Cricot 2 – que depois ficou famoso mundialmente –, onde a elite artística de Cracóvia se reunia em torno de Tadeusz Kantor, um dândi e mago, celebrando seus rituais inovadores. O teatro apresentava um espetáculo intrigante, *Mątwa* [*A Lula*], de Witkacy[49] – um autor banido antes de 1956 – em colaboração com eminentes artistas do Grupa Krakowska.[50] A vanguarda – revoltosa, irônica, zombeteira, alegre, iconoclasta, provocativa, penetrando nos mistérios da essência artística, inovadora, plena de imaginação, sensível às novas ideias parisienses, trazendo a mensagem messiânica da modernidade – acabara de deixar o subterrâneo... E jazz,

---

[47] Flaszen, "'Rekolekcje' nowoczesności'" [Recordações da "Modernidade"], in *Przegląd Kulturalny*, 25-30 abr. 1957, p. 7.

[48] Młoda Polska, em polonês – um período da cultura polonesa (especialmente da literatura e das artes plásticas) na virada do século (1890-1918) combinando elementos do modernismo, simbolismo, impressionismo, decadência, neorromantismo e *art nouveau*.

[49] Apelido de Stanisław Ignacy Witkiewicz, dramaturgo inovador, novelista, pintor, fotógrafo e filósofo (1885-1939).

[50] Uma associação com base em Cracóvia, estabelecida nos anos de 1930, que continuou depois da Segunda Guerra, reunindo eminentes artistas poloneses (incluindo Maria Jarema, Jonasz Stern, Tadeusz Kantor, Alfred Lenica e Jerzy Nowosielski), cultivando abstracionismo e experiências vanguardistas em vez do realismo socialista oficialmente imposto na época. Depois de 1956 o grupo foi tolerado pelas autoridades comunistas.

jazz – o degelo começava com concertos alternativos de jazz –, dançando *boogie-woogie* e gingando à exaustão. Tachismo, abstracionismo, todas as coisas suprimidas e de oposição ao poder absoluto da ideologia stalinista, todas as coisas rotuladas de "heréticas", "antiproletárias", "podres", "decadentes", "ocidentais", "imperialistas", "antinacionais", "feitas para envenenar a alma da nação"...

Existia aí uma Cracóvia artística ressuscitada, a capital tradicional da boemia polonesa, das experiências inovadoras, o berço da vanguarda. Uma revolta de artistas, de óbvios significados políticos ocultos, quebrando ostensivamente cadeias, mas com a perspectiva de ultrapassar uma rebelião puramente política. Movendo-se na direção da revolta da individualidade criativa, imprevisível, inexprimível na linguagem jornalística, na semiótica discursiva.

E agora, para concluir, algumas palavras sobre o meu caso. Porque também fui um rebelde – para nos mantermos no tópico.

Depois de algumas práticas juvenis no espírito dos Rinocerontes (eu era um jovem Rinoceronte de espírito trágico/romântico), eu me transformei gradualmente numa Raposa, obviamente sonhando que era Leão, e de vez em quando rugia como um verdadeiro Leão.

Pela primeira vez – usando uma máscara de Raposa –, eu me revoltei num período de stalinismo em plena florescência, no final de 1951. Participei da luta (obviamente limitada e controlada pelos dirigentes) contra o esquematismo na literatura do realismo socialista para o bem da literatura. No entanto, provavelmente levado por uma paixão ingênua do que sentia ser a verdade, ultrapassei os limites permitidos. Como consequência, fui atacado por uma matilha inteira de Rinocerontes – velhos e experientes, mas também jovens e ideologicamente vigorosos. No auge do stalinismo, não havia grande diferença entre eles; um Rinoceronte era apenas um Rinoceronte.

Fui acusado de niilismo no tratamento que dava à nova produção literária, e de generalizações negativas apressadas. O mais irritante era minha declaração de que o esquematismo – relacionado estilisticamente ao pseudoclassicismo – não era, como oficialmente afirmado, "uma doença de crescimento", mas um sintoma do envelhecimento e decadência literária. Era similar ao pseudoclassicismo praticado na parte da Polônia controlada pela Rússia depois das divisões.[51] Apesar dessa comparação histórico-filosófica, não tenho certeza se eu previra, então, a implosão do Império Soviético na vida de nossa geração. Sob a pele de uma Raposa, obedecendo ao ritual linguístico correto, mas apaixonado por nossa verdadeira literatura, eu me tornei um jovem Leão. Expus minha juba leonina... Hoje, surpreendo-me ao ler as opiniões dos historiadores de literatura, debatendo se meu panfleto intitulado "Nowy Zoil czyli o schematyzmie" [O Novo Zoil, ou sobre o Esquematismo] foi o início do "degelo" em todo o bloco soviético.

Por muitos anos fui candidato do Partido – não sem intenções "wallenrodinas" –, mas finalmente decidi recusar a carteira de membro. Desse modo, como um candidato "dos nossos", eu frequentava as reuniões de ativistas do Partido como membro da União dos Escritores de Cracóvia para discutir e treinar a tática de maquiavelismo. Como lembra Mrożek em sua autobiografia, quando não participávamos das discussões, sentávamos ao fundo e ridicularizávamos o ritual do partido como criancinhas. Eles queriam me recrutar: falavam comigo de lado com franqueza, como de um Rinoceronte a outro. Em resposta, eu usava uma máscara de Raposa – a de uma raposa lunática, sem seriedade, cronicamente infantil. (Seja louvado, Gombrowicz, mestre de "Carranca e Traseiro", grande pedagogo da nação!). Eles fungavam em mim e chamavam minha atenção, mas eu era tolerado como Raposa.

Porém um dia eu negligentemente perdi o controle do meu Leão interior que constantemente rosnava para mim. Em uma das reuniões em que os outros – num tom habitual, de "profunda preocupação pelo camarada do Partido" – falavam das fraquezas de nossa literatura socialista e das causas disso, liberei uma tirada feroz que constrangeu profundamente os camaradas... Ousei dizer que o falecimento da literatura soviética, tão diversificada nos anos de 1920, começara com o histórico Congresso dos Escritores Soviéticos em Moscou, em 1934, quando

---

[51] Na segunda metade do século XVIII, a República das Duas Nações Polonesa-Lituana gradualmente perdeu sua independência e foi dividida entre os impérios vizinhos: Rússia, Prússia e Áustria. A terceira e última das partilhas, como foram chamadas, ocorreu em 1795. A não ser por um curto período (1807-1815) da existência do Grão Ducado de Varsóvia, aliado à França napoleônica, a Polônia foi varrida do mapa até 1918. Os escritores românticos poloneses estiveram ativos desde o início dos anos de 1820.

Máximo Górki proclamou o realismo socialista como o único e principal método artístico da história humana. Também ousei falar – e isso era um completo tabu ideológico – sobre o chamado demônio imanente do sistema socialista (oficialmente, alegava-se que tal demônio existia, mas certamente seria erradicado...).

VOCÊ É TÃO CORAJOSO, CAMARADA

Foi demais. Fui chamado pela executiva de minha organização à comissão de controle do Comitê Regional do Partido em Cracóvia. Meus amigos literários, mesmo que puramente Rinocerontes, não foram muito agressivos com o herético. Eles lamentaram, explicando que eu era jovem, inexperiente, que provavelmente eu não dizia o que pensava, porém acrescentaram, num tom duro, que meu comportamento fora descuidado, errôneo e irresponsável, e que eu precisava pensar de maneira ideológica.

Ao ler o documento em voz alta, o presidente da comissão, parecendo um comissário revolucionário bolchevique, de blusão de couro, com uma sacola militar, perguntou-me: "Você disse exatamente o que está anotado no protocolo? Porque aqui obedecemos à lei e às normas leninistas da vida do Partido."

A fraseologia dos *aparatchniks* evoluiu claramente de 1954 a 1956. O mundo stalinista estava prestes a cair...

Respondi que era precisamente o que dissera e comecei questionando o que era realmente a verdade.

Os camaradas escritores interromperam-me com dureza, afirmando que eu falara o suficiente e era melhor que me calasse. Estava implícito: era melhor para mim e para a reputação de nosso grupo partidário. Aí a comissão de controle deu uma aula "colegial", informando-me sobre os conceitos corretos do marxismo-leninismo, sobre a grande literatura e cultura da União Soviética, nosso modelo e exemplo inestimáveis, e dizendo que nos oferecia sua ajuda fraterna. Fui acusado de herdar alguns aspectos ruins da *intelligentsia* pequeno-burguesa, de desconhecer a vida real, de ter me desligado da luta do povo com as dificuldades cotidianas e do suor de suas entranhas na construção do socialismo.

Deram-me uma reprimenda partidária e uma advertência. Antes de sair, fiquei sabendo que me faltava a humildade de um verdadeiro comunista.

Murmurei, respirando:

E pur si muove.

Senti-me como Galieu Galilei diante da Inquisição.

"Você é tão corajoso, camarada Ludwik", Julian Przyboś – o grande poeta, ousado escritor de vanguarda dos anos de 1920 e de 1930 – sussurrou-me, quando deixamos o prédio.

Estava realmente lisonjeado, pois Przyboś já era um clássico vivo. Mais tarde, estranhei que ele, um rebelde tão radical contra a arte tradicional, um aficionado do movimento camponês radical, sussurrasse em meu ouvido, cumprimentando-me, um jovem doidivanas, porém sem dizê-lo em voz alta. O grande inovador da poesia e do pensamento artístico vestia uma máscara de Raposa. Uma Raposa – um inovador...

O DEGELO, UMA TRISTE TEMPORADA

Com Jan Błoński, Adrzej Kijowski, Konstanty Puzyna – jovens críticos já famosos –, integrávamos o chamado grupo Cracóvia de críticos. Éramos conhecidos por nossas opiniões não conformistas, não ortodoxas e por discursos combativos. Distinguíamo-nos não somente por nosso espírito comum de rebeldia literária, mas também pelo alto nível linguístico de nossos textos. Apesar de nossas peles de Raposas, nossos oponentes geralmente nos atacavam e nos "expunham" com ferocidade. Certa vez, uma corporação de alto nível acusou-nos de "contrabando ideológico". Fomos publicamente censurados por Jerzy Putrament, um experiente Raposa-Rinoceronte, enquanto Jakub Berman, o controlador das questões culturais do Partido e membro do Politburo responsável pela Segurança Pública, pessoalmente investigava nossos "desvios" (eu não tinha conhecimento disso à época)...

Mas o "degelo" estava chegando; o Outubro Polonês se aproximava. Eu era tolerado. De acordo com meu disfarce de Raposa lunática, publiquei na época uma série de panfletos intitulados *Z notatnika szalonego recenzenta* [*Notas de um Crítico Maluco*]. O degelo – como constatei – foi um período triste. Foi uma época de enfrentamento. Uma época em prol da verdade. Foi um desafio para muitos escritores e artistas. Será que aguentarão a liberdade assomando no horizonte? O totalitarismo tem uma grande vantagem: grandes e pequenos são iguais; dá condições ao fenômeno posteriormente chamado de "fuga da liberdade".[52]

Um dos meus panfletos intitulava-se: "O trudnym kunszcie womitowania" [Sobre a Difícil Arte de Vomitar]. Sob a forma grotesca de um sermão, eu encorajava os escritores a fazer um registro honesto, completo, implacável com eles mesmos. Não por motivos morais, mas pela autenticidade do ato criativo, por uma espécie de higiene espiritual e criativa. Eu os incentivava a somar alguma luta interna, seu rinoceronte pessoal, aos confrontos com o rinoceronte externo comum, isto é, o stalinismo. Eu atacava aqueles que, repentinamente – como se nada tivesse acontecido –, mudaram da apoteose à condenação; atacava os admiradores (tão comuns) do regime que estavam se transformando em juízes pomposos e acusadores. Era oportuno – como eu recomendava – vomitar, mas de um modo humilde, não tão monumentalmente...

No auge dos eventos de Outubro, a revista sediada em Cracóvia, *Życie Literackie* (em que eu havia trabalhado por anos e publicado meus textos esopianos), publicou um editorial contra os *"wichrzyciele"* (agitadores). Na opinião do editor chefe, os "agitadores" cobiçavam a "segunda etapa da transformação"; eles pretendiam derrubar traiçoeiramente o sistema socialista. Ele se referia em particular ao chamado Komitety Rewolucyjne Młodzieży [Comitê da Juventude Revolucionária], que reunia jovens que queriam estabelecer uma organização nova, não totalitarista, uma vanguarda de mudanças democráticas.

Fiquei ultrajado com a publicação de um editorial tão antilibertário como esse em minha própria revista, ainda mais – como descobrimos – secretamente, sem o conhecimento da equipe editorial. Escrevi um breve protesto, ou um *votum separatum*, e coletei assinaturas de meus colegas de editorial. Foi assinado por quase todos.

Depois, no escritório editorial, surgiu o editor chefe que falou com cada um de nós separadamente – com todos, menos comigo. Todos os signatários retiraram suas assinaturas.

---

[52] A edição norte-americana do livro *Die Furcht vor der Freiheit*, de Erich Fromm, tem esse título, enquanto a versão inglesa foi chamada *The Fear of Freedom* [*O Medo da Liberdade*] (1941).

A publicação do texto na *Życie Literackie*, assinada somente por mim, estava fora de questão. No dia seguinte, foi publicado em um dos jornais locais.

UMA ASSEMBLEIA DE LEÕES

Pouco depois, a famosa Assembleia Geral da União dos Escritores pós-Outubro aconteceu em Varsóvia, um evento lembrado com orgulho nos anais de nossa cultura nacional. A liberdade estava no ar, os participantes estavam eufóricos, como costuma acontecer em momentos históricos importantes sobre o Vístula. A necessidade da expressão pública dos conteúdos expurgados (mas universalmente conhecidos) fugia ao controle. Aí, podíamos até jogar a pele de Raposa fora. Era uma assembleia de Leões de várias gerações e de diversas experiências artísticas e ideológicas. As emoções corriam à solta. Era uma espécie de Quadrienal de Sejm,[53] e o espírito dos autores da 3ª Constituição de Maio flutuavam sobre nossas cabeças. Na realidade, nossa assembleia aconteceu próxima do local em que a Constituição fora proclamada duzentos anos antes...

Certamente, havia alguns Rinocerontes orgânicos em nosso meio, transformados de algum modo. Eles atuavam no papel de estadistas experientes, sóbrios e razoáveis. Diziam:

> Não exageremos, pois temos de nos lembrar de que pertencemos ao poderoso bloco socialista. Por isso, devemos limitar nossos postulados, parar de sonhar inutilmente e parar com a fala ociosa que fere nosso aliado, o país poderoso e irmão. Do contrário, partilharemos do destino dos húngaros, agora mesmo reprimidos pelo exército soviético irmão.

A Assembleia elegeu uma nova Diretoria Geral, incluindo uma quota arduamente negociada de membros do Partido e "colegas experientes".

E eu também estava ali. Nas eleições, fui indicado inesperadamente a um cargo honorário à qualificada comissão da União, com a famosa escritora católica Zofia Kossak-Szczucka e o eminente crítico Adam Sandauer

---

[53] Também conhecida como A Grande Sejm, a Comunidade das Duas Nações Polonesa-Lituana de Varsóvia entre 1788-1791. Sua maior conquista foi a adoção, em 1791, da avançada 3ª Constituição de Maio, considerada a primeira constituição democrática da Europa.

que, por sua atitude negativa para com o realismo socialista, caíram em desgraça nos anos stalinistas.

O MURO ERA MAIS DURO QUE A CABEÇA

Nossa tarefa era verificar a nova situação dos membros da União. Sandauer e eu nos entendemos no mesmo instante. Tínhamos nos encontrado por anos nas fronteiras da vanguarda de Cracóvia. Percebi nossa missão como de purificação de "elementos oportunistas" na União, aceitos de modo precipitado por serem membros do Partido ou por uma atitude pró-estatal zelosa (sobretudo no país), que não tinham nenhuma produção literária (como exigiam os estatutos da União). Fizemos uma lista desses indivíduos que não tinham mérito para pertencer à respeitada União dos Escritores Poloneses, a associação levando a sério seu papel na cultura.

Sandauer, checando brevemente alguns arquivos pessoais, grunhia desprezo em sua voz grave enquanto separava os papéis dos escrevinhadores "oportunistas". A palavra "escrevinhador" era seu grito de batalha.

Sentia-me envergonhado e excitado ao mesmo tempo: pela primeira vez em minha vida, eu era um juiz oficial, não uma vítima vulnerável aos vereditos alheios.

Sendo um entusiasta da qualidade de ponta, da autenticidade e da missão elevada das palavras escritas, lutei comigo mesmo, tentando não ser cruel com esses equívocos literários indignos do nome de escritores profissionais, incluindo não apenas horrendos carreiristas e personagens obscuros, mas também simples tolos insensíveis, escrevinhadores amáveis. A diretoria geral, presidida por Antoni Słonimski, um liberal respeitável, ficou muito descontente com a forma radical – ou quase inquisitorial? – de nossos procedimentos. Havia também oposição bem intencionada em nossa comissão. A Sra. Kossak-Szczucka, uma escritora ligada à Associação PAX,[54] não muito favorável às transformações antitotalitárias, colocou um freio em nosso entusiasmo ao estilo de dama nobre. Na realidade, Sandauer, o alto sacerdo-

---

[54] Uma organização católica secular estabelecida em 1947, que constitui uma espécie de oposição falsificada habilitada (na realidade, financiada pelo governo comunista). Antes da Segunda Guerra, os líderes da PAX eram associados aos partidos de direita, o equivalente polonês ao fascismo. Os principais editores da PAX estiveram envolvidos na campanha antissemita de 1968.

te da qualidade e modernidade, brandia sua espada contra os equivocados tão extensamente que até Kossak-Szczucka, uma escritora venerável, mas tradicional, poderia se sentir inconscientemente ferida.

No final, a verdadeira renovação na União dos Escritores Poloneses foi de fato moderada. Um motivo foi a pena que os distintos escritores sentiam pelos imbecis e *factotums* que podiam ser pessoalmente úteis a eles. Às vezes, davam a entender que tal ou tal pessoa não deveria ser expulsa por motivos políticos especiais (provavelmente, motivos políticos elevados). Talvez fosse bom ter seus "próprios" informantes da polícia secreta funcionando como agentes duplos diversionistas...

Como resultado, meu papel rebelde, o de um homem de ação na União, foi um fracasso. O único benefício concedido a mim foi a bolsa de estudos de um mês em Paris, como consolação para quando terminasse meu prazo no escritório.

Em novembro de 1956, no meu regresso a Cracóvia, depois da histórica assembleia de escritores, encontrei em casa uma carta de advertência da Życie Literackie. O editor chefe, um sujeito duro que fora membro das guerrilhas comunistas durante a guerra, um astuto Rinoceronte gago, punia-me pela tentativa de organizar uma contrarrevolução contra o patrão. Ninguém no escritório editorial me apoiou.

Desse modo, fui derrotado. Tornei-me, por assim dizer, um náufrago ou um falido do Outubro Polonês de 1956.

Logo meu caderno preto, incluindo antigos e novos panfletos e esquetes, foi confiscado pelo censor. O degelo acabava e começava a "normalização" pós-stalinista. Meu livro de estreia foi intitulado *Głowa i mur* [*A Cabeça e o Muro*]. O Muro era obviamente mais duro do que a Cabeça. No entanto, graças a alguns amigos da editora, algumas cópias do livro já impresso foram salvas do *auto da fé*. Com o risco de ser acusado de vaidade, diria que meu *Głowa i mur* foi o primeiro livro a circular por baixo do pano, o que nos anos seguintes seria uma prática usual na Polônia.

COMEÇA O TEATRO?

Será que foi uma coincidência? Um decreto secreto do destino? O desejo da Providência? Fui despedido pela defesa declarada da juventude rebelde lutando por reformas profundas do sistema socialista. Entre os líderes do movimento havia um jovem adepto da arte teatral, uma pessoa de verdadeira paixão e de habilidades, um homem de ação: Jerzy Grotowski. Na época, não relacionei esses dois fatos: o do meu protesto com a atividade política de Grotowski.

O Outubro Polonês atingira seus limites: a *raison d'état*, o papel até então de liderança do Partido Comunista. Grotowski, um ardente defensor do socialismo democrático, perdeu sua batalha; os vencedores foram os rapazes mais resistentes e mais comedidos. Como eu, ele se transformou num náufrago da onda de Outubro. A época dos Leões tinha passado – sobretudo na política.

Depois, Grotowski ficou vigorosamente envolvido em sua vocação adequada: o teatro. Canalizou seu *élan* revolucionário e seu *der Wille zur Macht* unicamente para restaurar suas atividades no campo do teatro.

Ao mesmo tempo, fiquei cansado das disputas literárias improdutivas que davam em nada e mudei minha fome de realização para o teatro...

Em 1954, uma estranha oportunidade aconteceu – sendo eu jovem, promissor, e desfrutando de algum prestígio, fui empregado como diretor literário dos teatros de Cracóvia. Na época, para melhor controle político, eles eram integrados num "conluio", inclusive o Teatro Juliusz Słowacki, um edifício histórico no estilo de burgo vienense, onde os dramas de Stanisław Wyspiański foram encenados no começo dos anos de 1900. Eu aprendia dos bastidores teatrais, participando de ensaios, observando o trabalho dos diretores e atores, penetrando no método Stanislávski, o único oficialmente reconhecido, e, por isso – e por causa do seu naturalismo –, eu não gostava muito. Meus colegas eram famosos cenógrafos de várias gerações: começando com a reforma modernista de 1900, percorrendo a vanguarda dos anos de 1920 e 1930 até Tadeusz Kantor, na época, ativo apenas nas artes plásticas. Eles ridicularizavam a instituição que os alimentava. Aderi a eles. Naquela época, a cenografia representava o espírito do teatro como arte da imaginação, preservava uma memória viva das revoluções inovadoras e artísticas do século. Podemos listá-los nos arquivos: artistas – eternos rebeldes!

Permaneci apenas um ano no Teatro como diretor literário. Aprendi diligentemente – essa arte me fascinou. Mas percebi que nossa principal tarefa era servir como posto de observação. Tinha influência mínima no repertório, minha área oficial. Sendo um crítico virulento, com eterno espírito de briga no coração, e com ambições de escrivão, será que devia aceitar o papel de um fantoche representando oficialmente questões alheias a mim? Escrevi uma carta de demissão arrogante e li na reunião de elenco acompanhado dos sorrisos sarcásticos das estrelas do teatro, dos membros do conselho. E saí: talvez até batendo a porta – não me lembro. Sem dúvida alguma, bater a porta é um dos gestos fundamentais do *l'homme révolté*.

E pouco depois, outro milagre aconteceu: ofereceram-me o cargo de crítico teatral no vespertino *Echo Krakowa* de Cracóvia. Fui recomendado por Sławomir Mrożek, que estava a ponto de desistir da carreira de crítico no *Echo* e se preparando para conquistar o mundo.[55]

COM GROTOWSKI, DE UM FALIDO PARA OUTRO

Eu tratava do ofício de crítico como uma nobre missão. Aparentemente, fui mordido pelo mosquito do teatro, como dizem no jargão profissional. Na realidade, o teatro é contagioso, em sua beleza e feiura. E ainda não tenho certeza do que me fascina mais: se a beleza ou a falta de beleza do teatro.

Basta dizer que eu tratava a tarefa de crítico com muita seriedade; com muito mais seriedade do que o pretendido pelas necessidades dos leitores de um jornal vespertino popular. O que eu escrevia era às vezes obscuro aos leitores – ainda assim, eles entendiam as abundantes observações cáusticas dos meus textos. Eu detestava o teatro tradicional, institucional; em Cracóvia, a maior parte dessas produções estava abaixo das minhas demandas. Tornei-me o *enfant terrible* do mundinho teatral e um forasteiro na minha profissão. Fui supostamente apelidado de "Robespierre".

Levei meu espírito revolucionário ao teatro. Tendendo naturalmente, de alguma forma, à rotina e ao conformismo, o teatro era uma área compensadora para um jovem crítico zangado. Contrabandear minhas preocupações politicamente não ortodoxas num jornal popular de Cracóvia me dava uma satisfação peculiar. Tornei-me um cliente de honra numa barbearia da rua Wiślna, sempre acompanhado até a porta com cortesia.

---

[55] Mrożek emigrou para a França em 1963.

Nesse caminho eu estava, inconscientemente, preparando minha parceria com Grotowski. Talvez guiado pela mão invisível do Destino?

Na primavera de 1959, ofereceram-me a diretoria de um pequeno teatro na cidade da província de Opole. Com segundas intenções, decidi ceder esse cargo a Jerzy Grotowski, um diretor do Stary Teatr de Cracóvia que estava apenas começando, e tornar-me seu braço direito, como diretor literário.

Foi assim que nos encontramos, dois náufragos ou falidos da Revolução de Outubro de 1956.

Falamos confidencialmente, como um falido a outro. E tramamos revolucionar a arte do teatro. Naqueles dias eu não sabia que nossa revolta, graças à arte de Grotowski, seria fecunda na renovação do teatro mundial, um ponto de referência aos artistas ambiciosos do mundo inteiro, um capítulo na história do teatro do século XX. Grotowski é mencionado entre os famosos reformadores teatrais do século XX à altura de Stanislávski, Meyerhold, Brecht e Artaud.

CULOTES, TOGAS E A CORTE

Um dos ícones emblemáticos, geralmente reproduzido em livros da história do teatro, apresenta um jovem com faixas brancas em volta dos quadris, ajoelhado, com o peito nu, aberto no espaço, com uma face radiante e a expressão de um iogue em êxtase ou de um homem santo parecido com um Cristo. Este é Ryszard Cieślak, ator do Teatro Laboratório, em seu lendário papel em *O Príncipe Constante*, peça baseada em Pedro Calderón de La Barca, na famosa versão polonesa de Słowacki, encenada por Grotowski e estreada em 1965, em Wrocław.

O drama barroco espanhol na versão do grande poeta polonês é um dos trabalhos emblemáticos do romantismo vistuliano, uma glorificação mística de devoção, de martírio e sacrifício. Um símbolo de resistência.

Cito o que escrevi no programa do espetáculo, 42 anos atrás:

> O espetáculo é um estudo específico do fenômeno da "perseverança". Aqui a perseverança não está manifesta na força, dignidade e coragem. O Príncipe se opõe às ações dos cortesãos (que percebem o Príncipe como uma bizarra e estranha criatura, quase de outra

espécie) com passividade e gentileza, fixado em uma ordem espiritual superior. Ele parece não resistir às manipulações desagradáveis das pessoas ao seu redor; parece não questionar as regras de seu mundo. Ele faz muito mais: ignora suas regras. O mundo dessas pessoas, diligente e cruel, não consegue atingi-lo na realidade. Eles têm poder exclusivo sobre seu corpo e sua vida, mas ao mesmo tempo não conseguem fazer nada com ele. O Príncipe aceita submissamente os procedimentos doentios dos cortesãos e ao mesmo tempo permanece independente e puro – a ponto de êxtase.

[...] Essa peculiar sociedade alienada usa culotes, botas de cano longo e togas – para mostrar que se comprazem com ações violentas e com o julgamento, especialmente com o julgamento de outras espécies. Sua diferença é enfatizada pela camisa branca do Príncipe (um ingênuo símbolo de inocência), por seu roupão vermelho, que a qualquer momento pode se transformar numa mortalha, e por sua nudez – signo de uma identidade humana indefesa que não tem nada para se defender, a não ser sua humanidade.

[...] A atitude da sociedade para com o Príncipe não é inequivocamente hostil. A alteridade está relacionada à fascinação, combinada à possibilidade de reações contraditórias – da violência à adoração. Aqueles que atormentam o Príncipe até a morte gorgolejam suave e extensamente sobre seu corpo: os pássaros da presa tornam-se pombos. O protagonista, lançado em meio aos obstáculos e procedimentos cruéis feitos a ele, cultiva dentro de si o esforço constante do êxtase. Finalmente, ele se transforma num hino, venerando a existência e contrariando a feiura e a estupidez. Seu êxtase não é mais retirado do sofrimento, ainda que o Príncipe seja capaz de superar sua dor porque se sacrifica – como se num ato de amor especial – à verdade. O espetáculo é uma tentativa paradoxal de superação da posição trágica de não aceitação de tudo que possa inevitavelmente nos lançar à tragédia.[56]

---

[56] Reproduzido neste livro em "*O Príncipe Constante*, Notas de Rodapé do Espetáculo".

Devido à censura, esse comentário não explica tudo. O bando de pessoas de culotes contemporâneas, togas de juiz e botas militares representa a corte da nobreza. Uma corte e um dirigente – era uma metáfora usual do comunismo. Nosso *Príncipe Constante* era também um estudo da nomenclatura comunista ao estilo do Kremlin, juntando poder ideológico, político, judicial e militar numa mão. Uma reação imediata ao aspecto político da realidade corrente fica visível aqui em Grotowski e em nossas experiências teatrais. *Está presente – todavia, ao mesmo tempo, é ultrapassada.* Movemo-nos aqui na esfera da metafísica, espiritualidade, essência – mal sei como nomear isso. Era sobre a busca da totalidade da existência do homem individual em todas as circunstâncias, sobre a realização do aqui e agora. O aprisionamento humano não é exclusivamente político, é?

O que estava em jogo era a tentativa de encenação do "ato total" na época do Apocalipse em todas as suas formas – flamejante e cinza, grande e pequeno, terrível e despreocupadamente alegre. Para Grotowski, a prática da arte podia ser um exercício espiritual permitindo... o quê? Salvação? Libertação? Ou talvez apenas a criação de obras-primas?

Também é preciso habilidade para usar uma colher. Há um provérbio: para cear com o diabo, é preciso ter uma colher comprida. Conformismo – não falei muito aqui a esse respeito – é apenas sorver do caldeirão do diabo, como um porco, com o focinho na tina.

Uma revolução é um ato de independência criativa? Certamente, isso tudo diz "não".

A revolução é privilégio da juventude?

Apenas tente imaginar um velho revoltado! Simplesmente dirão: ah, é só um velho ranzinza.

2007

O FRACASSO, OU SOBRE A NECESSIDADE
DO PRAZER

"Nomen omen", alguns descontentes anunciaram depois da estreia de *As Cadeiras*, de Ionesco, no Teatr Poezji, em Cracóvia. Se na verdade a plateia lotou na noite de estreia, a resposta incomum do público não foi um bom presságio. Normalmente, um curto período de aplauso negligente é sinal de fracasso certo. Ainda assim, todo mundo aplaude: desde os amantes de teatro agradecidos que lamentam pelo espetáculo não ter atingido as expectativas, aos mais severos chacais, demonstrando sua tolerância (resultante de um conhecimento mais elevado da arte teatral), com um aplauso moderado.

O público de *As Cadeiras* ficou dividido em duas partes distintas. O primeiro grupo aplaudiu freneticamente, como se tentasse dizer: "Deixem aquela gentalha acostumada com a atuação rançosa saber que eles têm diante de si uma revelação do teatro moderno!". O segundo grupo, sem fazer nada, olhava ao redor, com o rosto petrificado, de modo que ninguém poderia acusá-los de entusiasmo. "Senhoras e senhores, não dá para se afastar disso, vimos tudo, suas ideias modernas não passam de truques de festa!" Havia também um terceiro grupo. Eles não aplaudiam nem cruzaram os braços ostensivamente: saíam antes da peça terminar.

Aconteceu que, nos espetáculos subsequentes, a terceira parte, o grupo de espectadores ausentes, foi mais numerosa. *Nomen omen*! Os atores atuavam para cadeiras vazias. O público tornara-se uma extensão direta do palco. De um modo peculiar, um dos fundamentos do teatro moderno fora conquistado!

Por que as pessoas não vão assistir *As Cadeiras*? O clima quente? Provavelmente. Isso enfraquece qualquer desejo de ir ao teatro. Ainda assim, na mesma época em que as cadeiras vazias ocupadas por espectadores invisíveis cobriam tanto o palco quanto a plateia do Teatr Poezji, multidões apreciavam o estúpido *Boors*[1] no Teatro Juliusz Słowacki. Além do mais, frequentadores de teatro experientes deviam saber que não havia melhor abrigo para o calor e umidade do verão do que uma plateia teatral vazia.

Um estilo difícil? Inacessibilidade? Muito vanguardista? Provavelmente. A linguagem cênica de Ionesco não é direta. Nosso público aceita qualquer realismo popular antigo baseado em experiências vividas, ou qualquer poética que apresente a verdade com máscaras edificantes. A linguagem de Ionesco não é nem uma coisa nem outra. É cinzenta como o realismo popular, no entanto, a lógica de sua forma é alheia à lógica cotidiana. É como uma mesa com as pernas serradas: não há pernas, e a mesa parece flutuar no ar. Também, em *As Cadeiras,* não é possível encontrar qualquer clima teatral poético, ao qual nosso público esteja acostumado. A linguagem é densa, indistinta, ascética, sem imagens vívidas e entonações em cascata.

Mas a "novidade", embora obscura e estranha à sensibilidade de nosso consumidor teatral, apesar disso, atenta-o e provoca-o. O consumidor encolhe os ombros, fica louco, então, ao final, pisca, ao saber: "É lixo, mas tenho plena consciência de ter sido tomado" – e ele vem ver a peça, porque não consegue *não* vir, assim como o criminoso sente necessidade de retornar à cena do crime. Essa peça incompreensível, rotulada de "exclusiva" e envolta nas brumas do esnobismo europeu oriental, agita os complexos do consumidor teatral. Ele se defende com relutância e

---

[1] Flaszen refere-se à comédia de Carlo Goldoni *I rusteghi* (também traduzida como *Os Briguentos* (1762), encenada em 1957 por Karol Frycz como uma peça tradicional, populista.

concordância – mas tem de tornar sua relutância e concordância manifestas. É por isso que ele não consegue ignorar o espetáculo.

Especialmente porque Ionesco possui algumas atrações extras. O consumidor gosta de horror, ama-o quando seus nervos são sacudidos. Seu gosto já é tão característico que um drama muito sangrento o faz rir. Mas que tal um horror perverso e arguto? Ionesco apresenta tal horror. E apresenta fantasmas. Talvez não fantasmas literais, mas esse tipo de coisa. Conversações com o invisível, comportamento que se relaciona com o invisível – bem, certamente faz tremer. É ainda melhor do que os bons e antiquados vampiros com roupões fora de moda e as órbitas dos olhos vazias. Estes certamente não existem, ao passo que o invisível... ninguém sabe. Mas, nesse caso, nem os fantasmas, os fantasmas invisíveis, ajudaram!

As boas atuações também não ajudaram – nem mesmo a atuação dos dois atores, Jadwiga Gallowa e Jerzy Nowak, concentrada, tecnicamente hábil, por vezes até primorosa. Cracóvia não viu um fracasso tão espetacular por um longo período; possivelmente, desde os primeiros perus do "realismo socialista". Naquela época, ao menos, a plateia ficava lotada de brigadas SP,[2] ali reunidas obrigatoriamente. Porém, com a democratização atual, ninguém é forçado a ir.[3]

Qual o motivo desse completo e único fracasso? Não é somente o consumidor, o "espectador médio", ou esnobe que está fugindo de *As Cadeiras*. Se não fosse por atração e obrigação cultural, mesmo o especialista, o verdadeiro entusiasta, o verdadeiro maníaco teatral teria escapado. Não, isso é verdadeiramente insuportável!

---

[2] SP – Służba Posce [Serviço em prol da Polônia] era uma organização paramilitar de jovens controlada pelo estado, ativa entre 1948 e 1955. Os jovens participavam de treinamento militar e trabalho comunitário, principalmente em grandes fábricas e projetos de construção. SP também organizava para seus membros visitas coletivas obrigatórias ao teatro, sobretudo para assistir a peças de propaganda que representassem as aspirações do realismo socialista.

[3] Escrito em 1957, logo depois do "degelo" instigado pelo discurso de Krushchev denunciando Stálin em 1956. Configura o sentido da "democratização" e da mudança do realismo socialista e de outros princípios básicos totalitários e procedimentos que Flaszen articula aqui, muito embora levasse outros 35 anos ou mais para vigorar esse processo. Ver o capítulo anterior para mais informações sobre esse período.

Dois velhos pensam sobre o significado último de sua existência. Seu passado é fútil, não fizeram nada de importante, nada que pudesse justificar suas vidas. Seu passado consistia em possibilidades dilapidadas e oportunidades perdidas. E aí o velho descobre sua Grande Vocação: ele anunciará ao mundo a verdade maior. Visitantes chegam para ouvi-la. Bem, não visitas, mas visitas fantasmas. Todo mundo aguarda o orador, prestes a apresentar sua verdade maior em nome do velho. No momento da apoteose, no silêncio da sala à espera da revelação, os velhos, confiando o significado de sua ocupação ao Orador, cometem suicídio. Não basta que o público consista de fantasmas; não basta que o Orador seja um provocador de confusão mudo; nem, ainda por cima, que a verdade que ele revela, ao escrever com o giz no quadro negro, não signifique mais do que alguns murmúrios sobre a felicidade humana básica expressa em símbolos.

Ilusão, ilusão, nada mais do que ilusão. A totalidade dialética da negação, em que uma ficção mascara outra, e assim ao infinito, sem esperança, faz com que se queira apenas sentar e chorar! Vem à mente o famoso poema de Bolesław Leśmian,[4] "Dwoje Ludzieńków":

> Eles queriam amar um ao outro ao lado de seus túmulos,
>
> Mas o amor morrera, e não havia mais amor.
>
> E se ajoelharam na soleira de sua miséria,
>
> Para rezar por tudo, mas não havia mais Deus.
>
> Assim, com toda sua força, eles aguardaram a primavera e o verão,
>
> Para retornar à terra – mas não havia mais mundo.[5]

Nos anos em que havia uma brecha entre realidade e palavras, nos anos de arte "pastoral" acobertando, com cores falsas, o horror da vida, queríamos a verdade – a qualquer preço. Acolhíamos toda mancha mais

---

[4] Proeminente poeta polonês, neossimbolista e visionário, viveu de 1878 a 1937, embora o ano de seu nascimento seja questionado. "Ludzienki" é uma invenção do próprio Leśmian (ele usou muitos neologismos em sua poesia). Portanto, o poema pode ser traduzido como "Duas Pessoas Muito Miseráveis/Muito Pequenas".

[5] Bolesław Leśmian, "Dwoje Ludzieńków"em *Poezje wybrane*. Ed. Jacek Trznadel. Wrocław, Zaklad Narodowy im. Ossolinskich, 1983, p. 110. Tradução inglesa de Wojtasik e Allain.

escura do retrato como uma revelação, enquanto os "bonzos",[6] que sentiam que até a mais fraca corrente de verdade teria de inchar numa furiosa torrente, rosnavam furiosos. Ficávamos chocados com alcaçuz doce quando o que queríamos era pão integral e mostarda. Alimentados com luz ilusória, exigíamos escuridão verdadeira. Cercados pelo otimismo oficial, exigíamos o direito ao pessimismo.

E temos pessimismo. Nos jornais não se consegue encontrar outra coisa, a não ser reportagens angustiantes. Não se encontram poemas que não sejam desesperados, ou algumas frases de prosa que não tremam de amargura, dúvida e desesperança. O palco oferece-nos a mesma tristeza. Mas Ionesco, em sua dialética da negação, rompe com todos os recordes. Ele nega os ideólogos e a natureza, os grandes atos e o pequeno calor do coração humano.

E depois de beber nossa porção da própria essência de pessimismo, começamos a duvidar se conseguimos arcar com o pessimismo total. É um valor auxiliar, não essencial. De outro modo, haveria mais suicídios do que nascimentos. O pessimismo pode servir como um instrumento de luta para um futuro melhor. Só se pode ser pessimista em relação a, contra ou a favor de algo. Fiodor Dostoiévski arrancou do homem todas as máscaras e expôs completamente a degradação humana, para encontrar nosso anseio pela simples verdade do evangelho. Byron, um legislador do pessimismo para todas as épocas, morreu lutando pela liberdade da Grécia.

Pode haver outra espécie de pessimismo: o pessimismo da luxúria. Ele assombra a arte em tempos de prosperidade. A um sinal, as luzes de um salão elegante são desligadas. A música se esvai, e a multidão colorida, saciada, senta-se ao longo dos muros. Um artista entra, arranca seu *smoking* e, de camisa desabotoada, começa celebrando seus mistérios com os olhos em fogo. "É mentira", ele grita, "que a vida tenha sentido! Você dança e toca, mas não sabe que suas belas vestes estão penduradas em esqueletos. O nada aguarda além dos limites desta sala!" Um tremor de medo percorre a multidão. As luzes são acesas. A festa continua, e o próprio artista também se diverte. Um momento de medo ajuda a próxima digestão de prosperidade.

---

[6] Este nome, para designar um monge budista, foi usado sarcasticamente pelos chefes do Partido Comunista. Deriva da palavra japonesa para monge.

O pessimismo ocidental é luxuriante, tão luxuriante. Ao deixar o espetáculo de Ionesco, um espectador ocidental provavelmente sente a diferença entre teatro e vida. Ele experimenta horror, mas não fica deprimido. Refletiu um pouco e se divertiu um pouco com esses medos; mas consegue dormir em paz, porque ainda não é tão ruim.

Deixamos o teatro num crepúsculo polonês cinzento. Nossos passos ciciam nas calçadas sujas; não conseguimos nos concentrar, pois os bêbados estão gritando. A rua não nos dá pistas de como diferenciar o teatro da vida. O clima de Ionesco continua além do espaço teatral. Ah, certamente, não podemos dispor de tal desesperança na arte. Não podemos dispor disso.

Durante o espetáculo de *As Cadeiras* sentimos a necessidade urgente, pecaminosa, da alegria. Para fugir da sala escura, banhar-nos nas cores do mundo, num riso de multidão, no barulho de orquestras! Para acreditar que dois mais dois são quatro – e dessa crença surgir nossa esperança. Não, o teatro deve ser categoricamente diverso da vida que nos rodeia. Como disse o poeta: "Quero cantar as festas / O mato em que Shakespeare / Geralmente me levava...[7]

1957

Krzesla [*As Cadeiras*], de Eugène Ionesco • DIREÇÃO DE Jerzy Grotowski e Aleksandra Mianowska • CENÁRIOS: Wojciech Krakowski • MÚSICA: Adam Kaczyński • ELENCO: [Jadwiga] Halina Gall, Jerzy Nowak, Jerzy Sopoćcko e outros. • Stary Teatr, Cracóvia • ESTREIA: 29 de junho de 1957.

---

[7] Czesław Miłosz, "Em Varsóvia" (1945), traduzido em inglês por Czesław Miłosz, Robert Hass e Madeline Levine. Disponível em: http://library.thinkquest.org/11959/milosz/03resc.htm. Acesso em: 25 abr. 2010.

TCHÉKHOV CONTEMPORÂNEO E O QUE SURGIU DAÍ

No programa de *Tio Vânia*, ricamente ilustrado com grandes obras da arte mundial e copiosos comentários, o diretor Jerzy Grotowski escreve: "O teatro criativo constrói seu resultado artístico individual baseado na literatura... Quer se tornar uma arte criativa – baseado no drama". Eu realmente não sei o que isso tem a ver com a *Nice de Samotrácia* ou com a *Monalisa*, mas gritei "Exatamente! Exatamente!". Faço isso porque, como crítico, defendi muitas vezes as chamadas "encenações criativas" do teatro Nowa Huta, e até justifiquei as práticas de bandidagem do Teatr 38.[1]

A não ser que o dramaturgo objete (e, por motivos compreensíveis, os autores clássicos são os que menos objetam), deixe o diretor livre para fazer com o texto dramático o que ele acha certo. Deixe-o cortar metade da peça e modificar a base da outra metade. Não há limite para sua invenção. Sob uma pequena condição: de que a operação cirúrgica completa seja aproveitável no final, que sejam extraídas possibilidades dos autores vivos, e que a exumação produza leves faíscas renascidas de vida. Abriguemos a ilusão de que os autores clássicos escreviam suas peças conosco em mente,

---

[1] Teatr 38 é um grupo de teatro estudantil experimental de Cracóvia fundado em 1957 por Waldemar Krygier (1928-2006), pintor, cenógrafo e diretor teatral, que foi depois colaborador próximo de Grotowski no período de Opole.

para nós – pessoalmente. Com o aplauso trovejante do público, esperamos a qualquer momento cumprimentar o próprio Tchékhov ou Shakespeare em cena, e vê-los inclinarem-se para nós com um sorriso e beijarem a mão da protagonista. E, depois, podemos levá-los para tomar vodca.

Nada disso poderia ter acontecido depois da produção de *Tio Vânia*, em Cracóvia. Anton Tchékhov não veio à estreia. E, mesmo que viesse, ele não se juntaria a nós para beber. Ele teria se desculpado educadamente com um dente inflamado ou com uma dor de cabeça.

Grotowski queria apresentar um "Tchékhov contemporâneo", que falasse diretamente com o espectador, ultrapassasse os figurinos de época e atravessasse países. Para enfatizar os valores universais contemporâneos, o diretor despiu o texto de qualquer cor local ou russa – tanto quanto pode. Para acentuar a realidade atemporal da peça, ele suprimiu quaisquer sabores do período, tanto quanto pode. Desse modo, obteve a primeira condição de "modernidade" no teatro: uma forma convencional não depende de uma reconstrução literal da vida. Como se aquilo não bastasse. Pois para os protagonistas, nada se relaciona mais à sua terra natal do que seu temperamento; pois nada testemunha mais a época do que um modo de sentir, uma espécie de lirismo; e somente as esferas elevadas do intelecto possuem uma natureza verdadeiramente universal. Portanto, tanto quanto pode, Grotowski privou os protagonistas de Tchékhov de seu temperamento, encanto emocional e lirismo. Dessa forma, encontrou a segunda condição de "modernidade" no teatro: uma disciplina intelectual diferente de qualquer clima e *переживание* [*perezhivanie*] (experiência).[2]

Como resultado, os personagens não possuem mais características. Eles são puros defensores, desprovidos de qualquer atitude perante a vida. O próprio estofo de pensamentos! E assim Astrov, voltando-se para o público, fala completamente a sério a respeito dos benefícios do desflorestamento do distrito: será que a Liga de Proteção Ambiental ficou envolvida

---

[2] É o termo em russo usado por Stanislávski, mais comumente traduzido por "identificação emocional" ou vivência. Ver o prefácio do tradutor Jean Benedetti em *An Actor's Work* (Londres/Nova York: Routledge, 2008, p. xv-xxii) para saber mais a respeito da confusão que cercou essa tradução. Flaszen parece se referir ao tipo de interpretação psicológica geralmente associada a Tchékhov.

pelo espetáculo? E Tio Vânia se convence de que somente o trabalho pode tornar a vida significativa. "*Ora et labora*" – Reze e trabalhe.

Embora Tchékhov chegue a ser ingênuo num nobre estilo de vida do século XIX, duvido que fosse ingênuo a esse ponto. As ideias do general não expressam as opiniões do autor, ainda assim ele simpatiza com elas em seu sorridente modo melancólico. Elas são parte da característica dos personagens e podem ser explicadas somente na moldura de seu destino.

Tio Vânia, provavelmente, tem razão. Ele justamente se rebela contra seu destino. Não foi suficiente ter trabalhado como um cão por toda a vida para um homem indigno de seu sacrifício, e que agora tenta privá-lo de um teto que o abrigue em sua velhice. Mas essas são certezas morais. A grandeza de seu personagem encontra-se não em seus sentimentos revoltosos, mas na comicidade tocante, na miséria até, com a qual Tio Vânia exige seus direitos. Mesmo em sua revolta, quando desiste de sua eterna humildade e tem uma oportunidade de alguma nobreza – mesmo então ele é, como sempre, medíocre. Ele falha e exagera. Diz que se não fosse por seus préstimos ao professor, ele poderia ter sido um Schopenhauer ou um Dostoiévski. Em desespero, ao atirar no professor, ele não só erra a mira, mas, para piorar, grita: "Bang-bang!" Não, Tio Vânia nunca se tornaria um Dostoiévski. Mas, despojado da dignidade por uma farsa trágica e estrangulado num círculo vicioso de humilhação, ele com certeza é exatamente como um personagem da prosa dostoievskiana.

Grotowski, focado principalmente no conflito de atitudes, enxerga Vânia quase de um modo exaltado, numa glória de nobreza rebelde. Ao buscar um "Tchékhov contemporâneo", o diretor configura o protagonista de acordo com antigos comentaristas que profissionalmente colaboraram para a sobrevivência das grandes obras, iluminando todos os seus aspectos positivos...

O Tchékhov de Grotowski é convencional, disciplinado e intelectual. Depois de apagar detalhes naturalistas e suprimir os climas e *переживание* [*perezhivanie*], depois de toda essa cirurgia moderna, Tchékhov não é mais um eviscerador modernista da alma. Ele se torna um jovem professor de aldeia da época positivista.

Esse *Tio Vânia* de Cracóvia carece de uma única virtude do código da "modernidade" – distância. E o senso de humor habitual. Abaixo isso ou aquilo! Abaixo tudo! Abaixo com toda textura tchekhoviana! Aqui está em jogo a reflexão! Encorajado pelo impulso esmagador do diretor em direção a embates elevados puramente intelectuais, eu desejei que alguém tocasse a guitarra, por um luar, por um pranto de alma...

Se você encena Tchékhov, faça como deve ser feito. Ou não faça nada.

1959

Wujaszek Wania [Tio Vânia] de Anton Tchékhov • DIREÇÃO DE Jerzy Grotowski • CENOGRAFIA: Julitta Fedorowicz • MÚSICA: Adam Kaczyński • ELENCO: Halina Gall, Jerzy Kaliszewski, Maria Kościałkowska, Kazimierz Meres, Zofia Niwińska, Alfred Szymański, Roman Wójtowicz, Jadwiga Żmijewska • Stary Teatr, Cracóvia • ESTREIA: 14 de março de 1959.

II

No Teatro Pobre

UM COMENTÁRIO SOBRE OS COMENTÁRIOS

Os textos abaixo[1] pertencem ao passado distante e podem dizer muitas coisas ao leitor atento.

Alguns deles, especialmente os mais antigos, do período de nossa "gênese", tinham um caráter puramente utilitário: breves artigos de nossas sucessivas estreias publicados nos programas do teatro – funcionavam como "informação", "comentários", às vezes como resumos. Queríamos que nossos espectadores, desacostumados com esse tipo de teatro, entendessem algo – se não dos espetáculos de então (nem sempre claros no período inicial), ao menos de sua mensagem ou das intenções do diretor.

Grotowski prestava muita atenção à "educação do espectador" – inclusive (tacitamente) da crítica – pela via da palavra escrita e falada. Organizávamos encontros periódicos com o público, embora nunca chegassem a lotar. Nos bastidores, antes e depois dos espetáculos, conversávamos confidencialmente com os críticos para explicar-lhes o que tinham acabado de assistir. Se o resultado fosse o de críticas desfavoráveis publicadas no jornal local, nosso futuro, ao menos em Opole, podia estar em jogo.

[1] Este é o primeiro texto de um capítulo de *Misterium zgrozy i urzeczenia. Przedstawienia Jerzego Grotowskiego i Teatru Laboratorium*, ed. de Janusz Degler e Grzegorz Ziółkowski (Wrocław, Grotowski Institute, 2006), que coleta os textos de Flaszen, dezenove dos quais traduzidos aqui. Ver também Notas Editoriais.

A prolífica produção verbal acompanhava nossas atividades teatrais desde o início. Nossos textos eram dirigidos a vários grupos: aos chamados espectadores comuns, aos críticos, aos formadores de opinião e, indiretamente, às chamadas "autoridades", ou seja, às autoridades locais, à Direção Central Teatral, operando como parte do Ministério da Cultura, ao Departamento de Cultura do Comitê Central do Partido dos Trabalhadores Poloneses Unidos e, obviamente, aos círculos teatrais profissionais... Depois, alguns deles recebiam essas mensagens endereçadas *urbi et orbi* em línguas estrangeiras – só possível com a grande ajuda do poliglota Eugenio Barba, um aprendiz da Noruega, excepcionalmente talentoso, que se tornou depois um excelente artista de teatro.

Na febre teatral daqueles anos, Grotowski trabalhou de modo incansável. As estreias surgiam com frequência incomum. Nossa prática criativa, progredindo rápida e constantemente, resultava em surpresas inesperadas. O teatro laboratório tornou-se também um laboratório de reflexão sobre a arte teatral.

A esse respeito, éramos parecidos com outras vanguardas artísticas do século. Vários manifestos e comentários sobre nossas atividades criativas eram parte essencial e indispensável de nosso *modus operandi* criativo.

Seria possível imaginar Grotowski sem esses gritos de batalha ou sem essas fórmulas mágicas como "teatro pobre", "via negativa", "a unidade da disciplina e da espontaneidade", "parateatro", "Teatro das Fontes", e "Arte como Veículo" no período final da atividade do mestre?

Em nossos primeiros anos de trabalho conjunto, mas também depois, fui conselheiro de Grotowski e uma espécie de parceiro de treinamento na arte da produção de palavras. O Teatro Absoluto que ambos adorávamos funcionou para nós como um esconde-esconde, sempre fugindo, sempre avultando no horizonte – como acontece com todos os absolutos.

Estou plenamente ciente de que grande parte dos modestos textos abaixo (uma arma subsidiária de nossos esforços) lutava com as dificuldades de formular em palavras as intenções, perspectivas e descobertas cada vez mais precisas que resultavam das longas noites árduas passadas numa pequena sala de um edifício situado na Praça Principal de Opole – e, depois, até mesmo na Praça Principal de Wrocław.

Naturalmente, toda minha escrita sobre teatro, editada nos textos oficiais da Firma,[2] foi elaborada de comum acordo com Grotowski. Esse Fausto, desafiando ousadamente o Desconhecido, tinha dentro de si a Sombra do Wagner acadêmico pedante, seco, escrupuloso. Como diretor dramatúrgico, eu também tinha de ser aquele acadêmico. E apesar de já ser conhecido nos círculos literários, às vezes, por necessidade, tive de renunciar à beleza de um texto assinado por mim, embora tudo por uma boa causa.

A história me compensava do meu breve sofrimento literário. Um leitor cuidadoso, atento a Grotowski e ao desenvolvimento cronológico de sua "doutrina", percebe que algumas fórmulas dos últimos cânones (ou de formas similares, embrionárias) podem ser encontradas naqueles artefatos literários iniciais, primitivos, da firma do paleo-Grotowski. São como fragmentos simulados do Evangelho apócrifo...

Como recompensa por ser um escriba humilde, o termo "teatro pobre" sorri para mim de incontáveis obras e textos sobre Grotowski e sobre o Teatro Laboratório escritos em muitas línguas e até em vários alfabetos do mundo todo.

Será que o restaurante da estação férrea de Opole (e, depois, o de Wrocław), o único aberto na cidade até de madrugada, se lembra de minhas discussões com Grotowski em torno de palavras, de logotipos do Teatro das 13 Fileiras, e do Teatro Laboratório? Pena que os guardanapos cobertos *in statu nascendi* com os resultados de nossa cruenta batalha verbal não tenham sobrevivido! Que perda irreparável aos historiadores e à história, para um tipo especializado de "instituto da memória nacional" teatral![3]

É preciso mencionar que nossas atividades verbais eram não apenas essenciais, mas também mascaradas ou protetoras (fora do necessário). Meu comentário sobre o *Mistério Bufo*, baseado no drama de Maiakóvski, é um exemplo de tal texto protetor. Inclui fórmulas verbais análogas à novilíngua oficial: a URSS era um tabu inviolável. O espetáculo

---

[2] Flaszen e Grotowski usavam esse termo para se referir ao Teatro Laboratório.
[3] Flaszen refere-se ironicamente à existência do IPN ou Instytut Pamięci Narodowej [Instituto da Memória Nacional], que mantém registros detalhados dos antigos colaboradores do comunismo, etc., e, desse modo, é tratado com muita circunspecção.

de Grotowski era rebelde e satírico ao mesmo tempo que se encontrava sob a égide de um clássico literário soviético... Em minha escrita fora do Teatro das 13 Fileiras, eu evitava tais platitudes como praga; acontece que eu as parodiava. Grotowski era um mestre; eu era seu aprendiz. Deslizando silenciosamente como cobras – nesse caso especial –, enganávamos o tirano. A encenação de obras de autores soviéticos era dever de todos os teatros poloneses da República Popular, mas, na realidade, *Mistério Bufo* era a única peça de nosso repertório.

Não mudei ou corrigi nada desses textos. Estão como eram. Não sei se algum deles (considerando seu tempo de arquivo) pode interessar a alguém hoje em dia. Estão cheios de antigas controvérsias datadas: é possível adaptar ou reescrever os clássicos, especialmente as obras-primas "sagradas" dos bardos românticos? O teatro é a arte das palavras? Teatro elitista *versus* teatro de massa?, etc.

Considerando o objetivo anterior desses textos, as condições nas quais foram criados, o contexto histórico distante, os antecedentes culturais, o vocabulário, etc., não tenho certeza se tudo neles é compreensível. Às vezes, devem ser lidos indireta e intuitivamente para se reconhecer o que está oculto no subtexto, nas perífrases, nos arranjos das ênfases, nas alusões, no que não está dito... Além disso, havia nossos constantes problemas estratégicos: o que devia ser moderado, o que enfatizado? E como as palavras funcionavam na Polônia comunista?

Gostaria de estimular o leitor à prudência. Ao se deparar com uma frase como "os personagens chegam a uma premissa que pode levar a conclusões ideológicas construtivas", ou encontrar Grotowski optando astutamente pelo otimismo e por embates impiedosos contra o "pessimismo e a desesperança", fique alerta. Essas expressões, apesar de não serem talvez completamente falsas, estão próximas da fraseologia da "única ideologia correta". Esses jogos verbais podem ocultar ironia maquiavélica, legível àquela época.

Meus textos, bem como as declarações de Grotowski, estão cheios de referências à "secularidade" em várias formas. Grotowski chegou até ao oximoro, ao se referir ao "*sacrum* secular". Não sei se foi sua própria invenção. Atualmente, o "*sacrum* secular" é quase uma religião de massa no Ocidente, de todo modo – uma religião de pessoas que guardam uma sensibilidade religiosa ou metafísica, mas não encontram lugar para si no âmbito das denominações institucionais. A palavra "secular" no léxico de Grotowski funcionava como camuflagem. Para os guardiões da ortodoxia estatal/partidária, "secular" significava que estávamos "de acordo" quanto à religião. Sem fiéis, ou clérigos, Deus me livre!

Se esses humildes textos servem para alguma coisa nos dias de hoje, é que dizem algo sobre o clima da época. Os textos falam sobre "o que foi" – mas não *ex post* como na famosa declaração, com o mesmo título, de Grotowski.[4] Eles falam sobre sua própria época, embora em termos gerais e de maneira pobre.

Alguns de meus amigos literatos e estudiosos achavam que minha cooperação com Grotowski estragava meu estilo de escrita.

Novas edições podem tornar esses escritos dificilmente acessíveis ou mesmo esquecidos em fontes textuais. Refiro-me apenas aos artigos publicados nos programas teatrais. O restante deles viveu sua curta vida, ou (espécie de) sobrevida, citados ou até republicados. Muitos anos atrás, tiveram a honra de ser publicados em italiano, com os escritos de Grotowski, num extenso volume de nossos trabalhos do período teatral – *Il Teatr Laboratorium di Jerzy Grotowski 1959-1969. Testi e materiali de Jerzy Grotowski e Ludwik Flaszen com uno scritto di Eugenio Barba*, editado por Ludwik Flaszen e Carla Pollastrelli, com colaboração de Renata Molinari (Pontedera, Fondazione Pontedera teatro, 2001).

Devo confessar que alguns dos meus próprios textos me surpreendem hoje em dia. Por exemplo, será que meu comentário sobre *Caim* (dezembro de 1959) é uma prova de que Grotowski e eu lutamos seriamente com inspiração gnóstica? Gnosticismo? Gnose? Heresia do Marcionismo?

Paris, novembro de 2006.

---

[4] Ver o texto de Grotowski "Co bylo. (Kolumbia – lato 1970. Festiwal Ameryki Łacińskiej)" [O que Foi. Colômbia – Verão de 1970. Festival da América Latina], *Dialog*, 10 (1972), p. 111-18. Não está traduzido para o inglês.

ORFEU – ALGUMAS INFORMAÇÕES

Jean Cocteau é um dos grandes artistas franceses do século XX e considerado um clássico do drama moderno. Seu talento é extremamente versátil – Cocteau é poeta, ensaísta, pintor, dramaturgo e cineasta. Seus amigos o chamam de "Pontífice da Modernidade", e seus inimigos, de "o maior esnobe da França".

O Teatro das 13 Fileiras decidiu trabalhar no *Orfeu* de Cocteau não para prestar um tributo ao esnobismo, mas apenas porque a peça de Cocteau oferece uma interessante oportunidade de diálogo com o espectador a respeito da morte, do amor, da passagem do tempo, da nossa razão de ser, etc.

O espetáculo não é uma ilustração fiel do texto de Cocteau. Baseado na história de Cocteau sobre o poeta Orfeu, sua mulher Eurídice e o amor, o teatro elaborou sua própria obra artística permeada de sua própria atitude para com o mundo e de sua própria ordem filosófica.

A encenação de Jerzy Grotowski (e através dele, a do grupo teatral) ambiciona apresentar ao público contemporâneo a complexidade do mundo, a batalha contínua entre o caos e a ordem, o mecanismo de organização dos cegos poderes elementais da mente humana; a pulsação da vida humana entre tragédia e grotesco, entre seriedade e ridículo. O espetáculo *Orfeu* é uma tentativa de encontrar harmonia entre o homem e o mundo, uma tentativa de eliminar a brecha "existencialista" entre o indivíduo e a realidade que o cerca. O espetáculo fala disso no motivo entre o Cavalo do Absurdo e Heurtebise, a personificação da ordem racional; fala disso no motivo inteiro da morte, a destruidora do poder que por si só é desprovida de poder diante da coragem humana, da razão e do amor; fala disso na invocação final, escrita pelo diretor.

O espetáculo não se utiliza de meios naturalistas, recriando a vida numa óbvia forma literal. Pelo contrário: ele se utiliza do convencionalismo radical, da metáfora cênica, da fantasia e da lógica, mais próxima da lógica dos sonhos do que da experiência comum. Tudo isso transforma o espetáculo numa espécie de fábula filosófica.

A inconstância do mundo, pulsando entre o grotesco e a tragédia, é concretizada no palco, na sequência de cenas interpretadas alternadamente de um modo sério, depois tolo, depois trágico. O horror senta-se perto do ridículo (a cabeça decapitada de Orfeu, por exemplo, pronuncia um texto doloroso de um modo engraçado), e os momentos "solenes" são acompanhados de "frivolidade", ou seja, de atividades cotidianas prosaicas (Orfeu, por exemplo, profere um monólogo bombástico sobre a solenidade da poesia, enquanto come cenoura ralada)...

A encenação é uma tentativa de livrar o conceito de "modernidade" da confusão sem sentido, da desesperança exagerada, etc.

Orfeusz [Orfeu] BASEADO em Jean Cocteau • ADAPTAÇÃO E DIREÇÃO DE Jerzy Grotowski • CONSULTOR LITERÁRIO Ludwik Flaszen • CENOGRAFIA: Jerzy Jeleński • ELENCO: Tadeusz Bartkowiak, Barbara Barska, Antoni Jahołkowski, Adam Kurczyna, Rena Mirecka, Zygmunt Molik, Stanisław Szreniawski • Teatro das 13 Fileiras, Opole • ESTREIA: 9 de outubro de 1959.

CAIM – ALGUMAS INFORMAÇÕES

O *Caim* de Byron, uma das grandes obras da poesia romântica, foi escrito em 1821. Logo depois da publicação, causou uma onda de escândalo exaltado, indignação e protesto na terra natal do poeta. Até o rei George IV expressou seu profundo descontentamento com os escritos insubordinados de Lorde Byron, cujas obras literárias e estilo de vida provocativo já haviam perturbado a venerável sociedade e o governo inglês no passado. De qualquer forma, dessa vez o ultraje virou histeria, pois *Caim* ameaçava imagens sacras – a história bíblica de Caim e Abel fora expressa de um modo aparentemente blasfemo.

Ainda que, no final do drama de Byron, Caim sinta remorso, como se respeitando a lei divina que violou, o raciocínio artístico em seu todo não está a serviço da condenação do primeiro assassino do mundo, porém encontra argumentos adequados para explicar ou mesmo justificar o assassinato. Para Byron, Caim foi um nobre rebelde lutando contra o poder divino e contra uma ordem de mundo que ele achava cruel e injusta. Caim representa a dignidade humana humilhada pelo Ente Supremo, em nome da razão que, pressionada pelo medo, é limitada a fronteiras intransponíveis. O assassinato de seu irmão não é senão uma consequência extrema da ordem moral do mundo: afinal de contas, o Deus austero do Velho Testamento gosta de sacrifícios sangrentos. Byron iguala Caim aos outros combativos humanistas trágicos, Prometeu e Fausto. Ainda assim, a contradição entre moralidade e conhecimento, entre instintos éticos e pensamentos corajosos, entre um homem e o mundo, é percebida pelo autor como um nó górdio. Não resta nada, a não ser motim – um desesperado "Não!", mortalmente sério e pleno de *páthos* –, absoluto pessimismo, nem mesmo facilitado por um sorriso. Essa declaração da dignidade individual e da natureza trágica da existência parece, às vezes, muito semelhante às elaboradas explicações do existencialismo moderno...

Achamos importante o texto de *Caim*, não por suas soluções (ou antes, pela falta delas), mas pelo alcance das questões tratadas: da liberdade individual e dos imperativos morais; dos resultados éticos do conhecimento; do horror da morte inevitável; do rasgo entre o indivíduo e a sociedade, entre homem e mundo – resumindo: ansiedade como parte integral da visão de mundo de uma pessoa, um clima filosófico, em cuja base a carreira selvagem do existencialismo foi construída. *Grotowski, em sua encenação de* Caim, *assume os problemas do drama, ainda que proponha soluções que polemizam o existencialismo e seu pessimismo absoluto.*

Os temas do drama de Byron lidam com a revolta religiosa, mas o espetáculo de Grotowski trata-os em terreno puramente secular. Deus é substituído por um cego e impiedoso Alfa, personificação dos elementos e do automatismo dos poderes da natureza. No lugar de Lúcifer, Ômega, personificação da razão, da ansiedade da consciência humana. As formas de um culto e de uma ética cultual são levadas ao absurdo.

A atitude de Grotowski em relação aos temas do *Caim* de Byron e, consequentemente, suas tentativas de solucioná-los, diferem da abordagem do poeta. Para Byron, a existência humana é contaminada por uma condição absoluta de "sem saída"; há somente um *páthos* trágico. Grotowski processa esse aspecto trágico da vida humana pelo filtro da derrisão e da autoironia. Isso parece resultar do conhecimento de nossa própria relatividade, bem como da compreensão de que o homem não consegue viver isolado dos poderes da natureza e das relações interpessoais. Desse modo, o *páthos* absolutamente pessimista, assim como o *páthos* absolutamente otimista, merece derrisão. Portanto, a forma de encenação é instável e permutável, movendo-se da seriedade ao sarcasmo, da tragédia ao grotesco.

O desejo de Grotowski é mostrar aos espectadores sua própria ansiedade, sua fome de respostas, seu desprezo pela moralidade e por soluções baseadas em fé. Depois de um tempo, os versos de desesperança solene são ridicularizados e transformados em lamento sobre a falta de sentido e sobre o "sem saída" da existência; o mundo é complexo e pulsa entre o negrume e a luminosidade. As histórias de Adão e Eva, de Abel e parcialmente de Ada servem para zombar da estupidez de homens que nunca se permitiram duvidar de sua visão de mundo. Eles são os típicos filisteus, cidadãos, satisfeitos com seu destino; Adão e Eva, portanto, executam motejos triviais, uma paródia de cabaré burguês, enquanto Abel é apresentado como um rapaz estúpido, uma espécie de membro da Juventude Hitlerista.

Baseadas nas várias abordagens de Grotowski sobre o texto de Byron, certas partes do poema são tratadas de modo diferente: algumas são parodiadas em recitações mecânicas ou surgem como árias operísticas, enquanto em outras o ritmo pode ser apagado e a poesia transformada em prosa ou em fala cotidiana. Nos momentos do choque de ideias (ainda vivas, mas indiferentes à nossa sensibilidade vigente apropriada ao *páthos*), a encenação recorre à paródia para distanciar-se da questão, transformando o conflito quase num embate físico: tênis, esgrima, luta livre ou boxe.

O período temporal da ação tem tratamento igualmente irônico. Ao lado dos cultos mágicos e arcaicos, há uma espécie de futura viagem espacial (Ato II); ao lado do cabaré burguês, há uma demonologia medieval. E de primordial importância, há Caim – um rapaz contemporâneo.

O espetáculo acaba com uma tentativa de desmascarar a falsidade das oposições abstratas do existencialismo: eu e o mundo, os elementos e a mente, Alfa e Ômega. Alfa surge como Ômega, numa cena em que Ômega está adormecido, e todo mundo coloca uma máscara de Alfa-Ômega para mostrar, digamos, que "o mundo é unido". Essa unidade é expressa no final do espetáculo.

Kain [*Caim*] BASEADO EM George Gordon Byron • ADAPTAÇÃO E DIREÇÃO DE Jerzy Grotowski • CONSULTOR LITERÁRIO: Ludwik Flaszen • CENOGRAFIA: Lidia Minticz e Jerzy Skarżyński • ELENCO: Barbara Barska, Tadeusz Bartkowiak, Andrzej Bielski, Antoni Jahołkowski, Adam Kurczyna, Rena Mirecka, Zygmunt Molik, Stanisław Szreniawski • Teatro das 13 Fileiras, Opole • ESTREIA: 30 de janeiro de 1960.

MISTÉRIO BUFO – ALGUMAS INFORMAÇÕES

Vladimir Maiakósvski – o grande poeta da revolução – também conta com obras dramáticas em seu legado. *A Casa de Banhos*, *O Percevejo* e *Mistério Bufo* pertencem aos clássicos do drama de vanguarda soviético. Essa peça foi inspirada, mas também inspirou a corrente inovadora do teatro russo dos anos de 1920, liderada por Meyerhold, um dos grandes artistas do moderno teatro exploratório europeu. Meyerhold – e com ele Maiakósvski em suas peças – rompeu com a ilusão cênica, com a reprodução literal da vida; atacou diretamente o espectador com o poder de ideias e generalizações que conduziram aos estágios avançados de convenção cênica; ele rompeu com a divisão entre palco e plateia que, a partir desse momento, não viu mais o que se passava atrás do limite sacramental do palco, mas tornou-se parte do evento. Como num comício revolucionário – a multidão era formada de espectador e ator ao mesmo tempo. Essa espécie de teatro teve de se expressar não somente através do texto, mas principalmente através de fatos visuais, do atalho visual, da metáfora. O texto transformou-se num roteiro para o grande espetáculo. Foi assim que Maiakóvski tratou seus dramas – como roteiros. Ele não proibia adaptações e revisões, mas, muito pelo contrário, ele as encorajava de acordo com as necessidades da época, das ideias e da encenação. Por isso, entre outros motivos, o programa dramático de Maiakóvski se aproxima das premissas que norteiam o Teatro das 13 Fileiras.

Nosso diretor trata o *Mistério Bufo* de modo similar: como material de um roteiro. Em contraste com nossas produções anteriores, em que os espetáculos costumam polemizar com o dramaturgo, dessa vez Jerzy Grotowski não questiona o autor. Mas também não se satisfaz em dispor passivamente do texto; ele professa o dinâmico espírito de adaptação amigável do teatro de Maiakóvski. Além do mais, a produção de *Mistério Bufo* numa forma textual não revisada seria uma tarefa impossível nos dias de hoje. A peça é tão intimamente relacionada às pequenas atualidades do período em que foi escrita que boa parte do seu escárnio e gritos de guerra pertencem, de maneira irremediável, aos primeiros anos do jovem estado revolucionário. A sátira ao Tríplice Tratado ou ao Lloyd George deve ter mexido profundamente com o público de quarenta anos atrás – mas, hoje em dia, é apenas um documento. Por isso, o diretor não trata o *Mistério Bufo* como um cânone, mas como inspiração; inspiração para as considerações de uma visão contemporânea de mundo.

O espetáculo estende o motivo puramente político do *Mistério Bufo*, baseado nos assuntos efêmeros da implantação do estado socialista, com as questões extraídas de uma visão de mundo mais generalizada. No sentido mais amplo, o *Mistério Bufo* de Grotowski pretende ser um espetáculo sobre o curso dos eventos, sobre as colisões dialéticas da realidade, sobre o mundo num estado de constante fluxo e vir a ser... Para esse fim, foram necessários não apenas cortes, mas também alguns acréscimos à versão original. Assim, o diretor inclui autênticos fragmentos de peças do mistério medieval polonês, que complementam a forma do drama maiakovskiano com um prólogo e um epílogo; a atuação é espirituosamente estilizada, baseada num mistério folclórico (como indicado no título), com uma moral intencionalmente ingênua – exceto o combate religioso entre bem e mal, substituído por uma luta de valores políticos e sociais. O espetáculo também inclui fragmentos de outro drama de Maiakóvski, *A Banheira*; estes ajudam a expor com mais clareza as contradições evolucionistas do progresso. O espetáculo todo tem a estrutura de um mistério: é dividido em "inferno", "purgatório" e "céu". Conduzidos às três fases de experiências, os personagens atingem uma premissa que pode levá-los a conclusões ideológicas construtivas. A figura do Promotor, introduzida pelo diretor, funciona como símbolo e força motriz dessas conclusões.

O aspecto visual do espetáculo está relacionado com as pinturas do grande artista flamengo Hieronymus Bosch, próximo da imaginação medieval popular. Desse modo, o diretor cria uma tensão entre as efêmeras atualidades do texto e a corrente "atemporal" de transformação e devir. Ele também deseja aproximar o espetáculo das formas populares da arte folclórica, entremeando o horror e o grotesco e fixando personagens que são sempre definidos de modo ingênuo e esquemático. Os atores falam em nome dos personagens retratados em painéis pintados; esses "biombos" funcionam como bonecos de uma peça de Natal, ao mesmo tempo ilustrando uma das ideias-chave da atuação moderna – a de que o ator não encarna o personagem, mas atua "junto" ao papel – introduzida de um modo provocativamente literal. O procedimento também ajuda a superar o problema do número limitado de atores numa peça de numerosos personagens...

Mistério Bufo é mais uma tentativa de nossa companhia de teatro de criar um teatro que possa ser "ritual", ainda que secular; filosófico, ainda que comprometido.

Misterium-Buffo [*Mistério Bufo*] BASEADO EM Vladimir Maiakóvski • ADAPTAÇÃO E DIREÇÃO DE Jerzy Grotowski • CONSULTOR LITERÁRIO: Ludwik Flaszen • CENOGRAFIA: Wincenty Maszkowski • ELENCO: Tadeusz Bartkowiak, Andrzej Bielski, Antoni Jahołkowski, Adam Kurczyna, Rena Mirecka, Zygmunt Molik • Teatro das 13 Fileiras, Opole • ESTREIA: 31 de julho de 1960.

SAKUNTALA. UM GUIA DE "COMO ASSISTIR", PARA O
PÚBLICO E, ESPECIALMENTE, PARA OS CRÍTICOS

1. *Sakuntala* é amplamente considerada a obra mais importante do drama indiano. Foi escrita por Kalidasa, que viveu no século IV ou V a.C. (não sabemos quase nada de sua vida). A carreira de *Sakuntala* na cultura europeia começou em 1789, época em que foi publicada uma tradução inglesa do drama.
2. Como é hábito em nosso teatro, o texto da peça serviu de base às próprias ideias e invenções cênicas do diretor. O texto foi drasticamente cortado, e outros fragmentos de escrita foram acrescentados, incluindo os do *Código de Manu* (também conhecido como Manu *Smriti*), uma coleção de antigos códigos indianos de conduta, os de *Kama Sutra*, o antigo manual da arte do amor, e de alguns textos rituais.
3. Na versão original, *Sakuntala* é uma história ingênua, poética, de amor. O diretor introduz alguma dualidade para contrastar as questões do amor com a oposição dialética. No espetáculo, a poesia do amor sublime é frequentemente confrontada com a prosa tola de rituais, de normas morais e prescrições sexuais. A ênfase final da peça também foi modificada. Depois de gerarem uma criança – assim, depois de preencherem sua função biológica e social – os dois

protagonistas chegam ao conhecimento da maturidade, entendendo as determinantes naturais de sua aventura encantadora.

4. O espetáculo é, de certo modo, uma demonstração direta das fontes estilísticas de nosso teatro. O teatro oriental é um teatro ritual, cujos espetáculos são cerimônias que se comunicam com o espectador por meio de signos familiares; quase não há divisão entre palco e plateia. O teatro ritual é a antítese do teatro ilusionista, em que os atores reproduzem uma "imagem de vida" à qual o espectador assiste de um lado. O princípio do ritual é percebido em todas as produções de Jerzy Grotowski, não somente em *Sakuntala.*

Nós reorganizamos completamente o tradicional espaço teatral com a remoção total e literal do palco que dividia os espectadores dos atores. Que o espectador cercado dos atores se sinta não uma testemunha passiva dos acontecimentos, mas um participante ativo de um "ritual" acontecendo no centro da plateia. Para conseguir isso, grupos específicos de espectadores são tratados como atores, representando, entre outras coisas, eremitas, cortesãos, etc.

Pelo conteúdo secular, o caráter "ritual" da apresentação deve ser tratado meio jocosamente. O diretor propõe que joguemos um jogo de teatro oriental. Ou, para ser preciso: de teatro pseudo-oriental. Por meio de gestualidades tradicionais, modos de falar, e pela criação de um completo alfabeto de signos cênicos convencionais, o espetáculo parece, aspirar a uma síntese do teatro oriental (e, na realidade, é uma paródia das noções populares sobre o teatro do Oriente).

5. O diretor usou como material não apenas certas formas do teatro oriental, mas também alguns outros conceitos genéricos da cultura indiana. Por um lado, a vida supostamente se apresenta como um transe, uma paixão, um sonho e, por outro, como uma cerimônia simbólica, com todo comportamento de formas convencionais, como etiqueta (com tudo deliberadamente baseado no princípio de como o "Zé público" imagina o Oriente). Isso explica as duas fases rítmicas do espetáculo. A fase do "transe": a imobilidade sendo uma transformação grotesca dos ássanas dos iogues. A fase "convencional": movimentação "graciosa, cerimonial" dos atores, mesmo que em termos psicológicos isso provavelmente demande

imobilidade. A troca entre e a sequência destas fases acaba estabelecendo o ritmo do espetáculo.

6. O cenário também tem duas fases: ele combina o simbolismo onírico (com uma forma arquitetônica "freudiana" no centro da cena) com o simbolismo infantil (os figurinos são criados por crianças – provavelmente a primeira experiência desse tipo no teatro).

7. A linguagem cênica é tratada de um modo muito convencional. Não pretende ser apenas portadora de significados e intenções, transmitir conteúdo, mas também intervir na qualidade acústica, criar encaixes sonoros, jogar com a artificialidade.

8. Alguns fatores no espetáculo, tais como os atores imitando animais, pássaros e plantas, são utilizados pelo diretor para parodiar seus próprios pressupostos artísticos. Trata-se de uma convenção intencionalmente tão ingênua e infantil que se autoironiza.

Ainda assim, a principal tarefa do espetáculo de Grotowski não é puro entretenimento. O entretenimento serve como um meio de romper com certos hábitos mentais. Tenta fazer o espectador perceber os antigos, ainda que eternos, paradoxos do amor; e, de passagem, zombar dos clichês mais usuais a respeito do Oriente – um Oriente que não é um gigante adormecido em sono eterno, mas um importante fator no nosso destino do mundo contemporâneo.

Siakuntala [*Sakuntala*] BASEADO em Kalidasa • ADAPTAÇÃO E DIREÇÃO DE Jerzy Grotowski • CONSULTOR LITERÁRIO: Ludwik Flaszen • CENOGRAFIA (ARQUITETURA CÊNICA) • Jerzy Gurawski • FIGURINOS: uma classe de crianças de Opole com supervisão de Wincenty Maszkowski • ELENCO: Barbara Barska, Andrzej Bielski, Antoni Jahołkowski, Adam Kurczyna, Ewa Lubowiecka, Rena Mirecka, Zygmunt Molik • Teatro das 13 Fileiras, Opole • ESTREIA: 13 de dezembro de 1960.

DZIADY. UM COMENTÁRIO SOBRE A DIREÇÃO DE JERZY GROTOWSKI

1. Por que *Dziady*? Porque a peça mostra claramente a origem ritual do teatro. Aí o destino do indivíduo humano surge diante de uma comunidade ativamente comprometida no ritual: evocando, emanando e julgando. Ao liberar, com ajuda de gestos sagrados, "poderes ocultos", a comunidade cria sua própria imagem terrena, transportada ao mundo dos mitos populares, oferecendo uma realidade tangível de seus próprios conceitos morais.

   Ela, por ser um ritual – apesar dos elementos mágicos e religiosos modeladores –, consegue permanecer secular em seu conteúdo. Temos o direito de considerá-la como uma metáfora do desejo de união – entre o indivíduo e a comunidade, entre um ser humano e o mundo, entre consciência e fé. Não para apresentar o mundo cindido do espectador com o limite da ribalta, mas, junto com o espectador, recriar o mundo, no qual – rodeados dessa mútua presença, estimulados pela participação comum no jogo coletivo – nos sentiremos os hóspedes.
   É irrelevante se Mickiewicz acreditava ou não em fantasmas; estamos interessados apenas no aspecto humano dessa fé. Desse modo, a cerimônia é tratada como uma forma de jogo. No entanto, esse jogar é ambíguo e tem um significado sério.

2. Grotowski leva os princípios de ritualização teatral à conclusão lógica, quase literalmente. A divisão entre o palco e a plateia não só foi apagada, mas abolida de fato. O palco e a plateia foram substituídos por um espaço teatral homogêneo, no qual coexistem espectadores e atores. O Coro, uma massa indiferenciada de atores, instaura o espetáculo. Essa massa cria e forma-se espontaneamente durante a apresentação, cedendo constantemente protagonistas que conduzem as atividades do grupo. O Coro emerge em meio ao público, os protagonistas emergem do Coro. Os protagonistas, então, são absorvidos pelo Coro. Finalmente, o Coro é absorvido pelo público.
3. Essa espécie de apresentação não é mais um espetáculo, algo para se ver passivamente. Os espectadores assistem não só aos atores, mas a si mesmos, e os atores assistem não só a si mesmos, mas também aos espectadores, forçados a atuar nos papéis de figurantes. A cenografia (no sentido usual da palavra) desaparece e dá lugar à arquitetura da sala, aos figurinos e objetos de cena. Música e luz são improvisadas *ad hoc*, conforme o decorrer dos eventos; elas não são um plano de fundo passivo, mas uma parte orgânica da cerimônia teatral.
4. O texto da peça, segundo as orientações do diretor, é baseado no segundo e quarto atos de *Dziady*, de Mickiewicz (o chamado *Wileńsko-Kowieńskie Dziady*,[1] a primeira versão impressa do drama), acrescido de fragmentos do primeiro e terceiro atos. A conversa entre Gustaw e o Caçador Negro foi deslocada ao submundo, pois na cena anterior o protagonista havia cometido suicídio; depois, enviado pelo Caçador, ele retorna à terra. A sequência das cenas foi mantida de acordo com as convenções da edição. Todas as peculiaridades da linguagem de Mickiewicz foram fielmente preservadas – que a tradição seja satisfeita!

Alguns espectadores se surpreendem com o fato de nossa apresentação omitir por completo o motivo da luta contra o tzarismo (com muita frequência identificada com *Dziady*). Isso pode ser simplesmente explicado pelo fato de não existir mais tzarismo.

---

[1] Referência aos atos II e IV do drama de Mickiewicz, escrito em Vilnius e Kaunas, em 1820-1821 e 1821-1822.

5. O que existe é a infame questão da nova geração. Há muitas similaridades entre a situação e a atitude da juventude contemporânea e a da juventude da época de Mickiewcz. Ambas são, num sentido, "românticas". Uma atitude rebelde, uma inclinação às reações irracionais, à sinceridade de emoções perdidas na cabotinagem e no jogo, com estas se transformando então na sinceridade das emoções... A lógica interna da atitude romântica e de seu curso psicológico sugere uma analogia tentadora. O diretor não nega tais analogias.
6. O motivo do jogo e do travestismo prevalece no espetáculo, o que nos ajuda a conseguir uma distância racional mais necessária do ritual. De uma perspectiva secular, o ritual não é seriamente mágico, mas diversão, um jogo de mágica. Queremos também nos distanciar da atitude romântica, com o raio-X de uma consciência dialética moderna. E queremos nos distanciar de associações com escolas, causadas pelo próprio nome de Mickiewicz e por sua obra, banalizada pela tradição escolar.
7. Precisamos enfatizar que a paródia e a derrisão de *Dziady* não são a primeira tarefa da produção. Pelo contrário. O espetáculo de Grotowski quer salvaguardar qualquer coisa que possa ser salva, apesar do ceticismo moderno e da reavaliação da tradição. O diretor trata *Dziady* não como uma tradição, mas como obra diretamente contemporânea. Mesmo negando ironicamente o ritual e zombando do romantismo, sabemos que a verdade nunca pode ser encontrada de forma definitiva. Nesse caminho, será que não somos mais fiéis ao maior poeta nacional do que se estivéssemos assustando o público com verdadeiros fantasmas que, como sabemos, não existem?

Dziady [*Os Antepassados*] BASEADO EM Adam Mickiewicz • ADAPTAÇÃO E DIREÇÃO DE Jerzy Grotowski • CONSULTOR LITERÁRIO: Ludwik Flaszen • CENÁRIO [ARQUITETURA CÊNICA]: Jerzy Gurawski • FIGURINOS E ADEREÇOS: Waldemar Krygier • ELENCO: Andrzej Bielski, Zbigniew Cynkutis, Antoni Jahołkowski, Ewa Lubowiecka, Rena Mirecka, Zygmunt Molik • Teatro das 13 Fileiras, Opole • ESTREIA: 18 de junho de 1961.

O IDIOTA. NOTAS MARGINAIS SOBRE A DIREÇÃO DE WALDEMAR KRYGIER

Há muito tempo planejamos encenar *O Idiota*, o romance de Dostoiévski, que poderia se situar na mesma "linha de conteúdo" do *Caim* de Byron, do *Mistério Bufo* de Maiakóvski ou do *Dziady* de Mickiewicz (refiro-me ao modo de encenação desses textos no Teatro das 13 Fileiras). O motivo do "messianismo" reaparece em *O Idiota* com a missão de um indivíduo solitário que toma a si o fardo de melhorar o mundo – o que, dadas as suas nobres intenções, é uma bela ideia, mas ao mesmo tempo engraçada, fundada, como tal, numa falsa percepção do mundo. Ironicamente, a pressão da história onipresente e a eficácia comprovada dos atos coletivos contradizem os esforços salvadores do indivíduo. Se tais pessoas existissem, elas seriam como Dom Quixote – trágicas e grotescas.

E elas existem, sem dúvida – porém, de preferência, mais como potencialidade de um panorama psicológico tradicional. Elas existem na tradição nacional romântica que criou personagens como Kordian e o Rei Espírito.[1] Nossa produção de *Dziady* é uma tentativa de apreender a

---

[1] *Kordian* – um drama de Juliusz Słowacki (1833); *Król-Duch* [*O Rei Espírito*] – um poema narrativo inacabado do mesmo autor (escrito entre 1845 e 1849, publicado parcialmente em 1847 e completo em 1925).

tradição (e sua possível continuação na realidade) de um modo contemporâneo, com o famoso monólogo da "Grande Improvisação" pronunciado por Konrad representado como Cristo, dobrado sob o peso de sua missão. O sofrimento é real, mas a cruz na qual ele tropeça é um trivial cabo de vassoura do cotidiano. Em O *Idiota*, apresentamos o nobre profeta Príncipe Míchkin com o mesmo espírito grotesco.

Waldemar Krygier adaptou O *Idiota* e dirigiu a peça. Era diretor artístico do Teatr 38, um estudante de teatro de Cracóvia conhecido por conceitos interessantes de encenação.[2] Recentemente, Krygier tornou-se associado permanente do Teatro das 13 Fileiras, onde encontra os princípios teatrais norteadores (moldados por Grotowski) que também o inspiram.

Assim – "um ritual". O espetáculo não é um retrato da realidade, mas um solene ritual, estabelecendo verdadeiras conexões entre teatro e público – e, ao mesmo tempo, uma paródia frívola, tola, consciente de sua própria "criação mítica". Assim, o ritual é uma dessacralização, secular. A encenação de O *Idiota* faz alusões a uma Missa (incluindo confissão, etc.), mas uma missa pervertida, uma "missa negra", e um crime é tanto o objetivo da cerimônia como sua realização. Todo mundo aspira ao crime ao seu próprio modo, inclusive Míchkin, apesar de ele ser um "salvador". Isso é consequência da imersão em nossos próprios complexos, orbitando, de modo preocupado, em torno das experiências individuais.

Os espectadores tornam-se atores. O público é tratado como um coletivo de observadores e juízes, e os participantes do ritual, atentos a eles, temem-nos, tentando esconder as verdadeiras ideias e planos. Daí o clima de espionagem, de segredo, etc.

A regra de artificialidade. Os movimentos dos atores e modos de falar não emulam com a realidade comum, mas criam uma realidade metafórica, teatral. Tragédia e horror são organicamente entrelaçados ao grotesco e ao humor.

A ação é representada numa mesa. Cada tipo de personagem é revelado por um tipo de comida. A cerimônia teatral desenvolve-se na conforme a festa progride: por seu nascimento, desenvolvimento e decadência, ou

---

[2] Para maior informação sobre o Teatr 38, ver o capítulo "Tchékhov Contemporâneo e o Que Surgiu Daí" nesta coletânea.

seja, pelo sumiço de tudo que possa ser comido. O período da ação é metafórico. No romance, alguns eventos acontecem em diferentes lugares e tempos, às vezes meses depois. Aqui tudo acontece na mesa.

A produção de Krygier, obviamente, não é *O Idiota* de Dotoiévski, mas meramente uma fantasia teatral baseada em certos motivos derivados daí. O tema da interpretação talvez não seja o do romance de Dostoiévski, mas um clima espiritual chamado *dostojewszcyzna* (o "Clima dostoievskiano"). Para tornar esse *dostojewszcyzna* mais universal, e marcar nossa distância atual disso, os figurinos dos atores não são roupas russas do século XIX, mas uma mistura de estilos (barroco, gótico, rococó) de várias épocas e períodos. *Dostojewszczyzna* é um fenômeno atemporal; consequentemente, também é contemporâneo.

> *Idiota* [*O Idiota*] BASEADO EM Fiodor Dostoiévski • ADAPTAÇÃO E DIREÇÃO DE Waldemar Krygier • CONSULTOR LITERÁRIO: Ludwik Flaszen • ELENCO: Andrzej Bielski, Zbigniew Cynkutis, Antoni Jahołkowski, Maja Komorowska, Aleksander Kopeczewski, Ewa Lubowiecka, Rena Mirecka, Zygmunt Molik • Teatro das 13 Fileiras, Opole • ESTREIA: 22 de outubro de 1961.

TEATRO DAS 13 FILEIRAS

A forma vigente e a administração do Teatro das 13 Fileiras foi estabelecida em 1959. Recentemente, o teatro começou sua terceira temporada de atividades. De princípios experimentais e vanguardistas radicalmente formulados, o Teatro das 13 Fileiras tornou-se um fenômeno único na Polônia. Outros grupos de vanguarda semelhantes são efêmeros e amadores ou semiprofissionais. O Teatro das 13 Fileiras é uma instituição estável e profissional. E apesar de seu pequeno tamanho (subsídio mínimo, um espaço pequeno e pequeno elenco de nove atores), funciona como quase todos os teatros poloneses, abrigado pelas autoridades locais. O Teatro das 13 Fileiras situa-se em Opole, uma cidade de sessenta mil habitantes, muito distante dos grandes centros culturais, porém com enormes ambições culturais.

O 13 Fileiras é um teatro de jovens. O membro mais velho do grupo tem 31 anos. O diretor teatral Jerzy Grotowski é também o diretor artístico. Ludwik Flaszen é o diretor literário do teatro. Os atores membros do elenco inicial são Rena Mirecka, Zygmunt Molik e Antoni Jahołkowski. Eles determinam o estilo de atuação para todo o elenco. Os outros atores são Zbigniew Cynkutis, Ewa Lubowiecka, Maja Komorowska, Ryszard Cieślak, Andrzej Bielski e Aleksander Kopczewski. O segundo diretor é Waldemar Krygier. O engenheiro Jerzy Gurawski colabora na pesquisa da homogeneidade do espaço teatral. Os atores do 13 Fileiras não são uma reunião acidental de indivíduos e de adeptos do ofício teatral. Eles aspiram à formação de um elenco artístico, o principal critério do diretor na seleção e treinamento dos participantes. A "linha" teatral é definida pelos espetáculos de Jerzy Grotowski.

O 13 Fileiras refere-se à pesquisa dos participantes como a chamada Grande Reforma teatral da primeira metade do século XX, quando o teatro tradicional esteve indubitavelmente num impasse. Mesmo assim, o teatro tradicional ainda prevalece, modelando o gosto do público até hoje. Este é considerado como teatro "normal", enquanto os esforços vanguardistas são percebidos como pretensões extravagantes ou como atos inofensivos de loucura. Ao mesmo tempo, como todos sabem, o teatro é expulso das formas espetaculares de massa – o cinema e a televisão – mais atraentes do que nunca. O teatro tem que se defender, mas só pode fazê-lo inventando formas que provem a especificidade e necessidade do teatro; e descobrindo as funções nas quais o teatro não repete o que seus rivais mais populares estejam fazendo. A única arma do teatro é sua especificidade. As pessoas da Grande Reforma iam de algum modo nessa direção. Suas experiências, desgastadas devido a muitas circunstâncias infelizes, devem ter continuidade, particularmente nesse período tão desfavorável ao teatro.

Como resultado da sucessiva eliminação de certos fatores, observamos que o único elemento vital do teatro – sendo algo que nem a literatura, nem as artes visuais, nem o cinema podem alcançar – é o contato humano vivo, a conexão entre o ator e o espectador. Os artistas teatrais têm trabalhado no fortalecimento desse elo desde a época de Reinhardt. E ainda há muito por fazer.

Em muitos espetáculos experimentais de Grotowski, a estrutura do palco tem sido abolida, e os atores dirigem-se diretamente aos espectadores, andando e sentando entre eles. No entanto, a posição experimental central do palco ainda preserva a divisão palco e plateia (todavia, bem menos do que os palcos convencionais com o arco do proscênio). Grotowski cancelou completamente essa divisão. No 13 Fileiras, a dualidade palco/plateia foi substituída por um espaço teatral homogêneo. A sala toda torna-se um local de ação, ao mesmo tempo que um espaço do público.

Todo espetáculo é aniquilado. Não há um único foco de ação. Ele se desloca constantemente por aí, e os espectadores assistem não somente aos atores, como também aos outros espectadores. O cenário, o elemento teatral mais "espetacular", desaparece, para ser substituído pela arquitetura da sala, um elaborado sistema de plataformas, pela colocação singular das cadeiras, e os corredores são transformados segundo as necessidades de cada produção. Os atores usam figurinos, porém estilizados. Por não haver cenário e os figurinos serem permanentes, a função do objeto de cena como um fator modificador e de mobilidade torna-se cada vez mais importante.

O teatro concebido desse modo não é tanto um espetáculo, algo a ser assistido, mas, antes, algo do qual se participa. É uma espécie de ritual ou de cerimônia. O ator é um representante da comunidade de espectadores que os provoca na participação e os envolve num ritual teatral compartilhado. Papéis específicos são impostos aos espectadores no decorrer da ação.

O espectador não tem certeza, nem por um momento, do que acontecerá a ele a seguir. Ele é sequestrado mesmo por surpresas, assediado pelos atores, que geralmente se dirigem diretamente a ele, face a face, e o forçam até a realizar algumas ações como parte da trama. O choque e a surpresa psicológica criam um clima de convivência. O elo entre o espectador e o ator torna-se quase literal. É quase como as cerimônias mágicas, consideradas uma fonte arcaica do teatro...

É óbvio que não é uma cerimônia totalmente séria ou solene. É uma espécie de magia, feita para diversão. Um crítico disse o seguinte sobre o clima das obras de Grotowski: "Uma dialética de apoteose e derrisão, uma mistura de bufonaria grotesca com trágico martírio demoníaco". Outro crítico acrescentou: "Um conglomerado surpreendente do grotesco, do drama, da sátira e do horror". Outro escreveu: "A premissa principal é uma variedade de estilos. O estranhamento da existência, soberba derrisão, e um humilde senso de niilismo. Mas tudo isso acobertado com uma máscara de riso grosseiro e de feiura vulgar, para esconder nossas dúvidas, nossos pensamentos e nosso sofrimento ocasional...".

A cerimônia teatral é uma espécie de provocação, golpeando o inconsciente coletivo. Daí a utilização de contrastes: apresentando grandes coisas de um modo tolo, e questões triviais de um modo sublime: "uma dialética de apoteose e derrisão". Daí o tom sagrado, oscilando no limite da seriedade e paródia: o estratagema favorito de Grotowski é a introdução de alusões litúrgicas no modo de falar e na gestualidade, junto com um tom blasfemo. Um jogo perverso com o sagrado, uma procissão interminável de valores normais e de convenções girando ao redor de um eixo chamado "angústia da visão de mundo". Que o espectador, brutalmente despojado de todas as suas ideias e imagens comuns, sinta a relatividade e estranheza dessas ideias e imagens. Que ele se sinta condenado a possuí-las, por mais relativas e bizarras que sejam.

O repertório atual do 13 Fileiras é baseado no drama romântico polonês, de Mickiewicz a Wyspiański, incluindo as grandes peças teatrais, virtualmente consideradas sagradas na Polônia. O gênero do drama romântico deu voz aos complexos coletivos dos poloneses, às suas lutas internas, às suas verdades e loucuras. Para os poloneses, a literatura romântica tem um papel semelhante ao das obras de Dostoiévski para os russos. Mirando as secretas camadas espirituais do espectador, o teatro polonês encontrou no drama poético romântico um instrumento eficaz para lidar com os dilemas básicos do destino do homem.

Por certo, o que acontece no 13 Fileiras tem pouco a ver com o chamado "teatro literário", filologicamente fiel ao texto e praticamente ilustrando a visão do autor. O 13 Fileiras considera-se como o que alguns chamam de um "teatro autônomo". Essa espécie de teatro trata o texto como um elemento importante do espetáculo, mas não o único. Intenções do espetáculo não se sobrepõem às intenções do texto, mas são realizadas com a utilização de meios teatrais específicos. O diretor lida livremente com o texto dramático; ele corta e substitui algumas partes, modificando a ênfase. A única coisa que ele evita é o acréscimo de coisas. Ele tem grande reverência à beleza do mundo e à sua expressão cênica, especialmente desde que vários modos de falar compostos de modo artificial são seus meios favoritos. Ele tenta dar alguma importância viva, contemporânea às obras que as escolas tornaram triviais e banais e que foram enterradas pela rotina. Desse modo, a "modernidade" é implantada na tradição.

Esse tipo de procedimento geralmente provoca escândalo porque na Polônia os autores de grandes obras românticas são tratados como sábios sagrados. Mas será que não é melhor sacrificar a letra para salvar o espírito? E sacrificar a grandeza superficial em uma tentativa ousada de exibir alguma vitalidade jovem?

1961

KORDIAN. UM COMENTÁRIO SOBRE A DIREÇÃO DE JERZY GROTOWSKI

1. Para qualquer um que conheça apenas um pouquinho de nossa atividade teatral, essa entrada em nosso repertório não surpreende. Não, não porque os artistas que tentaram encenar o drama poético *Dziady* de Mickiewicz deveriam tentar fazer o mesmo com *Kordian* – outra grande obra do romantismo nacional escrita por Słowacki. Não surpreende, também, porque no passado o Teatro das 13 Fileiras apresentou adaptações de outras obras literárias nas quais o protagonista era um indivíduo heroico, obcecado pela missão da salvação, com gestos bombásticos e no fulgor do sacrifício. Será que essa tradicional postura polonesa, moldada no período posterior à divisão, não parece incompreensível e ridícula ao racionalismo e empirismo dos dias de hoje? A intenção do diretor foi provavelmente bem diferente. Ele quis confrontar o sentido do grande ato individual com a época dos movimentos de massa, das organizações, e com a eficácia comprovada de atos coletivos.[1] Qualquer um que, num impulso individual, quisesse

---

[1] Flaszen usa uma frase quase idêntica em seu ensaio sobre *O Idiota* (ver nessa coletânea). Embora as palavras exatas em polonês sejam algo diferente nas duas instâncias, o significado é o mesmo, assim mantivemos as duas frases idênticas para mostrar a consistência de seu pensamento à época. A fórmula alude a um regime totalitário.

salvar o mundo nos dias de hoje seria considerado infantil ou louco em nossa época crítica, e talvez nem sequer tivesse o encanto de Dom Quixote. Contudo, ao apresentar o problema, o diretor deseja reviver dilemas anacrônicos. Nem sempre é bom quando nobres fanáticos são desprezados por uma sociedade que se confirma na experiência coletiva. Uma ordem social perfeita exigiria que os atos individuais tivessem um propósito moral; o senso comum não deveria ser a única fonte da ética. Isso é apenas um passo de saída da hipocrisia...

2. O que foi dito acima deve responder à questão sobre a intenção do diretor de ridicularizar ou não o texto de Słowacki. A zombaria seria muito fácil e trivial. Certamente, alguns elementos de paródia entram nesse espetáculo. Ainda assim, são apenas os fins, não os meios. O destino de Kordian é o da loucura romântica – mas esta é só uma forma estúpida de verdade. A paródia fornece uma perspectiva contemporânea que nos permite enxergar essa verdade através dessa estupidez.

3. Na estrutura do espetáculo, Grotowski selecionou uma cena do drama em que Kordian – depois de uma tentativa fracassada de assassinar o Tzar – é levado a um "asilo de loucos". A partir dessa cena – muito amarga e irônica no original – o diretor concebeu todas as aventuras do protagonista como alucinações dos pacientes, e desse modo a peça ganharia uma necessária "distância" contemporânea e uma dimensão trágica moderna, intensificada pelo grotesco, que não é estranho a Słowacki. Não se trata de uma mudança do estilo característico do original literário, mas, antes, de uma intensificação de possibilidades, ocultas no texto – uma tradução do estilo romântico para atualidade.

4. *Kordian* é, além do mais, mais uma experiência com o propósito de transformar o teatro numa comunidade homogênea de espectadores e atores. O teatro inteiro transformou-se num "asilo de loucos", e os espectadores (não sem a satisfação estudantil dos atores) são forçados a fazer o papel dos pacientes... Os atores são também pacientes, só que mais ativos. Assim, eles não se distinguem por suas vestes; usam roupas normais que mimetizam desajeitadamente a elegância dos espectadores. Por outro lado, os elementos de cena são literais, como no teatro de verdade: pistolas, uma tiara, uma coroa.

5. O espetáculo foi inventado como uma fusão, como um jogo mútuo entre realidade e ficção. O teatro é a realidade na qual o primeiro nível de ficção se desenvolve: todos os presentes na sala são pacientes da clínica psiquiátrica. Porém não é uma ficção fiel da realidade hospitalar no sentido literal; o hospital é intencionalmente esquisito, como num pesadelo. A atuação – "artificial" em seu caráter dançante e ginástico – pretende intensificar esse clima de irrealidade. Fora da realidade hospitalar se desenvolve uma nova ficção: a da trama vigente de *Kordian,* apresentada como uma alucinação coletiva que revela a verdade da miséria e da grandeza humana.

6. Somos conscientes, na realidade, de como em geral ficamos completamente à mercê das piadas inventivas dos brincalhões: "Ha-ha! Eles fazem as pessoas de bobas... Ha-ha! Eles mesmo parecem bobos... isso não é teatro, é um asilo de loucos", etc. Não excluímos tais chistes. Sabemos, por experiência, que o elemento de humor, de todo modo, implodirá todas as barreiras.

Kordian BASEADO EM Juliusz Sołwacki • ADAPTAÇÃO E DIREÇÃO DE Jerzy Grotowski • CONSULTOR LITERÁRIO: Ludwik Flaszen • CENOGRAFIA [ARQUITETURA]: Jerzy Gurawski • FIGURINOS E ADEREÇOS: Lidia Minticz e Jerzy Skarżyński • ELENCO: Andrzej Bielski, Ryszard Cieślak, Zbigniew Cynkutis, Antoni Jahołkowski, Maja Komorowska, Aleksander Kopczewski, Ewa Lubowiecka, Rena Mirecka, Zygmunt Molik • Teatro das 13 Fileiras, Opole • ESTREIA: 13 de fevereiro de 1962 (fechado), 14 de fevereiro de 1962 (oficial).

AKRÓPOLIS. UM COMENTÁRIO SOBRE O ESPETÁCULO

1. O que faz de *Akrópolis*, realizado segundo uma concepção de J. Grotowski, ter algo em comum com o drama original escrito por Wyspiański? O drama tem a noite da Ressurreição na catedral do castelo real de Wawel; as esculturas e as imagens das tapeçarias adquirem vida para representar cenas bíblicas e cenas antigas diante dos espectadores. Isso inclui grandes mitos e motivos que sustentam a cultura europeia – a rivalidade entre Jacó e Esaú pelo direito da progenitura, a luta de Jacó com o anjo, Troy, o amor entre Páris e Helena, a Ressurreição – numa peculiar transcrição "vistuliana"[1] de Wyspiański. No espetáculo de Grotowski, a realidade é diferente: de um modo poético, por meio de alusões, atalhos e metáforas, a realidade de um campo de concentração é construída. Os mitos e motivos perenes são representados por farrapos humanos, empurrados, em nosso século XX, aos limites da experiência de vida.

   Grotowski encontrou seu ponto de entrada nas palavras do poeta: que a ação dramática se situasse "no cemitério das tribos", que oferecesse – propositalmente – um resumo de nossa civilização. Os campos de concentração foram os "cemitérios das tribos" contemporâneos

---

[1] O adjetivo deriva do Vístula, o principal rio polonês que atravessa Varsóvia e Cracóvia.

onde os povos e culturas teriam de se encontrar e ser definitivamente testados. Eis aqui "nossa *Akrópolis*" – uma civilização hedionda e desmoralizada. A luta de Jacó com o anjo – e o trabalho duro; o amor entre Páris e Helena – e o toque de recolher dos prisioneiros; a Ressurreição do Senhor – e os fornos crematórios. Wyspiański destilou a síntese total da civilização para testar o âmago de seus valores. O mesmo é feito pelo diretor contemporâneo. Entretanto, em vez de uma grande apoteose, Grotowski oferece uma tragicomédia dos desgraçados.

2. Apesar das aparências, nem uma única palavra foi acrescentada ao texto de Wyspiański; este foi unicamente reorganizado às necessidades do espetáculo. Todavia, foram cortados o roteiro, as ações e motivações determinadas pelo autor. Só permaneceram as palavras do poeta – os materiais restantes vêm do teatro. De todas as tentativas de adaptação dos clássicos por parte do Teatro das 13 Fileiras, *Akrópolis*, sem dúvida, é a mais avançada. Apesar das revisões fundamentais, é uma questão de honra que essas elaborações da adaptação respeitem as palavras do poeta. Essas revisões adaptam o drama não através de recursos literários, mas de recursos teatrais.

3. Em *Akrópolis*, fez-se uma tentativa de construir uma realidade teatral em que o papel da narrativa – o curso de ação com seu sentido e justificativas práticas – foi minimamente mantido. Cada gesto, entonação, situação e movimento ambiciona tornar-se uma síntese e uma generalização de uma experiência mais ampla, um signo expressivo de "arquétipos", com o propósito de conquistar a força de uma metáfora. O teatro tradicional tem pouco em comum com empreendimentos similares, assim como o romance do século XIX tem pouco em comum com um poema moderno. Devido à densidade de seu conteúdo, o espetáculo não pode ser muito longo.

4. Como é usual no Teatro das 13 Fileiras, a ação acontece em um espaço teatral homogêneo onde os espectadores se misturam com os atores. Nesse caso, a função dramatúrgica dos espectadores é a de ser provocativamente ignorados pelos atores. Os espectadores representam o mundo dos vivos, enquanto os personagens do espetáculo são inventados como criaturas oníricas, erguendo-se das emanações dos crematórios. Não há comunicação entre esses dois mundos.

5. Nesse arranjo específico, a cenografia e os atores não estão mais completamente separados – eles se entrelaçam e se transformam uns nos outros. Desse modo, Józef Szajna não é apenas o criador de chaminés e de figurinos. Ele é também o codiretor.

> *Akropolis* [*Akrópolis*] BASEADO EM Stanisław Wispiański • ADAPTAÇÃO DE Jerzy Grotowski • DIREÇÃO DE Jerzy Grotowski e Józef Szajna • CONSULTOR LITERÁRIO: Ludwik Flaszen • ELENCO DA VERSÃO I: Andrzej Bielski, Ryszard Cieślak, Zbigniew Cynkutis, Antoni Jahołkowski, Maja Komorowska, Rena Mirecka, Zygmunt Molik • Teatro Laboratório das 13 Fileiras, Opole • ESTREIA: 9 de outubro de 1962 (fechada), 20 de outubro de 1962 (oficial) • ELENCO DA VERSÃO II: Andrzej Bielski, Ryszard Cieślak, Zbigniew Cynkutis, Antoni Jahołkowski, Rena Mirecka, Zygmunt Molik, Maciej Prus • Teatro Laboratório das 13 Fileiras, Opole • ESTREIA: 24 de novembro de 1962 • ELENCO DA VERSÃO III: Andrzej Bielski, Ryszard Cieślak, Antoni Jahołkowski, Mieczysław Janowski, Gaston Kulig, Rena Mirecka, Zygmunt Molik • Teatro Laboratório das 13 Fileiras, Opole • ESTREIA: 10 de junho de 1964 • ELENCO DA VERSÃO IV: Andrzej Bielski, Ryszard Cieślak, Antoni Jahołkowski, Mieczysław Janowski, Gastón Kulig, Rena Mirecka, Zygmunt Molik • Teatro Laboratório das 13 Fileiras, Wrocław • ESTREIA: 16 de janeiro de 1965 • ELENCO DA VERSÃO V: Ryszard Cieślak, Zbigniew Cynkutis, Antoni Jahołkowski, Rena Mirecka, Zygmunt Molik, Andrzej Paluchiewicz, Stanisław Scierski, Czesław Wojtała • Teatr Laboratorium – Instytut Badań Metody Aktorskiej [Teatro Laboratório – Instituto de Pesquisa do Método de Atuação] Wrocław • ESTREIA: 17 de maio de 1967.

DZIADY, KORDIAN, AKRÓPOLIS
NO TEATRO DAS 13 FILEIRAS

DZIADY

O TEXTO

De maneira geral, Grotowski baseou sua produção no *Dziady* de Wileńsko-Kowieńskie.[1] O texto utilizado no espetáculo veio das partes do poema que lidam com o ritual, o amor e a revolta romântica. O primeiro e o segundo atos incluem as Partes II e IV de *Dziady*, enquanto os fragmentos da Parte I e da Grande Improvisação constituíam o terceiro ato. *Dziady drezdeńskie*[2] foram omitidos – a não ser para a improvisação –, pois essa parte do poema tem um caráter diferente, com um tema estritamente nacional e político.

O texto, recortado e montado desse modo, foi tratado com extrema reverência, às vezes perversamente cômica. Os atores pronunciavam motes de Shakespeare e de Jean Paul, além da introdução de Mickiewicz – com

---

[1] Para mais informação, ver nota 1 no texto de Flaszen sobre *Dziady* nesta coletânea.
[2] A terceira parte de *Dziady*, finalmente completa, escrita em 1832, quando Mickiewicz morava em Dresden, é considerada uma obra-prima do drama romântico polonês, relacionando elementos da política à metafísica.

alguma informação do caráter das cerimônias populares de Dziady – e comentários que introduziam o ambiente e os acontecimentos. Todas as peculiaridades da linguagem e pronúncia de Mickiewicz foram mantidas, em alguns até enfatizados de maneira provocativa.

LINHAS MESTRAS DA ENCENAÇÃO

O espetáculo tomou a forma de uma série de estudos, relacionados às diferentes unidades: do tema em questão – as aventuras da alma de um jovem romântico; da estrutura do espetáculo – de um ritual que transforma o público e os atores numa comunidade literal; e, finalmente, de um estilo – oscilando entre o grotesco e a tragédia, "mágica para divertir", e toda gravidade de uma cerimônia religiosa.

Grotowski leva os princípios dos rituais teatrais à conclusão lógica, quase literalmente.[3] A divisão entre palco e plateia não só foi apagada, mas realmente abolida. Palco e plateia foram substituídos por um espaço teatral homogêneo em que espectadores e atores coexistem. O Coro, uma massa indiferenciada de atores, estabelece a base do espetáculo. Essa massa cria e se forma espontaneamente no decorrer da apresentação, produzindo constantemente protagonistas que conduzem as atividades do grupo. O Coro emerge em meio ao público, os protagonistas emergem do Coro. Daí os protagonistas são absorvidos pelo Coro. Finalmente, o Coro é absorvido pelo público. Os espectadores são diretamente atacados, muitas vezes, e forçados a assumir papéis definidos segundo as necessidades da ação. *Dziady* concebido desse modo não é uma representação de uma peça externa à comunidade participante do espetáculo; é, antes, a emanação de uma psique coletiva.

A encenação não é, Deus me livre, uma paródia do bardo. Inclui conscientemente, numa mesma porção, o anacronismo da atitude romântica (com sua crença apaixonada na eficácia do ato individual e no sentido cósmico da experiência individual) e uma verdadeira fascinação por essa atitude. O diretor mostra o lapso entre cabotinagem e verdade emocional, entre uma forma exaltada de experiência e sua pobre realidade humana.

---

[3] Este parágrafo tem um texto quase idêntico ao do comentário de Flaszen sobre *Dziady*. Ver nesta coletânea.

O romantismo é uma estranha forma de consciência, oscilando no extremo da loucura e da superstição mágica. Do ponto de vista de nossa época sóbria, ele é grotesco. Ainda que da perspectiva das necessidades da consciência coletiva, mutilada por transformações violentas, ele não estranhe esses valores. No romantismo há algo de uma psique arcaica que gostaria de não distinguir entre sonhos e despertar, entre o indivíduo e a comunidade, entre a alma e o mundo. O romantismo parece enxergar uma garantia da preservação da unidade primal nos procedimentos mágicos, muitas vezes identificados com a poesia. O homem contemporâneo é uma pessoa racional, profundamente enraizada na realidade, alguém que dispensou ilusões infantis a respeito do seu poder – ainda que ele esteja internamente desintegrado e socialmente desenraizado. De um modo ingênuo, o romantismo expressa um desejo de uma unidade espiritual perdida e de um sentimento de pertença desse mundo. Ingênuo – consequentemente engraçado; dando vazão a um desejo importante – consequentemente edificante. Hoje, a magia é entretenimento, mas também fascinação. O espetáculo *Dziady*, oscilando entre zombaria e gravidade, expressa essa dualidade através do seu estilo.

A infância é a chave da magia. Desse modo, o *Dziady* de Grotowski é uma espécie de jogo infantil improvisado. As crianças brincam, disfarçam-se de fantasmas e de personagens variados e encenam várias histórias esquisitas. Ainda assim, a realidade ilusória do jogo às vezes ultrapassa as expectativas dos participantes. Da burla, transforma-se em realidade. E o riso transforma-se em horror.

A ENCENAÇÃO. ILUMINAÇÃO, FIGURINOS, ELEMENTOS DE CENA

Não existe palco. O espaço todo do teatro é um lugar de ação. As cadeiras estão em vários níveis, em diversos arranjos, às vezes de modo tão perverso que os espectadores se surpreendem mutuamente com sua presença. Os atores atuam em passagens e sobre três mansões, espalhadas pela sala. A luz vem de lâmpadas negras tubulares penduradas e são acesas e apagadas pelos atores, dependendo das necessidades da ação. Os figurinos e elementos de cena mantêm certa conexão com a época de Mickiewicz e, ao mesmo tempo, servem ao jogo e à improvisação.

Os homens usam calças do século XIX, camisas e echarpes, ainda que sem as casacas ou as caudas, com suspensórios visíveis. As mulheres vestem extravagantes *lingeries* em estilo imperial, com panos que parecem ter sido tirados dos trilhos de cortinas, drapejados sobre seus ombros na forma das vestes românticas. Gustaw usa um tapete barato, substituindo um casaco romântico, e o Padre veste uma saia ao invés de uma batina. Cada personagem tem uma caçarola de cozinha comum – e uma vela (obviamente elétrica). Itens domésticos são fantasiados de "grande teatro".
A beleza dos figurinos de estilo é justaposta à banalidade da roupa de baixo e aos prosaicos objetos cotidianos.

O PRIMEIRO ATO

Cenas que evocam os espíritos. Os atores, de mãos dadas, como crianças brincando, ao redor de um alto castiçal no centro da sala, cantam de modo ritmado um texto da parte do poema conhecido como "Upiór" (o Fantasma). E, como numa brincadeira infantil, eles excluem Gustaw do grupo. Os fantasmas surgem em meio aos participantes da cerimônia; e quando seus papéis são realizados, retornam ao coro. O Feiticeiro usa incenso verdadeiro e espalha o cheiro pela sala; instruído pelo texto, ele asperge sementes de papoula nos espectadores: uma literalidade grotesca numa apresentação antinaturalista. O Fantasma do Mau Senhor é simplesmente uma voz e mãos acesas por uma tocha que fazem gestos desesperados de trás de uma cortina preta, bem acima das cabeças dos espectadores. A Pastora é uma garota da plateia: Gustaw e o Feiticeiro dirigem-se a ela, e ela é conduzida, pelos participantes da cerimônia, para fora da sala, como prescreve o texto.

A cena é concebida como uma "evocação de fantasmas por brincadeira". É executada entre cantos rituais, sussurros misteriosos, gemidos, lamentos – e surpresas. Os atores assustam os espectadores exatamente como os adultos assustam crianças levadas – meio seriamente, meio de brincadeira. Eles também se assustam mutuamente de um modo infantil.

O SEGUNDO ATO

Cena na casa do Padre. O Padre – uma alma estúpida, mas boa; pregando um sermão filisteu imbecil, mas bem intencionado, sem entender a tragédia de Gustaw; seriamente amedrontado com os excessos metafísicos da possessão do espírito de seu visitante noturno. As crianças são interpretadas pelas atrizes – pobres criaturas disformes, a piedosa obra das mãos de Deus.

Gustaw encena seu drama ostensivamente, como se fosse um show. Ao conseguir todo lirismo e pieguice de si mesmo, sua voz atinge os tons mais elevados do *bel canto*, e seu corpo faz pretensiosas poses sincopadas. Ao cair em violento desespero e loucura, ele pragueja em voz baixa, faz expressões ameaçadoras, ataca de maneira imprevisível, faz poses bizarras, pretendendo ameaçar seus parceiros e os espectadores comicamente. Ao objetar ao conformismo do Padre cristão, ele chega até a blasfemar: sua atitude é semelhante aos excessos metafísicos de Dom Juan, ao humor sombrio de um sacrílego, focado em resultados imediatos. Ele recita poemas melodicamente, gravitando com persistência na canção: e, nos momentos culminantes do seu papel, ele realmente canta. Ele se expressa bombástica e infantil. É como as crianças do Padre – engraçadas, mas deploráveis.

O aspecto-chave da cena consiste nas repreensões corretivas do Padre contra esse Dziady, esse "rito sacrílego, repleto de feitiçaria".[4] Gustaw, defensor da superstição primitiva, está certo. A luz diminui. As palavras do Padre e de Gustaw, cantadas como uma encantação sagrada, são acompanhadas de um eco misterioso, um coro invisível. Gustaw, em pé em uma das mansões, medonhamente iluminado de baixo, ofega, transformando-se no Fantasma – e envia sua última advertência como Fantasma.

O TERCEIRO ATO

No cemitério. No escuro, a luz de velas bruxuleia em toda a sala. Um clima de conspiração. As solenes gradações do coro são multiplicadas e aprofundadas pelo eco vazio das caçarolas que funcionam como ressonadores. Quando o texto indica que eles se dirijam à Menina ou ao

---

[4] Esta citação do drama de Mickiewicz foi usada por Grotowski como um mote em sua encenação de *Dziady*. Flaszen também usou essa fórmula para descrever a poética teatral de Grotowski. Depois se tornou o nome de um filme sobre o Teatro Laboratório, *"Rito Sacrílego, Repleto de Feitiçaria". Sobre o Teatro Laboratório de Jerzy Grotowski*, dirigido por Krzysztof Domagalik para a televisão polonesa (1979).

Velho, os atores falam direto com espectadores específicos e iluminam seus rostos com velas.

Crepúsculo. Gustaw se perde na selva. Seu lugar é incerto, possivelmente o mundo subterrâneo. Os monólogos de Gustaw são desesperadoramente acompanhados por sons de quase florestas, latidos sussurrantes e distantes, vindos de lugares difíceis de distinguir na sala: um clima de horror irônico e lúgubre. O Caçador Negro, pendurado nas portas, sob o teto, com uma expressão plácida, faz movimentos monótonos com as mãos próximas ao rosto, como se puxando, neurótico, sua barba e bigode, e sussurrando monotonamente profecias sobre o destino secreto de Gustaw. E quando Gustaw desaba ao chão em uma pose de horror artificial, o Caçador Negro, com seu dedo indicador significativamente esticado para cima, anuncia de forma realista: "Uma cela no Monastério dos Monges Basílicos de Vilna". Os atores acendem todas as luzes. Colocam uma vassoura nas costas do prostrado Gustaw: pode-se ouvir o som abafado da batida de pregos. *Natus est Conradus.*[5] Tem início "A Grande Improvisação".

A Grande Improvisação – um manifesto do prometeísmo romântico. O indivíduo heroico acredita em seu papel singular. O poeta, igual parceiro de Deus, desprezando tudo a não ser o impulso ao sacrifício, quer levar a comunidade a introduzir ordem na realidade envenenada, impossibilitada de se defender ou de se justificar por qualquer espécie de teodiceia. Mickiewicz parece acreditar no sentido da rebeldia de seu herói, ainda que o sentencie à derrota. Sua derrota, em trágica solenidade, prova que uma atitude rebelde é considerada vital, mesmo se for superada.

O diretor moderno não compartilha dessa crença no significado vital do ato individual. No entanto, ele vê Prometeu sentenciado a um duplo martírio. O martírio do profeta de uma causa perdida desde o início, um Cristo cujo evangelho não se tornará a base de nenhuma igreja. E o martírio de Dom Quixote, dilacerado entre sua tentativa

---

[5] A frase latina significando "Konrad nasceu" refere-se à importante cena da grandiosa transformação de Gustaw, o amante romântico, para Konrad (Conradus), o herói romântico que lutará pela nação.

bombástica e sua completa falta de senso de realidade, uma pessoa exposta à zombaria da multidão esclarecida. O silêncio cruel de alguém, ambíguo em seu distanciamento (possivelmente irônico?), é uma resposta ao indivíduo que se debate com nobre entusiasmo. Será que a humildade será aceita, então, como uma defensora orgulhosa dos direitos humanos, como queria Mickiewicz? Humildade, possivelmente – mas uma humildade amarga e perversa. Uma palavra na qual Prometeu se torna uma criança indefesa, louca, um profeta sem nenhuma fé, um comandante sem um exército – é inútil.

O monólogo de Konrad adquire a forma da via-crúcis. Ele prega palavras de rebeldia, curvando-se humildemente sob a cruz que, para piorar, não é um instrumento sublime de paixão, mas uma vassoura comum. Ele cruza o espaço todo, às vezes caindo sob a carga do seu banal objeto de cena – em poses iconográficas de Cristo a caminho do Calvário. Cristo, às vezes sofrendo de um modo desumano, como um senil, às vezes praguejando contra seu Pai cruel numa desamparada voz aguda. Do exterior chegam as melodias das matinas (preces noturnas da Liturgia das Horas) – pias vozes femininas cantam fragmentos blasfemos da Grande Improvisação. Konrad escuta atentamente, discute com elas, assume o canto delas, imitando e repetindo. O clima é de uma missa de aldeia – há algo de uma primitiva Peça de Paixão. Quando, no final da Improvisação, Konrad – pregando-se ansiosamente à parede – grita sua famosa acusação a Deus como "Tzar do mundo",[6] ele desaba da mansão ao solo num ato de estranha humildade misturado com blasfêmia. O som de um sino pode ser ouvido acima de um Konrad prostrado, como se na Ressurreição. O corrompido Prometeu, cuja revolta o despojou de qualquer dignidade – e sua blasfêmia torna-se engraçada ou patética no final –, é identificado como um servil pregador.

---

[6] Essa é a última frase da Grande Improvisação, iniciada por Konrad e (quando desmaia) terminada pelos demônios (são eles, não ele, que proferem a palavra "Tzar"). O protagonista acusa Deus de ser não um Pai amoroso do mundo, mas um impiedoso e cruel autocrata. O termo "Tzar" para os poloneses do século XIX teve associações extremamente negativas, quando a Polônia perdeu sua independência para a Rússia tzarista.

KORDIAN

O TEXTO

O *Kordian* de Grotowski passou por um processo de reorganização e cortes textuais profundos. Todas as cenas do episódio chamado de "asilo mental" foram removidas do espetáculo. Essa cena foi elaborada como a estrutura do espetáculo inteiro. A história do protagonista é escrita no asilo: o espetáculo começa e termina com essa cena. Fragmentos da cena do asilo retornam constantemente, como um motivo musical básico. Eles sintetizam a ação que acontece no passado, bem como suas futuras voltas; eles preenchem os intervalos entre episódios específicos do drama.

A CONSTRUÇÃO DO ESPETÁCULO

O espetáculo foi inventado como uma fusão, um jogo mútuo entre realidade e ficção. A ação ocorre em três planos simultaneamente. O teatro, a sala em que os espectadores se reuniram para assistir ao espetáculo, é literalmente a realidade. A primeira camada de ficção é construída sobre essa realidade teatral: não somente os atores, mas também todos os espectadores são forçados a interpretar os papéis de pacientes da clínica psiquiátrica. Fora da realidade hospitalar se desenvolve uma nova ficção: a trama efetiva de *Kordian*, apresentada como uma alucinação coletiva.

O Doutor é alguém que libera e organiza essas alucinações; ele é auxiliado pelo Zelador do hospital. O Doutor – uma figura combinando os traços de um charlatão psiquiátrico, de mágico circense e de um "verdadeiro" diabo – seleciona entre os espectadores as pessoas que ele precisa para suas ações, como um mágico emboscando vítimas a serem usadas em suas experiências. Ao executar certos procedimentos hipnóticos sobre as pessoas escolhidas, ele induz seus devaneios, que são imediatamente concretizados. Ao mesmo tempo, o próprio Doutor entra na ação por ele desencadeada, assumindo papéis importantes em termos de seu conteúdo. No episódio da Preparação ele se transforma em Satã e inicia uma diabólica cerimônia do nascimento da nova era; na cena do jardim, ele se torna o servo Grzegorz que apresenta a um Kordian em devaneio uma visão da rude bravura militar; no episódio do Vaticano, o Doutor – dessa vez, como Papa – irrita Kordian com sua nua indiferença diante do sofrimento da nação de Kordian; nas cenas de rua, ele se transforma num Estrangeiro que, ao cantar, instiga a multidão ao motim; na catedral, ele faz os votos do recém-coroado rei da Polônia; finalmente, como o Tzar, ele fica aguardando Kordian quando este sucumbe ao final de suas andanças frenéticas pelas câmaras do castelo, exaurido pela Imaginação e pelo Medo. Depois dessa série de alucinações encenadas, o Doutor nos traz de volta à realidade da clínica psiquiátrica. Com o ostensivo *sang froid* (sangue frio) de um médico, ele explica os tipos de doença que acabaram de ser demonstrados. Ou, então, ele perturba o Zelador que se apressa assustado e temeroso, como um assistente de ilusionista desajeitado junto ao patrão. O Doutor é cético, irônico – e clemente; Kordian – seu principal paciente – é infantil, entusiasta e atormentado. Há uma espécie de gentileza triste no relacionamento entre o Doutor e Kordian, como um pai com um filho que está se desviando e sofrendo com nobreza.

CENÁRIO. FIGURINOS. OBJETOS DE CENA

O local da ação é um teatro, que pode ser considerado simultaneamente uma clínica psiquiátrica. A sala toda é um salão de hospital, e os espectadores – sem intenção de aborrecê-los – são considerados pacientes psiquiátricos. Três beliches de ferro estão espalhadas pela sala. São efetivamente camas hospitalares, ainda que, ao mesmo tempo, funcionem como mansões onde (graças à sua construção em plataforma) acontecem alguns episódios-chave. Elas são também "instrumentos de ação", integralmente relacionadas a um estilo de interpretação que beira o tempo todo a à acrobacia.

Não há figurinos em nenhum sentido teatral do termo. Os homens usam roupas cotidianas cinza, e as mulheres, vestidos cinzentos comuns. Suas roupas não são trapos; pelo contrário, representam uma espécie de "elegância despojada da era comunista". A elegância delas é tão sofisticada que não funciona e torna-se lixo pretensioso. A indumentária dos atores ridiculariza o traje formal do público, todo paramentado para a ocasião. A equipe do hospital veste batas brancas.

Os elementos de cena são também completamente reais. Nas cenas do hospital, há itens médicos e de uso cotidiano: um verdadeiro bisturi e uma verdadeira camisa de força, bacias verdadeiras, panelas e toalhas. Nas cenas das alucinações, os objetos são tirados do depósito de objetos do teatro: uma tiara de enfeite para o Papa e uma brilhante coroa barata do Tzar; rifles antiquados para Grzegorz e Kordian.

A arquitetura cenográfica apoia o jogo perverso entre autenticidade e artificialidade teatral, realidade e ficção, literal e metafórico. A verdade dos objetos funciona aqui em duplo sentido, incorporada a uma construção estilisticamente poética.

SOBRE O CHAMADO PENSAMENTO GUIA

O espetáculo expõe a ideia romântica do sacrifício testando a realidade.[7] Kordian é alguém que passou por várias buscas e experiências e agora quer ser herói; ele enxerga o sentido de sua existência na missão de salvar os outros, com gestos bombásticos e no fulgor do autossacrifício. O diretor confronta o significado do grande ato individual com a época dos movimentos de massa, das organizações, e com a eficácia comprovada de atos coletivos. Qualquer um que, num impulso individual, quisesse salvar o mundo nos dias de hoje seria considerado ingênuo ou louco em nossa época crítica, e talvez nem sequer tivesse o encanto de Dom Quixote. Por outro lado, ao apresentar o problema, o diretor deseja reviver dilemas anacrônicos. Nem sempre é bom que nobres fanáticos sejam desprezados por uma sociedade que se afirma pela experiência coletiva. Uma perfeita ordem social exigiria que os atos individuais tivessem um propósito moral; o senso comum não deveria ser a única fonte da ética. Esse é apenas um passo de saída da hipocrisia...

Apresentado como uma série de alucinações de um louco, *Kordian* permite que a questão da antinomia trágica seja mais focalizada com mais clareza. Assim, de um lado, existe o lúcido reconhecimento da realidade, intimamente acompanhado de certa apatia moral; de outro, há um grande impulso aliado à loucura. Não há escolha racional entre esses valores perversamente divididos. Um equivalente estético da incapacidade é o choque trágico – que é o que pretende o diretor.

O espetáculo – apesar dos que consideram a palavra "louco" como uma incitação ao riso – não é uma paródia da obra-prima nacional.

---

[7] O mesmo texto encontra-se no capítulo sobre *Kordian*.

Segundo as intenções do diretor, trata-se de um confronto do romantismo com a sobriedade contemporânea do pensamento. A loucura romântica não é uma falsidade que merece unicamente o riso; é uma forma antiga de verdade. O grotesco é o equivalente estético da estranheza. Nossa encenação de *Kordian* é a de uma tragédia grotesca – ou de um grotesco trágico –, da miséria e da grandeza do empenho humano.

UMA DESCRIÇÃO DE CENAS ESCOLHIDAS

O espetáculo começa com os uivos de dois loucos; um deles se considera a cruz do martírio de Cristo, enquanto o outro se identifica com um gigante sustentando o firmamento. Os dois ficam em estranhas posições catatônicas suspensos do teto; suas poses expressam alucinações heroicas. Esse é um complemento sarcástico do futuro drama de Kordian. O mesmo balbucio dos loucos encerra o espetáculo. O Doutor toma-os como exemplos trágicos da "mania de salvar", cada um deles desfila murmurando sem parar algumas palavras sobre sua própria missão elevada. O assunto, então, parece retornar ao ponto inicial, depois de terminada essa apresentação artística.

A cena entre Kordian e Violeta mantém essa característica poética de representação. Tudo é feito unicamente pelos atores. Em situações variadas, em arranjos e formações de uma fala metaforicamente densa, eles criam, inclusive, inesperados saltos de tempo e espaço. Kordian e Violeta, como um dueto de balé clássico, em poses lânguidas e torcidas de corpo – que assumem a cada vez para "se apoiarem" mutuamente –, realizam uma história de paixão romântica, terna num momento, brutal em outro. Galopando, eles se tornam espécies de centauros, cavalos e humanos ao mesmo tempo. A cada vez, um deles cruza a sala; suas pernas comportam-se como cavalos enquanto suas cabeças e braços se comportam como cavaleiros galopando loucamente, gritando um ao outro para acelerar. Como resultado, essas condensações de uma grande aventura executadas pelos atores têm o efeito de uma *grotesquerie* estática.

As cenas de rua. Os atores, espalhados pela sala, descrevem a cerimônia da coroação, falando sobre e comentando os acontecimentos na multidão. Um recurso favorito de direção: a criação de uma massa de pessoas para estender ilimitadamente o ambiente acústico. O clima da multidão tem pouco em comum com horror ou excitação. Pelo contrário, eles falam como observadores comuns que ignoram rotineiramente grandes eventos. Muita coisa acontece, mas ninguém fica surpreso ou excitado. O canto de um Estrangeiro. O Doutor geme fora de tom, como um pedinte de rua. Ele força os atores e espectadores a cantar. Vigia qualquer desobediência e ameaça com a bengala. Um recurso favorito de direção: forçar o espectador, de um modo drástico, a agir. A cena inteira compartilha do clima infantilizado e amargo do "Zielona Gęś".[8]

A conspiração da coroação. Uma disputa na "cripta da catedral" é estilizada ao exagero bombástico do Grande Teatro. Votação: Kordian, dançando como um mendigo, movimenta-se ao redor da sala com um chapéu na mão. Aí, apesar do resultado negativo do voto, ele decide matar o Tzar, e, de modo semelhante a uma oração com a entonação de um *yurodivy*,[9] ele declara seu plano de derramar o sangue pela nação. Enquanto isso, a multidão gorgoleja alto no momento de limpar as gargantas – pacientes indiferentes fazem a toalete noturna usual. Um recurso favorito de direção: a justaposição do grandioso com o trivial.

Imaginação e Medo. Kordian, de camisa de força, mãos atadas às costas, é preso a um rifle, como se num poste de tortura. Ele se movimenta; então para em posições familiares à tradição de pinturas de batalhas: um granadeiro marchando, um granadeiro atacando, um granadeiro mirando, um granadeiro caindo. Ele está acompanhado da Imaginação e do Medo, vestidos com casacos masculinos de enfermeiros. Com uma suave voz sedosa, eles descrevem os terríveis fantasmas de Kordian; vigiam cada passo de sua carga, combatendo com ele e reprimindo-o. Profissionais frios, trabalhadores médicos, cuja tarefa é acalmar o paciente. Sua gentileza profissional é quase cruel. O horror, retratado com uma gentileza paciente, torna-se monstruoso.

---

[8] Teatrzyk Zielona Gęś (O Pequeno Teatro do Ganso Verde) era uma série de minidramas satíricos escritos pelo poeta polonês Konstanty Ildefons Galzyński entre 1946 e 1950, publicados no semanário *Przekrój*. De um modo grotesco, com puro humor *nonsense*, ele satirizava as falhas da nação polonesa e os absurdos da realidade do pós-guerra. Ver: "Os Filhos de Outubro Olham para o Ocidente", nota 38 do capítulo.

[9] Termo russo para um Bobo Sagrado, um personagem usual em muitas culturas, em particular a russa.

O monólogo "no alto do Monte Branco" é a cena-chave da peça. É realizado na metade do espetáculo, no final da segunda parte. Depois da visita do Papa, Kordian enrijece num súbito torpor e desaba completamente entorpecido nos braços dos enfermeiros. Eles erguem-no, rígido, murmurando o texto do monólogo, e carregam-no até o alto, atravessando a sala. Deixam-no no topo de um dos beliches, amarram-no, e tiram sua camisa. O Zelador enrola uma tira de borracha em seu punho direito e congela ali com uma bacia pronta para o sangue. O Doutor ergue sua lanceta e para num instante: mira com precisão a veia do paciente. As frias ações, destras e definidas, contrastam com a euforia desesperada de Konrad, já que ele está prestes a fazer a escolha mais importante de sua vida. No final, seu murmúrio ruidoso transforma-se num abafado sussurro. O Médico lanceta o paciente, e Konrad grita: "Povo! Winkelried[10] está vivo! A Polônia é o Winkelried das nações!" Na continuidade, os procedimentos do Zelador sugerem o término da cirurgia. Kordian acorda do seu sonho maluco e profere a famosa invocação, "Oh, poloneses!", em voz calma, cansada.

A notável cena do autossacrifício individual é justaposta a uma operação médica prosaica. Sangue verdadeiro mistura-se ao sangue metafórico; sofrimento real, ao sofrimento imaginário; físico, ao espiritual; a severidade carnal, à ascensão poética. O choque é a única saída do dilema de Kordian. É por isso que tivemos de fazer um espetáculo a esse respeito.

AKRÓPOLIS

O TEXTO

O drama de Wyspiański foi rigorosamente reduzido e parcialmente reorganizado. Em algumas partes – para ajustar o texto às necessidades

---

[10] Um lendário herói e mártir suíço em combate. Há um enorme debate entre os dois bardos do romantismo polonês, Mickiewicz e Słowacki, sobre o papel histórico na nação polonesa. O primeiro representou a concepção messiânica da Polônia como "a Nação de Cristo" (uma vítima inocente e passiva do demônio), enquanto o último representou a polêmica concepção da Polônia como "a Nação de Winkelried", um ativo combatente da liberdade, pronto para sofrer e se sacrificar pelos outros. Na realidade, a constatação de Słowacki é apresentada de um modo ambíguo: parece que a ideia mesma do "winkelriedismo" é sugerida a Kordian por Satã.

do diretor –, pequenas interpolações e correções foram acrescentadas, mas não em linguagem diferente do estilo poético. As expressões "nossa Acrópole" e "o cemitério das tribos" são enfatizadas pela repetição obsessiva; são os principais motivos em torno dos quais o espetáculo foi disposto. Um fragmento de uma carta particular de Wyspiański é citado como prólogo; na carta, o poeta chama *Akrópolis* de um resumo de nossa civilização.

De todas as produções de Grotowski, *Akrópolis* é a menos fiel à fonte literária. Apenas o personagem poético da peça foi preservado. Mas a palavra poética foi transportada para circunstâncias cênicas completamente diferentes, e foram dadas – através do método de justaposição – diferentes associações de conteúdos relacionados. Isso é – obviamente tratado como um assunto lateral – uma espécie particular de conceito técnico: transplantar o tecido verbal de um drama a uma vida cênica, totalmente alheia a ele. E transplantá-lo de tal modo que a palavra – sem quaisquer operações filológicas fundamentais – pareça crescer fora das circunstâncias impostas a ela pelo teatro.

NOSSA ACRÓPOLIS

A ação do drama de Wyspiański se passa na catedral do castelo de Wawel. Na noite da Ressurreição, esculturas e figuras de uma tapeçaria retornam à vida para encenar cenas importantes do Velho Testamento e de antigos mitos fundamentais da tradição europeia. O drama é concebido como uma visão detalhada da cultura mediterrânea; o poeta situou a reunião dessas figuras no castelo de Wawel, a Acrópole polonesa. Aqui, no "cemitério das tribos" (como o poeta chama esse lugar), a vitalidade de todos os mitos europeus será testada numa síntese "vistulina" particular.[11]

No espetáculo, que parece se passar tão afastado de Wyspiański, os pressupostos do diretor são essencialmente os mesmos – e foi por isso que Grotowski se interessou por *Akrópolis*. Para dar um resumo de civilização, testar valores civilizatórios em oposição à perspectiva da experiência contemporânea. No entanto, vivemos na segunda metade do século XX, e nossas experiências são mais cruéis do que as de Wyspiański.

[11] O rio Vístula percorre Cracóvia, onde a cena se situa.

Na produção de Grotowski, todos os valores perenes da cultura europeia são também testados. Ainda que esse conjunto não se localize na reclusão da velha catedral em que Wyspiański, o artista do *fin-de-siècle*, meditou em solidão sobre a história – mas num campo de concentração em que esses valores foram confrontados por nosso século na extremidade do clamor multilíngue de vozes. No espetáculo, as figuras também ressuscitam para apresentar cenas significativas da vida humana. Todavia, elas ressurgem não de imagens imortalizadas nos monumentos do passado, mas da fumaça dos crematórios e dos vapores do extermínio.

Eis aqui o "cemitério das tribos", porém não o visitado pelo antiquário galiciano e visionário cultural; paradoxalmente, trata-se de um "cemitério das tribos" literal criado pela época que tornou as frases mais audaciosas em realidade. "Nossa Acrópole" não ressuscitará Cristo-Apolo em euforia de esperança induzida: a prioridade de atravessar limites intransponíveis permanece na experiência coletiva. "Nossa Acrópole" é um ponto de interrogação que paira sobre nossas cabeças – uma interrogação sobre nós mesmos e sobre a natureza da humanidade. No que se transforma o gênero humano quando confrontado com violência absoluta? A luta de Jacó com o Anjo – e o trabalho duro; o amor entre Páris e Helena de Troia – e a chamada dos prisioneiros; a Ressurreição – e os fornos crematórios. Uma civilização hedionda e desmoralizada.

A projeção de uma imagem de nossa espécie sobre o pano de fundo da civilização deve supostamente – de acordo com as intenções do diretor – inspirar terror e piedade. A apoteose luminosa pretendida pela visão historiosófica do poeta foi justaposta à tragicomédia de valores degradados. Não somente o horror, mas também a feiura do sofrimento foi representada; não apenas solenidade, mas também a ridícula amargura. A humanidade é reduzida aos instintos primitivos, quase animais; há uma confidencialidade doentia, um parentesco ambíguo entre o papel do executor e o papel da vítima. Nesse quadro, ninguém pode ser associado ao executor, ao poder espontâneo que é separado da comunidade de prisioneiros. O teatro abriga, provavelmente pela primeira vez, uma visão semelhante à prosa de Tadeusz Borowski.[12]

---

[12] Ver: "Os Filhos de Outubro Olham para o Ocidente", nota 23.

Não há pontos luminosos no material central do espetáculo; não há imagem de esperança – a esperança é ridicularizada de modo blasfemo. A apresentação pode ser entendida como um apelo à memória moral e ao subconsciente moral do espectador. Quem você seria no momento do julgamento final? Apenas uma ruína de homem? Ou uma vítima das ilusões coletivas de autoconsolo?

A REALIDADE DO ESPETÁCULO

O espetáculo foi formulado como uma paráfrase poética de um campo de concentração. Como num sonho, interpretação literal e metáfora foram aqui entrelaçadas. A ação (como habitualmente no teatro de Grotowski) ocorre por toda a sala, em meio aos espectadores. Entretanto, os espectadores não são convidados a participar. Pelo contrário: assume-se que não há contato direto entre eles e os atores. Representam dois mundos separados que não se misturam: os iniciados na experiência definitiva e os seres laicos que continuam vivendo a vida somente no nível cotidiano; os mortos e os vivos. Dessa vez, a proximidade física sustenta o efeito de estranhamento: os espectadores sentam-se muito próximos aos atores, mas os últimos, de modo provocativo, ignoram os primeiros. Os mortos, estranhos e incompreensíveis, surgem nos sonhos dos vivos. Eles circundam os sonhadores, como num pesadelo. Suas atividades, apresentadas em várias partes da sala, em turnos e às vezes simultaneamente, sugerem uma indeterminação espacial e ubiquidade obsessivas, como num pesadelo.

Há uma caixa de madeira no meio da sala, com pilhas de sucata de ferro em cima: chaminés de fornalhas de vários comprimentos e formas, rodas de carrinhos de mão, um chuveiro, pregos, martelos. Tudo enferrujado, envelhecido e real, como se tivesse sido tirado de um depósito de lixo. A realidade dos objetos em nosso espetáculo é feita de metal e ferrugem. No decorrer da ação, os atores erigirão uma construção feita desse lixo metálico enferrujado – pendurando-os em cordas esticadas do teto e ligando-os ao chão em diagonal –, uma operação da absurda "civilização dos tubos das fornalhas", que gradualmente preencherá a sala inteira. Desse modo, o literal transforma-se numa metáfora.

FIGURINOS

Sacos furados em corpos nus. Os furos são forrados de camadas coloridas e cortados como se fossem não apenas defeitos dos tecidos, mas também matéria orgânica esfarrapada, a carne corporal dilacerada exposta por dentro. Os atores usam pesadas botas de madeira e boinas escuras na cabeça – uma versão poética dos uniformes dos prisioneiros do campo de concentração. As indumentárias são idênticas, privando as pessoas de seus aspectos individuais; encobrem quaisquer atributos de estatuto social, sexo ou idade. Transformam os atores em idênticas criaturas atormentadas, orgânicas.

Os prisioneiros são condenados e, ao mesmo tempo – como se preenchendo uma lei superior não escrita –, seus próprios opressores. Suas vidas são reguladas pela disciplina do campo. Trabalho pesado, absurdo e inútil; sinais tocados ritmicamente no violino; comandos gritados para reunião da chamada; a luta diária pelo direito de viver e amar. Devastados, escassos seres humanos permanecem em pé, disciplinados como soldados a cada sinal de comando do campo. Seu trabalho na construção de sua própria civilização determina o ritmo monótono do espetáculo, como se eles estivessem se dirigindo a lugar nenhum; eles constituem um *leitmotiv* obsessivo, marcando o final de cada episódio de interação entre os prisioneiros.

Não há personagens ou figuras individualmente diferenciadas. Há somente uma imagem de sociedade; uma representação metafórica de uma espécie numa situação crítica. Na realidade, os atores criam uma única criatura pulsante num rimo variável, falando, cantando, fazendo ruídos com objetos. Uma criatura plasmática, polimórfica e informe separando-se por um momento somente para voltar a ser um único corpo latejante. Algo como a imagem de uma gota d'água sob um microscópio.

MITOS E REALIDADE

Nos intervalos do seu trabalho, essa sociedade peculiar prolonga os próprios tipos de sonhos de sua espécie. Os patéticos prisioneiros tomam os nomes do velho Testamento e dos heróis homéricos, identificam-se com eles e representam, dentro de seus limites, suas próprias versões das histórias famosas. Há algo nesse devaneio coletivo e na imaginação de outra realidade (não estranha às sociedades prisionais); e há algo nessa materialidade encarnada de fantasias de grandeza, de dignidade e de felicidade. Mas o jogo pode ser cruel e amargo; incluindo zombaria das próprias aspirações sublimes solapadas pela realidade.

Jacó, ao negociar com Labão seu casamento com Raquel, subjuga seu futuro sogro e esmaga-o com a bota: isso não é governado por nenhuma lei patriarcal baseada em laços familiares, a não ser pela lei cruel da luta pela sobrevivência. A briga de Jacó com o Anjo é uma briga entre dois prisioneiros; um deles se ajoelha, sustentando um carrinho de mão em suas costas, enquanto o outro está deitado no carrinho com a cabeça pendurada. Segue uma escaramuça dramática; um Jacó ajoelhado, tentando se livrar do peso de seu oponente, retesa-se ao levantar-se, mas cai, enquanto o Anjo prostrado bate com a cabeça no chão; ao querer esmagar Jacó, o Anjo bate sua cabeça na borda do carrinho de mão – e Jacó, com o maior esforço, permanece debaixo da carga. Os lutadores não conseguem se livrar um do outro porque estão acorrentados aos seus instrumentos de trabalho; para piorar sua tortura, não conseguem descarregar a mútua raiva de maneira adequada. Eis a grande cena do Velho Testamento: duas vítimas torturando-se mutuamente sob a pressão da Necessidade, do poder anônimo que está no coração do conflito.

Páris e Helena de Troia exibem o encanto da paixão sensual; no entanto, Helena é também um homem. Os versos do seu namoro são acompanhados dos risos lascivos dos outros prisioneiros: em seu mundo, o erotismo é degradado e desprovido de qualquer intimidade; é substituído pela grosseira luxúria de sexo grupal unissexual dos barracos. Ou, como no namoro de Jacó, a ternura é dirigida a substitutos. Sua noiva é uma chaminé de fornalha. Jacó cobre-a com um trapo como se fosse um véu e tem início a procissão de casamento do primeiro casal. Os outros seguem formalmente a cerimônia de casamento improvisada, acompanhada por uma canção ritual popular e – no auge – pelo som solene e primitivamente caloroso do sino de coroinha de igreja. Um sonho semi-ingênuo, semi-irônico da chamada felicidade normal encontra sua expressão aqui.

Nesse jogo dos prisioneiros de encenar as grandes cenas mitológicas, ergue-se uma voz de desespero e de esperança. O desespero passivo de um povo irreversivelmente condenado: acreditando na ajuda divina, as palavras angelicais do sonho de Jacó são recitadas por quatro prisioneiros em pé, em posições atormentadas, contra a parede, em diferentes partes da sala; sua récita soa como um lamento ritual, uma melodia da lamentação bíblica dos judeus no Muro das Lamentações. O desespero agressivo dos condenados que se revoltam contra seu destino: Cassandra. Uma mulher separa-se das fileiras de prisioneiros na chamada dos nomes. Contorcendo-se histericamente e desmaiando, num movimento quese lírico, professa o extermínio da sociedade. Ela canta de modo abafado com uma satisfação autodestrutiva vulgar, mudando subitamente para uma calma cantilena de tristeza. Em vez do grasnar de gralhas, sugerido no texto original, seu monólogo é interrompido por um instante pelas ligeiras vozes guturais dos prisioneiros de pé, numa fila, como se respondendo ao comando: "Sejam contados!".

E, enfim, a esperança. O exaustivo agrupamento conduzido pelo Cantor encontra seu Salvador. Quem é esse por quem estão procurando tão desesperados? É um cadáver. É um boneco azul, partido, sem cabeça, que se parece com um magro prisioneiro morto. Com as duas mãos, o Cantor ergue essa forma patética num gesto solene, como o padre erguendo o santo cálice. A multidão, num impulso religioso, fixando o olhar nele, segue o líder em fila única. Começam a cantar uma canção, uma melodia natalina de boas-vindas em louvor ao Salvador. O som da canção aumenta, torna-se uivo extático, vozes agudas, gemidos e riso histérico. A procissão circula ao redor da grande caixa no meio da sala com os braços estendidos ao Salvador, com os olhos arrebatadoramente focados nele. Alguns prisioneiros tropeçam, caem, engatinham e se recompõem para fervilhar ao redor do Cantor, caoticamente. Parece um evento medieval religioso, uma procissão de flagelantes, pedintes de igreja, dançarinos em êxtase religioso. Eles se acalmam e param às vezes. A imobilidade silenciosa é preenchida com a canção ou oração do Cantor, respondida pelos outros no início da litania. Finalmente, no auge do êxtase, o grupo chega ao fim de suas andanças. Em meio ao silêncio, o Cantor grita uma prece, abre uma tampa da caixa e entra com o manequim Salvador. Cantando histericamente, os outros o seguem, um de cada vez, num transe. Todos os convictos desaparecem no buraco, e a tampa se fecha. Silêncio súbito. Depois de uma pequena pausa, uma voz sóbria de fato é ouvida de dentro da caixa: "Eles se foram – e a fumaça sobe espiralando". A alegre loucura encontra seu fim no forno crematório. Fim do espetáculo.

O TEATRO POBRE

O espetáculo baseia-se numa regra de rigorosa autossuficiência. A principal mensagem é: não introduza no decorrer da ação nada que não esteja ali desde o início. As pessoas e certos itens são reunidos no espaço. Esses blocos de construção devem bastar na construção de todas as circunstâncias e situações do espetáculo; seus aspectos visuais e acústicos, seu tempo e espaço.

Não há "cenário" no sentido usual da palavra. Este se limita, bem como os figurinos, à categoria de objetos de cena, ou seja, objetos necessários à ação dramática. Cada item deve servir à dinâmica, não ao *décor*, e deve ser usado de muitos modos diferentes. Os tubos das fornalhas e as pilhas de metal também fazem parte do cenário; elas são uma metáfora visual, que ajuda a moldar a visão. No entanto, o ambiente é organicamente extraído da ação; é criado através da ação que depende dele. Ao entrar em cena, os atores encontram uma pilha de metal. Ao sair, eles deixam essa civilização de forno crematório; o ato de construir essa civilização é um motivo importante do espetáculo.

Cada item preenche múltiplas funções. A banheira é uma banheira literal. Mas não somente. É também uma banheira metafórica; uma alusão às banheiras que serviam de recipientes aos corpos humanos transformados em couro e sabão. Se necessário, a banheira pode ser invertida para se transformar num altar em que um dos prisioneiros canta sua reza obsessiva; quando necessário, pode ser colocada na horizontal numa posição central e transformada em cama nupcial de Jacó. Os carrinhos de mão são instrumentos de trabalho; um ataúde fora do comum usado para transportar os cadáveres ao redor; quando apoiado contra uma parede, transforma-se no trono de Príamo. Uma das chaminés, seguindo as regras da imaginação, representa até o papel da noiva de Jacó, tornando-se grotesca nessa caracterização imaginária.

Acima de tudo, o mundo de objetos é um dispositivo de instrumentos musicais usados pelos atores para tocar a cacofonia monótona do sofrimento absurdo e da morte absurda. Metal atrita contra metal; o batuque pesado, monótono de martelos; o rangido das tubulações se friccionando; a estridência aguda de pregos; o alto estampido de botas. Se os atores falam com elas, as tubulações penduradas ressoam com vozes humanas; uma mão de ator chacoalhando muitos pregos transforma-os num altar de coroinhas de igreja. Há um único instrumento musical real no espetáculo: um violino. Seu motivo é constantemente recorrente no decorrer da ação: como a apresentação piedosa de um violinista de rua, como o fundo melancólico e lírico de uma imagem brutal, ou como o som rítmico dos comandos, a transformação poética dos assobios dos guardas do campo. Os objetos possuem vozes. A imagem visual é constantemente acompanhada de uma imagem acústica.

O teatro pobre: o uso da menor quantidade de elementos fixos para obter o máximo de resultados através da transformação mágica dos objetos, da "atuação" multifuncional dos elementos de cena. Criar universos completos usando somente os objetos de passagem. Como crianças inventando brinquedos simples e improvisando jogos no impulso do momento. Isso é teatro numa forma embrionária, no processo de nascer, quando o instinto desperto de atuar espontaneamente seleciona instrumentos apropriados à transformação mágica. Com certeza, a força motora por trás disso é um ser vivo, o ator.

NOTAS SOBRE A ATUAÇÃO

O teatro pobre odeia maquiagem. O ator tem de criar uma máscara naturalmente, por meio de seus músculos faciais. Assim, cada personagem, do começo ao fim, leva o mesmo esgar em seu rosto. O corpo todo se movimenta de acordo com as circunstâncias, enquanto a máscara mantém uma expressão imutável de desespero, sofrimento, ou de indiferença. O ator multiplica-se numa espécie híbrida, expressando seu papel polifonicamente. Partes específicas do corpo expressam vários impulsos, às vezes contraditórios, e as palavras faladas desafiam não somente o tom de voz, mas também os gestos e as expressões faciais. Todos os atores utilizam posturas e movimentos semelhantes à mímica; cada um deles está fixado individual e irreversivelmente numa compulsão doentia. As ações dos atores levam à generalização dos personagens e os transforma, desse modo, pela eliminação de características individuais, em meros seres representativos de sua espécie.

A fala dos atores foi enriquecida pela introdução de muitas formas diferentes de articulação. Do balbucio e murmúrio, como se regredissem à infância ou a uma fase primitiva de desenvolvimento de linguagem, quando todas as emoções são espontaneamente comunicadas, a uma recitação melódica sofisticada; do grito desarticulado, grunhindo e sorvendo, semelhante a ruídos animalescos, a uma suave cantilena e às canções litúrgicas populares; dos dialetos locais e das entonações judaicas nas cenas bíblicas, à declamação de livros santos e poemas. A complicada partitura sonora inclui as memórias de várias formas e de vários usos de linguagem. São misturadas e conflitantes – como numa nova Torre de Babel –, num clamor de vozes de muitos povos e muitas épocas, do instante anterior ao seu extermínio.

A expressão dos atores, rica de toda espécie de deformações e da mistura de elementos contraditórios, está focada na comunicação de impulsos básicos. Vestígios de culturas misturam-se aqui em uma pasta quase animalizada: recursos expressivos biologicamente literais são combinados à composição convencional. Em "nossa Acrópole", a espécie humana passa por um terrível espremedor. E a humanidade é lançada ao limite.

ANTES DE 1964

UM TEATRO CONDENADO À PRÁTICA DA MAGIA

À luz clara da razão, o teatro é uma instituição dúbia. Quando lemos um romance ou um livro de poesia, quando escutamos música, olhamos uma pintura, ou até assistimos a um filme, não precisamos ficar sozinhos, fazê-lo por conta própria. E [somos capazes de] ponderar criticamente sobre o objeto de contemplação: temos tempo; não somos pressionados por ninguém. Todas as formas de arte se baseiam na relação do indivíduo com a verdade. Embora cada ferramenta de compreensão tenha de ser social, até mesmo os inatingíveis aspectos sociais da arte assumem o caráter confidencial de uma relação individual. Temos a capacidade (até mesmo a ilusória) de manter a independência de experiência, conveniente às pessoas esclarecidas. É assim que os demônios da arte são controlados e reprimidos.

No teatro é diferente. Aqui, há atores e espectadores. Espectadores e atores em mútuo contato direto. E esse contato, baseado numa conexão física, olho no olho, constitui-se em algo sem o qual o teatro não pode ser imaginado. Ele assume um mútuo contrato de transformação. Ainda que queiramos superar a ilusão – expondo o jogo, desvelando a máscara teatral das convenções, abordando mentes racionais com fria lógica – não podemos evitar o fato de sermos hipnotizados; nossa resistência é fútil. Subitamente, acordamos em outra realidade, somos transformados pelos atores que já se transformaram. Não há grande diferença entre nós e nossos ancestrais que dançavam uma dança de guerra e se sentiam verdadeiros conquistadores de seus inimigos. Os ajuntamentos humanos, cingidos num objetivo comum, com pessoas ouvindo e assistindo a alguma coisa, são particularmente inclinados à magia irradiante.

O teatro comunga com a verdade por meio da comunidade. O espectador, imerso no grupo, é somente uma partícula disso. A independência espiritual do espectador é constantemente colocada em risco. Por fim, ela desaba completamente, esmagada pelo contágio de reações coletivas. Os psicólogos nos ensinam que tais reações são irracionais. Num coletivo – ainda que apenas numa plateia – o homem tende a reagir com a parcela emocional e subconsciente de sua natureza. Uma irradiação, porque todo mundo irradia. Todo o mundo irradia porque uma pessoa irradia. Ao negar a razão, experimenta os deleites da solidariedade com o coletivo. Aninhando-se na comunidade, sente-se o gosto do pecado ditoso da irresponsabilidade; permite-se ser conduzido pela corrente do entorno. Aplaude, ri alto, chora, às vezes (não na Polônia, infelizmente!), bate os pés e assobia – com uma espontaneidade da qual essa pessoa se envergonharia num nível cotidiano. A verdade que instiga suas reações só pode ser uma verdade simulada. Assim, na aura combustível da plateia, essa verdade torna-se apenas um *slogan*; um impulso da manifestação emocional em que o coletivo afirma sua identidade.

Desse modo a afinidade do teatro com a magia não é apenas genética, mas mais profunda. E isso apesar do conteúdo proferido em cena. Esse conteúdo pode ser altamente cerebral, crítico e esclarecido; apesar disso – nas condições teatrais –, a vivência será a da fórmula mágica. Haverá algo de uma paixão irrefreável, de uma dança supersticiosa, de profunda obscuridade. O teatro – mesmo se negar sua natureza primal e vestir as asas poeirentas da erudição e disciplina intelectual – será a liberação dos demônios. O demoníaco cintila ambíguo debaixo dessas asas; inconsciente, será cômico – poderá resultar num grande teatro perverso, racional na forma e mágico na essência, quando se considera o demoníaco. É provável que haja algumas pessoas conscientes que gostariam de transformar os demônios teatrais em porcos para afogar no mar. E, na realidade, em vez de demônios há apenas porcos no lugar, alguns deles muito dignos.

Teatro feito pelos "esclarecidos" e para o "esclarecimento" está dividido entre essência e aparência. É uma criatura híbrida, hedionda, deslocada de seu desenvolvimento natural. Ele diz: "Aqui eu lhes ofereço a verdade do mundo, das ideias e dos conceitos". E o público aplaude, imerso na febre coletiva. "Eis beleza, lei, história, bom gosto e cortesia". E o público arfa e torna-se febril, quase dançando. Ao menos é isso que acontece quando o público acha o espetáculo convincente. Convincente!

O teatro, por natureza, envolve o reino da magia, tão constrangedora a nós, pessoas civilizadas. Ou não faz absolutamente nada disso. "Existe" tal como é – morto.

1963

A TRÁGICA HISTÓRIA DO DR. FAUSTO.
UM COMENTÁRIO SOBRE O ESPETÁCULO

1. Não é preciso enfatizar aqui que a produção de Grotowski é apenas em parte relacionada à peça de Christopher Marlowe, um dramaturgo inglês contemporâneo a Shakespeare. O texto foi reorganizado; a cena final – um banquete com seus alunos, em que Fausto os conduz a uma autorreflexão, momentos antes de sua morte – tornou-se a estrutura do espetáculo. O espetáculo tem a forma de um banquete em que Fausto entretém os espectadores com os principais episódios de sua vida. A maior parte da ação acontece no passado.
2. Os espectadores são participantes de uma festa de despedida, como convidados particulares de Fausto, convidados a escutar sua confissão pública. Mesas e bancos, arrumados em forma de U, preenchem toda a sala; o anfitrião senta-se à cabeceira da mesa. As mesas são excepcionalmente elevadas até o pescoço dos espectadores. A ação acontece principalmente sobre os tampos das mesas.
3. O diretor encontrou algumas semelhanças da história de Fausto com as biografias de santos. Se santidade for entendida como um esforço descomprometido pela verdade e um apego por atitudes extremas que sugam a integridade dos seres humanos, então Fausto é um santo. O diretor modela a vida do personagem segundo os clichês hagiográficos

medievais. Através do batismo, das mortificações, lutando contra o desejo, realizando milagres e, finalmente, em seu martírio, Fausto lidera a apoteose final ambiguamente cruel.

4. Fausto é um santo, porém um que atua contra Deus – pois um santo plenamente consequente em sua santidade tem de se rebelar contra o criador da natureza. Natureza cega é o mal; é governada por leis que contradizem a moralidade. Deus arma ciladas ao homem. "A recompensa pelo pecado é a morte", diz Fausto em seu monólogo; "Se dissermos que não temos pecado, estaremos nos enganando, e não haverá verdade em nós. Pois então, parece que precisamos pecar e, consequentemente, morrer". O diretor acrescenta: Seja o que fizermos, bem ou mal, estaremos condenados. A ética baseada em sanções sobrenaturais leva a um círculo vicioso do qual não conseguimos escapar – a não ser por uma completa mudança de perspectiva, se isso for possível.

5. Mefistófeles está duplamente presente no espetáculo, na forma de macho e de fêmea. Seu papel é ambíguo e inexplicável. Ele tenta Fausto ao pecado e à revolta contra o Criador, ainda que ao mesmo tempo emita opiniões corretas e enalteça a criatura; ele surge como um anjo da Anunciação, mas depois de um tempo sopra fumaças de enxofre de modo infernal. Talvez ele seja somente outra cilada do Criador para condenar Fausto a provações eternas?

6. Eis um breve esboço do roteiro. O início do banquete: um anúncio da confissão pública. – A ação retrocede ao passado. – Fausto debate-se em seu laboratório. – Confissão antes da ordenação. Cornélio e Valdes ensinam Fausto como jogar um encantamento sobre os espíritos. – Na floresta, no local da feitiçaria. – Evocando Mefistófeles: a Anunciação. – Mortificação. – Uma caminhada e conversão espiritual com Mefistófeles. – O batismo. – Assinando o pacto com o diabo: privação completa. – Vestindo-se com roupas santificadas. – Lendo um livro sagrado – uma mulher? – Tentação do santo. – Discussão sobre o universo: Mefistófeles enaltece a música das esferas. – Rafael e Robin: como essa criatura é trivial. – Os sete pecados capitais. – Uma viagem a Roma no lombo do dragão. – Fausto, motivado pelo amor, esbofeteia o rosto do Papa, para curar seu orgulho. – Na corte

do imperador: Fausto invoca o espírito de Alexandre, o Grande e seu amante. – Cena com Benvoglio: Fausto cura esse homem possuído pela ira, restaurando sua criança interior (um milagre). – A ação retorna ao presente. – Fausto revela ao público a desumanidade e indiferença de Deus que não se importa com a salvação da alma humana: o êxtase do protesto superior, o início do sofrimento eterno. – Mefistófeles eleva Fausto à agonia eterna, *Ite, missa est*:[1] os que interpretam o papel de executantes atuam de modo solene e amigável.

7. O espetáculo desenvolve-se numa atmosfera medieval. Os personagens reagem estática e histericamente, como se possuídos. Há grotesco e horror, como numa dança de esqueletos. Para enfatizar os termos teológicos (ou antiteológicos) da tragédia de Fausto, todos os personagens usam vestes clericais, mantos e hábitos monásticos. Fausto veste um manto branco – o simbolismo do branco é intencionalmente ingênuo; como no caso de algumas biografias de santos, a passagem do tempo não o atinge: ele é eternamente jovem. Um jovem santo, debatendo-se em meio às crueldades do mundo e de seus mistérios, em meio aos vapores que chegam de onde não sabemos – do céu ou inferno. Ou talvez apenas da terra?

> *Tragicze dzieje doktora Fausta* [*A Trágica História do Dr. Fausto*] • SEGUNDO Christopher Marlowe • ADAPTAÇÃO E DIREÇÃO DE Jerzy Grotowski • CONSULTOR LITERÁRIO: Ludwik Flaszen • CENÓGRAFO [ARQUITETURA]: Jerzy Gurawski • FIGURINOS: Waldemar Krygier • ELENCO: Andrzej Bielski, Tune Bull, Ryszard Cieślak, Zbigniew Cynkutis, Antoni Jahołkowski, Mieczyslaw Janowski, Rena Mirecka, Zygmunt Molik, Maciej Prus • Teatro Laboratório das 13 Fileiras, Opole • ESTREIA: 23 de abril 1963.

---

[1] Frase final dirigida aos fiéis da Missa Sagrada no rito romano, significando (em latim): "Vá, ela [a Eucaristia] foi enviada".

ESTUDO SOBRE *HAMLET*

1. O título do espetáculo – *Estudo sobre Hamlet* – tem um duplo sentido. Não "encenamos" *Hamlet* – como uma versão shakespeariana clássica, ou segundo as sugestões incluídas no famoso ensaio de Wyspiaśski, "Estudo sobre *Hamlet*". Utilizando fragmentos da peça de Shakespeare e do comentário de Wyspiański, damos nossa própria versão da história do príncipe da Dinamarca: variações de motivos shakespearianos selecionados. Um estudo de um motivo.
2. O espetáculo é um trabalho coletivo. Sugestões básicas do diretor são suficientes apenas para estimular a imaginação criativa dos atores. Durante os ensaios, os atores fazem sua própria pesquisa; improvisam cenas inteiras, estimulando, por sua vez, a invenção do diretor e vice-versa. A obra consiste em escavações coletivas de aspectos ocultos da psique que possam ser expressivamente úteis e na formação gradual através da linha central. Esse é outro sentido da palavra "estudo" do título: um estudo do método de atuação e direção coletiva.
3. Hamlet, um judeu? A corte de Elsinore, uma multidão polonesa? As questões judaicas e o antissemitismo não são as ideias-chave do espetáculo. São apenas formas especiais, drasticamente agudas de superstição social, estereótipos hostis do estrangeiro, com raízes profundas na imaginação coletiva. Hamlet representa uma reflexão abstrata da vida,

um impulso nobre, porém impraticável, de justiça e reforma do mundo. Aos olhos da Multidão, ele é uma traça, um *"tzadik"* sussurrando *slogans* espertos, um pequeno intelectual gesticulador, um casuísta covarde e astucioso, um *"yid"* presunçoso de voz trêmula.[1] Aos olhos de Hamlet, a Multidão é um conglomerado de indivíduos primitivos, rudes, poderosos em número e em força física, uma multidão que só consegue lutar, beber e morrer em amargo abandono. É como a Razão Teórica e a Força Prática se enxergam mutuamente, separadas e hostis. Conceitos compartilhados pela massa, transformados em superstição monstruosa, são plenos de horror e, ao mesmo tempo, tragicamente ridículos. Nós os evocamos das profundezas do subconsciente por motivos terapêuticos. Num nível psicológico, sempre há a necessidade de que o Judeu apanhe – e de um *"pogrom"*, que nos absolva a partir do abstrato: apesar do fato de não haver mais judeus –, e não haja mais *"pogrom"*. Há apenas formas variadas de alienação cultural e alienação do instinto, ambas a serviço da ausência de poder.

4. Nosso espetáculo é uma série de "cenas da vida da Multidão" com um Jó estranho, alienado, aos seus pés. O casamento solene do Rei com a Rainha acontece numa taverna, e o Fantasma do Pai surge a Hamlet em meio da simples paisagem à margem do rio Vístula. O sonho de Hamlet de empenho na ação toma a forma de uma revolta militar; a atividade torna-se brutal, e a atitude heroica degenera na humilhação de exercício e de preparação. O Rei tem corpos humanos ao seu dispor – e transforma-se tanto num cabo, desfrutando dos prazeres do treinamento, como num coveiro, que envia os exércitos aos campos de batalha. A Rainha retira seu xale e transforma-se em Ofélia, uma virgem de branco; os dois personagens compartilham de um elemento feminino bestial, selvagem.

5. Numa cena de sauna, Hamlet permanece vestido, mantendo sua diferença de um modo solene, mas inadequado em meio aos sensuais

---

[1] Vale notar que essa peça, bem como o espetáculo, foi escrita no início de 1964, quatro anos antes da explosão antissemita de 1968. Fica claro, pelos comentários de Flaszen, que a linguagem e as caracterizações antissemitas existiam na Polônia dessa época. Flaszen discute mais detalhadamente a questão no subtítulo Apocalipse 1968, no capítulo *"Ludens* de Grotowski", p. 338-78 dessa antologia.

jogos ofegantes e cruéis. Então, em meio a essas ocorrências pecaminosas, a Rainha/Ofélia morre. A carnalidade da perversão e a carnalidade da morte revelam semelhanças ambíguas. Os excessos transformam-se em missa, e o entretenimento extático, numa liturgia de luto. Brawn, horrorizado, transforma a criação de uma consciência culpada por si só em cultura.

6. Na cena final, Hamlet – uma criatura fraca e medrosa quando confrontado com a dura soldadesca – tenta deter as tropas que marcham para a guerra. Ele se transforma num grotesco Reytan-Jankiel,[2] um advogado de pequeno humanitarismo prático. Mas será que essa atitude serve para alguma coisa ante a Necessidade que pressiona o povo para a luta? As tropas partem – e cada um deles morre. No campo de batalha, Hamlet expressa seu anseio por solidariedade e comunidade, finalmente, nessa situação extrema, confraternizado com eles. Será esse o único caminho para superar as desavenças? Será que os elementos humanos de oposição podem se reconciliar apenas através dessa espécie de choque? O Rei-Cabo-Coveiro termina o espetáculo com as pias palavras "*Kyrie, eleison*" – ambiguamente tirando proveito purificador da situação.

7. Ficaríamos felizes, querido, se você fizesse um estudo de sua própria alma depois de assistir ao nosso *Estudo sobre Hamlet*.

Studium o Hamlecie [*Estudo sobre Hamlet*] SEGUNDO William Shakespeare e Stanisław Wyspiański • ADAPTAÇÃO E DIREÇÃO DO conjunto com supervisão de Jerzy Grotowski • CONSULTOR LITERÁRIO: Ludwik Flaszen • ELENCO: Andrzej Bielski, Ryszar Cieślak, Antoni Jahołkowski, Mieczysław Janowski, Gaston Kulig, Rena Mirecka, Zygmunt Molik • Teatro Laboratório das 13 Fileiras, Opole • ESTREIA: 17 de março de 1964.

---

[2] Jankiel é um personagem fictício do famoso poema épico de Adam Mickiewicz, *Pan Tadeusz* (1834), um velho judeu e grande patriota polonês. Reytan é um nobre polonês do século XVIII, membro do parlamento polonês, famoso por sua tentativa (frustrada) de evitar a legalização da primeira partilha da Polônia em 1773. A figura "Reytan-Jankie" de Flaszen combina, assim, um ato dramático (mas sem poder) de protesto com a transformação positiva do judaísmo, movendo-se da indiferença ao envolvimento em questões patrióticas. Flaszen também alude ao famoso quadro de Jan Matejko (*A Queda da Polônia*, 1866), que representa Reytan de peito nu, tentando bloquear, com seu corpo, a entrada da câmara em que a partilha seria ratificada. Para mais informação sobre as divisões, ver nota 51 do capítulo "Os Filhos de Outubro Olham para o Ocidente".

HAMLET NO TEATRO LABORATÓRIO

Entre as produções do Teatro Laboratório em Opole, *Estudo sobre Hamlet* ocupa um lugar especial. Foi planejado não tanto como espetáculo, mas como um estudo. Não é dirigido ao público. É uma forma de treinamento e, como mencionado no título, um estudo. Inicia uma fase do trabalho de Jerzy Grotowski em seu método de atuação. *Estudo sobre Hamlet* foi apresentado somente poucas vezes; apenas para algumas centenas de espectadores que conseguiram assistir. Foi apresentado ao público só porque numa certa fase dos trabalhos se fazia necessário o contato entre atores e público. As conclusões que podemos tirar desse contato têm sido utilizadas como material de futuras explorações.

Grotowski estabeleceu o treinamento da imaginação e a habilidade de ser espontaneamente criativo como principais objetivos de seu trabalho. O texto de Shakespeare foi tomado como um estímulo para isso. *Hamlet* é uma obra-prima com a capacidade de um mito; estabelecido na consciência cultural europeia, ele é capaz de despertar em nós a nossa verdadeira visão da condição humana. Pode-se dizer: mostre-me como você vê *Hamlet*, e eu lhe direi quem você é.

O roteiro de estudo não foi baseado unicamente no drama shakespeariano. Na primeira década do século XX, Stanisław Wyspiański, um dramaturgo simbolista polonês, a quem Gordon Craig considerava como um companheiro de luta pela reforma teatral, escreveu um comentário abrangente sobre *Hamlet* que devia ser entendido como um plano de encenação da peça de Shakespeare. Wyspiański supôs que "Hamlet é sobre o que deveríamos pensar na Polônia". Em sua opinião, na Polônia, em consequência da situação espiritual da nação, os mitos universais requerem um modo particular de apreensão. Embora nossa perspectiva da situação difira da de Wyspiański, decidimos incluir nas fontes textuais do estudo alguns fragmentos do ensaio escrito pelo grande dramaturgo polonês.

Esse procedimento serviu para se ter um efeito a mais. A encenação do drama com o comentário, especialmente com as partes que incluem questões e dúvidas, permite "pensar em voz alta" a respeito da encenação em progresso. Desse modo, o estudo é não somente uma variação de temas hamletianos, como também uma reflexão sobre *Hamlet* expressa tanto em ação como verbalmente. Além dos motivos shakespearianos, o processo real da encenação desses motivos torna-se o tema de estudo. Este é um espetáculo sobre o nascimento de um espetáculo.

O roteiro escrito não foi considerado fixo e inalterado. A prática realizada é apenas um plano preliminar, uma série de proposições direcionais. Sua forma final emergiu gradualmente. Se um fragmento específico não estimulasse a imaginação do ator e do diretor, seria cortado. Muitas cenas, importantes do ponto de vista literário, foram abandonadas se seu poder de estímulo se provasse fraco na prática; outros fragmentos, apesar de não serem literariamente tão significativos, foram mantidos. A razão desse procedimento é que o objetivo do projeto não foi o de encenar o *Hamlet* de Shakespeare, nem o de testar se Wyspiański estava certo; foi o de tentar a criatividade espontânea no teatro.

Concebido desse modo, o projeto foi um salto no desconhecido; uma aventura da imaginação criativa. Aqui o diretor não foi o comandante dando vida a uma ideia pronta. Ele foi o hipnotizador, ativando os recursos espirituais ocultos do ator. E ele mesmo – em contato com o ator – também movimentou seus próprios recursos. Esses exercícios pareciam a evocação coletiva de um sonho, em que os sonhadores se influenciam mutuamente com os sonhos dos outros, produzindo, de modo ativo, um sonho comum. Tanto quanto possível, tentávamos suspender a censura de imagens corriqueiras; remover nossas máscaras materiais no processo de atuação, formadas não pela paixão da verdade, mas pela necessidade de adaptação; mergulhar profundamente abaixo da camada da racionalização de atitudes não autênticas.

Eles superaram os bloqueios que surgem sobretudo quando alguém está em pé inteiramente visível ao outro (por necessidade, o teatro é um lugar em que isso acontece o tempo todo); o bloqueio de revelar os próprios impulsos em geral considerados eticamente dúbios; o bloqueio de expor as próprias características espirituais e físicas normalmente mascaradas por medo de reprovação, tratando nossos corpos não segundo algum ideal estético aceito como obrigação, mas como são na realidade; finalmente, [eles foram] além do bloqueio de expor intensos estados extremos, sobre os quais se impõem regras de bom comportamento.

A razão dessas operações é a purificação da substância do ator de quaisquer elementos que o tornam resistente. Permitir que ele conheça as camadas ocultas dessa essência – sem uma sublimação falsa ou prematura –, as possibilidades orgânicas de seu corpo – sem ilusões do culturismo. Purificada desse modo, a substância gera a expressividade do ator, ainda que excessivamente. Desprovido de ideias ilusórias e comuns, o ator tem de demonstrar publicamente *esse ato purificador, próximo do ato ritual*. Ao violar a imaginação dos espectadores, os atores pretendem forçá-los – pela via do excesso – a praticar atos purificadores semelhantes em seus pensamentos e em sua imaginação.

A peça teatral criada no decorrer dessa espécie de ensaio tinha uma substância líquida e plasmática. Ela se desenvolveu organicamente e de modo informe, crescendo livre como um capim. Ainda assim, foi uma tentativa de dar um "alinhavo" específico a esses sonhos coletivos realizados nas improvisações, a partir de um tipo específico de "psicanálise". Talvez em vez de falar em "dar" (a palavra sugere um modo arbitrário de imposição), poderíamos falar em invocá-la a partir da experiência coletiva. O formato do estudo mudava constantemente no decorrer do trabalho, com algumas cenas desajeitadas sendo omitidas enquanto outras mais bem-sucedidas eram acrescentadas; até mesmo o alinhavo era modificado – para extrair e revelar suas tendências naturais, em termos de uma composição consciente, sem violar a integridade dos materiais coligidos.

Hamlet, desenvolvendo-se fora das associações inspiradas por Grotowski, torna-se um drama sobre Slavic, sobre campesinos poloneses. Ou, quem sabe, sobre os poloneses enquanto uma nação campesina? Não sobre a que é, mas sobre a que poderia ter sido se seus arcaicos componentes espirituais, formados pela experiência coletiva do passado, fossem essencialmente revelados. Os componentes que são capazes de se revelar automaticamente – em situações extremas... O retrato de uma nação que nasce desse modo está próximo de noções supersticiosas. Essa não é a verdade de uma nação, mas de uma ficção baseada no tema da nação; talvez também uma advertência trágica e grotesca contra a superstição – com algumas verdades vergonhosas que podem se tornar realidade...

Da corte de Elsinore, mudamos para um simples cenário às margens do Vístula, criado pelos atores sem dispositivo ou quaisquer objetos de cena. Assobios de ventos lastimosos, salgueiros chorões inclinam-se, e corvos grasnam. As pessoas se encontram em tavernas e feiras, perambulam pelos campos e descampados. A paisagem não é real, mas arcaica, imortalizada na imaginação nacional pela poesia do século XIX e pelas pinturas. Entre os habitantes dessa terra – levemente imaginária – uma Força biológica sombria se junta a um lamento melancólico, procurando o Sentido e a Façanha (em letras maiúsculas necessariamente!) para o acompanhamento desse lamento; A Incapacidade, espreitando em toda parte, faz com que esses empenhos humanos se descarreguem em atos rudes e substitutivos. Hamlet é também um filho dessa terra peculiar. A única coisa que lhe falta é musculatura; ainda assim, o tom miserável e melancólico de querer fazer algo – mas o quê? mas como? – ressoa nele ainda mais alto do que entre seus parentes. Fisicamente fraco, ele sente sua incapacidade geral de um modo mais drástico. Ele é a vítima tola dos truões sombrios da aldeia. Um estranho entre os parentes, seu desamparo incita a brutalidade alheia. Sua história movimenta canções populares nostálgicas, festas ébrias, grito e riso, e os sons da vida selvagem nativa...

Mas Hamlet se esforça... Com dificuldade e labor – e em vão. No século XIX, quando a Polônia não existia como estado independente, a figura do soldado errante fixou-se na tradição nacional polonesa. Exatamente como um "Hamlet do povo", ele perambula pelo mundo buscando um ato libertador. O mito do soldado errante estranhamente sobreposto ao mito de Hamlet... Essa coincidência instigou uma série de associações militares. O Príncipe da Dinamarca é destacado – como um simples servo. A corte de Elsinore, apesar de não perder seu caráter campesino, torna-se militarizada. O sonho hamletiano de um feito heroico assume formas militares e insurgentes; as atividades tornam-se brutais e violentas, e a livre escolha de uma atitude heroica degenera na humilhação de exercício e de preparação. O Rei tem muita munição de canhão à disposição: ele se transforma num cabo, deleitando-se com os encantos do treinamento, ou num coveiro que envia as tropas aos campos de batalha. A façanha libertadora, encarnada numa ação socialmente comprometida, dá preferência às pessoas duras e agressivas que não se importam com sutilezas...[1]

Hamlet, o soldado humilhado, experimenta uma única vez o prazer da brutalidade infligida a outrem. Por um momento, ele se transforma num cabo. O príncipe Hamlet, instruindo a companhia de atores antes da encenação da "peça dentro da peça", comporta-se como um cabo dando ordens, ensinando as regras de interpretação aos atores. A cena lembra um treinamento militar cruel e exaustivo. Ao mesmo tempo, pode ser tratada como autogozação do diretor que deseja se livrar das acusações de "violentador" das almas dos seus atores...

Com exceção deste episódio, que pode ser entendido como a vingança do fraco sobre a Força Bruta, Hamlet sente-se mal num ambiente de ação organizada. Ele é fraco e sábio entre os fortes e astutos. Às vezes, lembra o Joseph K. de Kafka, arrastado para a execução... Hamlet claramente aspira destacar-se da massa. O Príncipe da Dinamarca torna-se uma pessoa liberal inteligente, com o nobre e utópico programa de reformar o mundo – num mundo de duras necessidades. E se o considerarmos a partir da perspectiva da massa? E se considerarmos a massa a partir da sua perspectiva?

Assim, Hamlet torna-se um judeu.[2] Em vez de um crânio, ele segura uma *Bíblia*, e de vez em quando canta para a multidão fragmentos de sua sabedoria abstrata como um rabino. Na realidade, as pessoas livrescas, de

---

[1] Muitas frases usadas aqui, com uma ou duas exceções, são idênticas às do texto "*Estudo sobre* Hamlet" desta coletânea.

[2] A maior parte desta seção e do próximo parágrafo é idêntica ao texto de "*Estudo sobre* Hamlet" desta coletânea, com uma ou duas exceções.

pensamento abstrato e sem nenhum senso de realidade, eram chamadas de "rabinos" na Polônia. Aqui há uma forma drasticamente aguda de nossa divisão tradicional entre a *intelligentsia* e o povo. As questões judaicas ou antissemitas não são objeto do estudo. Essas questões são apenas uma visão específica, deformada numa superstição, na hostilidade e mútua percepção de pessoas que acalentam valores opostos. Hamlet representa uma reflexão abstrata da vida, um impulso nobre, mas impraticável, de justiça e de reforma de mundo. Aos olhos da comunidade, ele é uma traça, um "*tzadik*" de conversa fiada com *slogans* inteligentes, um pequeno intelectual gesticulador, um casuísta covarde e manhoso, um "*yid*" esquivo de voz trêmula. Aos olhos de Hamlet, a comunidade é um conglomerado de indivíduos primitivos, rudes, poderosos em número e força física, uma multidão que só consegue lutar, beber e morrer amargamente abandonada. É assim que a Razão Teórica e a Força Prática se enxergam mutuamente, separadas e hostis. Conceitos compartilhados pela massa, transformados em superstição monstruosa, são plenos de horror e ao mesmo tempo tragicamente ridículos. Pode-se dizer que num plano físico sempre há necessidade de o judeu ser abatido para suprimir pensamentos inquietantes – e a necessidade de um "*pogrom*", que nos absolva a partir do abstrato: apesar do fato de não haver mais judeus – e não haver mais "*pogrom*". Há somente várias formas de alienação da cultura e alienação do instinto, ambas a serviço da impotência.

Na cena final do estudo, Hamlet – um fracote e maricas quando confrontado com a rude soldadesca – tenta deter as tropas marchando para a guerra. Ele se transforma num advogado grotesco da razão e do humanitarismo. Mas será que esse humanitarismo serve para alguma coisa quando se levanta contra a Necessidade, que empurra as pessoas para a luta? As tropas começam cuspindo no estranho e alienado Jó, pisoteando-o – e elas perecem, uma por uma. A cena é uma espécie de balé interpretativo da história militar da Polônia – com o mito trágico da luta como a única solução da sociedade nacional. Partidas consecutivas mostram a evolução do exército – dos guerreiros medievais, da cavalaria armada da Renascença e dos lanceiros do século XIX, aos duelos contemporâneos de baionetas e das cargas caóticas de insurgentes. Hamlet, pisoteado no campo de batalha, expressa sua nostalgia de solidariedade e comunidade, finalmente unido ao povo nessa situação extrema. Será esse o único caminho de superação do estranhamento? Será que elementos humanos antagônicos podem se reconciliar somente através dessa espécie de choque? O Rei-Cabo-Coveiro termina o espetáculo com as palavras pias "*Kyrie, eleison*" – assumindo ambiguamente o poder purificador da situação.

Foi assim – através de associações – que alguns motivos relacionados a Hamlet vaguearam por aí antes de adquirir uma forma final. Será realmente a forma final? Provavelmente não, pois o estudo não se tornou um espetáculo na acepção total da palavra. Os fantasmas liberados pelo ator não se transformaram completamente em signos claramente articulados. Numa certa fase do trabalho, o estudo foi um plasma vivo sem nenhuma pele. Um freudiano diria que esse fragmento de trabalho tem um id e um ego, mas sem superego, a esfera em que elementos animais se solidificam em signos culturais. A articulação do "super-self" ["super-si"] em matéria orgânica foi uma fase separada dos ensaios – e incluiu a evolução do *leitmotiv* descrito acima. Essa fase – que também me comprometeu como consultor – atingiu seu auge com a apresentação pública dos resultados. As impressões do espectador foram utilizadas por nós para consolidar depois os conteúdos e signos do estudo. Em cima da espontaneidade, foram edificadas artificialidade e construções; em cima das calorosas explosões incontroláveis de paixão, a frieza da forma, necessária para a criação de uma peça de arte; em cima dos elementos animais e psíquicos, a "ideologia".

O nascimento do "super-self" transformou-se no conteúdo de uma das cenas. O episódio da sauna, em meio ao banho grupal, ao ofegar sensual e aos jogos brutos, Hamlet, como o único personagem, mantém sua diferença de um modo solene, mas inadequado, ao permanecer vestido. De repente, em meio a essas ocorrências pecaminosas, Ofélia morre. A carnalidade da perversão e a carnalidade da morte expõem suas semelhanças ambíguas. O excesso transforma-se numa missa, num entretenimento extático de uma liturgia de luto. A Força Bruta, horrorizada por si mesma, transforma-se em cultura, na criação de uma consciência culpada.[3]

---

[3] Parte deste capítulo é idêntica ao texto do "*Estudo sobre* Hamlet" desta coletânea.

Há vários atores no estudo. A ação ocupa a sala toda. Não há cenário. Os figurinos incluem: calças, camisas, cintos e boinas; trajes específicos são improvisados com base nesses elementos, dependendo das necessidades da ação. Os atores criam tudo: a cena e o ambiente, o tempo e o espaço. Essa é nossa ideia de "teatro pobre" levado ao extremo; o ator como o único instrumento – e o espectador como a caixa de ressonância.

A experiência, embora inacabada, teve alguns resultados. Nos espetáculos que se seguiram ao *Estudo sobre Hamlet,* o elenco em geral teve ganhos em sua expressividade. Grotowski continua seu trabalho de combinar espontaneidade criativa com a disciplina da forma.

1964

SOBRE O MÉTODO DE ATUAÇÃO

Em nossa opinião, a interpretação teatral é um ato cerimonial de autoconhecimento coletivo. A essência da interpretação é baseada na disposição de um vínculo vital entre os seres humanos. Esse vínculo é a substância básica de nosso teatro. Essa atitude nos diferencia de outros movimentos de vanguarda, apesar de semelhanças estéticas comuns. Alguns movimentos de vanguarda utilizam as linhas mestras da Grande Reforma (inovadora antigamente, mas hoje banal), harmonizando vários materiais e disciplinas num espetáculo unificador; outros utilizam as artes plásticas que dominaram projetos inovadores (em especial na Polônia, devido ao retrocesso estético do círculo teatral); e, finalmente, alguns utilizam o drama literário que no Ocidente (pela falta de fundos para iniciativas financeiramente incertas) substituiu o teatro na tarefa de realizar uma revitalização espontânea.

Nem uma *mise-en-scène* abrangente, nem as artes plásticas, nem o texto são suficientes, em nossa opinião, para fazer do teatro o que ele é. O que distingue o teatro das imagens em movimento, de uma escultura, ou de um livro cujo conteúdo pode ser visualizado pela movimentação de uma série de ilustrações? O que resta depois da rejeição da filologia e das artes plásticas? O ator e o espectador, uma célula embrionária do teatro. Aqui nasce o elemento original de atuação. Despimos o teatro (tanto quanto possível) de tudo, exceto desse aspecto. Os outros elementos têm somente funções adicionais e auxiliares. Utilizamos a própria essência do teatro como substância. Concebido desse modo, o teatro – chamado de "teatro pobre" em contraste como o teatro dominante, baseado nos ricos recursos e materiais heterogêneos – é, por necessidade, o reino absoluto do ator.

Aqui o ator é tudo. Ele não pode ser substituído pelo homem da maquiagem, pela música alta que vaza dos microfones, pelo texto do autor. *Mise-en-scène*? Sim. Mas "*mise-en-scène*" aqui significa organizar o vínculo humano em torno de um *leitmotiv*. O resto pertence ao ator que é o material e a forma, o molde e o conteúdo, o alfa e o ômega da expressividade do espetáculo. Em outros tipos de teatro, o ator ou é um boneco (um dente da engrenagem da roda visual do espetáculo) ou um tubo falante que transmite o conteúdo (corrigido por seu próprio temperamento) situado fora dele. Ele se torna uma espécie de figura retórica. Em nosso teatro, o ator pode ser comparado a uma metáfora da poesia moderna, em que o conteúdo não pode estar separado do signo, devido às múltiplas relações energéticas que acontecem entre os dois.

O teatro dominante também afirma a primazia do ator, sobretudo para combater as pretensões da vanguarda. No entanto, esta é apenas uma primazia virtual. A literatura, a palavra, as circunstâncias impostas pelo drama, ainda são o centro da expressividade. Na Polônia, costuma-se chamar o ator (e corretamente) de *wykonawca* – "um fazedor". Nosso ator não pode ser denominado "um fazedor". Sem sua presença dirigida, o espetáculo perde todo o conteúdo: o corpo, a voz e a psique do ator são provocativa e drasticamente literais em sua concretização cênica.

O método de Grotowski difere da biomecânica, em geral associada à vanguarda da atuação. Também difere da chamada "atuação distanciada", muitas vezes considerada um estilo moderno de atuação. E difere da "identificação emocional",[1] considerada (nem sempre de modo correto) um método absolutamente ultrapassado. A biomecânica elimina a espiritualidade fora de quaisquer formas aceitas de expressão; Grotowski, pelo

---

[1] A mesma palavra do russo переживание [*perezhivanie*] é utilizada no artigo sobre Tchékhov nesta coletânea.

contrário, porque aspira a expressividade física avançada, reconhece a primazia da espiritualidade sobre a ação física e considera o ato corporal como uma manifestação de sua aniquilação, da eliminação dos obstáculos corporais que se opõem à concretização fluente dos impulsos internos.

A "atuação distanciada" assume a supremacia da avaliação mental, das camadas discursivas da personalidade do ator sobre as outras; Grotowski, pelo contrário, busca camadas de espontaneidade que – profundamente ocultas – consideram o intelecto como o instrumento de falsas racionalizações e um abrigo para o envolvimento parcial na atuação.

O método de "identificação emocional" supõe o uso de camadas da psique do ator que convergem com a psique do personagem representado – pelo recurso de colocar o ator nas mesmas circunstâncias: "O que você faria se fosse ele nesta situação?" O ator de Grotowski tem uma tarefa diferente. Paradoxalmente, ele apresenta a si mesmo; a si enquanto alguém que representa a humanidade em sua condição contemporânea. Sua tangibilidade espiritual e física enfrenta diretamente um determinado modelo humano básico, o modelo de um personagem e de uma situação destilada do drama: como se ele tivesse literalmente se encarnado no mito. Não são criadas analogias espirituais com o herói, não há semelhanças comportamentais com o homem ficcional nas circunstâncias ficcionais. Ele explora o hiato entre a verdade genérica do mito e a verdade literal de seu organismo espiritual e físico. Ele entrega um mito encarnado – com tudo, inclusive com os resultados nem sempre agradáveis de tal encarnação.

Ao interpretar um general que morre em batalha, por exemplo, ele não tenta recriar em si uma imagem de um verdadeiro general morrendo de fato no tumulto da batalha; ele não procura por aquilo que um general supostamente sentiria e como supostamente se comportaria, para subjetivamente reviver e recriar qualquer maneira orgânica, crível, de conhecimento objetivo sobre generais moribundos. Pelo contrário: no fato mesmo de o ator imaginar um general moribundo ele tenta encontrar sua própria verdade, algo pessoal e íntimo, com um acento subjetivo. Por exemplo, ele apresenta seu próprio sonho da morte pomposa; um desejo de manifestação heroica, a fraqueza humana de se idealizar à custa de outros; ele expõe suas fontes de maneira gradual, como se estivesse expondo tecido; e não hesita no momento em que sua intimidade e seus motivos constrangedores estão sendo violados – na realidade, pelo contrário, ele os persegue até o último instante; como se estivesse literalmente oferecendo a verdade de seu corpo, de suas experiências, de seus motivos secretos, como se os estivesse sacrificando aqui e agora, *aos olhos do espectador*, e não numa situação imaginária do campo de batalha. É assim que ele responde à questão: como ser um general sem ser um general? Como morrer em batalha sem lutar e morrer? Ele cumpre um ato de deixar exposto seu conteúdo secreto; ele sacrifica suas principais falsidades no altar de valores.

Um processo de penetração espiritual geralmente tem de adquirir a forma excessiva. E eis outra diferença (de igual importância) entre o método de Grotowski e o método de "identificação emocional". "Identificação emocional" aplica-se principalmente às emoções usuais, estados usuais, disponíveis a todos dependendo das circunstâncias. Por sua vez, o processo de autopenetração, de autorrevelação espiritual, culmina num único ato, intenso, solene, extático. O estado de transe do ator, ao fazê-lo, é – assumindo a realização plena de sua tarefa – de verdadeiro transe; trata-se de uma oferta pública de si mesmo, verdadeira, com todo o *background* de sua intimidade. Esta se torna um ato de totalidade psicológica. A exposição de si mesmo, sem qualquer silêncio exigido pelos chamados bons comportamentos, é considerada pela imaginação como um *faux pas*. É semelhante ao excesso, e, na realidade, em momentos de pico, é levada a um estado de excesso. É como se o ator abertamente, diante do olhar público, fosse se revelar, vomitar, copular, matar ou estuprar. Essa exposição é acompanhada de um sentimento de horror piedoso, um tremor diante de normas degradantes. Na realidade, as normas devem renascer no mais elevado nível de consciência através da experiência de catarse.

No entanto, isso não é somente a tempestade informe de emoções. A severidade psicológica é acompanhada pela artificialidade da forma; a literalidade física, pela metáfora. A polpa orgânica, empenhando-se pela transgressão de todas as formas, tropeça em convenção – e solidifica-se numa composição poética. A luta entre a matéria orgânica e a forma artificial deve fornecer a tensão estética interna para que a atuação seja entendida desse modo.

1964

O *PRÍNCIPE CONSTANTE*.
NOTAS DE RODAPÉ DO ESPETÁCULO

1. A produção foi baseada no texto *El Príncipe Constante* do grande dramaturgo espanhol do século XVII, Pedro Calderón de La Barca, de uma famosa versão de Słowacki. No entanto, o trabalho do diretor não é o de encenar *O Príncipe Constante* do modo como foi escrito. Grotowski apresenta sua própria visão do drama, que pode ser considerada uma variação do tema da peça original.
2. O espetáculo é um estudo específico do fenômeno da "constância". Aqui a constância não se manifesta pela força, dignidade e coragem. O Príncipe, fixado numa ordem espiritual superior, opõe-se às ações dos cortesãos (que o percebem como uma criatura diferente e esquisita, quase de outra espécie) com passividade e gentileza. Ele parece não resistir às manipulações desagradáveis das pessoas à sua volta; parece não contestar as leis do seu mundo. Ele faz muito mais: ignora as leis. O mundo deles, diligente e cruel, não o atinge de modo algum. Eles têm poder exclusivo sobre seu corpo e sobre sua vida, mas ao mesmo tempo não podem fazer nada com ele. O Príncipe, ao mesmo tempo que se submete aos procedimentos doentios dos cortesãos, permanece independente e puro – a ponto de êxtase.

3. A disposição espacial do espetáculo e do público é concebida entre uma arena circense[1] para animais e um teatro operacional. Pode-se considerar o que acontece embaixo como um cruel espetáculo romano, ou como uma fria operação cirúrgica, como n'*A Lição de Anatomia do Dr. Nicolaes Tulp*, de Rembrandt.
4. Essa sociedade alienada peculiar veste culotes, botas de cano alto e togas – para mostrar sua satisfação com as ações e julgamentos cruéis, em especial ao julgar outras espécies. A diferença entre eles e o Príncipe é enfatizada pela camisa branca do Príncipe (um símbolo primitivo de inocência), por seu manto vermelho, que a qualquer momento pode se transformar numa mortalha, e sua nudez – signo de uma identidade humana indefesa que não tem nada a defender em si a não ser sua humanidade.
5. A atitude da sociedade em relação ao Príncipe não é inequivocamente hostil. A alteridade está conectada à fascinação, combinando a possibilidade de reações contraditórias – da violência à adoração. Aqueles que atormentaram o Príncipe até a morte gorgolejam doce e saudosamente sobre seu corpo: as aves de rapina transformam-se em pombos. O protagonista, em meio aos obstáculos e às cruéis ocorrências que lhe são lançadas e feitas, cultiva dentro de si esse constante empenho pelo êxtase. Finalmente, ele se transforma num hino, venerando a existência e contra a feiura e estupidez. Seu êxtase não difere muito do sofrimento, ainda que o Príncipe seja capaz de superar sua dor, pois se sacrifica – como se num especial ato de amor – à verdade. O espetáculo é uma tentativa paradoxal de superar a posição trágica de não aceitação de tudo que possa nos lançar inevitavelmente à tragédia.
6. O diretor mostra-se fiel ao espírito do texto, ao mesmo tempo que se afasta da literalidade. O espetáculo é uma transposição moderna do estilo barroco – incluindo as perspectivas contraditórias implícitas ao período barroco, e uma textura visionária quase musical que passa do fato sensual à espiritualidade (se utilizarmos esse termo fora de moda).

---

[1] Isso indica a relação ator-espectador mais do que a forma espacial, que era retangular, e não circular. Há também o motivo de uma *corrida* espanhola na peça.

7. A produção é ao mesmo tempo um modelo de trabalho para Grotowski testar seu método de atuação. Tudo é plasmado no ator – em seu corpo, em sua voz e em sua psique.

1965

Książę Niezłomny [*O Príncipe Constante*] SEGUNDO Pedro Calderón de La Barca e Juliusz Słowacki • ADAPTAÇÃO E DIREÇÃO DE Jerzy Grotowski • CONSULTOR LITERÁRIO: Ludwik Flaszen • CENÁRIO [ARQUITETURA]: Jerzy Gurawski • FIGURINOS: Waldemar Krygier • ELENCO DA VERSÃO I: Ryszard Cieślak, Antoni Jahołkowski, Mieczysław Janowski, Maja Komorowska, Gaston Kulig, Rena Mirecka • Teatro Laboratório das 13 Fileiras, Wrocław • ESTREIA: 20 de abril de 1965 (fechado), 25 de abril (oficial) • ELENCO DA VERSÃO II: Ryszard Cieślak, Antoni Jahołkowski, Maja Komorowska, Rena Mirecka, Stanisław Scierski • Teatro Laboratório das 13 Fileiras, Wrocław • ESTREIA: 14 de novembro de 1965 • ELENCO DA VERSÃO III: Ryszard Cieślak, Zbigniew Cynkutis, Antoni Jahołkowski, Rena Mirecka, Zygmunt Molik, Stanisław Scierski • Teatro Laboratório – Instytut Badan Metody Aktorskeij, Wrocław • ESTREIA: 19 de março de 1968.

O PRÍNCIPE CONSTANTE.
UMA SINOPSE CENA POR CENA

Grotowski preservou o tom original do universo do clássico e extraiu o motivo essencial do texto para torná-lo a base do espetáculo.

Lutando contra os portugueses, os mouros fazem do príncipe Enrique prisioneiro. O irmão de Enrique, príncipe herdeiro Fernando, tenta libertá-lo, mas também é capturado. Os mouros cobrem Fernando, herdeiro do trono português, de honras. Exigem a ilha fortificada de Ceuta como resgate. Para completar a transação, mandam o príncipe Enrique de volta para casa. No entanto, Fernando não concorda: ele não quer que os habitantes de Ceuta sejam negociados por uma única pessoa. A resistência autossacrificial de Fernando – é desse modo que ele se torna o Príncipe Constante – faz com que os mouros o tratem como um escravo comum, humilhem-no e torturem-no. O Príncipe Constante morre, sem aceitar as condições propostas para sua libertação.

O espetáculo ignora o conflito entre os portugueses e os mouros. A trama foi transferida de um plano histórico a um plano universal. A sociedade fanaticamente conformista luta com o fenômeno da constância – uma atitude dirigida a valores mais elevados.

Segue a sinopse do espetáculo cena por cena:

1. Príncipe Enrique está deitado no pódio, que (segundo as necessidades da trama) pode ser associado à cela prisional, à plataforma de execução, a uma mesa de operações médicas e a um altar sacrifical. Ele é um prisioneiro. A sociedade ao redor, conduzida pelo Rei e por sua filha Fênix, representa uma combinação de elementos da sociedade cortesã com a frieza de novos-ricos. Botas de cano longo e culotes misturadas às togas de juízes evidenciam pessoas que desfrutam de todos os privilégios. Seu canto, dominado pelo *leitmotiv* dos gritos esganiçados das aves de rapina, é um signo de seu primitivismo incontrolável. Eles iniciam uma inspeção brutal e primitivamente curiosa do prisioneiro, considerando-o como outra espécie de ser. A inspeção transforma-se numa cerimônia de aceitação do recém-chegado à comunidade. Para tornar o Príncipe "um deles", castram-no e vestem-no com seu uniforme. A cerimônia é acompanhada de um solene canto ritual.
2. Fênix discute com o Rei seu vazio e exige alguma distração para animá-la, algum entretenimento. O Rei promete à caprichosa filha uma atração na forma da figura de um jovem – sua camisa branca anuncia o surgimento de um novo visitante, príncipe Fernando. Fênix finge descontentamento, pois supostamente está apaixonada por um dos cortesãos, Muley. A conversa é acompanhada de posturas sociais estereotipadas: um mundo de convenções.
3. Entra o prisioneiro: o irmão de Enrique, príncipe Fernando. Posturas sociais estereotipadas de Fênix e Muley; o falso lirismo da cena de amor é enfatizado pelos doces sons de pássaros que chegam dos arredores. O suposto par amoroso está interessado em particular no Príncipe que jaz entre eles, inerte como um objeto.
4. O Rei anuncia uma tourada em honra ao eminente prisioneiro. Fênix faz o papel do toureiro, enquanto os cortesãos são touros. O Príncipe roga por perdão em nome daqueles que são humilhados desse modo. Ao abater cada um de seus cortesãos, o rei os pisoteia com suas botas; eles gritam quase como animais feridos e confessam suas misérias ao Príncipe.
5. A comunidade da corte é submetida a uma dualidade espiritual específica: está apenas a um passo da brutalidade e do orgulho para a licenciosa humildade masoquista. Isso está manifesto na atitude geral

para com o Príncipe, tanto torturado como adorado. Num ato de súbita humildade, eles se transformam numa procissão de aleijados: sua miséria espiritual é projetada numa espécie de incapacidade física. Eles continuam cercando o Príncipe e agarram-se a ele, pedindo (como as multidões medievais) o milagre da cura.

6. Subitamente, eles querem ser como o Príncipe e tê-lo junto da comunidade – assim como fizeram com Enrique. Uma vez mais, eles tentam uma negociação pecaminosa. O Príncipe, aparentemente sem resistir, não participa. Dessa vez, a cerimônia não aconteceu, e ouve-se um hino solene numa cacofonia fora de tom.

7. O Rei propõe a troca do prisioneiro pela fortaleza de Ceuta. Obedecendo ao Rei, Enrique – como um enviado português – concorda com a transação. A raiva de Fênix: por causa dessas conexões políticas, ela pode perder seu brinquedo.

8. O próprio Príncipe protesta contra a transação: ele não quer poupar sua vida à custa do sofrimento de todo o povo ceuta. Em seu monólogo, em que o tormento é associado à felicidade, e a resistência expressa em completa passividade, ele experimenta um estado de êxtase, incompreensível aos cortesãos. A nudez do Príncipe, em meio aos cortesãos forçosamente vestidos, mostra não somente seu estado indefeso, mas também sua humanidade totalmente pura; ao tornar-se "orgânico" como um plasma vivo, ele é como um raio-X. A fisiologia do sofrimento funde-se à iluminação, como nas pinturas de El Greco.

9. Os cortesãos comovem-se com esse desdém (para eles absurdo) para com o sofrimento e a morte. Sem conseguir demover o Príncipe de suas intenções, eles marcham militarmente – isso prenuncia o destino sombrio do Príncipe Constante.

10. Começam as medidas repressivas. Fênix açoita o Príncipe Constante ao acompanhamento de uma litania.

11. Os gemidos do príncipe torturado transformam-se num minueto. O baile da corte começa com Fênix como mestre de cerimônias. Os cortesãos, dançando, trocam de figurinos e transformam-se em criaturas monstruosas. Vestimentas e máscaras mudam incessantemente (é um ritual de corte), sendo a feiura sua única característica constante, que contrasta com as tentativas de se dançar o minueto com elegância. O baile revela

conflitos entre os dançarinos: por exemplo, um dos cortesãos, aspirando à coroa, imita o Rei. A cena é dominada por um clima de hostilidade, escondido sob o pretexto de etiqueta, rompida a cada instante por pressão de grosseiras paixões... Alguns cortesãos param de dançar para confessar sua miséria espiritual ao Príncipe, e ele os absolve.

12. O segundo monólogo do Príncipe finaliza o baile – ele expressa sua devoção extática à Verdade, ao culto de viver conforme uma ordem superior, sem se comunicar com a privação e feiura moral do entorno.

13. Os cortesãos aproximam-se dele e consomem-no como uma Hóstia Sagrada; num ato súbito de humildade, eles o consideram Divino. Purificados de toda sujeira e pecado, eles percorrem o espaço com leveza.

14. Um conflito entre um possível pretendente ao trono e o Rei; o pretendente exige o Príncipe para si. Começa uma batalha – cada um deles fascinado pela forma superior do Príncipe Fernando e tratando-o como um objeto de abuso. Cada um deles gostaria de tê-lo como mártir particular.

15. Fênix também se junta a essa luta pela disputa do Príncipe; ela coloca o ordenança do Rei contra o rival. A luta é interrompida por um momento com as palavras do Príncipe Constante, que soam como o lamento de Jó. O pretendente é morto. O ordenança torna-se independente e exige o prisioneiro para si. O Rei usa Fênix como sua besta militante. A cena inteira da luta pela posse do mártir é baseada no motivo da rapacidade animal, contrastando com o objeto do conflito – um homem gentil focado na ordem superior.

16. A luta termina com um monólogo do Príncipe no auge do sofrimento e êxtase, como se no ato de fazer amor. Os cortesãos, esperando um espetáculo interessante, aplaudem-no em recompensa. Comentam com satisfação o seu tormento e esgotamento. O Príncipe morre.

17. Os cortesãos aquecem-se ao tocar o corpo frio do morto. Eles o elogiam. A agressividade deles transforma-se em tristeza e lirismo; ocupam-se de si mesmos com todo sentimentalismo. As aves de rapina transformam-se em doces pássaros canoros.

Nota: o resumo acima apresenta somente um esquema muito geral do espetáculo. O conteúdo real é expresso pelas associações emocionais, por alusões e por atalhos poéticos. E pelo livre fluxo onírico de imagens.

DEPOIS DA VANGUARDA

    Não é fácil falar da situação do teatro contemporâneo, pois a própria palavra "situação" supõe um estado particular definido, ao paso que o estado teatral presente é caracterizado pela própria indefinição. Estatísticas sobre os círculos teatrais não ajudam muito, pois não há dúvida de que a atmosfera da cena europeia tem sido bastante rarefeita nos anos recentes.
    Não nos referimos aqui ao teatro como uma instituição particular (embora útil) que encena um número específico de peças conhecidas do currículo escolar ou simplesmente escritas na forma de imagens vivas acessíveis a cada ouvido e olho. Não estamos falando do teatro como forma de entretenimento para um público mais ou menos inquieto buscando uma pausa de suas preocupações cotidianas. Consideramos o teatro como arte, uma disciplina com suas próprias premissas distintas, seu material específico, seus próprios conteúdos e objetivos, que não pode ser substituída por qualquer outro domínio de atividade humana. Frequentar o teatro é uma atividade tradicional do homem de cultura. A pessoa tem de ser culta – portanto, é preciso se exibir num teatro uma vez na semana ou uma vez ao mês. Ou talvez não seja necessário ser culto? Então o quê? Um hábito não é o mesmo que uma função viva. Os hábitos do espectador criam os hábitos teatrais. E fica apenas o círculo vicioso da inautenticidade do qual não se pode escapar ou transformar em criatividade.

Eminentes dramaturgos contemporâneos são chamados de vanguardistas dos anos de 1950. Há certa distância nessa expressão, típica dos termos históricos. Esses autores desconstruíram a imagem tradicional do teatro; mostraram as possibilidades de uma nova sensibilidade; levaram a desintegração da linguagem ao limite extremo, depois da qual só veio o vazio e o silêncio. Nesse terreno, as obras de Beckett são verdadeiramente grandes: ele tem a coragem de chegar ao extremo das coisas. Seu ideal seria o de um palco vazio, não iluminado, sem som chegando ao público. Beckett fez no teatro algo comparável a Kazimir Malevich, que pintou um quadrado negro sobre uma tela branca – como o teatro regrediu! De todo modo, a onda criativa de destruição dos anos de 1950 acabou. Formidáveis dramaturgos de vanguarda estão vivos e bem, e ainda podem nos surpreender com futuras peças; mesmo assim, não há dúvida de que o corpo de sua obra acabou. Portanto, a questão mais importante deveria ser: e depois, o quê?

Isso tudo é o mais importante, pois eles não deixaram para trás o teatro, mas sim obras literárias escritas para o palco. Partituras teatrais, porém não de atuação. E eles não se esqueceram de uma nova função para o teatro, apenas uma revolta contra o antigo – precisamente conectado a ele. Será que houve muita mudança uma vez que o ataque do seu repertório já passou? Temo que eles encontrem o destino de toda vanguarda teatral: seu principal legado é, de Craig em diante, o de testemunhos escritos. Utopias de possibilidades. E, de vez em quando, efêmeras tentativas na prática. Até as peças de Beckett serem encenadas – provavelmente de modo esporádico – teremos de lidar com uma nova forma de teatro que está ligada à antiga. E quando Beckett, como autor, não o reduzir mais, retornaremos ao mesmo bom e velho caos teatral.

Depois disso – quem é o próximo? Em 1959, no início de nossa atividade numa pequena cidade da Silésia no oeste da Polônia, não formulávamos essas questões com clareza. Apesar disso, o fato é que ainda estávamos ativamente procurando por elas. Ao encenar as primeiras produções do Teatro Laboratório, Grotowski não pensava em como superar Beckett. De qualquer maneira, não encenávamos peças de vanguarda, tão em moda na Polônia daquela época. Encenávamos – como ainda hoje – grandes obras clássicas, polonesas e estrangeiras, que funcionam em nossa cultura como algo análogo aos mitos. Sentíamos que se alguém quisesse fazer algo novo no teatro, o ponto que a vanguarda atingira era o limite.

Na realidade, a presença das peças de vanguarda nos palcos poloneses não mudou muito: a cenografia sempre teve uma tendência vanguardista, e os atores preferiam seus velhos clichês, talvez acrescentando uma arrogância vazia e um modo mecânico de recitação, considerado em alguns círculos como atuação moderna. Devíamos começar a pensar radicalmente a respeito de algo que não se adequasse às palavras – no que diz respeito ao teatro.

Quanto à situação do teatro no mundo contemporâneo, assumimos uma hipótese pessimista. O papel do teatro tem diminuído, obtido menos prestígio. Outras formas espetaculares de arte, mais empreendedoras e energéticas, estão absorvendo a atenção do público. E não é apenas uma questão de um rival mais atraente. No mundo em mutação em que as comunidades tradicionais estão se desintegrando – com seus valores e cerimônias –, o lugar do teatro no espaço social parece nebuloso. O que é o teatro? Um templo? Um estádio? Um fórum? Um mercado? Uma plataforma? Uma cerimônia de corte? Uma festa de carnaval? É verdade que ele pode ser qualquer coisa hoje – baseado no poder de estilização, no artifício comprovadamente eficaz de envolvimento parcial. Mas que tal ser sério? O que há além de um jogo estético, além do entretenimento? Teatro como diletantismo de loucos solitários. Tornar-se consciente, portanto, da situação de um louco solitário pode resultar no *páthos* de autenticidade.

Quando a época das grandes cerimônias festivas, bacanália e mistérios, mobilizações e carnavais acabar, o teatro poderá, enfim, tornar-se um lugar de isolamento concentrado. O que é o teatro hoje, se tratado com total seriedade como uma forma particular de vida? Um eremitério. Um eremitério, onde se cultiva uma disciplina agonizante. E é aqui, paradoxalmente, que o teatro pode ser revivido – percebendo sua situação como o destino de Jó, despido de toda riqueza e dignidade. *Credo quia absurdum.*[1]

---

[1] Latim para "Acredito por ser absurdo", a origem dessa frase é incerta, mas costuma ser atribuída a um dos pais da Igreja Cristã, Tertuliano.

Ionesco chamou o tema de uma de suas peças de "tragédia da linguagem". Esse termo – referindo-se às realizações da vanguarda dos anos de 1950 – pode ser considerado como uma verdade genérica. A linguagem, por sua natureza mecânica, é incapaz de expressar a verdade. A linguagem mente – e produz uma pilha grotesca de absurdo espontâneo (Ionesco), um círculo vicioso de pleonasmos (Beckett) e uma dialética infinita entre simulação e realidade (Genet). A linguagem e o texto – como suportes do conteúdo discursivo – atingiram o limite de sua função. A vanguarda provou esse fato no teatro, mas unicamente no coração da linguagem e do texto. Para sermos consistentes, precisamos ir além: para criar teatro, precisamos ir além da literatura; o teatro começa onde a palavra termina. A percepção de que a linguagem teatral deva ser autônoma, antes construída fora de sua própria substância do que da linguagem das palavras, foi um passo radical já tentado por Artaud em seus sonhos. Na realidade, muitos artistas que o citam e se referem a Artaud não conseguem ir além da retórica teatral em seus sonhos. Artaud é santo. Oremos a ele. Mas não o deixemos sair do altar.

A mesma consistência de pensamento que prevê a possibilidade de o teatro atual existir numa condição de eremitério exige não só que caminhemos além do mundo discursivo, mas também rejeitemos tudo sem o que o fenômeno teatral possa acontecer. O teatro pode passar sem cenário, sem narizes artificiais, sem maquiagem, sem iluminação sofisticada, sem música, sem quaisquer efeitos técnicos. O único elemento do qual o teatro não pode prescindir é o ator – e do elo vivo, literalmente humano, que ele estabelece com seu parceiro e o público. Como definida por Grotowski, a partitura de impulsos e reações humanas, não disponível em outros domínios da arte, é a própria substância do teatro: um processo externalizado pelas reações carnais e vocais de um organismo humano vivo. Esta é a essência do teatro.

Tentando ir além do teatro retórico ou ilusionista, diretores com ambições contemporâneas empenham-se em realizar sua tarefa pela multiplicação de efeitos visuais e técnicos – ou por uma síntese das artes. Essa forma de teatro, multiplicando infinitamente seus materiais, meios e efeitos, é chamada de "teatro total". No entanto, com desenfreados meios visuais externos e no ruído da música concreta, o teatro total perde a humilde, mas indispensável, semente de sua essência teatral. Em oposição ao teatro rico, propomos o teatro pobre, como realizado nas produções de Grotowski. No teatro pobre, o mundo é construído unicamente a partir dos impulsos e das reações do ator. Não multiplicamos efeitos; pelo contrário, os eliminamos. Se o teatro de hoje é Jó desprovido de qualquer legado, deixe-o ao menos aprender uma lição da condição de Jó. Finalmente, deixe-o despir-se das aparências – e deixe-o ser algo insubstituível. Deixe-o transformar pobreza em poder.

A vanguarda dos anos de 1950 provou a inaptidão da tragédia tradicional no teatro. A tragédia é possível somente quando os valores têm garantias transcendentais, quando são percebidos como dotados de substância. Quando os deuses morrem, a tragédia é substituída pelo grotesco – o esgar dolorido do bufão encarando os céus vazios. As premissas vanguardistas são irrefutáveis: hoje, a tragédia tradicional é seca, retórica sublime ou trivial, melodrama sentimental. Mas perguntamos: como atingir uma dimensão trágica no teatro que não seja uma atitude morta, proposição pitoresca, nem idiotice? Como atingir o antigo sentimento de mistura de piedade e terror, perdido hoje em nossa memória emocional?

Uma resposta bruta é: pela degradação de valores definitivos, elementares. Em última instância, um desses valores é a integridade do organismo humano. Quando nada restou, o último refúgio da dignidade humana é o corpo humano, um organismo vivo, garantia material da identidade individual e de sua autonomia no mundo. Quando o ator arrisca sua intimidade, quando ele, sem reservas, expõe suas experiências interiores, encarnadas em reações materiais do organismo, quando sua alma se torna sua fisiologia, quando permanece desprotegido e nu em público, oferecendo seu desamparo à crueldade de seus parceiros e à crueldade da plateia, então, paradoxalmente, ele readquire sua grandiosidade. Ao chocar o público, os valores degradados são revividos num nível mais elevado. A miséria da condição humana, nada ocultando, a sinceridade transgredindo todas as barreiras do chamado bom gosto e da polidez, culminando no excesso, resulta – ouso dizer – numa catarse arcaica. O *Príncipe Constante* de

Grotowski (visto pelo público francês[2]) é apenas um exemplo de tragédia entendida desse modo.

O desenvolvimento rápido da civilização oferece a alegria de novas realizações misturadas ao sofrimento que chega com o desenraizamento; as disciplinas e as artes tradicionais perdem sua função vital. Em tais condições, aspiramos pelas raízes arcaicas do teatro. Os espetáculos de Grotowski tentam reviver a utopia de experiências elementares oferecidas por um ritual coletivo, da época em que uma comunidade, num rompante extático, sonhava com sua própria essência, com seu lugar na realidade total, não dividida em específicas zonas separadas, em que a Beleza não diferia da Verdade; a emoção, do intelecto; o espírito, do corpo; a alegria, do sofrimento; em que os homens experimentavam a conexão com a Totalidade do Ser. A experiência nos conduziu ao teatro de mistério.

Mas como podemos criar teatro de mistério numa época em que os rituais sumiram e desapareceram, e os que sobreviveram numa forma rudimentar não são mais universais? Como constituir um mistério secular – uma tarefa contraditória por si mesma? Um mistério que não devesse simular o antigo – e simplesmente evitando estilização estética? Isso é possível pela profanação dos mitos e rituais; pela conspurcação e blasfêmia. Por meio da experiência do horror, a profanação renova o conteúdo vital desses mitos e rituais.

Atemporalidade é a essência do ritual – o que quer que aconteça no ritual se renova a cada vez na presença viva, direta. Um ritual não apresenta uma história do passado, mas um história que está sempre acontecendo *hic et nunc*. O que podemos concluir disso em relação ao teatro? O tempo da ação teatral equaliza o tempo do espetáculo. Um espetáculo não é uma cópia ilusionista ou imitação de realidade – nem é um dispositivo de convenções, aceito como uma espécie de jogo consciente numa realidade teatral separada. O próprio espetáculo é a realidade; um evento literal e tangível. Não existe fora de sua substância, fora de sua textura. O ator não interpreta, não imita, não finge. Ele é autêntico – ele executa

---

[2] Uma referência aos espetáculos parisienses no Teatro Odéon, parte do Festival das Nações de 1966.

um ato de confissão pública; seu processo interior é o processo real, não o resultado das habilidades de um artesão. O que está em jogo no teatro não é a natureza literal dos eventos – ninguém sangra ou morre aqui! –, mas a natureza literal de atos humanos. A estimulação de tais atos é o principal objetivo do método de Grotowski.

Nossa atividade pode ser entendida como um empenho pela restauração dos valores teatrais arcaicos. Não somos "modernos" – muito pelo contrário, somos completamente tradicionais. Jocosamente, não somos a "vanguarda", mas a "retaguarda". Às vezes, coisas do passado são mais surpreendentes. Quanto mais impacto fizerem como novidade, maior e mais profundo é o poço de tempo que nos distancia delas.

1967

APOCALYPSIS CUM FIGURIS.
ALGUMAS OBSERVAÇÕES PRELIMINARES

1. *Apocalypsis cum Figuris* foi criado pelos atores com orientação do diretor, usando um método de criação de esquetes e de estudos.
O texto adequado à necessidade era improvisado *ad hoc* nos ensaios. O espetáculo existia em sua forma básica – montado a partir das cenas criadas pelos atores e daí precisamente consolidado e processado. Ao serem criadas as cenas e os papéis específicos de atores, começou a fase final dos ensaios dedicada a encontrar o necessário material verbal adequado que substituísse as falas e os trechos imprecisos dos atores. A ideia era fornecer textos (nas cenas em que as palavras fossem realmente necessárias) recolhidos de escritos da humanidade, a bem dizer, mais do que de indivíduos. Tais textos foram encontrados na *Bíblia* e em *Os Irmãos Karamazov*, de Dostoiévski, bem como em passagens de poemas de T. S. Eliot e nos ensaios filosóficos de Simone Weil.
2. Apesar do título, o espetáculo não é uma encenação do "O Livro da Revelação" (*Apocalipse* de João) – e seria inútil tentar lê-lo comparativamente. O autor do antigo *Apocalipse*, em sua visão profética, anunciou a segunda vinda de Cristo. No espetáculo, Ele – não Ele? – surge como a estranha imagem de *Ciemny*, o

Inocente,[1] enquanto as pessoas presentes precisam lidar com sua segunda vinda, que elas instigaram numa brincadeira banal.

A conexão do espetáculo com o *Apocalipse* pode também ser detectada na associação de palavras casuais – substituindo "revelação" por "Segunda Vinda de Cristo" ou por "fim do mundo".

3. O espetáculo utiliza os nomes de personagens do Evangelho associados a tradições fixas. Mas nomes como Simão Pedro ou João não necessariamente se referem aos Evangelhos; eles são amplamente usados até hoje. Judas não é apenas um nome, mas também um sinônimo de traidor. Assim como Maria Madalena, cujo nome significa prostituta. O nome "Lázaro" em polonês é uma designação desprezível de alguém fraco, medíocre – referindo-se não somente às associações do Evangelho, embora elas se acumulem em torno desse nome no decorrer da ação.

Um indivíduo chamado Simão Pedro (como um dos apóstolos, mas vivendo nos dias de hoje) apelida seus colegas. Ele usurpará a função do Primeiro Apóstolo. As denominações dos personagens do Evangelho são dadas na segunda cena do espetáculo. Simão Pedro atribui o papel do Salvador a alguém mais adequado para ser Lázaro – e se tornará Lázaro mais adiante. A recém-nomeada Maria Madalena lava os pés do falso Salvador, e o recém-nomeado Judas sugere Lázaro como Cristo. Mas Simão Pedro corrige seu erro aparente – e atribui o papel de Jesus ao Inocente; os outros reagem à nomeação com risos. Desse modo, a segunda vinda de Cristo tem início numa burla provocativa.

Aquele que fizer o papel de Cristo no espetáculo será chamado de Inocente. Seu nome [*Ciemny*] tem associações específicas em polonês. Uma pessoa inocente e primitiva, um "idiota" que existe fora

---

[1] Palavra polonesa cujo significado é "escuro, obscuro, vago e sombrio", mas também "ignorante, estúpido e analfabeto". Ver também mais adiante neste artigo. *The Simpleton* é a tradução do inglês mais amplamente reconhecida para o *Ciemny* desse espetáculo. O nome do personagem foi inventado por Stanislaw Scierski durante os ensaios. [No Brasil, a pesquisadora do teatro de Grotowski Tatiana Motta Lima preferiu traduzir o termo para o português como o Escuro ou o Inocente. Seguimos, nesta edição, a sugestão de Tatiana Motta Lima, utilizando o termo Inocente. (N. E.)]

das práticas aceitas da vida, um desajeitado, geralmente um simplório deficiente, ainda assim alguém que tem um misterioso contato com poderes superiores. A imagem de tal louco ou desse idiota de aldeia é bem conhecida nas tradições eslavas. Essas pessoas levam as vacas para pastar, gemem nas soleiras das igrejas, fazem as crianças rir e, em alguns casos, provocam medo supersticioso nos mais velhos.

A santidade – e talvez mesmo o próprio Cristo – costumava revelar-se de forma semelhante.

4. Há uma distinta conexão entre o espetáculo e a história de Jesus do Evangelho. Todavia, esta não é uma encenação da vida de Cristo. Ao entrarem na sala antes do espetáculo, os espectadores encontram os atores no aqui e agora, não em outra época ou em outro lugar. Não são pessoas de outro período histórico. Os atores estão deitados ali. Talvez por exaustão da festa, eles se encontrem em meio ao sêmen, ao suor e à vodca que se esparramou pelo chão. Até que – ao comando do líder – questões semelhantes às do Evangelho começam a se desatar da ressaca da festa.

Os participantes do banquete começam a contagiar uns aos outros com aspectos das figuras do Evangelho; eles lançam uns aos outros em situações do Evangelho; encontram em si mesmos semelhanças com as atitudes espirituais humanas do Evangelho, semelhanças às vezes estranhas e macaqueadas por uma lógica inconsciente que, no momento de verdade dessas pessoas, faz com que suas máscaras e papéis gravitem automaticamente para figurações míticas perenes. Essas pessoas são autênticas, elas acertam contas entre elas no aqui e agora e revelam seus pontos fracos humanos. E, ao mesmo tempo, suas ações e gestos espirituais adentram recorrentemente no território de antigas lendas da humanidade.

5. A sequência de cenas não é definida pela sequência de eventos relatada nos Evangelhos. Ela é ditada pela lógica peculiar do *symposium*. Alguém se torna Maria Madalena; outro, Judas; e outro, o Salvador, pois certo homem barbudo, designando-se como o Primeiro Apóstolo, temporariamente estabeleceu desse modo algumas marcas humanas. Portanto, a imaginação do grupo é guiada por associações com o Evangelho. Como – em outra cena – um rapaz e uma moça ficam

próximos um do outro como noivo e noiva, forma-se automaticamente uma espécie de procissão de casamento atrás deles e o grupo começa a cantar e a caminhar ao redor da sala. A situação momentânea transforma-se nas bodas de Caná. Em outro momento, alguém se deita no solo e cobre o rosto com uma blusa, como se estivesse morrendo. E os outros celebram um ruidoso velório. O Inocente os silencia batendo no chão com um bastão e dirigindo-se ao "morto" com palavras de Jesus utilizadas na ressurreição de Lázaro: "Lázaro, eu te digo, vem para fora" [João 11,43]. Eles brincavam com a credulidade do Inocente e, apesar disso, o evento resulta na morte e ressurreição de Lázaro; Lázaro, o participante do banquete, torna-se o Lázaro do Evangelho.

Na parte do espetáculo iluminado só com velas, a proximidade com a história do Evangelho torna-se ainda mais evidente. A chegada de Simão Pedro com as velas transforma o evento na Última Ceia. Já que a Última Ceia acontece, Judas sugere a ideia da "Paixão do Cordeiro". Os companheiros cercam o Inocente com velas e cantam zombando: "Glória ao Grande e Justo". Eles balem como carneiros – e essa apoteose específica resulta na crise do Inocente; ele desaba com os braços abertos. Agora, completado o sacrifício (sem sangue); é o momento da missa sagrada. Ela é cantada em latim por Simão Pedro. Se há uma missa, surge um templo. Se há um templo, deve haver negociação de dinheiro ali e, eventualmente, deve haver a expulsão dos vendilhões do templo. Então, durante o diálogo entre Simão Pedro e o Inocente, que se ajoelham um diante do outro numa sala vazia, há a cena dos dois fanáticos: Judas e Maria Madalena trocam de roupa para a cena do Evangelho das mulheres sob a cruz. Mas o quase crucificado – na figura do Inocente – está vivo; ele está ao lado deles, aguardando o julgamento final com Simão Pedro. Exatamente como Cristo – nem morto ainda, mas incompreendido, deformado, atormentado por seus companheiros. E Simão Pedro interrompe-o com as palavras do Grande Inquisidor de Dostoiévski, dirigidas a Cristo, que perturbou a rígida ordem da Igreja com sua presença viva, exatamente como o Inocente que – por sua atitude honesta – destruiu o decurso antecipado desse encontro.

6. "Vá e não volte mais" – são as palavras finais do espetáculo pronunciadas por Simão Pedro, depois de ele ter apagado as velas e do silenciar da lamentosa liturgia latina do Inocente. Quem é esse descartado por Simão Pedro: um portador de valores superiores transformando a rotina usual da vida unicamente com sua presença? Um constrangedor participante do banquete que, para os participantes, só com sua presença transformou a festa num tormento e num confronto com suas próprias inquietações? Um portador de valores distorcidos ou falsos – mas ainda valores, afinal, e não uma existência disforme desmoralizada?

E será que Simão Pedro conseguiu afastar para longe, com sucesso, o Inocente? Ou será que amanhã outro Inocente talvez participe de nossas festas e as transforme numa autoavaliação final? E, se for isso, quem ganha e quem perde? Talvez o Inocente retorne amanhã – e a história toda comece novamente. Uma história que está acontecendo aqui e agora – ou talvez em todo lugar e sempre.

1969

Apocalypsis cum Figuris BASEADO EM fragmentos da *Bíblia*, Fiodor Dostoiévski, Thomas Stearns Eliot e Simone Weil • ADAPTAÇÃO E DIREÇÃO DE Jerzy Grotowski • CODIREÇÃO DE Ryszard Cieślak • CONSULTOR LITERÁRIO: Ludwik Flaszen • FIGURINOS: Waldemar Krygier • ELENCO: Elizabeth Albahaca, Ryszard Cieślak, Zbigniew Cynkutis, Antoni Jahołkowski, Rena Mirecka, Zygmunt Molik, Stanisław Scierski • VERSÃO I: Teatro Laboratório – Instytut Badania Metody Aktorskiej, Wrocław • ESTREIA: 19 de julho de 1968 (fechada), 11 de fevereiro de 1969 (oficial) • VERSÃO II: Instytut Aktora – Teatro Laboratório, Wrocław • ESTREIA: junho de 1971 • VERSÃO III: Instytut Aktora – Teatro Laboratório, Wrocław • ESTREIA: 23 de outubro de 1973.

ECLÉTICOS OU DOUTRINÁRIOS

Ludwik Flaszen: Acho que a coisa mais importante, mais criativa do nosso teatro, é a aceitação do desafio romântico. Na Polônia, o período da grande Reforma começou com a encenação de *Kordian* e de *Dziady*. E, certamente, com Wyspiański, considerado por Craig, o Papa da Grande Reforma, como um de seus companheiros de luta. Mas quem é Wyspiański senão uma réplica peculiar de Mickiewicz, de Słowacki e de Krasiński?[1] Na geração seguinte, a tarefa foi assumida por Schiller.[2] Por uma estranha coincidência, aconteceu de o nosso drama romântico, escrito sem nenhuma oportunidade de encenação, ter sido, contra a vontade dos poetas, sentenciado ao luxo do "devaneio teatral" e não se rendeu tanto às rotinas da encenação e das leis da arte teatral do século XIX – e, liberado por uma visão poética, tornou-se uma nebulosa de futuras revelações teatrais. O drama romântico polonês – lido no final do século XIX e posteriormente, até hoje – mostra semelhanças surpreendentes com as aspirações dos

---

[1] Os três escritores românticos poloneses mais famosos, conhecidos como os "Três Bardos": 1798-1855, 1809-1849 e 1812-1859 respectivamente.
[2] Famoso diretor de teatro e cinema e teórico polonês (1887-1954). Autor de uma encenação revolucionária de *Dziady* de Mickiewicz e de *Nie-Boska Komedia* (*Comédia não Divina*) de Krasiński, e promotor da reforma teatral na Polônia.

reformadores. Ele começou servindo de trampolim para atividades que conduziam em direção à renovação teatral.

Jan Błoński: Certamente, mas não todas as atividades. O romantismo está a uma longa distância de Witkacy[3] ou de Gombrowicz.

LF: Absolutamente. Será que as obras dramáticas de Witkacy e suas teorias teatrais, marcadas pela zombaria, pela desintegração e protesto, não derivam da luta de um espírito romântico, transformada numa batalha monstruosa antes do final da guerra? De modo semelhante, *Slub* (*O Casamento*), de Gombrowicz, um relato do devaneio de um jovem com o mundo todo, está intimamente relacionado ao romantismo; e o título efetivo do drama alude a *Wesele* (*As Bodas*) de Wyspiański. E as farsas de Mrożek são uma duplicata dos mistérios românticos clownescos.

JB: Gombrowicz parodiava Shakespeare, Mrożek parodiava Mickiewicz, Witkacy referia-se a Wyspiański e a Miciński...[4] É verdade, mas a perspectiva fundamental deles não é romântica. Os autores românticos usavam o grotesco, e Gombrowicz usava o grotesco, mas não se deve concluir daí que Gombrowicz é um romântico.

LF: O romantismo como apresentado no currículo escolar tende a ser pomposo, rígido e elevado...

JB: ... Porém a vantagem dessas imagens escolares é que falam de algo definido e perceptível, diferente do "eterno romantismo" ou do "eterno barroco", do qual o senhor evidentemente está falando. Não acho tais categorias fecundas...

LF: ... No entanto, a ironia, a zombaria, o sarcasmo, revirando o mundo de cabeça para baixo, são elementos inseparáveis do romantismo; eles são o oposto, o polo diabólico de tensões internas de uma consciência romântica. Não seria surpreendente que blasfemos heréticos e aqueles que ridicularizam com muita frequência se revelem de pura cepa romântica... Wyspiański imprecava contra os bardos ("Oh, Poesia – sois uma tirana") e provavelmente por isso mesmo ele se tornou um bardo... Ouso dizer que todas as tendências reformistas em nosso teatro, incluindo as vanguardas mais antirromânticas e antimodernistas, são marcadas por um

---

[3] Ver: "Os Filhos de Outubro Olham para o Ocidente", nota 49.
[4] Poeta polonês, dramaturgo e místico do período da Jovem Polônia (1873-1918).

romantismo que se fortalece das gerações anteriores e passa à próxima. Como observou Gombrowicz, mesmo que você encene um *Esperando Godot* muito parisiense na Polônia, você verá a Melancolia e a Desgraça eternas vagando e se queixando pelo palco...

JB: Melancolia e Desgraça são temas dos Jovens Poloneses,[5] não do romantismo. O senhor estabeleceu uma definição tão ampla de romantismo que poderia cobrir qualquer coisa exceto os elementos que claramente pertencem ao Iluminismo ou ao Positivismo. No entanto; não quero negar que o romantismo seja o fundamento da literatura polonesa e que os ecos românticos (geralmente mal interpretados) possam ser ouvidos nas obras de quase todos os grandes escritores poloneses. Já enfatizei essa opinião em nossa discussão anterior.

LF: Este é o único paradoxo – o romantismo nacional como uma inspiração perpétua de revoltas artísticas. O romantismo, uma vez inflamado e revoltoso, tornou-se uma nobre tradição. Cederam um lugar no altar ao herético espiritual. O romantismo tornou-se um panteão de santidade, um tabu coletivo. Tornou-se polido e sólido. E na maioria dos casos ele serve de refúgio ao tradicionalismo no teatro. A visão do frequentador médio é a de que o romantismo é tão grandioso e venerável que só se pode abordá-lo em ocasiões especiais. É tedioso, mas nobre. O romantismo é, acima de tudo, o "Mundo" do Poeta (pronunciado com a maior seriedade interpretativa), um casaco enorme agitando atrás do ator e uma camisa branca com um longo colarinho pontudo pavoneando-se no palco, peito empertigado orgulhosamente e olhos voltados para o céu; ou, pelo contrário, a postura murcha de um desesperado herói alquebrado (em geral, pitorescamente posicionado no chão), um gesto profundo que começa no peito ou na testa, um tremular que se estende de um baixo vazio a um macio sussurro aveludado. Em suma, tudo que é chamado de "poesia" no teatro, um eficaz conjunto instrumental de exaltação. Alguns diretores acrescentam elementos modernos à cenografia ou à música, tais como vozes de fantasmas microfonados – para mostrar que fidelidade à tradição caminha junto com progresso... Contra esse pano de fundo, pessoas modernas e iluminadas parecem clamar que a herança

---

[5] Ver: "Os Filhos de Outubro Olham para o Ocidente", nota 48.

romântica atual não é nada mais do que um depósito de adereços mortos. Há muitos deles – é provável excedam em número os zelosos tradicionalistas, pois também incluem os homens práticos e figuras conhecidas do teatro que sempre preferem não tentar demais. Mas há outra categoria de pessoas que se identificam como "modernos" e "iluminados". Estes não rejeitam a tradição romântica – pelo contrário, eles consideram uma honra cultivá-la. O Mundo do Poeta é grandioso e significativo. No entanto, algo precisa ser feito com todo o lixo místico, o transbordamento e os furores. Os românticos são vagos e irracionais – devem ser civilizados e intelectualmente educados. O excêntrico em sua camisa de peito aberto precisa ter seu cabelo penteado, e é necessário extrair um significado claro e preciso de seu murmúrio e clamor. Deixe-o ao menos começar a falar logicamente! Ele pode se permitir a isso. Deixe-o ser mais moderado, como é próprio do homem moderno. Que sua paixão seja simples e humilde, que sua salvação soe como fala intelectual, que seus olhos sejam pensativos. Deixe-o falar diretamente ao público: então, *voilà*, nossos Bardos Românticos estarão vivos e bem! Assim, é como um procedimento de purificação esclarecida, de um chamado coração racional, pode ser tirado da incerteza. O drama romântico pode, então, ser transformado num teatro discursivo que lida com várias questões vigentes. Ideias do espetacular, dos floreios e da ornamentação permanecem: afinal de contas, esse é o "grande teatro". Também a chamada "poesia" permanece – ainda assim, com uma lógica tirada daí e com paixão reprimida. Para sermos enaltecidos hoje em dia devemos ser intelectualmente sagazes e emocionalmente reprimidos... Isso é o que muito frequentemente se considera inovador na Polônia – uma novidade gloriosa que, todavia, é, em essência, fiel à inspiração romântica...

JB: Agora eu concordo: o romantismo não pode ser reprimido e razoável.

LF: Exatamente. Porque no decorrer dos espetáculos sempre se ouve bocejos e queixas vindas de um lugar ou outro, algo remexendo folhas acima do palco, as luzes piscando às vezes como velas ao vento – todos esses fenômenos não estão escritos no roteiro do espetáculo! Em minha opinião, nem os tradicionalistas nem os entusiastas esclarecidos são legítimos herdeiros do romantismo. Eles são apenas leitores mais ou menos inteligentes, agentes mais ou menos inventivos suprindo o mercado teatral contemporâneo, que pode, às vezes, ser útil. Mas penso que os legítimos herdeiros e sucessores do romantismo em nosso teatro estão em outro lugar. Em alguns casos, são acusados de desrespeito à tradição. Segundo as opiniões mais tolerantes, eles são "interessantes" e "controvertidos". Em outros, mesmo seus partidários avaliam apenas sua "novidade" e a "ruptura com a tradição" e não vêm sua origem e continuidade. O romantismo não é uma espécie de cadáver colorido; ele ressurge repetidamente em novas encarnações vivas. O romantismo manifesta-se na visão elementar, carnal, de Wajda, e no humor demoníaco de Swinarski. E no "ato total" de Grotowski, o primeiro da linhagem de sucessores românticos a rejeitar a lei do "grande teatro". O teatro romântico não é uma celebração de um ritual da confirmação de uma verdade fixa em nós, mas um desafio que nos joga violentamente fora da certeza de nossa perspectiva. Não um discurso poético ilustrado com "quadros vivos", mas uma dissonância, uma interação incisiva entre elementos contrastantes, um campo de tensão entre opostos. Não uma reverência passiva aos valores, mas um teste desses valores pelo sacrilégio, para mostrar-nos suas oposições paradoxais e associações surpreendentes.[6] Não algo que fala à mente, embrulhado num véu de pompa ou névoa poética – mas algo que vira nossa consciência de cabeça para baixo e ressoa na totalidade de nosso ser. Não comunicando a verdade, ou persuadindo com a verdade, mas lançando-nos no complexo processo de testar e experimentar a verdade... Eu diria que o espetáculo romântico é uma iniciação através de um choque. Geralmente, um choque trágico, mas, às vezes, exclusivamente de humor. Pode também acontecer que seja difícil distinguir essas associações.

JB: Grande tirada! E certamente correta; está claro quem é o verdadeiro herdeiro romântico dos dias atuais. Mas inicialmente o senhor misturou Słowacki com Gombrowicz, e, na segunda parte, o senhor se sentiu atraído pelo período em que Grotowski ou Swinarski eram desconhecidos e subestimados. Porém, todo artista no alto de sua fama começa sonhando que é novamente incompreendido. Lembremo-nos de que isso é o passado – de

---

[6] Uma nota posterior: A própria definição de Mickiewicz sobre *Dziady* proferida pelo Padre horrorizado (Parte IV): "um rito sacrílego, pululando na feitiçaria". Ao mesmo tempo, essa é a melhor definição da essência estilística dos espetáculos de Grotowski e do estilo teatral do Teatro Laboratório. L.F.

outro modo, corremos o risco de reinventar a roda. O senhor deu algumas receitas de pratos românticos, mas não nos esqueçamos de que os ingredientes do século XX os tornam mais saborosos.

LF: Isso é simplesmente algo inteiramente do século XX. Contudo – gostaria de destacar isso –, as pessoas admiradas ou combatidas, as consideradas destruidoras da tradição, na realidade fizeram um verdadeiro contato íntimo com o passado... Isso é muito instrutivo. Mas se pudermos ver de fato quem é quem, segue a questão se a aventura romântica está chegando a um fim – ao menos em sua forma anterior...

III

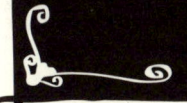

Voz

Veículo

O LIVRO

> *Os exegetas do livro sustentam que todos os livros almejam ser Autênticos.*
> BRUNO SCHULTZ

Para Jerzy Grotowski

1. Um livro é concebido, escrito, publicado. Um livro é consumido, digerido, excretado. Há pilhas incontáveis de livros. Eles passam por nós como por uma máquina que os escreve ou lê, de acordo com seu papel específico. Eles nos suprem com um mundo substitutivo, um mundo sem obrigações, graças ao qual aceitamos mais facilmente a escassez e as limitações de nossas vidas. Um livro é uma droga que nos permite sonhar com nossa transformação, muito embora nossas vidas sejam restritas pela rotina; sonhar com nossa sabedoria, mesmo se não tivermos a experiência pessoal da verdade; sonhar com nossa existência, mesmo se meramente vegetamos. Um livro nos complementa – mas não nos preenche, não nos realiza. É uma conveniência.
2. Um livro, um bem de consumo, esgota-se. Diferente d'O Livro. Isso é algo que não jogamos fora como lixo, assim como os velhos não jogam pão fora.
3. Um livro é escrito por um escritor, publicado por um editor, lido por um leitor. Desse modo, é escrito por uma instituição, publicado por uma instituição, e lido por uma instituição. Escrevemos um livro para nos tornarmos uma instituição num mundo de instituições. Diferente d'O Livro. Pois até você criar o livro, você não existe, ao fazê-lo, você

passa a existir, e quando o termina não existe "você", pois você se tornou outro.

4. O Livro está para um livro como o ato está para a atividade. Será que só um livro é possível atualmente? Se sim, devemos nos perguntar se vale a pena todo o incômodo.

5. O Livro, possivelmente, é somente um. Todos os outros são versões. Versões são a nostalgia do protótipo, a busca por ele.

6. O Livro não é um produto da imaginação, uma peça de ilusões, nem um capricho de ficção. Ele não existe para que você se esqueça de si, fuja das deficiências de sua existência. E de modo algum é uma espécie de consolação obtida através da mestria. O Livro é uma experiência que devora constantemente o que já foi experimentado para que, então absorvido, se torne outro nascimento.

7. O Livro emerge quando cada etapa de sua vida está na infância.

8. Cada Livro é o Livro do Gênesis.

9. Eu convoco O Livro à existência, assim como O Livro me convoca. Aqui, a autoria é mútua.

10. O Livro não serve, nem é um instrumento – embora seu objetivo não seja o processo da escrita, nem sua finalização. Será que uma árvore floresce e dá frutos ao pensar em flores e frutos? Ainda assim ela os produz.

11. O Livro – além do vir a ser – não afirma nem desmente; tal entendimento é possível, mas não atinge o alvo. Basta que exista; que ele nos tire de nossa mútua indefinição. Eu e Você. Ele faz com que as coisas tomem um rumo diferente do que se ele não existisse.

12. O Livro emerge de entre Você e Eu. Se não precisássemos um do outro, nem nós nem O Livro existiríamos.

13. O Livro não descreve, ele não expressa; ele provoca... Descrever, expressar – há apenas pontos de contato, um primeiro passo. Tudo o mais permanece à nossa frente.

14. O que Você é? Sim, é João e Pedro, a panela em que a mãe cozinha comida para o pai, a vista da janela, homem, mulher, criança, a grama em que o cachorro está correndo – todo ser concreto entronizado com um corpo. Mas também é algo que abrange tudo isso – comum a tudo isso – e que precisa vir a ser.

O que sou eu? Sou minha mão e meu estômago, e o fato de que vejo sem ela e dentro dele – intransitável, separado. Mas também algo que – semelhante? idêntico? – não pode vir a ser se o resto não existir.

Estas são questões às quais não há respostas. Isso chegará a existir entre nós na criação d'O Livro.

15. Um livro difere d'O Livro no sentido em que se dirige a certo "você" inteiramente familiar, ou a certo "nós", ou a certo "eles". Porém não se dirige a Você, que é concreto, embora inominado. Talvez O Livro seja a detecção desse nome. Ou de seu devir, nunca completo, sempre em processo.

16. Se tiver uma conversa comigo mesmo, e essa conversa me representar, significa que Você está em mim. Só assim pode O Livro ser um solilóquio.

17. Acontece, às vezes, de precisarmos de mediadores para encontrar um ao outro no entendimento da existência. Para que sejamos lançados um em direção ao outro, Você e Eu, e para que nosso entendimento seja também nossa existência. Entre Você e Eu, entre entendimento e existência, O Livro emerge. E, então, está entre nós. Ele nos une – ele mesmo, uma testemunha do fato de sermos divididos. Ele nos divide – como uma marca de nosso desejo de unir.

A presença d'O Livro é contraditória em si. Essa é sua tristeza oculta e sua humildade.

18. O Livro é composto de signos. Mas no sentido de que João é um signo, de que a montanha é um signo, de que o vento é um signo; signos através dos quais Você anuncia sua procura por mim. Assim, empregar um signo é dar um signo. Ou se tornar o interior de um signo. Ou simplesmente ser um signo.

19. O Livro não é uma reunião de signos, um edifício de palavras, embora ele se utilize delas. Também não é uma transmissão de palavras, embora ele as transmita. O Livro nasce do corpo. É a pulsação do corpo, sua respiração vital, sua dança secreta – coloquemos desse modo –, que ocasiona todo resto. Não é a letra, mas a voz que faz O Livro; não é o mundo, é o impulso corporal que, na medida em que culmina na palavra, o molda em sua própria imagem. Nascido do corpo, O Livro tem – do outro lado da linha divisória – a capacidade de se transformar em corpo.

20. Mesmo quando nos referimos a livros, dizemos "morto", "vivo" – como se fossem corpos orgânicos.
21. Um livro é O Livro depois de sua queda, um Livro degradado. Cada livro, até o mais fraco, carrega um vago sentido de sua genealogia. Exatamente como no interior de um monstrinho com uma enorme cabeça hidrocéfala e as mãos e os pés palmípedes, a imagem que pertence ao homem, *imago hominis*. Será que isso não é consolador?
22. O Livro não fala, ele envolve.
23. Fazer O Livro gritar "Eu sou". E perguntar: "Você é?".
24. Podemos abrir O Livro em qualquer página. Ele é completo em cada página.
25. Nem o intelecto (eu sei que), nem a habilidade (eu sei como), nem a liberdade de escolha (posso fazer desse ou daquele modo) faz O Livro. Ao considerarmos nesses termos, já será um livro que temos em mente. O Livro chega a existir além da oposição entre o desejado e o necessário, entre o que é feito e o que ele mesmo faz. Ele é carregado por uma onda calorosa que nos faz existir conjuntamente.
26. O Livro torna-se possível quando amor e discordância, orgulho e humildade, ativo e passivo convergem – de modo que seja impossível dizer a diferença entre eles. É movimento interrompido numa fração de segundo na velocidade extrema, ficando imóvel no movimento. Quando os pré-socráticos falavam da natureza, eles falavam d'O Livro. Para eles, aparentemente, tudo era um.
27. N'O Livro, às vezes, há violência, paixão, gritaria, murmúrio. Mas isso somente forma sua superfície, enquanto suas profundezas permanecem imutáveis – firmes em sua paciente escuta, cruéis em sua gentileza, igualmente inclinados à escuridão e luz.
28. N'O Livro, tudo acontece como se pela primeira vez, e última. O que eu faria ao abrir meus olhos pela primeira vez? O que eu desejaria ser ali ao fechá-los pela última vez? Em tais momentos, nossas reações nos incluem na totalidade, e mesmo a palavra fragmentada e incompleta nasce numa plenitude.
29. O Livro é a chegada. O Livro é a partida. Essa chegada e essa partida são alcançadas ao mesmo tempo. Quando você chegou

verdadeiramente, você partiu. Se tiver medo ao deixar, talvez seja porque, em você, O Livro não se realizou.
30. Prosa? Poesia? O Livro permanece além dessas distinções.
31. Inovação? Tradição? O Livro permanece além dessas distinções.
32. O Livro não nasceu nem de você, mesmo que você esteja nele, nem para você, mesmo que sirva a você. A ideia de Leviatã, do corpo das massas, é tanto muito grandiosa quanto muito pobre para o que O Livro possa vir a ser. Se você diz "Faço isso por você", é falso; se digo "Olhe como sou generoso!", é uma simulação. Sei de início quem você é e quem eu sou em relação a você. E desse modo armado, você se dirige àqueles que já estão armados. Isso é porque você só fala, esse é o segredo da fala desenraizada. E um modo de existir se você não sabe como vir a ser; para você – vivendo nas generalidades – fingir participação real no que é ou no que poderia ser.
33. O Livro é a maior responsabilidade. Mas não no sentido do entendimento usual da responsabilidade da instituição chamada "literatura" para com a instituição chamada "sociedade". Pois o que é essa responsabilidade? Será que é dizer ao outro algo passível de objeção, divulgar os "segredos" amplamente conhecidos da comunidade, violar as concepções de beleza e virtude de alguém? Essa é apenas uma questão das conhecidas e facilmente palpáveis, em que o fator decisivo é a altura da voz. Quando, n'O Livro, eu me afasto da árvore, ele murcha; da água, ele seca; de Você, eu extingo sua presença e eu próprio me extingo. E a partir desse momento, o som existe para eu não escutar; a paisagem, para eu não ver; e a vida, para eu – e Você – não existir.
34. Você começa a escrever um livro e, imperceptivelmente, ele se torna O Livro. Essa é a esperança sagaz que nos guia na aceitação da incompletude de nossa existência.
35. Você começa O Livro e completa o que emerge como um livro. Então, há esperança no início do caminho. No final, apesar disso, o consolo de você se tornar um autor.
36. O Livro é intransigente. Ou está sendo realizado, e daí ele muda toda a sua vida, ou não está e você responde, sinceramente, às saudações com "Nada de novo". E você se consola com a ideia de ser o melhor, ou igual ao melhor, ou de que há muitos piores do que você. Afinal

de contas, sua profissão não é tão ruim: você se vira. Assim, todo o prestígio de sua profissão se deve ao fato de as pessoas ainda reterem a vaga memória e intuição d'O Livro?

37. Sonhar com O Livro é altamente impraticável.

1973

TRADUÇÃO PARA O INGLÊS DE DUNCAN JAMIESON E ADELA KARSZNIA

MEDITAÇÕES EM VOZ ALTA

Encorajado pelos editores da revista *Odra*,[1] decidi publicar, em quatro partes e em ordem cronológica, uma seleção de notas e palestras que fiz entre 1976 e 1981, e que encontrei em meu arquivo particular. Elas estão relacionadas ao chamado período parateatral do Instituto do Ator – atividades do Teatro Laboratório; ou, como Grotowski costumava chamá-lo, "*kultura czynna*" – "cultura ativa".

Depois de 1970, como é bem conhecido, Grotowski rompeu radicalmente com a arte do teatro e abriu para nós uma perspectiva de outras práticas, de outros espaços. Enquanto pesquisador incansável, no início dos anos de 1980 ele também abandonou o parateatro.

Os textos aqui apresentados são um testemunho daqueles anos, produzidos no calor do momento, e – apesar da impressionante influência de Grotowski – são principalmente um registro da busca do autor.

Numa fase anterior, eu auxiliara Grotowski – como escriba solidário – na edição de seu famoso texto "Święto" (Dia Sagrado).[2] E já era o autor de um texto intitulado "Księga" ["O Livro"], relacionado a essa inspiração.

Eu não pertencia ao fechado grupo das práticas parateatrais de Grotowski – fui convidado a participar como um avaliador-testemunho, um consultor. Em pouco tempo, dirigi minha própria célula "criativa" no âmbito dos projetos de Grotowski. A célula evoluiu e mudou de nome: "Diálogos Grupais", "Meditações em Voz Alta" e, finalmente, "Vozes". Encontrei-me em meio a "atores-animadores" (o nome usado por Grotowski) em um projeto aberto pelo grupo "Árvore de Pessoas". A partir de setembro de 1980, como um dos diretores do Instituto, fui responsável pela realização dos complexos empreendimentos parateatrais da equipe, enquanto Grotowski trabalhava em seu Teatro das Fontes com um novo grupo internacional.

Um especialista atento lerá nestes textos as predileções do autor e os seus esforços para formular em seus próprios termos o que foi essa experiência viva.

---

[1] Uma revista cultural mensal de Wrocław.
[2] Publicado pela primeira vez em *Odra*, 9 (1973), p. 59-61. O texto, editado por Grotowski e Flaszen, baseado na palestra de Grotowski na New York University, em 1970, é considerado fundamental para o período parateatral.

> Espero que esse material – apesar da perspectiva subjetiva do autor e de sua responsabilidade por isso – seja útil a todos os interessados pelo caminho criativo de Grotowski e das pessoas associadas a ele.
>
> Também espero que o leitor encontre aí um sabor e uma cor daquele período específico – e a luminosidade do seu crepúsculo.
>
> Eis aqui algumas páginas soltas escritas de 1976 em diante, inéditas até então. São fragmentárias e não cobrem a inteireza das experiências práticas do autor. Decidi mantê-las em seu estado "grosseiro", do modo que foram esboçadas. Seja como for, meu trabalho evoluiu para formas cada vez mais precisas. Eis sua última versão, formulada numa brochura para uso dos participantes de uma oficina (uma seção de trabalho chamada "Vozes"):
>
>> Buscar uma voz própria com sua plenitude vibratória por meio da prática de formas simples de movimento, atuando com o corpo e a voz, vocalizando, improvisando o canto – tanto coletivo quanto individual, com palavras e sem elas.
>> A voz e suas possibilidades sonoras, sua música.
>> Ampliar a habilidade humana de apreensão e reação, entrar em contato com energias esquecidas – pela participação ativa no movimento e repouso, no som e silêncio (reeditado em *Teatr skazany na magię* [*Um Teatro Condensado à Prática da Magia*], de Ludwik Flaszen (Krakow, Wydawnictowo Literackie, 1983).

Como isso começou? No final dos anos de 1960, eu dirigia sistematicamente uma espécie de seminário para estagiários estrangeiros do Teatro Laboratório. Falávamos do nosso trabalho na companhia, do nosso caminho com Grotowski, da arte do teatro e de todas as disciplinas a ele relacionadas, e de seu lugar na experiência humana. Por necessidade, também discutíamos outras áreas de experiência nas quais o teatro inevitavelmente se apega na medida em que se questiona e transcende seus próprios limites.

E antes que tivéssemos percebido, nossos assuntos profissionais e acadêmicos se transformaram num livre fluxo de digressões a respeito de tudo – a respeito do mundo, da vida, dos seres humanos, e do que fazer para ser criativo e viver sem se envergonhar.

Já eram os anos da década de 1970. Grotowski desistira da prática do teatro. Com um pequeno grupo, formado por alguns membros do antigo grupo e por jovens interessados em algo diverso do teatro, ele começou – secretamente, na época – a concretizar sua visão do Encontro. O surgimento de outra espécie de espírito.

Uma espécie diferente de pessoas começou a visitar o Teatro Laboratório – não apenas as que queriam ser iniciadas na arte teatral. Essa nova gente expressava seus desejos, não orientados profissionalmente, mas focados num novo estilo de vida, numa nova maneira de interagir ou em alguma Experiência crucial com novo significado à vida humana iluminando-a de modo surpreendente.

Eu tinha acabado de completar quarenta anos – e depois de um período de tempestades internas associadas à travessia da metade de uma vida, encontrei o equilíbrio e a serenidade da meia-idade. Há algum tempo eu já não considerava mais o conhecimento intelectual, o trabalho racional, como suficiente no campo de realização; agora, aberto à experiência, eu não precisava aderir estritamente a ele como a um álibi ou a uma *raison d'être*. Como homem das letras, teórico, senti uma oportunidade de satisfazer minha fome. Ingressei no caminho da atuação, sem perceber na realidade aonde isso iria me levar.

Aconteceu de eu trabalhar com pessoas que procuravam alguma coisa. Mas eu também procurava. Eles estavam no limiar da vida, enquanto eu já tinha atravessado "a linha de sombra".[3] O homem reconciliado tinha muito em comum com quem estava pleno de esperança inicial. Às vezes, conseguíamos encontrar algo, não somente porque eu os conduzia a uma descoberta, mas também porque eu descobria graças a eles. Era uma troca. E, às vezes, não ficava claro quem era o descobridor. Eu tinha a impressão de que normalmente éramos nós que estávamos sendo descobertos por "algo".

Para simplificar: enquanto orientador, eu era um novato, um amador. As experiências que conduzi à época revelaram horizontes que eu não conhecera antes, como se a luminosidade de outra extraordinária dimensão tivesse se infiltrado, abrindo subitamente brechas. Eu sabia por intuição ou leitura que "isso" existia. E a alegre surpresa de reconhecimento: Aha, então, é isso! E dúvidas: Será mesmo? Eu era como uma toupeira, encontrando túneis muito antigos feitos por outras toupeiras. Não creio que essa extraordinária dimensão gradualmente se revelando diante de mim fosse uma nova descoberta. Era mais como encontrar

---

[3] Uma referência ao romance do autor inglês, polonês de nascimento, Joseph Conrad, *The Shadow Line* (*A Linha de Sombra*), sobre um rapaz entrando na maturidade e, assim, no limiar do que pode ser chamado de "a linha de sombra".

"algo" eterno que fora apenas esquecido. E a rota era minha, individual, e o tipo de movimento era meu. Talvez não fosse nem mesmo uma rota, mas uma perambulação por caminhos e por ruas marginais. Eu não caminhava pela Estrada Real. Será que é por que ir ao encontro da luz era possível, às vezes?...

*

Havia uma única coisa à qual aderi estritamente: eu era responsável pelas pessoas, por sua segurança. Os riscos possuem claros limites, apesar das tentações fáusticas de nos lançarmos em territórios fascinantes. Aqui eu me testava: fazia o mesmo, as mesmas tarefas dos outros participantes. Estava experimentando em mim mesmo, a um passo adiante dos outros (pavimentando o caminho para eles).

De qualquer modo, não creio que o risco fosse incalculável – além das ansiedades relacionadas à dinâmica de um grupo desarmônico de pessoas.

O seminário teórico foi se transformando pouco a pouco em diálogos mais informais, em reflexões vocalizadas, confissões, no compartilhamento de experiências pessoais. Eu já sabia que não queria passar qualquer conhecimento pronto, os resultados da prática ou das experiências de outras pessoas. Eu sabia que o grupo devia se tornar seu próprio útero, um lugar para o amadurecimento de sua própria experiência.

Até então, era apenas uma discussão e uma troca verbal chamada "Diálogos Grupais". A essência da conversação mudou de discussões intelectuais para testemunhos humanos. Opiniões não eram criticadas ou contestadas. Havia um tipo especial de escuta, palavras eram pronunciadas em silêncio, devagar, sem pressa, sem exaltação. Ensinávamos uns aos outros a escutar muito atentamente. E a mensagem humana, oculta entre as palavras, carregada pela presença e música da voz, tornava-se cada vez mais distinta.

Eu procurava a expressão espontânea, pessoal, da voz humana inata "tal como é – total",[4] a fim de tornar o enunciado óbvio, de modo que se tornasse um fato natural. Obviedade – ou seja, que não despertasse a

---

[4] Fórmula muito conhecida de Grotowski, provavelmente em referência ao texto "Takim, jakim się jest, caly", *Odra*, 5 (1972), p. 51-56. Na tradução inglesa: "Such as One Is – Whole" ["Tal como se É – Total"], traduzido por Bolesław Taborski, *The Drama Review*, 17. 2 (jun. 1973), p. 119-25.

resistência do público, o desejo de corrigir, ou qualquer polêmica, e fosse aceita em silêncio, sem apelo à mente, aos sentimentos, mas que se filtrasse no ouvinte como umidade no solo. Que não induzisse o ouvinte a reagir verbalmente, mas a ficar silente.

Isso pode ser associado à confissão religiosa. Na realidade, testemunhávamos isso; no entanto, percebi que as confissões não evitavam a falsidade e o narcisismo, seja na forma de autoengrandecimento ou de autoacusação ou de franqueza drástica, desafiadora. De qualquer modo, o ego revela uma tendência a inflar. Ao mesmo tempo, tenho de admitir que também ouvíamos confissões realmente sinceras, belas e simples.

Atento aos perigos da fala direta e da liberação de expressões espontâneas, comecei a procurar modos indiretos. Por exemplo: "traga-me um objeto que você considera íntimo – seu fetiche pessoal – e tente dizer algo associado a ele". Ou então eu instigava: "De que materiais o mundo é feito, em sua opinião? Do que você é feito? Veja! Geralmente, tudo que fizer deve ser visível, tudo deve ter uma imagem sensual. O que você não consegue ver não existe. Diga apenas o que vê". Eu sugeria também um tema, incluindo certas figuras míticas. Por exemplo: Como é o meu demônio, o que faço com ele? Ou: Meu opressor íntimo. Quem é ele? Qual a aparência dele?, etc. Nossos discursos se transformariam numa espécie de fala poética, e sem dúvida havia o perigo de ocorrer algumas imagens calculadas. Mas, imperceptivelmente, algo de nós mesmos, algo além de nossa deliberação, nos infiltrava...

E as vozes vibravam mais vividamente.

*

O que não concerne à essência das coisas pode ser debatido.

Aquilo que se refere à comida, à derrota, que está reduzido a um instrumento, pode ser debatido.

Quando você debate, reduz seu debatedor a um objeto; se perder, corre o risco de se tornar objeto; se ganhar, você vai se considerar alguém, mas será um instrumento – dos dois modos, um instrumento de dominação.

A loucura divina de um debatedor, seu êxtase desmoralizado, sua divindade ilusória.

Você cessa de ser um debatedor quando se volta completamente à totalidade.

Você se torna um debatedor quando – pela excitação das camadas externas da mente – é dirigido contra os aspectos externos dos outros, contra a superfície das coisas. Um debate é contato entre duas superfícies num abraço de amor-ódio, que parece atingir o cerne da questão.

Você discute quando está dividido – e quando se dirige às partes que, agitado, você toma como o todo.

Somente coisas que são propensas a se deteriorar e a ser divididas podem ser debatidas – no entanto, coisas que são propensas a se deteriorar e a ser divididas são subordinadas e não possuem o cerne da questão.

Debater significa viver com substitutos. Você debate, em vez de interagir, você debate, em vez de existir.

Confrontando aquele que Existe, o debatedor é como um cachorrinho mordiscando os calcanhares e fazendo muito barulho.

Ao se entender como um todo, ao agir como um todo, no contato com o todo, você não é mais um debatedor.

Se você se esquivar completamente de alguma coisa e recusá-la completamente – ou aceitá-la completamente, como ela é –, você não mais será um debatedor.

Você debate com a árvore e a respeito da árvore, com o gramado e a respeito do gramado, se ele cresce de maneira errada, se a cor verde não é a correta, se o farfalhar ao vento é um grande erro? Você aceita a árvore e o gramado como são. E você antipatiza com uma pessoa e debate com ela e a seu respeito, como se o seu ser não fosse igualmente inquestionável, único e necessário como o ser de uma árvore ou de um gramado.

Pode dizer que o gramado ou a árvore não são seus semelhantes. Você pode dizer que são apenas o que são. Sim, exatamente. Se você reconhece que algo é o que é, você o reconhece como merecedor de veneração. Consequentemente, será que um homem, um ser que pode ser o objeto de um debate, não mereceria respeito? Assim, debater não significa venerar algo, ter a veneração básica que nos leva a respeitar uma criatura em sua essencialidade, tal como é?

Quando você debate com os outros e sobre os outros, você também é o objeto de debate, fica exposto a golpes – então, você se reconhece merecedor de golpes? Você se questiona, não se respeita e se protege contra a consciência disso, tentando estritamente dominar e controlar os outros, e amortecer a incerteza do próprio ser da pessoa com o deslumbramento que vem com a vitória da disputa.

O que existe é algo dado, singular, inegável, óbvio. Você é atraído pela ideia de ser um debatedor. Será que é porque sua existência é superficial, ilusória, um substituto, separada das fontes? Será que você é um debatedor por não ser uma fonte de água chegando das profundezas desconhecidas, renovando-se incessantemente, refletindo o que está acima e ao redor, e aceitando os reflexos alheios?

Ao existir na totalidade, você é um espelho feito de água – ao ser debatedor, você é uma tempestade em copo-d'água.

Será que debate é curiosidade? Talvez, mas é curiosidade sentida por interesse. A curiosidade viva é outra coisa – na esfera em que você está aberto à aceitação das coisas em sua obviedade que é propensa a deteriorar, em sua singularidade, em seu movimento ao esclarecimento –, quanto mais esclarecida, mais escura é a coisa em suas infinitas dissimulações. E a pessoa que você é diante de; e a pessoa que está diante de você.

O debate é uma doença de nossa época: a incerteza de existirmos ou não. E o final de um debate é geralmente um reconhecimento de autoridade, um assentimento ao poder, qualquer poder. O final de um debate é um sonho sobre um ídolo que nos afastará da dúvida, da briga e da ansiedade. Muitos debatedores terminam sendo idólatras, transferindo sua fome pelo indiscutível para alguém que é indiscutível em seu poder. Eles se envergonham de sua veneração explícita (assim como se envergonham de si mesmos), então o reverenciam em seus corações com alívio e debatem ainda mais ferozmente.

O debate, que é uma forma de agressão, atinge sua realização final na adoração de ídolos agressivos. Os sofistas, mestres do debate, foram professores e consultores de tiranos.

Há uma zona (provavelmente inevitável e necessária) de debate na vida, bem como uma zona de questões indiscutíveis. Se você tentar viver intensamente na zona indiscutível, isso significará mudança de vida.

Vida em debate é uma vida mundana, que participa do jogo de interesses e de aparências. Suspensão do debate significa escuta do que é propenso a se deteriorar e do que é único; o aguardar esperançoso do jorro da água viva de algo que não é água e do lampejar de uma faixa de luz de algo que não é luz. O debate significa fechaduras trancadas e tampas fechadas.

É possível interromper o debate sem permanecer vazio? Certamente: debate é medo de vazio. Você toma uma certeza, qualquer certeza, e golpeia o outro com isso. Será que é possível ser pleno e não ter ressentimento por ninguém?

Será que vale à pena viver sendo nada mais do que um debatedor?

Vazio. É isso que está em jogo. Será que você pode sentir a expiração das águas, a respiração central que te alcança, um calor refrescante?

Tente: talvez sua fala flua não da cabeça, mas do corpo.

*

Em "Meditações em Voz Alta", lidamos, obviamente, com a voz humana.[5] Não há instrumentos musicais, ou apenas muito ocasionalmente.

Tudo é improvisado. A apresentação de alguns trechos existentes de cantos ou de canções está, via de regra, fora de questão: O que está em jogo não é a apresentação, mas a penetração em nosso próprio grito vocal. Certamente, a improvisação desenvolve composições únicas, pseudo-obras monumentais ou composições vocais, com coros, solos, duos, trios, etc., conversas vocais, jogos vocais, encantações, monótonas repetições, deambulações melódicas, regressando ao mesmo motivo, num consenso coral espontâneo, como um lar sonoro que se pode deixar pelo desconhecido e a ele retornar e, então, deixá-lo novamente. A improvisação pode começar e terminar em encantações, monotonamente repetidas, pode culminar num grito liberador, pode orbitar em torno dos tons harmoniosos de uma cantilena ou se transformar em vibrações completamente "selvagens", musicalmente destemperadas.

Às vezes, lembra composições vocais – mas às vezes não. Há vozes, vozes, vozes. Algo como uma floresta virgem com toda riqueza de sons, ecos de vida, da incalculável música da natureza, da acústica da existência.

[5] Este texto não se refere aos "Diálogos Grupais", mas aos experimentos/experiências vocais. (L.F.)

As "Meditações em Voz Alta" não tratam da criação musical, ainda que algumas vezes algo semelhante à música possa ser criado. As "Meditações em Voz Alta" tratam da produção de efeitos sonoros, tanto os imitativos quanto os expressivos. Você esquece se está cantando bem ou mal, e se os sons que produz devem ser impressionantes, estranhos, fascinantes, engraçados ou extraordinários.

A voz em você, enquanto voz, e toda sua música, não é aqui algo de valor – ou, mais precisamente: é um valor subsidiário. É um veículo. O Veículo de Experiência.

Meditando com som, deambulando com som, sonhando com som, voando no som acima de terras desconhecidas, experiência através de som, existência através de som... Entrando com som numa dimensão desconhecida de vida. Uma dimensão totalmente óbvia. Por isso, talvez não uma nova dimensão, mas uma dimensão esquecida.

Como o corpo da mãe.

*

O que é, existe. Aceitar os outros como são, aceitar-me como sou. De vez, diretamente, imediatamente. Isso é como uma superfície espelhada aquecida pela respiração humana, portanto não completamente transparente.

O que é, existe. Opiniões, julgamentos, pontos de interrogação que avaliam silenciosamente submergem no ar. É inevitável, ao menos no início do caminho. Aceitar essa inevitabilidade. Não julgar, não analisar com palavras. É melhor que os pontos de interrogação afundem no silêncio, no vazio, no nada, como uma emanação anônima.

Toda nossa falsidade, pompa, trivialidade, simulação de habilidades que não possuímos, assumindo uma cara corajosa, pretensiosa, nossa abortiva timidez instintiva e nosso comportamento automático que é o resultado de adaptação ou da falta de adaptação... Podemos permitir que toda essa fauna multiforme e hiperativa de reações humanas, normalmente intensificadas por novas circunstâncias, se manifeste livremente por um tempo, sem correções e instruções. O vazio que surge com a suspensão do julgamento deve ser transformado numa caixa sonora ou num espelho curvo ampliando nossas tendências diárias, normalmente invisíveis, apresentando-as numa forma monstruosa, drasticamente óbvia. Entendemos com todo nosso ser a esquisitice de nossa produção diária. Toda essa fauna – sou eu? É você?

O que é, existe. E isso não significa: aceite-o passivamente. Significa: encontre-o até certo ponto. Significa: não se esconder, mas desvelar-se. Desvelar fazendo – ou, no início, desvelar sem fazer nada. Nossa doença cotidiana: a falta de consistência. Agir desse modo – ou não agir, ganhar consistência. Mesmo o descuido, levado às últimas consequências, revela – sua própria consistência específica.

*

E não há nada aqui. Será possível alguma coisa? Você não sabe, eu não sei. Não suponha nada. Mas fiquemos juntos, esperando por algo que talvez não exista absolutamente.

Fiquemos. É a única coisa certa.

Mas para quê? Do outro lado, de onde viemos, atrás das paredes dessa sala, quando fazíamos algo, perguntávamos sempre: Para quê? Por quê? Com que objetivo? E somente quando soubermos disso é que vamos agir. E se agirmos sem saber, o único motivo é esquecer, anestesiar, sufocar algo em nós – com qualquer coisa, vodka, companhia divertida, assistindo TV, com palavras, palavras, palavras.

E aqui estamos para nada.

Para nada – como é possível? Vim para cá porque sou um investigador da verdade. Vim para cá porque quero ser espontâneo. Estou aqui porque quero ser eu mesmo. Eu venho, pois quero me conhecer. Venho porque ouvi que Grotowski descobriu algo importante. Não sei exatamente o que pretendo, mas quero aprender algo novo. Senti necessidade de trabalhar no desenvolvimento de minha personalidade.

Muito bem: aqui você pode descobrir suas possibilidades inesperadas. Muito bem: aqui você pode ser você mesmo, pode se conhecer, pode recuperar espontaneidade, descobrir através da ação um aspecto inesperado da vida, ser criativo, ainda que por pouco tempo, ultrapassar os limites impostos pela vida cotidiana. Tudo é possível; ainda assim, não posso garantir nada a esse respeito.

Quando digo isso, não acredite em mim. Digo para estabelecer de forma provisória nossos desejos ou necessidades e fazer o possível para nos conhecermos. Digo isso pois também sou devorado pela ansiedade, e minha mente exige um objetivo, ao menos algum objetivo mais ou menos definido. Passo pelas mesmas dificuldades que as suas – algo me força persistentemente a formular perguntas: Para quê? Por quê? Por qual motivo? Digo isso pois não consigo ficar quieto. Digo isso porque...

Não acredite em mim. Assim como eu não acredito em mim mesmo...

Pense nisso: você vive para quê? Você é capaz de responder a essa questão? Aqui é igual.

*

E aqui estamos para nada. Fazemos coisas para nada. Realizamos sons para nada. Sentamos para nada. Diferente dali, fora dessa sala, em que tudo tem objetivo.

Fiquemos. Se quiser, é como esperando Godot. Ninguém sabe quem é Godot, se virá e até se existe. Permaneçamos esperando, fazendo. Ou não fazendo. Em algum momento pensaremos: na realidade, Godot chegou, ele está entre nós, e depois, não é ele. Ou pensaremos: ele não está aqui, e chegou há muito tempo. Esperava-se que ele entrasse pela porta. Porém não foi ele que entrou pela porta. Ele entrou pela janela, pelo encanamento do radiador, pela fenda do chão. Mas é ele? Ou será que é aquele que entrou pela porta? É assim que ele brincará com sua presença ausente ou sua ausência presente, e ele vai querer ser mais esperto do que nós. Quem será mais esperto do que quem?

Nossa espera de nós – ou nós à nossa espera?

Porque estamos aqui para nada. A falta de sentido de nossa situação é contundente. Provemos isso até o fim, dessa taça de absurdo bebamos até o fim. No outro lado, a falta de sentido encontra-se num estado de dispersão, como o pó do ar poluído recobre as folhas de nossas árvores, as superfícies dos objetos, a pele de nossos rostos. Finalmente, paramos de percebê-lo, e tingimo-lo convulsivamente com as cores de vida que encontramos. Ei-lo condensado e solto; você pode rolar nisso como na areia do deserto, como numa caixa de areia.

*

Sou ninguém, um passante, um estrangeiro, e não tenho mensagem comigo. Mas há algo que você fez no passado, tem alguma experiência, alguns desejos. Possivelmente por isso tenha acontecido de eu ter experimentado algo que poderíamos chamar de mensagem. Mas isso foi no passado, no passado. E quando digo: sim, eu tenho uma mensagem, eu sou alguém – sinto a falsidade da situação, e essa convulsão nos meus dedos dos pés clamando por minha importância, por haver algo atrás de mim. Lembro vagamente que sim, houve algo no passado, e me comovo. Eu, eu, eu. E aí, onde está minha mensagem? Se eu a tiver, sou eu, assim, não é a mensagem. E se não a tiver, eu simplesmente não a tenho. Não há mensagem em mim.

*

Estamos sentados no chão, num círculo ou numa elipse – não digo nada, só convido você com um gesto para sentar-se. Pode sentar-se do modo que quiser, mas se alguém se deitar ou se apoiar contra a parede, eu faço um sinal silencioso para não fazê-lo.

Expectativa de que eu vá dizer alguma coisa, fazer alguma coisa, propor alguma coisa.

Nada. Estou sentado. Estamos sentados.

O tempo flui. O silêncio cresce em torno de nós. Nosso ruído interior cresce dentro de nós. Um enorme ponto de interrogação no ar: o que querem de nós? O que estamos fazendo aqui?

Alguém se contorce. Alguém suspira. Alguém se oculta numa postura meditativa rígida. Alguém fecha os olhos. Alguém olha vagamente. Alguém gira a cabeça, massageia os músculos da panturrilha, sacode os braços: uma forma embrionária de exercícios de relaxamento. Alguém se ajoelha, curva o corpo para a frente e fica com o rosto no chão.

A miséria de tais impulsos. O que fazer, fazer alguma coisa, por que é impossível não fazer nada? Percebo olhares ansiosos, atordoados, relutantes, entediados, irritados, amedrontados. Será que já começou ou ainda não? Quando vai começar? O que se pretende? Estou respondendo com os olhos: não sei. Sejam pacientes. Não é fácil para mim também.

É como se estivéssemos numa zona de ar sugado, num buraco, num vácuo, pedindo insistentemente para ser preenchido. E lançamos qualquer coisa para não sermos devorados por esse vácuo: balançando uma perna, girando um pescoço, fragmentos de alguns exercícios de relaxamento, todos os reflexos abortivos de nosso organismo. Alguém permanece paciente e sorri hesitante para mim.

Um vazio progressivamente vazio. A atividade enorme, indomável, incontida nesse não fazer. Em silêncio – o ruído de nossos pensamentos.

Fizemos o esforço de nos encontrar sem motivo, sem nenhum objetivo. Não somos capazes de fazer a coisa mais simples: sentar em silêncio. Não somos capazes de não querer. Sobrevivamos até o fim.

E quando tivermos perdido completamente a expectativa, ao atravessarmos com dificuldade a polpa cinza do sem sentido, sem aguardar mais nada, daí, talvez, talvez... Talvez em breve, talvez numa hora... Ou talvez amanhã.

Às vezes, tínhamos de passar por esse teste de vazio. Foi nosso primeiro passo, o primeiro encontro na corrente dos muitos dias de outros testes, a primeira de muitas tentativas.

O que é, existe. Estamos aqui juntos, você com sua bela voz e o corpo em forma, e você com sua voz grosseira e a postura arqueada, você se confraternizando e sendo popular com sua máscara norte-americana, e você com sua melancolia polonesa e temperamento enérgico, e você, você minúsculo tagarela francês, e você com sua neurose judaica, e você com sua rapidez latino-americana, e você com o sombrio devaneio espanhol, e você com planos para o futuro, e você com desilusões, e você com a leveza de um jovem pardal, e você com o peso de um lobo velho, e você com seu ubíquo focinho de rato, e você com seu rosto grande e sorriso largo, você, o tímido, você, o careca, você, assumindo uma cara valente, você, absorvendo os outros, e você, ficando isolado e mantendo uma distância disciplinada.

Você tem seu destino gravado no rosto, com seus deveres suspensos no período de nossos encontros e logo depois reassumidos, com a dor e as complicações pessoais, com seu país, seus costumes, sua cultura, seu cenário educacional, com tudo que o acompanha e o define. Com as coisas às quais gostaria de retornar, e com as coisas das quais ficaria feliz em se desvencilhar, com as coisas das quais não consegue escapar, desembaraçar-se, não consegue superar por serem parte inalienável de você.

O que é, existe. Deve aceitar isso como se aceita um presente. Alguns presentes podem ser amargos.

Aqui ninguém é julgado. E nada do que se faz está sendo julgado. Um grande resultado, um pequeno resultado... Você fez algo com habilidade, você fez algo desajeitadamente. Ali, além dessas paredes, todo mundo pensa em resultados, mas não aqui. Deve entender isso. Não imediatamente. Um dia...

É fácil dizer que "o resultado não importa". Mas você pode sentir admiração ou embaraço, um sorriso desrespeitoso ou desgosto; fica tomado de frieza ou coberto de calor...

O que é, existe. E que seja revelado.

*

A voz em "Meditações" não é música, uma apresentação artística para contemplação estética. Não é um teste de habilidades ou de talentos musicais, a arte de produzir sons extraordinários. As "Meditações" não são lições vocais nem procedimentos técnicos de abertura de voz.

Tudo isso pode ser apresentado como uma fase da Experiência ou como efeito colateral. Se você toca num ponto vital, sua voz se abre, você consegue executar facilmente a música e se convence de que é musicalmente dotado. Pode ser útil, mas não se trata disso. Pode acontecer de a musicalidade ser a única coisa que você consiga nas "Meditações". Isso significa que a Experiência não atingiu seu potencial. Somos como alquimistas em busca de Transmutação e inventamos somente graxa de sapato. Naturalmente, graxa de sapato é uma coisa muito útil na realidade.

E o que é a voz: é um catalisador de Experiência. Um veículo que nos leva a algo que não é voz. É um tapete voador, levando-nos a uma dimensão extraordinária.

*

Qual a diferença entre a voz musical e a Voz-Veículo?

A Voz-Veículo não trata de produzir ou de buscar efeitos sonoros. Você esquece se canta bem ou mal; esquece se o som que produz deve ser impressionante, estranho, fascinante, único.

O próprio fato de cantar é completamente sem significado. Você canta, pois existe o cantar. E aqui você simplesmente não sabe quem está cantando. Certamente, não você. Algo canta você, através de você, algo escolheu você, seu corpo, como um instrumento. Mas poderia ter escolhido outra pessoa. Quando o homem toca a flauta, quem toca – a flauta ou o homem? Não seja uma flauta que clama estar tocando. Alguém tomou você por um instante em suas boas mãos calorosas, e seu sopro flui através de você, e seu ser total vibra. Mas depois de um tempo ele desconectará você de seus lábios, o colocará à margem e você não poderá mais forçá-lo a tocar em você. Ele se aproximou e aí foi embora; talvez retorne, talvez não... Não pense nisso. Quem encheu você de vibração? Quem lhe deu som?

A Voz-Veículo não tem autor que se aponte com um indicador.

A Voz-Veículo se torna possível quando seu coração está puro. Quando você estiver conciliado consigo mesmo, com os outros, com o mundo, quando entender com todo seu ser que tudo que é existe e você existe nele, e que, nessa totalidade, com a qual você está em contato tão tangivelmente, você é apenas uma pequena partícula, uma fagulha, uma palha, um grão de areia, oh, quão pequeno, oh, quão insignificante é João ou Ian.

A Voz-Veículo não chega quando você quer brilhar ou quando você está possuído por um duende competitivo: eu, João, sou melhor ou pior do que Ian. Aí você produz resultados, uma faceira, domina os outros e surge desarmonia.

Nem toda voz aberta, nem toda vibração plena é a Voz-Veículo. Embora toda Voz-Veículo seja uma voz aberta e uma vibração plena.

Cantar e respirar são a mesma coisa, cantar e pulso são a mesma coisa. Cantar, respirar e pulso entram aqui numa relação simétrica e tornam-se uma constelação harmoniosa.

A Voz-Veículo é uma repetição oculta – ou aberta –, uma monotonia nuançada. É levada por um ritmo fixo, regular, como um batimento cardíaco, como a respiração. A respiração aqui parece ser infinita, como se você emitisse um corrente sonora infinita com um respiro.

*

E amanhã?

Amanhã: você dança sem dançar, canta sem cantar, corre sem correr, vê sem ver, e ouve sem escutar. Tudo que você tenta está sendo feito por si mesmo – feito sem fazer.

*

Há literalmente um passo que vai da desesperança à alegria, da esterilidade à plenitude, da solenidade à alegria sem sentido, do lamento à felicidade, da ausência de sentido ao sentido – um respiro nosso é suficiente para fazer uma renda na cortina que divide essas oposições. O fator crucial é ter oposição verdadeira – o passo anterior ao salto na realização deve ser impulsionado às últimas consequências, deve ter sua própria consistência essencial. Um rebanho saltitante de carneiros na estupidez de sua alegria se deterá subitamente diante de um poço sagrado, e seu balido se transformará num hino.

*

O som se desenvolve num coral, num hino, numa meditação lírica, em duos, trios, solos, corais – num psicodrama vocal, numa conversa, numa brincadeira de vozes, num liberado grito desarticulado, num lamento, num chamado, em mantras monotonamente repetitivos, em vibrações selvagens, musicalmente destemperadas. Mas esse repertório todo orbita em torno de um centro invisível, que é silêncio.

Fazer música com a voz, sonhar com som, deambular com som, meditar com som, voar sobre o som acima de terras desconhecidas, cognição do som, quando reconhecemos imagens de obviedade mítica, quando atravessamos zonas do desconhecido com vibração, finalmente você atravessa o visual informe, para a luz, a luz que nos enche de calor ameno, e toda respiração parece possuir uma extensão ilimitada, como se não precisássemos de ar, porque tudo é um respiro; tudo isso acontece em certas condições, que – francamente falando – não são exatamente conhecidas por mim. Talvez seja possível em geral, depois de termos abandonarmos algumas dificuldades, depois de difíceis testes comprovando a relevância de estarmos juntos, depois de desaparecidas a competição e as animosidades, depois de todos encontrarem e aceitarem um lugar na constelação do grupo; em suma: quando as fricções e tempestades grupais forem abandonadas, e eventos purificadores trouxerem confiança à nossa presença humana, e formos transparentes uns com os outros, e sem temer a mútua transparência, e sem precisarmos nos exibir uns aos outros, e quanto mais nos conhecermos com esse conhecimento óbvio, sem palavras, mais respeitaremos a distância, mais íntimos seremos uns dos outros, mais distantes seremos – a proximidade distante – e confiaremos uns nos outros. Talvez essas relações no interior de um grupo possam se tornar um gerador de som, cada um de nós se tornar um impulso e estimular uma resposta, uma voz, um som – acontece na fase do psicodrama – e então, pela convivência, cada um de nós talvez possa seguir seu próprio caminho confiantemente, apoiado na andança pela voz de um camarada invisível – e apoiando-nos reciprocamente. Você não é mais Jozek ou João para mim, mas uma parte da totalidade, sou para você uma parte da totalidade, uma minúscula partícula no abismo, como corpos celestiais distantes cintilando uns nos outros, e somos dominados pela imensidão que nos faz nascer e nos absorverá novamente, e agora – pela respiração, por uma vibração que conecta tudo que existe – nos faz aparentados, tecidos da mesma matéria, ela (a totalidade) nos lembra disso com gentil crueldade; e o medo de desaparecermos já ficou para trás, somos absorvidos pelo peito quente da Grande Mãe,[6] e cai o silêncio, e a Mãe mais uma vez nos expele dela gentilmente, e esfregamos os olhos, as pálpebras piscam e encaramos uns aos outros, e na sala, silenciosa, em nossas velhas formas separadas, num devaneio gentil, olhamos uns aos outros com sabedoria, como se tivéssemos aprendido um segredo.

*

Experiências de plenitude com muitas camadas são na verdade infrequentes; devem ser consideradas um presente, raramente oferecido a nós; e à questão de como isso acontece, não sei a resposta. Em minha prática, eu simplesmente experimentei algumas vezes a "espera de Godot" e nada mais, "espera" especificamente beckettiana em sua miséria, errância

---

[6] Flaszen refere-se ao mito da *Magna Mater* (a deusa Cibele) e ao arquétipo junguiano.

desencantada numa terra baldia, terminando sem nenhuma iluminação, no ecoar de nossa miséria humana, na consciência de nossos limites, e na purificação de uma estranha confraternização, humilde, numa pobreza cujo segredo nos une.

Houve também experiências opostas – amplas, luminosas, explodindo eventos poéticos, no jogo entre luz e sombra, no cintilar da vida, numa noite de milagres, num sonho de uma noite de verão, em que tudo estava envolvido em beleza. Todavia, essa vida é ilusória, um jogo de decepção, o alvoroço das cortinas de maya.

Nada surgiu daí, e o arrebatamento – como numa grande bebedeira – transformou-se numa ressaca, à medida que permitíamos que a riqueza nos derrotasse e nos deixasse de mãos vazias. Se esse sonho de noite de verão foi apenas um episódio da experiência, e não a mensagem total, houve momentos em que a ressaca intensificou nossas fomes – pudemos aprender o que é ilusão e o que são seus enganosos presentes, e o polo insatisfeito da Realidade clamou por ser cumprido.

Tive uma experiência completamente abortada, interrompi por causa do excesso do que estava sendo produzido, de um caráter perigosamente agressivo ou insanamente fascinante. Foi o resultado da seleção inadequada de participantes, da impossibilidade de encontrar um terreno comum entre os participantes, bem como entre eles e eu. Não arrisquei levar as coisas ao extremo, liberando sua natureza plena – ir além e encontrar o outro polo. Contive o curso de eventos, o que causou frustração adicional aos participantes. No final, expliquei a coisa toda verbalmente. Alguns começaram a protestar e se sentiram decepcionados, pois, na opinião deles, houve algo nessa experiência...

Experiências não abortadas, mas que ficaram incompletas, pararam numa fase possivelmente intermediária. Por exemplo, algo parou na fase do psicodrama vocal – e resultou numa forma de dinâmica de grupo, apesar de não falada, mas cantada. Ou a coisa emperrava na execução musical – coros improvisados e vocalizações, numa espécie de estudo de cantar improvisado, apesar, contudo, da voz desimpedida, o som da canção não era um instrumento que possibilitasse a passagem a outra dimensão que não era puramente musical. Parece que apenas a abertura da voz e a alegria construtiva da musicalização compartilhada não são suficientes para atingir o Desconhecido... Tem de haver outro fator, uma espécie de catalisador – um elemento X, que provoque a transformação alquímica da percepção.

Sentia-me satisfeito, ainda que um pouco estranho nesse papel imprevisto de professor de canto – um papel que me foi forçado no decorrer da experiência –, de fato, no papel de um professor original que não lia notas musicais e só oferecia aulas de canção improvisada... No entanto, gostei dessa experiência musical, pois exige um trabalho consistente e acalma todo entusiasmo melodramático em relação a pactos com poderes mal definidos que não gostam de ser excessivamente atormentados, e chegam quando ninguém os procura... quando querem... quando se está prestes a aceitá-los, mas não se sabe disso...

*

Pode acontecer que seu espelho, seu camarada persistente, desapareça – e você não enxergue o reflexo que o atormenta e o força a pentear o cabelo e endireitar a gravata. E não esteja dividido entre você e seu duplo que o acompanha e julga atentamente.

E pode, então, acontecer que sua voz vibre plenamente, e você não saiba se é você que está conduzindo a voz ou a voz que está conduzindo você, e talvez não saiba também onde está a fonte do som – em sua boca, em seu peito, nos pulmões, no estômago, na virilha, ou talvez nas paredes e no teto, ou, ainda, nos distantes corpos celestiais, nas esferas cristalinas do universo.

E pode, então, acontecer que seu corpo esteja como que sem juntas, completamente flexível, e ondule livremente, como uma planta aquática, seguindo toda a correnteza do mar.

E cada atividade sua é intencional, e você faz o máximo que consegue sem nenhum excesso ou carência.

E pode, então, acontecer que caia o silêncio – não o de acústica zero, mas algo em que possa mergulhar numa profundidade segura, e que daí se suspenda e não haja mais fundo, e você se sinta um embrião no útero de sua mãe. E ao emergir você verá e ouvirá como se fosse pela primeira vez.

O silêncio do coração.

Sofrimento e alegria são um.

Movimento e imobilidade são um, som e ausência de som são um, pois não importa o que pense, ou cante, ou se mova, ou permaneça imóvel, certamente, certamente, é a mesma coisa.

E pode então acontecer de as questões: "para quê, por quê?" não explodirem em sua mente, mas irem desaparecendo como um galho seco ou uma casca de pupa. E quando alguém lhe fizer essa pergunta, você rirá como uma criança sentindo cócegas.

E pode então acontecer que você seja a noiva e o noivo, e ao mesmo tempo o casamento, e que você chegue "correndo pelos montes, saltitando pelas colinas".[7]

2000

---

[7] Flaszen se refere e cita O Cântico dos Cânticos 2,8.

SOBRE DIALOGAR E ALGUMAS OUTRAS COISAS

> Grande parte desta conversa, ocorrida em 1978, foi publicada no livro de Marek Miller intitulado *Reporterów sposób na życie* [*Um Modo de Relatar a Vida*] (Warszawa, Czytelnik, 1979). Incluí pequenas modificações e apêndices ao manuscrito datilografado da versão completa da conversa. O epílogo foi acrescentado de modo a contribuir com informação a respeito da chamada cultura ativa (*kultura czynna*).[1] O título foi acrescentado pelo autor da publicação. L.F.

Marek Miller: Antes de eu pressionar o botão de gravação, o senhor mencionou seu descontentamento com a presença do gravador em nossa conversa. Por que essa aversão?

Ludwik Flaszen: Sinto que o gravador é um testemunho inadequado. Se acontece uma conversa entre nós, há somente nós dois. Podemos encontrar uma rota comum, um caminho orgânico. O gravador grava objetivamente. Ele é estúpido e muito fiel. Trata-se de um ouvido demoníaco capaz não só de escutar, mas também de reproduzir. Ele impede qualquer intimidade. Um ouvinte que não reage, mas...

Não estou dizendo que o gravador seja uma invenção satânica. Eu apenas quis explicar o motivo do meu constrangimento com o gravador. É como se eu tivesse de lidar com um ouvinte que não conheço, nem

---

[1] Referência ao parateatro, também chamado de "cultura ativa". Ver, como exemplo, a coleção editada de Leszek Kolankiewicz (trad. de Bolesław Taborski) *On the Road to Active Culture: The Activities of Grotowski's Theatre Laboratory Institute in the Years 1970-1977* (*A Caminho da Cultura Ativa: as Atividades do Instituto Teatro Laboratório de Grotowski nos Anos de 1970-1977*) (Wrocław, Instytut Aktora – Teatr Laboratorium, 1978, 1979), com prefácio de Flaszen.

posso contatar. Somente ouvidos, nada mais. O gravador ainda é um objeto meio estranho aqui entre nós.

Quando falamos ao microfone, é preciso que nossa fala seja importante, especial, sábia. O gravador dá o testemunho, ou seja, caçoando um pouco, de uma extensão de nossa existência para gerações futuras. E quando falo diante de uma espécie de imortalidade, as palavras tornam-se irreversíveis, não podem ser deletadas, e eu fico constrangido... Sinto-me pressionado a ser bombástico. O aparelho me dá uma máscara expressiva que me supera. Eu teria de ser muito sábio ou um piadista muito espirituoso.

Não sei se o senhor percebeu, mas quando falávamos antes de ligar o aparelho, nossas vozes eram diferentes, nossa sintaxe era diferente do que é agora. O gravador priva-me do luxo de ser estúpido. E o direito de ser estúpido é um direito básico do homem. Não temer a própria estupidez, ou seja, aceitar-se como se é – para mim, é uma condição necessária de um diálogo bem-sucedido... Sou o que sou. Faço o que faço. Não aspire nada, não tente corresponder às expectativas dos outros a nosso respeito. Ao me livrar disso, sem querer dizer nada, algo pode começar realmente.

MM: Então, o que é uma conversa para o senhor?

LF: A maioria das conversas é egoísta, elas almejam um resultado. E assim devem ser. Mas o que me interessa realmente é um diálogo altruísta, a espécie de interação que visa ao silêncio, em que tudo fica obviamente claro. Sócrates, por exemplo, foi um interlocutor altruísta clássico, um tipo de vagabundo que não ligava para nada, que não queria obter nada. Ele vagava por Atenas e abordava os passantes iniciando diálogos. Ele não discutia para forçar seu interlocutor a mudar de opinião, mas para descobrir a verdade juntos. Estou interessado numa conversa que seja uma busca comum.

MM: Qual o papel do parceiro nesse jogo?

LF: Cito Feuerbach: "O isolamento é finalidade e limitação. Interação é liberdade e imensidão. Um homem sozinho é um homem no sentido comum da palavra. Um homem em relação a outro homem, a Unidade do Eu e Você – é Deus".[2]

---

[2] Estas frases de Feuerbach, um pensador materialista, fundamentaram a chamada filosofia do diálogo. Martin Buber desdobrou daí sua famosa "Eu e Tu". Grotowski e eu éramos leitores entusiasmados de Buber, ainda assim, por cautela, não quis citá-lo, por ser um pensador abertamente religioso. (L.F. – uma nota posterior.)

MM: Como o senhor definiria sua busca?

LF: As oficinas criativas que dirijo no Teatro Laboratório há tempos têm sido não verbais. São diálogos sem palavras... Utilizamos a voz, mas como uma forma de vocalização improvisada. Essa é a estranha descoberta que tenho feito bem depois dos quarenta anos. O que está em jogo não é cantar nem fazer música com a voz, ainda assim se canta e se faz música. *A voz humana, o agir com a voz, é um veículo que usamos para irromper energias adormecidas e esquecidas nos homens, para experiência de origens, para diferentes tipos de percepção.* Talvez seja estranho e difícil de acreditar no que a voz humana é capaz – mas é assim.

Ela nos abraça a todos e provoca algo que nos modifica. Ao atuar com a voz, com suas vibrações, ocorre uma espécie de ultrapassagem em direção às fontes, em direção a algo muito básico, que provoca movimentos nas camadas geológicas de nossa essência. Poucas pessoas sabem disso, e, como foi dito antes, pode parecer estranho, mas é assim que se toma consciência do inconsciente. Tocar o inominável, conhecer o desconhecido. Você pode descobrir algo cuja existência desconhecia – além disso, algo que não está em nós, mas nos ultrapassa e supera; nós, indivíduos, somos apenas seus depositários ou seus humildes instrumentos. Zygmunt Krasiński (o poeta romântico polonês) escreveu: "Uma corrente de beleza flui por você, mas você não é essa beleza".[3] Aqui ocorre o mesmo. Escorre por você, mas não você. Você é o fundo da corrente, mas não é a água. Acontece por si mesmo, em certas condições. E silêncio – não apenas um silêncio acústico, não apenas uma ausência de som. Há outro silêncio, muitos graus abaixo do ponto acústico zero, onde brota uma semente (perdoe meu *páthos* cósmico) na qual orbitam as galáxias. E o som é uma variante do silêncio...

MM: Por que estamos conversando sentados no chão?

LF: Não importa se estamos ou não no chão, desde que o corpo tenha oportunidade de se mover, de viver. Quando falo sentado numa cadeira, minhas costas falam e minhas mãos falam, começando por meus pulsos, e isso modela nosso modo de pensar. Mas se estou no chão, tenho bastante espaço, estou mais próximo do animal em mim. Aí, meu

---

[3] Citação do drama *Nie-Boska Komedia* de Krasiński.

corpo interior fala. Tudo trabalha. Há outro fluxo de energia no organismo, e, como resultado, a mente trabalha de modo diferente. Não sei se trabalha melhor, mas, sem dúvida, trabalha diferente. O organismo é mais como uma dança.

[...] Com relação à espontaneidade ou organicidade, como queiramos chamá-la, parece que estamos desacostumados com ela, e aquilo que é automatismo civilizado em nosso comportamento é mais natural para nós. Por exemplo, se sentamos em uma poltrona, sentimo-nos mais naturais. No entanto, em nossa vida cotidiana, usamos somente parte de nossa energia orgânica. Não usamos tudo o que a natureza nos deu. Para reaver sua espontaneidade perdida, muita gente utiliza mesmo toda uma série de exercícios sublimes, e isso é engraçado! Eu, por exemplo, não consigo pensar efetivamente quando faço palestras *ex cathedra* ou sentado numa cadeira. Mencionei Sócrates aqui. Seu pensamento funcionava ao caminhar, dançar, gesticular. Seu pensamento estava ligado à dança! Ainda que fosse discursivo.

[...] Nossa criança interior foi morta. Obviamente, ainda existe, mas terrivelmente confusa, aleijada, esmagada pela multiplicidade de mecanismos ensinados, impostos. Agora, uma criança percebida desse modo não é algo regressivo, *pois a criança é a propulsora no interior do homem.*
O homem que se propõe tais questões é uma criança, um homem que procura algo é uma criança. Porque um adulto não procura, um adulto sabe.

MM: O senhor acha que fornece aos outros condições que propiciam uma espécie de conhecimento?

LF: Pode ser uma espécie de conhecimento. Por exemplo, na psiquiatria, entre os terapeutas. Alguns dizem que a máscara do terapeuta deveria ser uma máscara de benevolente neutralidade. Benevolente neutralidade propicia a disponibilização de outro homem. Mas provavelmente a pessoa precisa ter uma predisposição para ser terapeuta. Nem todo mundo pode dispor de tal máscara. Porque algo está sempre se exibindo. Mas estou falando de outra espécie de conhecimento – do conhecimento-através-da-prática.

Ainda assim, mesmo aqui o senhor precisa conhecer seus próprios impulsos secretos, seus próprios instintos secretos num nível básico – sem ilusões sobre si mesmo. Não estou dizendo que esse é o modo de se libertar de todos os impulsos ambíguos, mas é um modo de conseguir distingui-los. Por exemplo, distinguir o desejo de seduzir alguém de algo que não é sedução. Ou distinguir o desejo de dominar alguém de algo que não é dominação; ou distinguir a projeção de sua própria necessidade da necessidade de outra pessoa. Suponhamos que eu não tenha filhos e queira ver meus filhos nas pessoas da sua idade: isso é uma projeção. Não significa ser perfeito e sem projeções, mas ser capaz de reconhecê-las. Pensar com projeção, projetar os próprios desejos, é muito disseminado. Essas coisas são conhecidas, você pode ler a respeito em textos de psicologia, pode defini-las, entender o mecanismo, ainda assim não consegue reconhecê-las dentro de si. A esse respeito somos como o Senhor Jourdain, de Molière,[4] que falava prosa, mas nada sabia a respeito disso. Esse tipo de autoconhecimento só pode acontecer na prática. Inicialmente, manifesta-se como uma espécie de ansiedade interna – como se você não soubesse o que se passa, mas sente que algo está errado. O próprio reconhecimento do mecanismo é extremamente doloroso. Por exemplo, se você é velho e, de repente, percebe a enorme dependência de seus pais. Não significa que eles o sustentam materialmente, mas que você ainda os sente tomando conta de você. Reconhecer isso pode ser doloroso. Pois o que significa? Significa que não sou eu mesmo, que sou um imaturo. Primeiro, o reconhecimento provoca ansiedade, e daí um lampejo de autoconhecimento. E daí você tem de lidar com isso. Ou seja, em primeiro lugar, aceitá-lo. E é como falar consigo mesmo: "Tudo bem, é isso. E assim é. É, rapaz, nos conhecemos mutuamente!"

[...] Talvez, talvez, o autoconhecimento seja um pré-requisito de diálogo, ao menos da espécie que me refiro. Esse é um caminho muito difícil, cheio de ansiedade, sofrimento e revelações dolorosas. Mas se tratado como o único objetivo, você também não aprenderá nada de interessante. "Conhecer o outro" – também não é interessante: é apenas o desmantelar das peças de um boneco mecânico. Um homem, na realidade, não é uma coisa muito interessante. O que é unicamente interessante é a possibilidade do homem ser um depósito ou um contêiner. Se sentir sua respiração ou tocá-la, assim como pode tocar o vento, por exemplo, então uma nova

---

[4] O Senhor Jourdain é o "cavalheiro burguês" na peça do mesmo título de Molière.

dimensão se abrirá. Quando coloco todos os adjetivos de um lado, quando me refiro no outro lado a algo que não conheço, há uma probabilidade de o desconhecido me responder através dele. E de o desconhecido em mim começar a se abrir.

MM: Ainda assim, há sempre a possibilidade de que um dos parceiros do diálogo tenha apenas interesse próprio.

LF: Certamente, mas isso é uma espécie diferente de diálogo.

É muito fácil detectar interesse próprio e hipocrisia. Está gravado no rosto humano na forma de uma máscara ou numa postura. É uma máscara muito especial! Um pequeno lábio protuberante, um ensimesmado sombrio, um olho de peixe. Olhe ao redor, verá esses rostos à sua volta.

MM: Mas como encontrar a encarnação verdadeira de si?

LF: Bem! Se eu soubesse com certeza. O homem que se pergunta o que está fazendo, e qual é a mensagem, cria sua própria zona, seu próprio campo. Seguramente, há também a questão das táticas de vida, ou seja, como evitar que esse campo seja pisoteado pelos outros. Mas há também a possibilidade de eu ser suficientemente astuto para evitá-lo, estendendo meu campo lentamente, sem ilusões, e sendo sóbrio. O problema básico é sempre se o que faço é realmente o que faço. Se eu for um repórter, serei um repórter. A pessoa precisa se diferenciar do que produz enquanto imagem de propaganda para uso externo. Se eu acreditar no fantasma que coloco em circulação ou no que os outros me transformam, alguma coisa está errada. É muito importante não mentir para si mesmo. Distinguir entre o que sou e o que não sou. Mesmo se eu não conseguir eliminar o que não sou ou não puder ignorá-lo. A pior situação é quando minto e me parece que isso é ligeiramente verdadeiro. Assim, é preferível mentir externamente a mentir para si mesmo.[5]

O senhor veio aqui para gravar e descrever algo, mas na verdade há outra coisa nisso. A maioria de nós, como pessoas, agimos por motivos egoístas. Alguém chega a mim e tenta fazer de tudo para dar a impressão de ser desprendido, mas na realidade tem algum interesse próprio nisso. Bom, o que de fato importa não são nossas puras intenções basicamente, mas o que acontece com elas depois. Honoré de Balzac afirmava não

---

[5] Esta é uma paráfrase da declaração de Grotowski. (L.F. – uma nota posterior.)

escrever por dinheiro. Tente escrever uma obra-prima por dinheiro. Então, algo diverso apareceu no caminho. Outros motivos. Quando ele encarou o material, algo o agarrou. Nossos motivos são uma mistura de interesse próprio e uma espécie de fome, uma fome que vem sabe Deus de onde...

MM: O senhor considera a reportagem um registro adequado de sua experiência?

LF: Não a reportagem, mas um testemunho. Qual é a diferença? Em todo caso, não deve haver profissionalismo de forma alguma. O que significa: não vim para descrever, pois se o faço, não consigo apreender a experiência. Certamente, posso descrever um curso externo de acontecimentos, mas, o mais importante, o fluxo da vida[6] que corre por ele é algo que não posso descrever. A corrente de vida é algo extremamente óbvio e uniforme, algo como o gosto de uma maçã. Tente descrever o gosto de uma maçã. Tente descrever algo que pertence à experiência primal, como o gosto. Você dirá que algo tem o sabor parecido com outra coisa.

Há certa analogia entre essas espécies de experiências e a poesia. É uma espécie de ser, de existência, de ação que vista de fora é como um poema. Um poema composto não por palavras, mas por gestos, olhares, sons e silêncio. É uma realidade condensada, como a fala poética. Parece-me que há a possibilidade de um testemunho proporcional a esse tipo de ser – algo como uma fala poética. E a reportagem... ela fornece uma descrição útil do acontecido. Mas o testemunho básico permanece no interior do homem. A descrição é possível praticamente, mas inadequada. O próprio tecido de eventos e atividades não tem significado na realidade. O importante é o que flui através disso. Por exemplo, no Zen, há o ato da mistura do chá, um ato completamente mundano. E, ao mesmo tempo, uma cerimônia, algo magnífico! Tive a oportunidade de participar de uma. O que eles faziam não tinha nada em comum com o teatro ou com uma celebração. Mas cada movimento era intencional. A intenção era intensificada ao máximo. Não havia movimentos redundantes ou sons redundantes, somente aquilo. Ao invés, havia plena concentração no que estava sendo feito. Uma rejeição a todo excesso de atos mundanos. Tudo era completamente proporcional à situação, à atenção,

---

[6] Fórmula favorita de Grotowski. (L.F. – nota posterior.).

à presença. Tudo acontecia em silêncio, nem uma palavra pronunciada. E quando ouvi o som da água jorrando na chaleira e depois nas xícaras, era como um estrépito de trovão! Eles estavam somente misturando o chá, mas foi realmente uma grande experiência.

Grande parte do comportamento em nossas vidas é mecanizada, fazemos coisas só para conseguir algo. O que conta não é o processo efetivo da mistura do chá, mas o resultado – a possibilidade de tomá-lo. E então falamos que tudo vai bem. Ainda assim podemos criar as circunstâncias nas quais uma atividade seja intencional, porém não mecanizada, e tudo que nos pertence torna-se delicado e claro. Diariamente somos ou demais ou de menos. E o que está em jogo é não ser demais nem de menos, mas apenas corretos. Estar onde estamos, quando estamos. Como transferir isso para nossa vida cotidiana? É difícil, mas talvez possível. Em minha opinião, a necessidade de imersão na fonte está presente em todo homem, embora não seja claro para todos. Se você vê cada vez mais pessoas ficando malucas, cada vez mais reações neuróticas, creio que isso acontece ao perdemos contato com a fonte. Surge a necessidade do alheamento, do estupor. Nós nos embriagamos, outros se drogam, ou têm compulsão por TV. São todos substitutivos de uma vida plena. É só procurar substitutivos.

No entanto, em contato com a fonte, a necessidade de fugir diminui. Você pode encontrar a si mesmo sem ajuda de outros, que se manifestam, por exemplo, em alguns passatempos. Talvez você não tenha consciência de estar perto da fonte. A sensação é de algo que nos alivia. Se estiver em contato com ela, se mergulhou nela e então veio à tona, é como se uma garra abominável o tivesse liberado e você estivesse em sua própria pele. Não significa que esteja livre do sofrimento, mas que ao menos não está mais preso, marginalizado, azedo. Observe isso em velhos, aposentados, que aparentemente não têm o que fazer, pois foram ultrapassados por tudo. Se não tratarem a velhice de maneira beckettiana, percebendo-se como surrados carros descartados, subitamente uma expansão de tempo se abrirá. Quando não estiver mais grotescamente tenso porque todos os seus problemas de carreira, etc. ficaram para trás, surgirá uma espécie de abnegação no modo de tratar seu próprio destino, uma espécie de visão de vida; uma época antiga amplia tal perspectiva, e observamos isso nos olhos de pessoas idosas. As marcas de desenvolvimento, marcas de humanidade, marcas de juventude.

MM: O senhor pretende dizer com isso que não vai escrever livros?

LF: O que vou dizer é pessoal. Num determinado momento de minha vida eu me desiludi com a escrita. Era uma espécie de fuga da luta com a vida. Como se estivesse colocando um membro artificial. Eu não tinha contato verdadeiro com as pessoas, não era capaz de interagir com elas, era difícil para mim, eu era neurótico, minhas energias orgânicas não funcionavam bem, era tenso... Assim, encontrei um reino para mim, um reino de papel, um reino de signos no papel onde eu imperava absoluto, onde tudo que não conseguira fazer era possível. Aí eu era rei. Escrever tornou-se um ato de consciência culpada: eu o fazia para encobrir minha condição deficiente.

Graças a Grotowski, estou tentando encarar diretamente a existência, a interação comigo mesmo como organismo vivo, a mim – como transformação de energias vivas, para mim – como troca dessas energias com os outros. Aqui você não consegue mentir, você realmente tem de ser você mesmo. Na literatura você pode mentir, aqui é impossível. Na literatura você pode encantar com efeitos, aqui é impossível. Aqui é algo direto, sem mediador.

Não sei que ponto eu atingi nos experimentos que conduzo. Alto? Baixo? Não tenho certeza. De qualquer modo, sei que estou experimentando algo diretamente, que esses experimentos me desvendaram um aspecto surpreendente de existência.

Será que a escrita como modo de vida seria uma existência plena? É um ato muito solitário. Eu admiro escritores capazes de sacrificar suas vidas a essa hidra de solidão – ao pensamento solitário e à solitária colocação de signos no papel. Francamente falando, hoje eu não consigo entender isso, ainda que seja muito impressionante e que certa vez fosse meu único sonho.

Não publiquei muito, permaneço quase de mãos vazias. É como apostar com o destino. Quem sabe se terei tempo suficiente para deixar um testemunho escrito? Mas provavelmente é esse risco que completa minhas experiências, que faz algo mudar em mim e em outras pessoas. Para mim, cada experiência dessas é definitiva. Esse momento tem de ser pleno. É como se eu fosse realizar meu último gesto ou dizer minha última palavra. Jogar com minha mortalidade. Não posso dizer que estou fazendo isso para escrever um livro ou um registro e publicá-lo; "isso" se esconderia num canto; fugiria ou partiria, eu perderia algo.

MM: Como o senhor definiria a atual busca do Teatro Laboratório?

LF: Deixe-me ser um porta-voz da instituição. Na realidade, está claro que o que focamos atualmente não é mais o teatro. Grotowski chamou esse domínio de "cultura ativa". Cultura é normalmente entendida como uma cultura de artefatos. Um livro, um quadro, uma obra de arte – isso é cultura. Há uma divisão entre o artista e o público, o criador e o receptor, o ativo e o passivo... Essa é a cultura cujo contato requer um mediador; o criador interage com o receptor através de um meio (*medium*).

O que se esquece aqui é a própria fonte de cultura como tal: a interação. O que foi o início da literatura: o épico – havia um contador de histórias em meio aos ouvintes vivos, transmitindo e modificando certa fatia da tradição oral.

A poesia antiga era cantada ou recitada melodicamente – era poesia da voz viva. Ao surgirem os livros, a poesia silenciou.

O teatro antigo era ritual, música, dança, cantoria e poesia – tudo junto.

A música não era gravada para ser ouvida em solidão; não havia nem mesmo sala de concertos, mas um encontro vivo entre as pessoas se apresentando juntas. Era um costume, uma parte da cultura. Não uma partitura sem vida, nem uma sala de concertos, mas um encontro vivo.

Quando não existiam livros impressos, somente volumes escritos à mão, a recepção de tal composição – por alguém que copiava cada letra ou por aquele que tinha a oportunidade de ver esse raro produto humano – era diferente: uma congregação, um clã, membros da família ou discípulos reuniam-se em volta do livro. O contato com o livro era um encontro. Hoje, nessa época de edições em massa e de leitura solitária, nossa experiência com o livro, mesmo com livros sagrados da humanidade, é diferente.

Temos acesso aos museus e às reproduções de quadros. É bom poder ir ao museu ou olhar um álbum e ver todas as obras-primas. Mas não é o mesmo que as peregrinações renascentistas, que às vezes levavam vários meses, empreendidas pelos pintores holandeses ou flamengos para ver as obras-primas de artistas italianos. Não havia companhias aéreas; as expedições para se ver as obras-primas eram uma espécie de participação de risco, influenciando as vidas inteiras desses "peregrinos". Hoje, graças a todas as (indubitavelmente benéficas) facilidades, esquecemos-nos desse outro lado que precedeu tudo.

O que buscamos com Grotowski é encontrar o outro lado. Certamente, não queremos negar a cultura de artefatos; trata-se de grande conquista da humanidade. A cultura ativa não é contra isso; é uma tentativa de desvendar o outro, o polo esquecido; de completá-lo. É a criação de uma cultura sem nenhuma divisão entre o criador e o receptor. Em que não há produto final, mas no qual o processo efetivo se torna uma porção de arte. Esse é o termo de Grotowski – trabalho / processo. Ou trabalho em curso.

2000

DOS TABUS ÀS ALERGIAS

Os textos abaixo são minhas próprias traduções de palestras em italiano que dei em dois simpósios internacionais deTrappeto, Sicília (8-11 de maio de 1980 e 1-5 de abril de 1981). O tema dos dois simpósios era "A Busca Teatral e as Diferenças Culturais". As duas palestras, para melhor clareza e fluência da palavra impressa, são traduções autorizadas selecionadas de uma compilação mais ampla. O segundo simpósio aconteceu no final do festival *Incontroazione*, organizado pelo Teatro Libero com sede em Palermo (dirigido por Beno Mazzone). No festival, o grupo do Teatro Laboratório apresentou, sob minha direção, um programa complexo intitulado "Realizzazioni", incluindo *Thanatos polski* [*O Tânatos Polonês*], "Drzewo Ludzi" [Árvore de Pessoas] e treinamento individual pelos membros do grupo. O programa foi a parte final do projeto internacional de Grotowski chamado "Teatr Zródel" [Teatro das Fontes].

O último fragmento do texto, escrito em abril de 1981, refere-se ao chamado "Acontecimentos de Bydgoszcz", que instigou medo de intervenção militar soviética na Polônia.

Os textos citados são de *Ricerca teatrale e diverso culturale* (Palermo, Quaderni Del Laboratorio Teatrale Universitario, diretti da Beno Mazzone, 1983). L.F.

O que gostaria de dizer é provavelmente caótico. Não vai ser um tipo de palestra sistemática ou apresentação programática. Será, antes, a expressão de certas obsessões, como o pensamento em noites de insônia, quando passam por nossas cabeças várias ideias e imagens, ou durante o dia, quando de repente entramos em profunda meditação e permitimos a divagação de nossas mentes.

E aí penso na água que ainda corre fora das torneiras, nos aviões de passageiros que ainda viajam regularmente, no funcionário da imigração que ainda carimbará o visto do meu passaporte, na existência de produtos alimentícios nas mercearias, em nossa presença aqui, no fato de Ferruccio Marotti[1] ainda adorar o teatro balinês, nisso e naquilo...

É muito bonito, mas também incrível – o próprio fato de que tudo isso ainda seja possível. Esse é um dos meus pensamentos mais obsessivos.

Um rato é outra obsessão minha.

Um rato – um animal de inteligência elevada, o primeiro a sentir o que acontecerá, um animal da época da praga.

Não se sabe como os ratos passam informação, as comunicações confidenciais de que algo vai acontecer. Eu provavelmente tenho um rato dentro de mim e provavelmente cada um de nós tem um rato dentro de si mesmo, reagindo de certo modo e pressagiando algo para si. Nossas mentes, nossos hábitos nos contam algo diferente de nossos ratos. Como se eles dirigissem nosso comportamento de seus esconderijos.

É muito sintomático que, geralmente, nosso modo de pensar seja tolerante, liberal, livre e aberto: pensamos do mesmo modo que muitos anos atrás. Mas, por outro lado, percebemos que algo está mudando e que as mudanças estão engolfando cada vez mais áreas de nossa vida interior e de nosso entorno. E aqui, diante de nossos próprios olhos, está acontecendo a restauração de vários tabus. No entanto, a violação desses tabus não leva a resultados de longo alcance. Pelo contrário, eu diria que a restauração de tabus é branda, amena – manifesta-se na forma de algumas pequenas alergias, difíceis de perceber, vagas –, mas às vezes muito surpreendente.

Pode acontecer de essas pequenas alergias e respostas epidérmicas virem à luz no contato com as pessoas, com amigos íntimos e aliados, até. É muito sintomático que muitos de nós não percebamos quão profundamente esses impulsos nasceram na inconsciência. Ninguém sabe o que, de

---

[1] Famoso especialista teatral italiano e professor da Universidade de Roma "La Sapienza". Em 1982, ele convidou Grotowski a Roma, onde este deu uma série de palestras romanas ainda inéditas, mas muito importantes. Ferruccio Marotti editou uma versão filmada de *O Príncipe Constante*, que depois remasterizou digitalmente numa edição em DVD com legendas em muitas línguas (Roma, Centro Teatro Ateneo, 2005). As legendas em inglês foram traduzidas por Paul Allain.

quem e quando algo pode saltar num nível elementar, no âmbito de impulsos e de reações básicas. Ainda assim, todos nós sabemos muito bem que, de uma perspectiva global, o mundo atual está cheio de surpresas e que a leitura dos jornais é o ato mais metafísico nos dias de hoje...

Assim, os tabus são insignificantes de algum modo, desprezíveis para a classificação de alergias... nanicos... No entanto, capazes de prefigurar grandes mudanças futuras.

Não os encontramos habitualmente nas atuais fábricas de sonhos, pois a necessidade de gestos retóricos está aumentando, mas no domínio dos impulsos mais simples, nas fontes de nossa carnalidade. Todos nós discutimos muito o corpo – e isso já é aceito em nossa cultura. Mas em anos recentes pode-se observar a revitalização de um tabu a respeito do corpo. O toque, por exemplo, é novamente um problema. E o corpo não é aceito como é – mas de uma forma censurada pela estética ou até pela cosmética. Como se o corpo tivesse se fechado ou se encapsulado. Eu diria que a pele é o limite de meu personagem. Algo que amplifica minha presença além da minha superfície corporal é uma violação de um tabu e desperta uma reação defensiva, ao menos que se trate de um gesto estético. A reação de um caracol escondendo seus tentáculos. Há algo em nós que quer se transferir, se fechar e se limitar – algo que quer se encapsular e encontrar perfeição dentro. Teatro, ao invés de uma interação viva.

Esses tabus, essas coisas consideradas inadequadas, surgem no decorrer das coisas atualmente. Poderia se falar num tabu do coração, num tabu de sonhos, num tabu de fantasmas, num tabu de loucura (depois do período da antipsiquiatria, o louco é considerado louco novamente). E o tabu do *sacrum* – o *sacrum* como uma experiência viva ainda existe. Em anos recentes, a fome do sagrado como uma experiência individual direta se manifestaria de modo aberto e quase livre – apesar de conectado à blasfêmia ou heresia: hoje, parece inadequado ou obsceno.

Seguramente, repetimos cada vez mais: "*Sacrum, sacrum*!", mas na realidade ele já pertence a um ritual linguístico científico.

Em minha opinião, o próprio fato da facilidade para proferir a palavra "*sacrum*" é um dos sintomas dessa mudança – a mudança de um tabu a uma alergia, uma idiossincrasia. E o *sacrum* retira-se aos seus canais tradicionais seguros, às formas já comprovadas de religiões institucionais canônicas.

O mesmo acontece com o teatro. Ao falarmos do teatro atual, é impossível ignorar dois fenômenos-chave. Primeiro, a idiossincrasia-tabu do corpo está presente aqui também, pois o corpo é o material teatral básico – e o modo como o corpo é sentido manifesta-se imediata e diretamente na prática. Em segundo lugar, o desaparecimento de pequenos grupos e o retorno à proa de grandes companhias teatrais, os produtores de espetáculos.

Por conseguinte, o retorno ao tradicional, às formas rotineiras de encontro através do teatro. Isso se relaciona ao retorno de encontros "comuns" entre pessoas da nossa civilização. É um sintoma de nossa época em que, por um lado, ocorre o retorno massivo à privatização da vida, o retrocesso das pessoas, mesmo dos jovens, aos lares, às famílias, aos círculos íntimos de amizades e, por outro lado, o exuberante florescimento do teatro da Broadway. Até onde sei, aqui também, na Itália, o *teatro stabile* desfruta de algum prestígio e popularidade. Suponho que o mesmo aconteça em outros países. Todos esses teatros funcionam bem enquanto fenômeno social, com público, mas não me arriscaria demais em dizer que esse é um teatro sem obras-primas. Estranho.

A vida alérgica, vida em idiossincrasias, defende-se com variados retornos: ao espetacular, às formas de distância crítica, à perfeição do ofício, à ficção, à beleza.

Quanto ao motivo de minhas obsessões. Falei anteriormente sobre o tabu dos fantasmas. O que fez com que os fantasmas se tornassem tabu? Minha impressão é de que nossas vidas se tornaram cada vez mais fantasmáticas, é de que estamos ameaçados de nos tornar espectros, é de que medos coletivos – tantos os ocultos ou os dramaticamente expostos – nos transformem em fantasmas. Assim, quanto mais aversão sentirmos do caráter fantasmático da existência, suponho que mais ele influenciará de algum modo nossos processos criativos.

Vivi algo parecido recentemente – aqui na Itália, onde dirijo uma oficina. A porta de nossa sala (de ensaio) – e era uma igreja – dava direto à praça principal da cidade e escutávamos vozes, o burburinho de muitas vozes. A praça era um local de encontro de jovens e estudantes. As vozes e o ruído empolgado do jovem grupo – uma agitação alegre. Falso. Tínhamos a impressão de uma espécie de tristeza oculta aí, de um encontro de sombras, um ruído produzido por espectros ou fantasmas. No interior da sala isso era tão real que sorrimos e nos conscientizamos de que algo tinha de ser mudado.

É obvio que ingressamos numa fase de fechamento em contraste com a fase de abertura dos anos de 1960 e início dos anos de 1970 (e na Itália, mais recentemente ainda). Estamos numa zona em que tudo está se fechando, a começar por nossos corpos, nossos poros. Estamos endurecendo por fora, mas internamente não confiamos em nós mesmos, e nossas intuições estão se tornando gelatinosas. E quanto menos confiarmos em nós mesmos e mais nosso interior se tornar gelatinoso, mais dura será nossa casca externa.

Essa é a fonte de algumas estranhas e vagas tentações. Por exemplo, pode-se observar nas pessoas a impressionante necessidade de praticar vários exercícios. Nem sempre se sabe o objetivo desses exercícios, mas enquanto trabalha você é mestre, um professor que conhece tudo antecipadamente e, ao ensinar algo fixado no mínimo detalhe – por exemplo, ficar em posição ereta, erguer o antebraço esquerdo e segurar o polegar de um modo específico –, será imediatamente uma pessoa confiável: esse é alguém que conhece algo, que sabe ensinar.

Deixemos de lado a questão da estupidez ou do verdadeiro significado de um dado exercício. O que importa é o sinal dos tempos: modelos tradicionais de ensino estão voltando. Há uma grande necessidade de professores e uma grande necessidade de ensino. Isso pode parecer estranho, pois não faz muitos anos os jovens costumavam chutar os professores para fora das universidades. E agora parece que os professores não querem ser professores, mas os jovens os estão forçando a isso.

A impressionante necessidade de uma identidade claramente definida também é crescente. Há muitos anos, era de mau gosto perguntar a alguém – em oficinas – sua nacionalidade; hoje em dia, no entanto, essa é a primeira pergunta a uma pessoa que você acabou de conhecer. E à questão "Quem você é?", ela deve dizer sua profissão, o que faz para viver, etc.

Assim, tudo é como antigamente. Tudo é conhecido, cotidiano, familiar. Depois do grande carnaval dos anos de 1960 e de 1970, o mundo retorna à normalidade.

Ainda assim, há algo enigmático aqui. Primeiro, na mudança de tabus em idiossincrasias, nas insignificantes alergias. E na inconsistência entre uma dureza externa e uma "gelatinosidade" interna. E no fato de lidarmos com sombras, com fantasmas, com a sonata de fantasmas em grande escala. Sentimos a relatividade dos planos da existência, e ao dizer isso não estarei sendo uma espécie de sombra ou de fantasma?

Górgias de Leontinos[2] também é uma de minhas obsessões. Sua filosofia consistia em três teses. Primeira: nada existe. Segunda: mesmo que algo tenha existido, teria sido impossível se conhecer. Terceira: mesmo que fosse conhecido, não poderia ter se tornado um modo de comunicação entre as pessoas.

Suponho que minhas necessidades e tentações não sejam completamente alheias a vocês. Por exemplo, a tentação do momento – seguir a alegoria de Górgias de Leontinos igualando tudo e desistindo de toda essa fala sobre espontaneidade, verdade, seriedade da ação humana (no teatro e fora dele). Desistir de tudo com que temos convivido até agora – e valentemente mergulhar na aventura de cultivar uma ilusão criativa, um jogo, uma peça, que seja muito bonita. Não levemos as coisas muito a sério, vamos nos divertir, criemos imagens surpreendentes, situações inventadas, ficção, ilusão.

Ainda assim, graças à sua clareza, essa tentação tem algo de purificador.

Eis aqui outra tentação, de outro – digamos – registro, provavelmente mais importante: confrontar-se com seu próprio rosto de rato e cuspir em seus olhos.

Meus colegas-atores estão trabalhando agora em algo provisório chamado *Po Dostojewsku* [*De um Modo Dostoiesvskiano*]. Começa como um espetáculo – como uma obra teatral com uma partitura precisa de ações, e, então, deverá mergulhar na República das pessoas presentes, abertas à coparticipação ativa. Não tenho certeza de que seja possível: eu imaginaria isso como uma sessão psicocatártica muito intensa. Finalizando com algo que vai além do teatro: exorcizando seu próprio rato interior, coletivamente, mas cada um o seu próprio.[3]

---

[2] Filósofo da Antiguidade grega da Sicília, 487-376 a.C.
[3] O projeto dirigido por Ryszard Cieślak evoluiu e finalmente terminou como *Thanatos polski*.

Como terceira tentação – ou possibilidade –, vejo o trabalho sobre si mesmo num grupo muito fechado. Seria como a preparação da aceitação do fim do mundo, que é provavelmente apenas nosso próprio fim – não o fim do mundo, mas nosso fim.

Como aceitar o inevitável de modo tranquilo e com dignidade, como tornar a intuição do fim num princípio de ação efetiva?

E eis aqui o que eu realmente gostaria de lhes falar: ainda há água nas torneiras, ainda estamos aqui, vemos o céu e o mar, o gravador ainda está gravando, ainda, ainda...

*

Uma análise mais científica do mundo contemporâneo seria provavelmente útil aqui – mas para minhas necessidades, muito abstrata. Sinto que estamos lidando com uma crise de axiomas, com uma espécie de ansiedade ou de medo.

O que eu disse – apesar do que se pode pensar a respeito – não inclui nenhuma visão catastrófica; ao menos, não para mim. E se catastrófica, será de acordo com o ceticismo metodológico de Descartes. A questão é: como estar aberto quando tudo pressiona ao fechamento? Como ser criativo quando tudo nos impele à esterilidade? Como enxergar quando estamos cegos? Esses são os problemas. Ou como existir quando não há futuro? Como ser sábio, inteligente, quando tudo nos persuade à estupidez? Como ser corajoso quando temos medo? Esses são os problemas.

Enfrentamos um desafio. Mas isso sempre acontece quando procuramos o ponto de onde jorra o poço, quando procuramos uma ponte entre algo já existente e o não existente ainda.

*

Como foi dito aqui que estou construindo uma espécie de ontologia poética da crise, gostaria de acrescentar que nossa perspectiva [das pessoas de Grotowski] está acima de qualquer prática. Digamos que ela seja uma orientação somática, relacionada ao funcionamento do corpo: como circulam e pulsam as energias no interior do corpo e a ação necessária para acessar essas energias. Devo acrescentar: numa época determinada, numa situação histórica definida. Se alguém vivesse o suficiente e tivesse uma experiência diversificada de momentos decisivos, perceberia claramente a influência das transformações da vida coletiva na vida de nosso corpo, no modo de funcionar, em sua fisiologia – de modo espantoso, por ser completamente literal. E deveríamos encarar isso: como estar realmente vivo, de um modo completamente concreto, enquanto organismo.

Está claro que a flutuação do mundo à nossa volta exigirá respostas diferenciadas na prática, no trabalho. Isso não é somente um problema de estratégia individual. Depois do período de improvisação em que estamos entrando, talvez venha um período de estruturação. Se necessário, praticarei estruturas. De qualquer modo – em conformidade com a situação –, é preciso achar a chave certa da energética secreta do organismo.

*

Nossa "Árvore de Pessoas" é humilde e modesta. Criamos um campo de atividade em que nos esforçamos para tornar o homem – ainda que por um pequeno instante – orgânico, transparente, liberado de sua casca. Tudo se resume a algo muito simples: por exemplo, a ser menos morto do que o usual. Entendemos literalmente isso. Nossa pele está cheia de células mortas. Nossas rugas e as linhas de expressão são signos de nossa morte. A morte está presente em nossos movimentos, gestos, em nossa percepção. É como se carregássemos em nossas costas nossa própria morte – nossas próprias etapas de morte. E, desde que seja uma coisa normal, temos também outra necessidade: tirar tudo isso de nós como uma cobra tira sua pele.

Nem sempre é fácil.

Se eu tivesse de definir quem somos aqui, os que conduzem essa experiência, para dizer qual é nossa vocação ou arte, eu diria, num sentido muito literal, que somos – ou pelo menos queremos ser – especialistas em sintomas de vida.

Estamos aqui, uns diante dos outros, e lemos em vocês os sintomas de sua morte – e os sintomas de sua vida. E a "Árvore de Pessoas" é aquela área em que tentamos intensificar em vocês os sintomas de sua vida. E também estimular nossos sintomas de vida, porque também não estamos livres dos sintomas de necrose.

Algumas vezes, isso pode ser encontrado, outras não. Ou pode ser encontrado em vários graus.

Num processo complexo, de muitas horas, como o da "Árvore de Pessoas", várias coisas acontecem, e acontecem erros no caminho, difíceis de evitar: os participantes são livres, somente proibidos de falar. Mas o resultado da experiência que alcançamos com vocês em nossa última "Árvore de Pessoas" – a quietude suave e profunda tranquilidade quando apenas fazíamos "escuta" e "olhar", nada mais – foi notável; um sinal de que nosso encontro não foi inútil.

Então, não duvidemos de nossa capacidade de atingir aquele estado pouco comum, quando *realmente* vemos e ouvimos. Quando ficamos vigilantes e o que nos rodeia é harmonia. Sem dúvida, isso não é muito na imensa escala universal das coisas – em especial num mundo que sofre. Todavia, acho que isso é significativo.

Inclusive para meus colegas e para mim. Vocês sabem perfeitamente bem que em nossa estadia aqui, nesses dias de oficinas, o mundo tremeu de medo pensando a respeito do que se passava em nosso país – no país ao qual estamos ligados e para onde retornaremos, não importa o que aconteça. Para nós, a questão não é de ansiedade abstrata e do temor da notícia de jornal com o destino do mundo ou de algum perigo distante, como é o caso da maioria das pessoas aqui presentes. Em nosso caso, o que está em jogo é algo que pode mudar completamente nosso destino, de modo brutal e dramático. Como aconteceu muitas vezes na vida de nossa geração.

Realizamos nossa tarefa aqui, fomos capazes de fazê-lo, rejeitamos nossa ansiedade e conseguimos por alguns instantes encontrar um silêncio interior, um estado de calmo equilíbrio. Não sei se isso seria possível a tal ponto sem nosso trabalho, nossa pesquisa.

E sem o fato de que na última década alguns de nós tocamos – dentro de nós, como diria Grotowski – em algo muito simples, algo claro, transparente e óbvio. E algo calmo.

2000

A METAFÍSICA FOI PARA A RUA

> Essa entrevista inédita com Jennifer Kumiega, que em 1970 participou de meu curso teórico, aconteceu em 3 de junho de 1981, em Wrocław. Kumiega é autora de uma significativa monografia, *O Teatro de Grotowski*. A conversa foi em francês; tenho o manuscrito original. A entrevista é o último texto da série *Escritos Descobertos Alguns Anos Depois* [*Znalezione po latach*]; quero lembrar o leitor de que deve considerar estes textos como documentos históricos. L.F.

Jennifer Kumiega: Um dos aspectos mais característicos do trabalho teatral no Instituto do Ator era a combinação de "espontaneidade" com "disciplina". Até que ponto esse conceito ainda é válido quando aplicado à atividade pós-teatral?

Ludwik Flaszen: Talvez o problema não se refira somente ao trabalho teatral e ainda seja válido de algum modo. Mas na medida em que a fórmula atual vem do período teatral, penso que (formulado com essa construção verbal específica) deveria se referir exclusivamente àquele período.

O que significa "disciplina e espontaneidade" no teatro ou, para ser preciso, em atuação? O ator usa certa partitura de ações, uma composição, uma estrutura, qualquer coisa fixa e que pode ser recriada a todo momento em ação. Isso é "disciplina". Mas há também algo não fixado impossível de ser repetido, algo livre – o processo. É a isso que chamamos "espontaneidade". Na prática, ambos os elementos estão presentes – de um modo muito concreto, tangível – nas ações do ator, em sua busca e em seu treinamento.

Mas o que é especialmente importante aqui é a interação entre espontaneidade e disciplina. Pode-se dizer que isso é uma espécie de unidade paradoxal – uma unidade inconsistente e dinâmica ao mesmo tempo. Uma tensão dinâmica. É isso que sustenta a expressividade do ator nos espetáculos de Grotowski: uma unidade de contradições. Da perspectiva estética, e em termos da expressividade do ator, foi muito eficaz. Os dois elementos, mantendo-se mutuamente, aumentavam a expressividade. Grotowski usava a metáfora do arreio de cavalo para descrever o processo: quando se puxa as rédeas, as reações do cavalo se intensificam. Em outras palavras, ao restringirmos a espontaneidade por meio da disciplina, o "fazer" do ator torna-se mais poderoso.

Com o tempo, como parte do progresso no trabalho de atuação, Grotowski introduziria constantes mudanças e esclarecimentos ao seu entendimento da partitura do ator. No final, a relação entre "disciplina" e "espontaneidade" reverteu. O *leitmotiv* da expressão do ator não foi mais (como nos primeiros anos de nossas experiências) a montagem rigorosa de signos carnais e vocais, que levariam ao resultado final (a chamada "artificialidade", como formulada naqueles dias). A partitura, apesar de precisa, tornou-se a estrutura do processo, o andaime do ator à escalada do ato total. Os signos construídos e compostos foram absorvidos e transformados no processo, e tornaram-se sintomas orgânicos vivos dentro de outra corrente de sintomas que emergiam automaticamente. (Em semiologia, há uma distinção básica entre signos e sintomas). Simplificando um pouco as coisas, poderia se dizer que foi o caminho do signo ao sintoma. Entre essas fases extremas – na constante sequência de experiências práticas de Grotowski e dos atores –, os dois elementos estavam presentes na experiência, em várias relações mútuas. No final, atingimos uma porta entreaberta conduzindo ao não teatro.

Na estrutura da experiência parateatral, as ações – grosseiramente falando – existem como a troca de impulsos entre os seres humanos – ou entre o homem e o ambiente. Mas nesse caso também não se pode dizer que os sintomas espontâneos de nossa vida não possuam estrutura. Ao tocar num ponto vital, onde as fontes da vida jorram do interior do homem, então (apesar de nada ter sido conscientemente composto aqui) o que você faz e como faz se torna extremamente harmonioso, ou, poder-se-ia dizer, precisamente estruturado. O caos está fora de questão. Depois de atravessar um ciclo específico de ações improvisadas, surge uma estrutura totalmente por conta própria. Não sabemos precisamente como, mas isso geralmente acontece na prática: não há gestos caóticos ou mecânicos, mas ela respira, aí há a pulsação de tecidos vivos, um movimento orgânico ou uma quietude orgânica. É por isso que podemos chamar de ser "espontâneo". Uma transformação energética do homem.

Hoje em dia, recebemos novamente visitas de pessoas que parecem interessadas no elemento "disciplina". Mais uma vez é necessária uma construção precisa. Isso é (suponho) resultado de certas mudanças psicossociais vigentes. É interessante como um momento histórico influencia a vida de nosso corpo. Isso até se aplica aos limites do nosso organismo em relação ao espaço. Onde estão as fronteiras de nosso corpo? No período aberto aos relacionamentos vivos, meu corpo era também seu. As fronteiras corporais iam muito além da superfície. E agora as pessoas têm medo até de se olhar; o espaço ao redor do corpo tornou-se novamente uma zona estritamente íntima. Se o espaço é violado – que falta de vergonha, que infração. Esse é o estado vigente das coisas atualmente.

Assim, nossos corpos tornam-se mais uma vez um teatro, uma questão de imagens, e estamos nos tornando mais uma vez espectadores. A interação, como no passado, ocorre por meio do espetacular, à distância, através da máscara – ao contrário de muitos anos atrás quando os limites de nossos corpos pareciam imprecisamente definidos. Por isso, o retorno à necessidade de "disciplina", entendida como exercícios de uma partitura precisamente fixada, como formas prontas de aprendizado e repetição. Hoje, para se estar presente, "aberto", é necessário realizar algo preciso e espetacular. Interagimos uns com os outros e com o mundo por meio de nossas imagens, não com nossa presença verdadeira: estamos novamente mais próximos do teatro. E de fato, hoje, a realidade está se tornando cada vez mais teatral.

JK: Então, como o senhor vê o papel da chamada "arte" na experiência atual dos seres humanos?

LF: Devo dizer que exatamente agora, na Polônia,[1] o que está em jogo é a existência e sobrevivência da sociedade como um todo – e a arte, qual-

---

[1] Flaszen refere-se aos chamados eventos de Bydgoszcz, a brutal pacificação de muitos ativistas do Solidariedade pela polícia de segurança estatal, em março de 1981. Isso resultou num alastrado escândalo nacional imediatamente seguido de uma greve nacional de quatro horas. Foi o ponto culminante do conflito entre o Solidariedade e o regime. Naquela época, prevalecia o medo da intervenção militar soviética.

quer que seja, não significa nada. É como eu sinto exatamente agora. A realidade é tão densa, tão poderosa, que não há lugar para compensação, para um "duplo" (mesmo no sentido artaudiano), ou para ficção que sirva de tela de projeção das nossas vidas. Eu diria que, nesse momento, a metafísica foi às ruas.

Para dar um exemplo concreto: se passar um filme de longa-metragem na TV, ainda que seja muito bom, eu não assistirei. Mas se estiver passando um documentário que mostre uma manifestação de trabalhadores, você encontra ali o pulso de vida.

Sabe quem matou o teatro na Polônia? O papa em visita ao nosso país.[2] Ao encontrar as pessoas, centenas de milhares de pessoas – houve verdadeiros encontros: grandes cerimônias sociorreligiosas. O papa era um excelente protagonista do drama e as multidões eram os coros da Grécia antiga. Se você for ao teatro depois de tal experiência, verá que é simplesmente nada – uma ficção, uma pálida sombra. Pois o teatro da história é tão mais forte do que o teatro. Ler jornal é mais eficaz do que ler romances. Participar de uma manifestação é mais eficaz do que assistir a um espetáculo no teatro. E as imagens da vida da multidão, mesmo na TV, são muito mais eficientes do que as imagens que você possa ver no teatro, numa história irreal, fabricada, em arte.

Este não é um momento favorável à arte, ao menos na Polônia. Tenho consciência de que falo de uma espécie de cobertura, mas os acontecimentos históricos nos ultrapassaram. É por isso que ainda existe um vestígio de possibilidade numa arte em que algo de nossa realidade vigente possa ser encontrado – como, por exemplo, a realidade direta, emocionante de *O Tânatos Polonês*. Isso não é ficção.

Pode-se dizer que o entusiasmo que experimentamos quando confrontados com a grande arte está agora disperso à nossa volta, em nosso cotidiano. Normalmente, vivemos separados de nossos fantasmas, duplos, devaneios – estes estão representados na arte, seu domínio natural e *habitat*. Mas na panela de pressão dos acontecimentos, vivemos de mãos dadas com nossos fantasmas, com as duas realidades entrelaçadas. Você

[2] A visita do papa polonês João Paulo II à Polônia comunista em junho de 1979 foi um dos principais fatores de incitação das drásticas mudanças sociais e políticas dos anos seguintes.

vive a vida cotidiana e, ao mesmo tempo, simultaneamente, sonha com o devaneio. Falo aqui da Polônia. Você está vivo e anda entre os vivos. Você é real e anda entre seres humanos reais. E, ao mesmo tempo, transformado num fantasma, caminha entre fantasmas. Você é uma alucinação e caminha em meio às alucinações. Enquanto vive a vida diária comum, você alucina. A mistura do físico com o metafísico é extraordinária.

Em tais circunstâncias, a arte está fora de lugar. Podemos encontrá-la em todo lugar, dispersa no ar. Ou em lugar nenhum.

Se analisarmos o tema básico de *Dziady* de Mickiewcz – é um diálogo com nossos ancestrais, a mútua infiltração entre realidade e fantasmas. Este é o paradigma básico da arte polonesa. O mesmo acontece em *O Casamento*, de Wyspiański. É sobre uma cerimônia popular, em que – durante uma típica festa de casamento (regada a álcool), os fantasmas aparecem, fazem contato com os convivas, e os mortos dialogam diretamente com os vivos. Esse paradigma, preservado nas obras-primas do teatro polonês, é o que encontramos na vida do povo polonês hoje em dia. Agora somos atores do nosso próprio destino. Comparada a isso, a arte é humilde, a arte é artificial.

Hoje a arte não é necessária – ao menos é isso que sinto. Se eu fosse um escritor, escreveria como uma testemunha e como alguém que registra a época. Precisamos de alguém como Tácito. É a impressão de agora. Mas sem dúvida está chegando uma espécie de estabilização, uma nítida divisão entre a vida cotidiana e a vida de fantasmas retornará. E os fantasmas encontrarão novamente seu lugar na arte.

JK: Minha próxima pergunta é muito pessoal. Cada trajeto tem seus próprios perigos: qual é o seu perigo, o perigo do seu trajeto?

LF: Vou me expressar com clareza a esse respeito: sou facilmente seduzido pelo transitório, pelo imediato. Considero isso meu destino. Minha produção literária até agora tem sido pequena no que se refere à quantidade.

Mas não foi esse o problema de Fausto? Ao vender sua alma ao diabo, era precisamente isso que estava em jogo: um instante – um instante de plenitude. "Belo instante, não desapareça!".[3] Nesse instante, Mefistófeles

---

[3] Citação em Johann Wolfgang Von Goethe, *Fausto*. Parte II. Trad. Jeni Klabin Segall. São Paulo, Editora 34, 2011.

teve o direito de levar sua alma. Muito frequentemente em minha vida, aconteceu de eu dizer: "Belo instante, não desapareça!". E, ao invés de obras, tenho apenas memórias de muitos momentos belos. Um dia isso poderá se tornar meu inferno: encontrar-me de mãos vazias, sem obras, sem um testemunho. Esse é o perigo.

JK: Parece que o senhor já respondeu parcialmente à minha última questão: o senhor ainda está ligado ao seu "*self* literário", e o que restará se o senhor o abandonar completamente?

LF: Essa ligação ainda existe... Considero a arte de escrever uma lápide; gostaria de possuí-la, é uma ideia que persiste em mim.

As pessoas passeiam entre as lápides e, por um instante, pensam a respeito dos que se foram. Esse é um momento de interação.

O mesmo é possível com livros. Gostaria que alguém no futuro pegasse meu livro da estante e pensasse por um momento – e recebesse um pequeno sinal meu, de minha existência. E se eu continuar fazendo as coisas com que me ocupo agora, nada disso acontecerá. Não terei uma lápide.

2000

GROTOWSKI E SILÊNCIO

Para Raymonde e Valentin Temkine

Senhoras e senhores,

Talvez o que eu vá dizer seja ridículo. Em pé, diante dos senhores, sinto-me uma aparição do passado, um espectro que não só não desaparece, mas também não é silencioso.[1] Bem, todas essas inevitáveis referências a *Dziady*.

Está na hora de recordar os atos de nossos pais...[2]

Os atos dos pais – ou talvez até dos avós – do teatro contemporâneo, possivelmente esquecidos, ou "nicho", como vocês o chamam em sua nova língua.

Para mim, é difícil e embaraçoso falar de Grotowski. É um assunto pessoal, muito pessoal. Sinto-me sem jeito pelo fato de Grotowski ser o assunto. Visto que há décadas ele se tornou o tema de livros, dissertações escolares, palestras, debates, teses de doutorado, mestrado, encontros públicos, como este, em universidades respeitadas e festivais.

Nós, seus colaboradores mais íntimos, sabemos que Grotowski, embora muito rigoroso e sério no trabalho, também gostava de pregar peças. E eis a melhor peça dele: ele entrou para a história, tornou-se um tema.

---

[1] Na cena final da Segunda Parte de *Dziady*, depois de terminar a evocação das almas, um Espectro misterioso surge subitamente, sem ser evocado, "em silêncio e sem desaparecer" (v. 583).

[2] *Dziady*, Segunda Parte, v. 517 – o verso é proferido pelo Feiticeiro que termina com a Véspera dos Antepassados (o momento anterior ao aparecimento do misterioso Espectro).

Não sou capaz de falar sobre ele objetivamente.

Não sou capaz de distinguir o homem do seu trabalho.

Tenho consciência do perigo habitual que ameaça os velhos companheiros de armas: contar histórias sobre nosso heroico passado comum. É difícil.

Depois de muito vacilar, decidi falar sobre o silêncio. Grotowski e silêncio. Falar sobre silêncio... Soa como um chiste absurdo. Ou, possivelmente, uma citação de Beckett.

A parte mais importante do meu trabalho com Grotowski aconteceu de maneira discreta. Supostamente eu era, como ele me chamou depois, um advogado do diabo, obrigado a ser completamente franco. Mas com permissão de fazê-lo longe dos olhos e ouvidos de desconhecidos, no grupo também.

Éramos uma dupla de conspiradores. Esse pacto, essa conspiração silenciosa, proporcionou-me o prazer especial de participar no grande negócio de salvar o teatro mundial.

Não estou certo se esse sonho messiânico foi realizado ou não. De qualquer modo, Grotowski e o nosso Teatro Laboratório tornaram-se um ponto de referência do teatro contemporâneo. Uma marca registrada da mais alta técnica de interpretação. Foi também uma escola de silêncio – de muitas formas.

Os antigos sábios de várias épocas e culturas acharam que a essência das coisas não pode ser contida em palavras. Seus persistentes discípulos, com fome de resposta à questão da verdade, eram desviados por parábolas e por escárnio.

Mas um velho poeta chinês, Po Chü-i,[3] fala disso em relação ao seu semimitológico compatriota, o autor do *Tao Te Ching*: "Aquele que fala – nada sabe; o que sabe – não fala... Se o sábio Lao era aquele que sabia, como é que ele escreveu um livro de cinco mil caracteres?".

Os místicos cristãos são, na maioria, autores de muitas palavras; eles escreveriam grossos volumes na presunção de que suas experiências fossem inexprimíveis e de que as palavras não dessem conta de relatá-las.

Comparado a eles, os cinco mil caracteres do *Tao Te Ching* – ridicularizado pelo poeta como tagarelice – só se parecem a umas poucas sílabas trôpegas de um místico de lábio apertado com uma gagueira ascética.

---

[3] Po Chü-i (Bai Jūyì) 772-846; da dinastia Tang.

Grotowski não foi Lao-Tsé. Nem um místico cristão. Ainda assim, paradoxalmente, estava bastante interessado pela dialética entre o exprimível e o inexprimível, entre palavra e silêncio. No teatro. E fora do teatro. Em variadas aplicações.

Antes de abandonarmos as associações com a alta tradição, lembremo-nos da figura de Prometeu.

Na tragédia de Ésquilo *Prometeu Acorrentado*, o protagonista, acorrentado a uma montanha, faz uma queixa rebelde contra Zeus e enumera seus próprios méritos à humanidade. Sim, Prometeu roubou o fogo e o deu aos mortais. Mas ele também nos fez outro favor. Ele diz algo como: "Antes de eu chegar, as pessoas olhavam, mas não viam; ouviam, mas não escutavam". Assim, ver e escutar – e não apenas olhar e ouvir – são virtudes prometeicas.

Na verdade, foi Ésquilo, um homem de teatro, que fez Prometeu dizer isso. Será que foi por acaso?

Grotowski tinha suas alergias.

Ele não gostava de atores debatedores, atores intelectuais que, durante os ensaios, falavam extensamente sobre o conteúdo do espetáculo e sobre o que se devia fazer – em vez de atuar e buscar no processo de atuação.

Ele não gostava do que chamava de conversa mole: fala ociosa para preencher o vazio. Na Europa, para interagir com o outro, é preciso necessariamente conversar.

Ele tinha convicção de que as fontes criativas do artista – e, falando amplamente, do ser humano – são das mais várias dimensões de existência, mas que elas se cruzam na prática. Ele costumava dizer que o computador intelectual (ele gostava desse termo tecnológico) podia ser útil e até necessário, mas somente quando encontrasse seu lugar auxiliar adequado na hierarquia dos poderes criativos. O zunir do computador se esvairia no processo criativo quando o homem atingisse o desconhecido. Devido à ubiquidade e necessidade do computador em nossa civilização, tínhamos de executar um jogo mental astuto com ele. Superar inteligentemente esse gênio inoportuno, mantê-lo na garrafa, e soltá-lo apenas quando fosse realmente útil.

De qualquer modo, Grotowski às vezes precisava seriamente de um espírito discursivo astuto e sugestivo. Como é universalmente sabido,

Grotowski foi um excelente orador, um polemista, um intérprete criativo de sonhos, um missionário e comentarista de suas descobertas. Ele teorizava de modo poderoso e melífluo em reuniões públicas que em muitas ocasiões se transformavam em maratonas de oratória. Ao mesmo tempo, raramente dava palestras que não criticasse a teorização.

Seu próprio computador trabalhava perfeitamente, produzindo sequências brilhantes de palavras; era sem dúvida um talentoso sofista. Costumava dizer – e era uma de suas figuras retóricas favoritas – que substituiria com prazer as palavras questionadas por algum oponente por outras; que não estava querendo argumentar sobre palavras.

Era capaz de jogar com as emoções do ouvinte como um excelente ator: era capaz de conduzi-lo facilmente do riso à seriedade. Preparava algumas anotações, mas improvisava nos encontros, seguindo a tentação do momento. Ele não recorria aos ouvintes, à multidão, ao auditório – mas a cada ouvinte e a todos eles individualmente. Como se estivesse pensando em voz alta para a outra pessoa, na presença do outro. Eu diria que havia uma espécie de concordância confidencial entre o orador e o público – além, aquém, acima das palavras – levada pela mútua troca de energia. Esse silêncio era diferente do silêncio que resulta do interesse e da atenção... Grotowski era um fazedor de silêncio como um fazedor de chuva.

Não aconteceu de imediato. No início, foi uma espécie de pedagogo autoritário. Atacava o problema com voz estridente como se fosse uma navalha. Como orador, forçava o público ao silêncio; não pedia silêncio, ele o impunha. Como diretor e líder de atores, foi autoritário do mesmo modo.

Embora praticasse ioga por muito tempo, fosse um especialista em hinduísmo, e sua voz lembrasse a voz aveludada de tenor dos mestres espirituais, ele não irradiava como alguém em busca espiritual.

Certa vez, nas férias de verão que passamos juntos, ele me ensinou algumas lições de hata-ioga. Embora somaticamente ele lembrasse mais a Gargântua do que a um iogue, executava os exercícios mais difíceis, inclusive o do lótus completo, tão habilmente quanto qualquer acrobata experiente. Talvez eu não fosse um aluno muito receptivo; éramos amigos íntimos, sem distância entre nós, não era uma relação de guru-discípulo. Apesar de seus esforços, não conseguimos o desejado estado de calma. Depois de uma hora de aula, aliviados, voltávamos ao café e aos relatórios da manhã.

Grotowski, tal como me lembro dele, conhecia o valor do silêncio. Postulava silêncio. Exigia silêncio. Suponho que também batalhasse persistentemente por seu silêncio interior. E no começo, então, ouvia dentro de si as vozes agudas de um impaciente homem de ação. Estava explodindo com energias ativas, mas faltava ainda em sua prática um sentido apropriado de energias passivas (em ações eficientes).

Contudo, com me o passar do tempo, embora relativamente rápido, ele descobriu coisas surpreendentes. Na prática, trabalhando com os atores. A extensão, a qualidade, o poder infinito do silêncio foi uma de suas descobertas.

Certamente, silêncio é um conceito difuso, um amontoado de palavras. Pode significar silêncio acústico. Pode significar a interrupção da fala. Pode significar a manutenção de um segredo. Pode significar repressão, atenuação. Pode significar regulamentação administrativa. Pode significar as características de lugares e situações com uma poesia infinita de atributos e adjetivos. Pode ser o objeto das experiências de origem de filósofos, como "o terrível silêncio eterno desses espaços infinitos" de Pascal.[4] Pode ser uma disciplina ascética; pode ser a joia coroada de experiências espirituais. Etc.

Obviamente, há várias categorias de silêncio no teatro. O silêncio do público. Silêncio no palco. Suspensão – uma tensão dramática muda, silenciosa. Pausas de uma extensão definida – curta, longa, e "pouco tempo depois" – pertencem ao estoque de didascálias do dramaturgo.

Nesse terreno (das didascálias), Beckett foi o grande poeta e relojoeiro de nossa época. E, no passado, Maeterlinck, Strindberg, na Suécia, Tchékhov, na Rússia, e o poeta e dramaturgo simbolista Wyspiański, na Polônia. Wyspiański foi o autor de *Akrópolis*, encenado por Grotowski em 1962; essa encenação trouxe uma descoberta surpreendente ao tema em questão...

Muitos grandes diretores e produtores sondaram os mistérios do tempo-ritmo do som e do silêncio.

---

[4] *Le silence éternel de ces espaces infinis m'effraie* [O eterno silêncio desses espaços infinitos me aterroriza]. Pascal, *Pensées*. Trad. A. J. Krailsheimer. London, Penguin Classics, 1966, p. 64.

No entanto, ouso dizer que Grotowski é um espécime especial nessa confraria de silêncio no teatro e em seus *environs* (arredores).

*

Tudo começou com a proibição de qualquer barulho, de qualquer comportamento barulhento e de quaisquer discussões de questões particulares na sala de exercícios, ensaios e espetáculos. Provavelmente, foi Stanislávski quem disse que, ao se entrar no teatro, era preciso deixar as galochas e o guarda chuva na soleira da porta. No Teatro Laboratório, tinha de se deixar a agitação da vida cotidiana na soleira da porta. Era uma zona reservada, um santuário de silêncio.

Os atores são um bando muito tagarela. Inicialmente, mesmo nossos atores entendiam essa proibição como um regulamento administrativo ou como o passatempo autoritário do chefe.

Com o tempo, ficou óbvio que o silêncio era uma das condições básicas de garantia do teatro, do respeito à sua vocação, da higiene do trabalho criativo.

Na cidade e nos círculos artísticos, costumava-se dizer ironicamente que éramos um claustro. Lembremos que entre vários tipos de silêncio também há o chamado *silêncio dos claustros*.

As pessoas achavam que os espetáculos de Grotowski eram *cantados*. Na realidade, o aspecto vocal era uma das características de destaque. Ainda assim, eles não eram efeitos musicais de acrobacias vocais. Não havia canto, ainda que os atores cantassem; não havia encantamentos e salmodias, ainda que encantassem e salmodiassem o texto; não havia "*Sprachgesang*",[5] ainda que o limite entre fala e canto fosse intencionalmente fluido – era atuação com som, atuação com a voz, reação com a voz colocada no interior de estruturas precisas. E atuação com o som calmante, tranquilizante, com a supressão dele, com a cessação do som. Com silêncio.

Era diferente dos outros teatros. Não havia interlúdios cantados. A arte sonora, da voz, do silêncio, é diferente da dos teatros em que o palco

---

[5] Termo alemão para uma técnica vocal entre o cantar e o falar (palavra cantada) e que foi extensivamente utilizada por Brecht.

é um receptáculo de atuação. Grotowski e seus atores construíam conscientemente a partitura vocal sonora numa perspectiva estereofônica; a qualidade vocal estava relacionada ao espaço polidimensional, à onipresença da ressonância.

O espectador – o ouvinte – a testemunha dos eventos, ficava no centro dessa estereofonia, sob um domo sonoro.

O espaço todo de atuação era tratado como um instrumento musical polifônico. A sala tinha seus segredos acústicos, seus pontos de ressonância e fuga, seus ecos e suas reverberações, armadilhas e seus cantos mágicos. Isso foi pesquisado. O tom do teto, do chão, das paredes, das quinas, das irregularidades geométricas do local. As atividades vocais eram dirigidas a esses vários pontos, as respostas eram intencionalmente ouvidas, e a direção das atividades vocais era adaptada às qualidades daquele espaço.

A questão não era a simples recepção do som.

A estereofonia era um dos segredos da mágica de Grotowski, a mágica do Teatro Pobre. Não havia microfones envolvidos; todos os recursos acústicos eram intencionalmente excluídos. Evoco isso para que seja lembrado.

Quando a ação vocal do ator é verdadeiramente plena, tudo ressoa ao redor. É impossível adivinhar de onde vem a voz e quem está proferindo. Essa estereofonia individual do ator não é somente uma habilidade técnica (embora demande habilidades técnicas superiores). É uma presença humana viva vagando pelo som. É o ato do ator que vai além do ofício do ator.

*

Supostamente, era para eu falar do silêncio, mas estou falando da voz e do som.

A técnica vocal de Grotowski – se puder ser chamada de "técnica vocal" – tem feito carreira mundial por si só. Milhares de jovens adeptos ao teatro têm trabalhado arduamente no mistério dos chamados ressonadores mencionados em *Vers un théatre pauvre*.[6] Antes de Grotowski, havia uma díade: respiração-voz. O ensino de voz começava com as técnicas de respiração. Depois de Grotowski, a ideia corpo-voz circulou amplamente. Há várias oficinas de corpo-voz; todos os dias acham-se muitas em Paris.

---

[6] Flaszen usa o título francês do livro de Grotowski *Em Busca de Um Teatro Pobre*.

Os homens do DIY que as dirigem nem mesmo sabem a origem. Os pedagogos de voz contemporâneos iniciam suas aulas ao piano utilizando exercícios muito mais desenvolvidos do que costumavam fazer. Os cantores de ópera já não cantam seus papéis em posturas estereotipadas, mas em várias posições corporais, provavelmente com certa inspiração (não reconhecida) em Grotowski.

O trabalho de voz – de ações vocais – era um trabalho de escuta. Grotowski considerava a voz uma extensão das reações e dos impulsos do corpo total – "agir de modo total" foi seu chamado emblemático. Similarmente, a escuta não era somente escuta dos ouvidos, mas do corpo, da pessoa inteira. Era um silêncio ativo, um silêncio-ação.

A escuta era praticada em várias posições do corpo; envolvimento idêntico era exigido do emissor e do receptor sonoros; eles se transformavam, por assim dizer, em antenas orgânicas, sensíveis como tecidos vivos. "Escuta-silêncio-voz" – era um processo homogêneo, vivo, pulsante entre parceiros. Uma troca verdadeira de impulsos e reações; uma troca de energias de ação; energias sonoras; energias de silêncio.

Essa escuta com o corpo total, escuta-ação, possibilitava a reação instantânea (como nas artes marciais tradicionais): movendo-se do silêncio ao som, do canto à fala, em intervalos musicais surpreendentes, além de uma escala equalizadora de temperamento, além de cronômetros, de nuances expressivas, de barulho, e vice-versa, movendo-se do som ao silêncio.

O contato entre os parceiros de atuação, contato vivo, contato total, era um das condições básicas que Grotowski requeria dos seus atores.

Essa espécie de trabalho mudou o espírito e a presença do espaço do acontecimento. O silêncio ali era peculiar; não era apenas uma ausência de ruído, como em salas em que nada acontece. Ao entrar naquele lugar, você podia escutar o silêncio – e os ruídos da cidade ao fundo soavam como música concreta.

A primeira apresentação de *Akrópolis*, baseada no drama de Wyspiański, foi em outubro de 1962, na cidade da província de Opole, numa pequena sala que abrigava o nosso teatro na época. Ali, pela primeira vez, algo que se manifestara antes de modo obscuro, aconteceu de maneira notável. O fenômeno era evidente. O espetáculo era construído com a finura das partituras dos atores, as partituras do corpo e da voz; a ação acontecia num campo de concentração nazista, e os personagens eram fantasmas ressurgindo das fumaças dos crematórios. A reação do público foi de completo silêncio. Ninguém ousou aplaudir. Não pela desaprovação, mas pelo choque.

Foi o primeiro de uma série de espetáculos de Grotowski encenados no silêncio e que terminavam com o silêncio do público.

Creio ter sido uma das descobertas: um teatro sem aplauso.

Especialistas devem indagar se esse é o único e primeiro caso no teatro do século XX. Talvez devamos procurar analogias distantes com antigos ritos de mistério.

Para todos nós, para os atores e para o próprio Grotowski, foi uma surpresa, uma surpresa esperada.

Naquela época, com ele, estávamos buscando o *sacrum* no teatro, e ele buscava especialmente o ator santo. E logo o encontrou em Ryszard Cieślak, em seu emblemático *Príncipe Constante*.

Provavelmente, houve inúmeros motivos para inibir o instinto atávico de aplaudir ruidosamente no final do espetáculo.

Choque? Surpresa? Exaltação? Ansiedade? Estar em si mesmo e na vida por um instante? Um estado próximo da meditação? O sentimento contemplativo de que fomos tocados por algo desconhecido, inexplicável – algo que não pode ser nomeado? Ou talvez simplesmente comovidos?

Os espectadores esperavam para sair e ficavam por muito tempo em silêncio, sem falar uns com os outros depois que acabava a ação. A ação continuava sua existência dentro deles. Stanislávski chamaria isso de ação interior. Ele pensou esse termo para um processo invisível que ocorre no interior do ator. Aqui, o mesmo acontecia no interior dos espectadores, que, de acordo com as intenções de Grotowski, iam além da condição de espectadores.

É muito tarde para uma tese concreta, apoiada em questionários, sobre a psicologia do público do Teatro Laboratório, com o subtítulo "O Silêncio do Espectador de Grotowski".

Conto aqui com minha memória e talvez esteja maquiando um pouco as coisas. Provavelmente, nem toda noite era assim. Tão ideal. Tão unânime no silêncio. Mas me lembro de tais noites; são presentes preciosos.

No final de *O Príncipe Constante*, o protagonista é abandonado com as pernas e os braços estendidos na caixa-plataforma, coberto com um trapo vermelho. Lembro-me de espectadores velando-o, como se fosse um morto.

Depois de *Apocalypsis cum Figuris*, os espectadores costumavam se sentar no chão; apoiados na parede por muito tempo. Um artista teria feito muitos esboços dessas figuras "perdidas em pensamento".

As pessoas que saíam da sala pegavam as migalhas de pão e os tocos de vela do chão deixados pelos atores: tratavam essas coisas como relíquias sagradas. Um técnico do teatro, amigo íntimo de Grotowski, Czesław Szarek, falou belamente sobre isso. Era muito inteligente; estendia suas horas de trabalho e esperava as pessoas saírem com toda a paciência.

Certa vez, um dos espectadores do *Apocalypsis...* era um proeminente teatrólogo soviético. Fui seu anfitrião. Na saída, ele permaneceu em silêncio por muito tempo e então bateu com o punho no peito – o gesto de penitência do pecador no cristianismo ortodoxo –, repetindo com um sussurro apaixonado: "*Вот, я гад проклямый, гад проклямый, гад проклямый*" ["*Vot, ya gad proklyaty, gad proklyaty, gad proklyaty*"].[7] Foi como uma cena de Dostoiévski, uma extensão especial da ação do espetáculo. Creio que fez um autoexame de sua vida, a vida de um intelectual soviético, uma vida cheia de humilhações, de mentiras forçadas, de meias verdades, e de atos incompatíveis com sua vocação científica e humana.

Desde *Akrópolis*, os espetáculos do Teatro Laboratório dirigiam-se não à plateia, não ao grupo, mas a homens particulares, a cada um dos espectadores individualmente. No arranjo espacial do espetáculo, cada espectador era deixado sozinho em sua solidão, ao lado de seu vizinho. Isso contribuía à reflexão da própria vida, da vida de outros, do *zeitgeist*, da condição humana. Ou talvez de nada.

Esse silêncio podia ser uma fascinação desenraizada. Podia ser – e, desde *O Príncipe Constante*, era – uma iluminação purificadora.

Os momentos finais dos espetáculos de Grotowski eram construídos para induzir o espectador-testemunha ao silêncio. O diretor elaborava os momentos finais com persistente diligência, dominando a lógica da montagem para atingir uma pulsação rítmica. Todavia, era acima de tudo o ator (com seu processo orgânico vital, seus altos e baixos energéticos até a exaustão, até uma calma natural) que era o supervisor, a fonte e o executor.

---

[7] Em português: "Sou uma criatura vil maldita, uma criatura vil maldita, uma criatura vil maldita..."

Os acontecimentos dramáticos nasciam do silêncio – e depois do processo intenso, denso, compacto, retornavam ao silêncio. Como se o silêncio fosse a mãe de todas as coisas.

Grotowski testava essa generalização na prática.

O ator apresentava sua própria verdade íntima abertamente. Essa verdade era em geral coberta de silêncio. Aqui, transformada no ato criativo, canalizada numa forma, era abandonada aos olhos de outros. Como sacrifício? Como desafio? Quero lembrá-los de que Grototwski chamou esse resultado do ator de "ato total". Era uma transgressão da atuação – e foi recebida desse modo na época.

Se numa noite aplaudissem ao final do espetáculo, era sinal de que a atuação tinha permanecido interpretação, sem verdade.

Os atores de Grotowski lembram-se dele dizendo: "Acredito" e "Não acredito". Às vezes, em ensaios, os comentários e observações aos atores limitavam-se a essas duas frases. Para eles, era como a exigência mais difícil de suas consciências.

O que é a verdade? Grotowski e seus atores tinham sua própria resposta à famosa questão. A verdade é algo não reconhecido com aplauso. A verdade é algo aceito em silêncio.

Uma anatomia do silêncio no trabalho de Grotowski é muito complexa, e impossível de explicar sem usar a força de sérias disciplinas acadêmicas; foi realizada com êxito, então, fizemos também, embora não sem fazer algum ruído. Utilizamos estudos religiosos (por se tratar do teatro sagrado), antropologia e etnologia (pois lidávamos com cerimônias, mitos, rituais, mistérios, etc.), bem como – perdoem-me por dizê-lo – uma história da espiritualidade, que atualmente é escrita em volumes de algumas séries populares.

Gostaria de lembrá-los de que depois de 1970, Grotowski – e nosso Teatro Laboratório – rompeu com o teatro de espetáculos. Grotowski recusou intensamente quaisquer conexões com o teatro de espetáculos, e sua ruptura, feita com zelo de pregador, provocou uma grande agitação na Polônia e no exterior. Grotowski e nós, seus apóstolos, pregávamos o evangelho da salvação da humanidade não através do teatro, mas através do Encontro, do Dia Santo.

Encontros especiais, em que o ser humano – como Grotowski costumava dizer – se desarma diante de outro ser humano, joga fora suas máscaras de defesa – "revela-se – como é [...] Um ser humano em sua totalidade".[8] Isso só foi possível em reclusão e apenas temporariamente. Grotowski, com um pequeno grupo de colaboradores, longe da cidade, na fazenda,[9] na floresta, preparava tais encontros para convidados, também para pequenos grupos de conhecidos. Eles viviam – periodicamente – em primitivas condições rurais com Grotowski, e podia-se observar, quando regressavam à cidade, que guardavam uma espécie de mistério interior.

Grotowski já tinha mudado muito. Estava irreconhecível. Perdera seu corpo de Gargântua nas estradas da Índia e podia passar-se por um iogue. Usava roupas indianas. Irradiava serenidade e luz.

Ele tinha suavizado. Tinha desistido de seu prévio autoritarismo de chefe. Não rejeitava as pessoas com desdém ou sentimento de superioridade. Tinha perdido o aspecto de diretor e pedagogo. Negava sua presença aos outros com gentileza.

Surgiu um verdadeiro aveludado em sua voz. Ele tinha a aura de alguém que adquirira sabedoria natural – ou a graça do silêncio interior.

Estou retornando agora ao silêncio, o *leitmotiv* de minha palestra.

Que eu me lembre, Grotowski sempre chamou nosso Teatro Laboratório de "*ashram*" – ou ermida. É verdade – paradoxalmente, éramos um teatro-ermida: situado na praça principal da cidade. Agora Grotowski tinha uma espécie de ermida verdadeira – em meio às árvores, ao lado de um laguinho, com um céu verdadeiro acima de sua cabeça.

Esse foi o refúgio de várias buscas por mais de dez anos. Posteriormente, essas experiências aconteceram também na cidade, em estradas, em viagens, mas nasceram aqui no silêncio da floresta. Na ermida.

Alguns eventos eram abertos e lotados. Recebíamos visitas de peregrinos do mundo todo numa busca espiritual.

A jovem geração da época tinha necessidade (ou seguia a moda) de excursionar, vagando a esmo com uma mochila, por qualquer estrada apesar das condições precárias. Atualmente, a exibição de uma mochila *tres*

---

[8] Esta é uma citação do famoso texto "Swieto" [Dia Santo], reproduzido em inglês, "Holiday". In: *The Grotowski Sourcebook*. Ed. Lisa Wolford e Richard Schechner. London & New York, Routledge, 1997, p. 221.

[9] Flaszen refere-se às edificações na floresta perto da vila de Brzezinka, fora de Wrocław, onde ocorreram muitas atividades parateatrais da fase inicial.

chic é apenas uma simulação de tal nomadismo. Na época, era uma verdadeira rebeldia contra as doenças de nossa civilização. Uma rejeição não violenta. Uma fome de sentido.

Eles procuravam respostas e esperança conosco, com Grotowski. Entre outras coisas.

Aqui o silêncio não era mais subterrâneo. Era uma tradição, um modo de vida, um germe de experiência.

Grotowski falava abertamente de técnicas espirituais, de meditação, de tantra, etc. Ainda que, como de costume, se desligasse da contemplação passiva das coisas. Isso passava pelo movimento, pela dança, pela produção de sons, pelas tarefas de natureza ativa que funcionavam como passos em direção à experiência do Inominável.

Ele era fascinado pelo vodu haitiano e pelos Bauls, cantores nômades indianos, artistas e buscadores espirituais que se recolhem em suas ermidas e surgem nas praças públicas das cidades e vilas.

Naqueles anos de 1970, Grotowski falava de silêncio:

> O silêncio *exterior*, se você o mantém, pode atraí-lo à proximidade do silêncio *interior*, minimamente, depois de um tempo. Não é uma questão de assumir um modo elevado, mas, antes, de conseguir uma espécie de silêncio de movimento, mesmo se estiver correndo. [...] Mas para chegar a isso é necessário conhecer o silêncio: silêncio de palavras, silêncio de movimentos. Este silêncio dá a oportunidade às palavras importantes e a modos de cantar que não perturbem a linguagem dos pássaros. [...] Pode-se dizer que nosso movimento é ver, ouvir, sentir, nosso movimento é percepção [...] Movimento que é repouso.[10]

Aqui, Grotowski usa como sinalização uma antiga fórmula gnóstica. O Segredo!

No mesmo texto, referente ao projeto do Teatro das Fontes, com o qual Grotowski se ocupou no final dos anos de 1970, ele fala sobre a experiência de despertar. Isso quer dizer despertar no significado literal da palavra: despertar de um sonho depois de um intenso esforço.

---

[10] Grotowski, "Theatre of Sources". In: *The Grotowski Sourcebook*, p. 262-63.

> E agora – você emergiu. Ao regressar dali, teve um fragmento de sonho colorido. Mas um pouco antes, sentiu serenidade e luz. Sentiu algo fluindo de dentro, como de uma fonte. Abre os olhos e vê o que está realmente à sua frente, por exemplo, uma parede de tijolos ou um saco plástico. Mas esses tijolos e esse saco plástico estão cheios de vida, luz. Você ouve vozes de algum lugar próximo. São vozes verdadeiras. Simplesmente, as pessoas estão brigando. Mas essas vozes chegam até você como algo harmônico. Sente que todos os sentidos funcionam. Mas, ao mesmo tempo, sente como se tudo estivesse fluindo de alguma fonte. [...] Flui do meio e dos objetos. Tal acordar é o despertar.[11]

Grotowski, aqui, ao partir do concreto, torna-se, a seu modo, parte das tradições que falam do despertar. Esse é um estado – subjetivo ou alguma outra coisa? – no qual nossa percepção se modifica; o mundo – com suas dissonâncias e sua confusão – parece ter uma existência viva e harmoniosa, apesar das oposições. E em suas profundezas, tudo é silêncio e calma. E atenção, presença e autoevidência, como Grotowski gostava de repetir.

Estamos em outra dimensão, além dos sentimentos de culpa e punição. Tudo que existe é aceito – *avec la sérénité* (com o espírito pacificado). *Sérénité*.

Por muitos anos, na Polônia ainda, Grotowski já satisfazia sua fome metafísica e curiosidade de buscador do absoluto, de homem de conhecimento fora do teatro. No entanto, penso que sua originalidade, sua identidade está no encontro dessas duas vocações. E ele tinha consciência disso. Não era apenas um problema de máscara social – é um mestre espiritual ou um artista teatral? –, mas também um problema do caráter orgânico do seu destino, da sua roda cármica. As duas vocações estavam irreversivelmente entrelaçadas, apaixonadamente, sem escapatória.

Não vou falar da bem conhecida Arte como veículo, contudo tenho quase certeza de poder acrescentar algo ao tópico: Grotowski e silêncio. Falo somente das coisas com as quais tive intimidade e que conheço de dentro como um participante e uma testemunha, uma testemunha participante.

---

[11] *Ibidem*, p. 270.

P.S. Ele era um usuário do silêncio. Era um artesão do silêncio. Era um político do silêncio. Era um administrador do silêncio. Era um professor do silêncio. Era também um bandido agressivo do silêncio e ladrão do silêncio. Era um neurótico do silêncio. Era um gênio do silêncio. Era um usurpador do silêncio. Era um criminoso do silêncio que o usava como faca. Era um cavalheiro do silêncio que o usava como uma espada cintilante; era um conquistador do Desconhecido. Era um amante do silêncio, que se deleitava em sorvê-lo num ato de grande erotismo. Era também um excelente *voyeur* do silêncio dos outros. Era um diplomata do silêncio, utilizando-o para negociar com o mundo: com patrocinadores e funcionários com poder de decisão sobre os meios necessários para realizar o que ele considerava sua vocação e realização.

Também era um animal injuriado que se escondia para não mostrar suas fraquezas nem se expor à piedade dos outros, que considerava uma hipocrisia inevitável.

2004

IV
Depois do Fim

TEATRO – A ARTE DO INTERVALO

A magia do novo teatro, a magia da nova interpretação: nem negra, nem branca. Magia cinza.

Dizem que estamos vivendo numa era de espetáculo. Tudo é espetáculo: política, negócios, o sistema global vigente, a história. A realidade nos atinge na forma de composições encenadas. O que é o teatro comparado ao espetáculo de crianças macilentas na África, onde a vida humana está em questão; tanques incendiados no Golfo Pérsico, onde o destino do equilíbrio de poder global está em jogo; combatentes pela independência no Afeganistão, onde o país inteiro e a nação estão morrendo; pânico no mundo do mercado de ações, em que verdadeiras fortunas e a existência pacífica de milhões de pessoas estão em jogo – ou talvez a sobrevivência de todo sistema histórico; multidões de seguidores de Khomeini loucos em sua determinação odiosa, permitindo que brote uma semente que todos carregamos dentro de nós, quando confrontados com o vazio e a incerteza do amanhã; grandiosas missas papais sagradas proferidas em todos os continentes, em que o Protagonista do Mundo e seu público se reúnem em nome do Deus Vivo, não ficções lúdicas. O que significam todas aquelas histórias dos mensageiros da tragédia antiga se comparadas ao relato cru sobre uma humilde cabeleireira de Tel Aviv que silenciosamente rapou as cabeças de seus irmãos num vestíbulo da câmara de gás? E o que é o teatro quando comparado ao poder dos eventos de massa e dos programas de entretenimento, apreciados por milhões de espectadores que, assim como seus protagonistas, cobiçam a graça dos gigantescos holofotes para serem vistos, aceitos e amados?

O que pode o teatro – o pai fundador de toda espetacularidade e, até recentemente, o único regente desse reino – fazer numa situação em que tudo é espetáculo?

Ele pode acrescentar alguns quadros artesanais, tão fracos quanto uma lanterna mágica de outra era, ao fluxo geral de imagens poderosas e pitorescas.

Talvez o destino do teatro seja o de abandonar a avalanche de espetáculo com o qual nossa época nos ataca. Talvez seu destino seja o de anunciar um intervalo. Talvez seu destino não seja o de ser a arte do espetáculo, mas a arte da suspensão do espetáculo. A arte do intervalo. O intervalo em um espetáculo universal.

*

Desde Beckett e Ionesco, a primeira vanguarda do pós-guerra, até Grotowski e Kantor, o teatro assumiu a tarefa da desestabilização da consciência comum e iniciou a cruzada da irrrisão dos valores estabelecidos, a cruzada contra todos os axiomas. Estamos vazios, e esse vazio fala por nós, cheios de palavras pobres e desajeitadas; somos como Jós inconscientes no monte de estrume, e não somos nós que falamos, mas alguma coisa fala através de nós – esta parece ser a mensagem de Samuel Beckett. Grotowski diz (e eu concordo com ele): há alguma coisa em nós, e a outra é o código educado de nossa fachada mental, portanto, o teatro deve ser o local da terapia de choque contra nossa falsidade, o local do *ato total* que revele a corrente extática de nossa existência – numa explosão de oposições, na polissemia do mito e do *sacrum*. Outros artistas teatrais – por exemplo, os seguidores franceses de Brecht, ou de Ariane Mnouchkine e do anarquista Living Theatre – pregaram a mudança revolucionária, mesmo para a sociedade como um todo.

Naquela época podia-se dispor disso: a Europa e os Estados Unidos desfrutavam de um período de crescente prosperidade, estabilização e segurança individual. O que estava em risco era acima de tudo o aspecto interior do homem. O problema da sobrevivência material – pela primeira vez na história da humanidade numa escala tão ampla, quase universal – saiu das preocupações cotidianas. O teatro expôs a vaidade do consumidor, a trivialidade e estupidez ontológica do homem satisfeito consigo mesmo, o caráter ilusório da liberdade humana, o conflito entre a máscara e o rosto. O teatro desnudou os homens ao Nada para mostrar sua vaidade – ou os desnudou até um corpo nu para estabelecer sua autenticidade na emoção da transgressão, através de um extremo ato de sinceridade: negro, como na obra de Beckett; luminoso, como na de Grotowski.

Perguntamo-nos sobre o significado da existência quando não tememos por nossa sobrevivência básica. E o teatro, exatamente como um reflexo da humanidade e do seu destino, desestabiliza-se. Questionei sua própria função na sociedade sem nenhum temor. E ele atingiu a semente, a essência. Cada espetáculo era uma projeção da comunidade no interior da verdade, no interior da verdadeira troca entre indivíduos soberanos, que se libertavam da falsidade através de um ato literal. O teatro ultrapassava a Mímesis, construindo suas tensões entre Verdade e Ilusão. Ele apontaria em direção ao buraco negro que substituiu o *sacrum* morto ou reviveria o *sacrum* através de um extremo ato de organicidade. O teatro se encontrou entre a derrisão e o entusiasmo, entre o sarcasmo e um ato extremo de gentileza, entre Eros e Caritas.

O não espetacular e o não central tornaram-se dominantes. A revolução teatral começou em Paris – numa salinha pobremente aquecida, do Théatre de Babylone, com a estreia de *Esperando Godot*, e muitos anos depois, num minúsculo espaço em Opole, uma pequena cidade polonesa, com a apresentação da *Akrópolis*, de Wyspiański, com uma leitura própria do Teatro Laboratório. O grande e o poderoso foram substituídos pelo pequeno e o fraco. Consequentemente, os grandes edifícios teatrais em voga foram destronados por salinhas surradas.

*

Se Guy Debord estiver certo e tudo for espetáculo – a sociedade, o estado, o globo todo num palco simultâneo de TV –, o que é o teatro, o ancestral de tudo que é espetacular? Um velho, lutando ferozmente por seu lugar nobre em meio à descendência inopinadamente exuberante, em geral ilegítima. Às vezes, descendentes vivos garantem-lhe um lugar, assim como a juventude homenageia um idoso por seus méritos do passado. O avô ainda está em forma, não? Ele parece tão jovem hoje... E ele, com um terno renascido, cheirando a aromas da moda, perora e move-se agilmente em meio às vozes encorajadoras das pessoas à sua volta que apoiam sua pretensão com a pretensão deles – como em Gombrowicz...

*

Nossa época não tem teatro, nossa época tem espetáculo. Mas a produção de espetáculos – pobres, passáveis ou até excelentes – não é suficiente para a existência do teatro. Em épocas de teatro, as pessoas se perguntam: "Teatro para quê?", e respondem sem fazer um ato que seja a arte do teatro e que ao mesmo tempo o supere. As épocas não teatrais, como a nossa, não se colocam questões fundamentais, mas caem de joelhos diante do deus do Espetáculo. Praticam um ato que é apenas teatral, sem sua oposição dinâmica – sem sua transgressão. E produzem espetáculos por inércia, referindo-se a valores perenes e a práticas tradicionais, ou a valores e práticas modernas, contando com o instinto humano para jogar, interpretar e imitar. Talvez haja algo aí: certo entretenimento ou uma noite tocante, ou um humilde serviço ao Mundo.

E, por sinal, será que hoje é possível responder à questão "Teatro para quê?" fazendo teatro? A resposta de Grotowski é negativa; ele abandonou as atividades teatrais. Eu, companheiro de sua pesquisa passada, não sei. Eu não sei; isso significa que tenho alguma esperança?

Em arte, o preço pela ruptura da regra da Mímesis é alto, quando se quer ir até o fim. Expelida, a Mímesis retorna como Nêmesis. Há muitos anos, fascinado pela ideia do Absoluto Teatral, ou buscando as puras fontes do teatro, escrevi essa ideia: "o suicídio do teatro, no salto para suas próprias fontes". Naquela época, tive a sensação de que o teatro era uma disciplina morta. Assim, é válido que seus últimos leais artesãos cheguem até o fim: *um pulo suicida às fontes é a última oportunidade,* o ato de Ícaro, que caiu ao se aproximar demais do sol.

*

Vivemos numa época sóbria e pragmática. Quem gostaria de procurar o Absoluto aqui? O teatro não morreu, ou seja, as práticas de produção do espetáculo não se extinguiram. Só em Paris há duzentos deles a cada noite. Ainda que o teatro não tenha morrido, não quer necessariamente dizer que esteja vivo. Sendo imortal, permanece no *bardo*, como o budismo tibetano chama a zona de transição onde as almas existem entre a morte e a próxima encarnação. Segundo os tibetanos, o morto não sabe que está morto; empenha-se para continuar sua vida terrena e para contatar-se com os companheiros de sua existência terrena. Para fazê-lo perceber a mudança de estatuto ontológico, temos de recitar alguns versos do Livro Sagrado dos Mortos em seu ouvido. A situação vigente do teatro é semelhante: ele existe e não existe ao mesmo tempo; assim, o que devemos fazer é sussurrar sua condição em seu ouvido – possivelmente, para acelerar suas próximas encarnações?

Um teatro vivo, que tenha Mensagem. Atualmente, encontramos teatro sem uma Mensagem. Vida longa ao pragmatismo! Vida longa ao ofício! Típico de um teatro sem Mensagem são atores de vozes roucas, arruinadas – artificialmente abaixadas ou artificialmente elevadas – pois eles as estão usando por razões sóbrias e pragmáticas. Você percebeu as veias inchadas nos pescoços de atores cuja mensagem é apenas participar do Espetáculo?...

Há muita queixa na França sobre o fraco treinamento de atores, e o baixo nível do ofício em geral. Uma ideia pragmática: talvez não tenhamos muito a dizer, mas ao menos cuidamos do ofício. Será que é possível o ofício pelo ofício – um ofício exclusivamente em função do ofício – um ofício sem uma Mensagem? Um ser humano sem uma Mensagem é rouco, e a coisa que chamamos "ofício", supostamente deve camuflar sua rouquidão.

*

Um aspecto da época não teatral é o papel primário que a sociedade confere à ópera e ao balé. A imaginação coletiva é regida por dançarinos e cantores. A estupidez ontológica de dançarinos e de cantores servindo ao Espetáculo Universal! E a eterna expectativa de que Paris ou Nova York sejam salvas pela pela ópera e pelo Ballet do Teatro de Bolshoi vindo de Moscou. Ou por algum admirador de uma versão local do Bolshoi.

*

O que é possível entre a miséria mimética e a miséria de ritual? Entre a miséria de uma peça e a miséria de paixões dramáticas?

Territórios do teatro foram conquistados e subjugados por poderes estrangeiros. O teatro pode permanecer em seu próprio país, conquistado por alienígenas, e atuar num nicho humilde; seu rosto pálido contrasta com a saúde rude dos conquistadores. Pode até colocar um *blush* em suas faces. Além do mais, de vez em quando, um pouco de cor verdadeira pode até surgir em seu semblante miserável...

Ele pode também se retirar do jogo – e escolher o exílio. De todo modo, mesmo em sua própria cidade, em sua própria sala, o teatro está desertado, e desapropriado de seu lugar – um desterro em seu próprio lar. Assim, deixe-o carregar seu destino corajosamente – seguindo sua verdadeira lógica até o fim, deixe-o escolher conscientemente, aceitar e suportar seu exílio. *Teatro – um desterrado do espetáculo.*

*

Todo mundo quer aprender como interpretar personagens cênicos. Ainda que o verdadeiro problema seja: saber quem você é, o que pensa e como sente realmente. Ser autêntico – atualmente – na estrutura de *Hamlet*. Sem motocicletas no palco da peça de Victor Hugo, e sem carregar *gamins* [guris] do Pireu ao *Agamemnon* de Ésquilo. Nem reconstrução histórica, nem construção atual. Ser autêntico numa futura função de humanidade de hoje. Como o Rei Arthur na Idade Média. Como Chaplin na primeira metade do século XX – e como os anti-heróis de Beckett na segunda metade do século XX. A grande descoberta de Grotowski foi um teatro sem aplauso. Sabíamos que o espetáculo era pobre na noite em que o público aplaudia. Que não era nada, somente espetáculo. Que não havia transgressão. Atualmente, até as aparições papais são acolhidas pelo aplauso da multidão. As pessoas aplaudem diante do *sacrum*, diante do mistério da fé, diante da verdade! Em Nápoles, na Festa de San Gennaro, quando o arcebispo mostra frascos com o sangue de San Gennaro, as multidões reagem aplaudindo e mandando beijos, segundo as regras do espetáculo mediterrâneo.

Os grandes mestres, mágicos, gurus foram embora. Se existirem em algum lugar, devem se disfarçar de humildes artesãos de sua arte. Foram substituídos por pragmáticos, realistas, meros servidores da literatura dramática. Não há tempo hoje para se mostrar um espelho ao homem contemporâneo; não há tempo hoje para se construir sociedades utópicas transitórias. Assim, tudo retornou à normalidade. Surgiram cínicos profissionais descarados e começaram a vender as atrações da arte teatral. Os visionários do teatro e os arautos de ideias foram substituídos por publicitários e "relações públicas". A embalagem tornou-se igualmente ou até mais importante que o conteúdo. Ninguém comprará um produto pobremente empacotado. Mas certamente haverá muitos fregueses interessados em adquirir uma embalagem vazia, uma fraude sem nenhum conteúdo.

*

O público parisiense é maravilhoso! Tão respeitoso. Tão paciente. Como um idoso, adormeci num espetáculo, mas eles permanecem persistentemente acordados. No entanto, o que descobri como fenômeno mais interessante é que há poucos espetáculos em que não se possa escutar uma risada estúpida em meio ao público: uma brincadeira grosseira de um rematado idiota! Talvez haja alguma oportunidade nisso. Abrir a porta para a metafísica do homem do final do século.

*

Os perigos de se ultrapassar ou abolir os limites do teatro – "tudo é teatro" ou "nada é teatro". Não há técnica, não há fruto de pesquisa, não há resultado, somente uma busca. Fazer qualquer coisa (ou, na realidade, não fazer nada), buscando vagamente – e, ainda, considerando isso um ato criativo. Grotowski afastou-se do teatro e do parateatro: ele compreendeu esse "ou-ou". Os outros desapareceram em qualquer coisa antiga e em infindáveis *réchérches* [pesquisas] sem resultado ou objetivo. Assim, não é estranho que, depois disso, tudo retornasse ao normal: o teatro é qualquer coisa e desavergonhado – apenas por uma questão de se fazer teatro. *Produire*! O afastamento de Grotowski abriu caminho para qualquer coisa velha. O terror do maximalismo terminou. Estamos concreta e pragmaticamente aqui. E desavergonhados.

*

Ao visitar os teatros parisienses, geralmente tenho a impressão de estar na Polônia, por volta de 1957 ou 1958, assistindo aos "ambiciosos" espetáculos – não de Cracóvia ou de Varsóvia, mas de uma cidade provinciana: Bydgoszcz ou Rzeszów. Uma imensa ambição em ser moderno, continuar, não ficar para trás!

*

Não é estranho que o espectador não queira ver sua própria face revelada, suas feridas abertas, seu corpo chacoalhado – apresentar-se em sua verdadeira situação? Ele quer ser tocado pelos destinos de pessoas mais elevadas, quer se entreter com o destino de pessoas mais baixas, quer o esquecimento pela sublimação das emoções e do riso. Quer se submeter ao poder da Cultura, que não é ele, que é grandiosa e a qual quer admirar, sem nenhuma relação com suas próprias dores e com a ansiedade de sua essência profunda – assim como as gerações anteriores. Quer ser tocado pelos destinos de outras pessoas, ser sublimado por suas tragédias, rir de suas imperfeições. Em suma, ele precisa – como sempre – de entretenimento mais ou menos nobre. Isso é normal. Prova do perene cotidiano do teatro. Estamos no ponto inicial. Iniciando – para onde, em que direção?

O espectador precisa da sua eterna poltrona luxuosa. Quer ser o gigolô da Beleza, do Bem e da Verdade. O gigolô da perfeição. O gigolô da ilusão. E as pessoas de teatro tornam-se – gostariam de ser – servidores profissionais desses valores, ocultos atrás da perfeição das formas ou do poder do texto dramático. Atrás do poder do texto – dado de antemão, pois a perfeição das formas parece depender disso.

Um profeta apocalíptico diria que a arte atual e o teatro atual são apenas a dança do *Titanic*. Os passageiros, os marinheiros, até o capitão e o primeiro oficial – todos eles estão dançando. A melhor banda de todas toca o acompanhamento. O navio aproxima-se do *iceberg* no escuro. Assim, ainda há tempo para analisar a situação cautelosamente. Essa é uma variante otimista do apocalipse.

Numa versão pessimista do Apocalipse, a dança continua depois da (despercebida) colisão com o *iceberg*. Portanto, é melhor continuar dançando a noite toda.

*

Atualmente, tudo é possível no teatro. É possível fazer shows literários e grandes produções com 1.200 luzes. É possível fazer teatro em grandes salas e em pequenas salas. Ao ar livre. Nas ruas. Um teatro de palavras. Um teatro do corpo. Um teatro de imagens.

Atualmente, tudo é um teatro possível. Peter Brook disse certa vez que o teatro do corpo pode ser tão falante quanto o teatro verbal.

Quando tudo pode ser dito, quando tudo é dito, pode se suspeitar que o que não é dito é mais importante. Há alguma esperança nessa suspeita.

*

O ator é um robô útil. Isso é um fato. Entretanto, ele tem de ser o anfitrião, o espírito colérico e protetor do lugar. Ele tem de ser o transportador entre duas realidades. Entre o visível e o invisível, entre o literal e o simbólico, entre o comum e o extravagante, entre o ilusório e o literal.

Nos dias de hoje, a noção do "que é teatral" tornou-se estilhaçada; todos os conceitos do "teatral" são legítimos e existem simultaneamente. Ainda assim, parece que o valor mais alto do teatro é manter tudo gigantesco: produções prolongadas no tempo e estendidas no espaço, com abundante iluminação e maquinaria. O ideal de tal produção é o edifício enorme, o aparato operístico e a amplificação induzida pela máquina. Ou o seu reverso: o foco no texto e no aspecto literário. A categoria de poder, a eficiência de autoridade e riqueza como ideias condutoras – às vezes, modéstia fatual.

O que é central e o que é periférico? O que conduz e o que é marginal e menos importante?

A necessidade de gigantismo: teatro imperial, Teatro do Príncipe.

Pompiérisme [pompa/pretensão] pegado à vanguarda, tratada do mesmo modo. Ou, para ser preciso: pós-*Pompiérisme* e pós-vanguarda. Ou, na realidade: *Pompiérisme* modernizado, a vanguarda misturada com *Pompiérisme*.

A única tradição excluída da geração anterior, dos anos de 1960. Mas o deslocamento do conceito da "teatralidade", seu caráter relativo, sua suscetibilidade à manipulação das fronteiras teatrais: esse é resultado da reforma dos anos de 1960. O trabalho de desestabilização tornou-se estável. E resultou em ecletismo.

*

"O que é a verdade?", perguntou Pôncio Pilatos. A resposta foi a vida e o martírio do Homem que se sacrificou pela salvação da humanidade.

*

Os grandes encalços em arte, incluindo os teatrais, resultam da curiosidade, da busca pela verdade. Um toque de verdade torna-se *um prazer*. Os grandes encalços artísticos vêm da busca pela ilusão – uma ilusão libertadora. Construir e realizar tal ilusão transforma-se num prazer (o ubíquo *plaisir* francês!). E é correto isso. Entretanto, o próprio conceito de ilusão inclui implicitamente um ponto de referência: algo real em contraste com algo ilusório. Não há ilusão sem o vago sentido de que o real existe. O real e a ilusão são apenas dois aspectos de uma manifestação da Verdade. Tensão, o processo dramático entre eles, faz do teatro o teatro.

O empenho teatral é um ato de sondagem e de investigação, um exame prático da densidade da realidade. Parte de uma literalidade material, sensual – ou seja, o que é *hic et nunc* é o que é –, passa através da realidade ilusória da mímesis – aquilo que aqui e agora representa algo que está em outro momento e em outro lugar – em outra realidade, autêntica ou onírica, a fim de transferir a uma realidade fantasmática, em que o que existe no palco se torne uma realidade interna do espectador, e tenha a consistência de imagens interiores, da realidade transitória de uma visão interior.

Há também outra possibilidade – de que o aqui e agora, em sua completa tangibilidade sensual, seja uma translocação, uma transmutação do real. E sendo como é, transforme nossa consciência e leve-a à densidade. O aqui e agora é o que é, ao mesmo tempo que se transforma em outra coisa. Somente um ator pode ser gerador de tal transmutação: seu corpo, sua voz, seu olhar fazem com que, transformados, transformem a realidade que, sendo o que é, seja ao mesmo tempo outra realidade.

Eu contrasto o teatro que imita com o teatro que transforma a realidade bem diante dos olhos das testemunhas – mudando, transformando, e *levando-as a outro estado de agregação*. Nem a realidade nem a ilusão são importantes – *mas a oscilação entre elas, carregando-nos como no barco de Caronte entre duas margens do rio*. Desse modo, o ator torna-se não um imitador, não um *performer*, não um mágico transformando uma caneta tinteiro numa lagartixa – ele se torna um transportador entre duas Realidades.

*

Quando o ator está em cena – quem atua e fala por ele? Alguns (a maioria) responderiam: o personagem. Outros acrescentariam: o personagem da cena alimentado de um pouco dos valores humanos e dos aspectos psicológicos do *performer*. Outros diriam: o "eu" profundo do ator, encontrando seu andaime, ou pretexto, ou uma cama elástica na estrutura do papel e do espetáculo. E outros diriam que é o mágico e o trapaceiro no homem. Segundo alguns, o ator é (como se fosse) vazio, abrindo suas potencialidades a serem preenchidas com o papel. Outros, ainda, alegam que o ator é pleno de conteúdos próprios que, de algum modo, selecionam o papel adequado como uma ferramenta para suas manifestações. Ou, como no caso de Artaud ou Grotowski, um transformador e catalisador de energias "cósmicas", potencialmente latentes no ser humano. A explosão controlada dessas energias transforma o ator num ser sagrado, num sacerdote de eternos rituais de iniciação, possivelmente esquecidos hoje em dia. O ator e seu duplo, um dispositivo secreto de éons "cósmicos". Podemos chamar isso – depois de Artaud – de Duplo, ou, mais sobriamente – depois de Grotowski – *de homem total*.

O ator-*performer* de um papel e o ator-mágico, o imitador, um macaco ideal (como Nietzsche definiu o ator) – são clichês usuais da vocação do ator e do teatro. O que Artaud e Grotowski propuseram foi ao mesmo tempo arcaico e inovador.

Há também o caso de Beckett. Ele formulou a questão de um modo novo: *quem* fala, que espécie de "eu" discute e age? Segundo Beckett, o sujeito falando e agindo através do indivíduo é o Vazio, Nada, de certo modo a última função ou instância ontológica que atua e fala depois da rejeição dos condicionamentos humanos externos, dos espelhos sociais e da misteriosa Essência interior. É o Vazio que fala e age no homem. Beckett não está discutindo o ator, mas o ser humano, ou – para ser preciso – o que restou do homem depois da remoção de toda pretensão. Mas o que é genuinamente formulado aqui é, em minha opinião, não somente o problema do indivíduo ou da grande etapa da existência, mas também o problema do ator no micropalco do teatro. Quem é o ser que age e fala?

Grotowski responde: no Teatrum Mundi, o *homem total* se manifesta, como se a essência oculta florescesse numa explosão monumental – num *ato total*. Grotowski é um essencialista; Beckett, um existencialista.

As duas posições são completamente opostas, mas, ao mesmo tempo, profundamente relacionadas. Ambas se engolfam agudamente no problema da identidade ontológica do homem chamado ator.

*

A evanescência de esforços. Talvez, evanescência seja o resultado da organização da vida teatral, que raramente considera grupos estáveis; trabalhando de uma produção a outra; a rotatividade imediata de eventos, propulsionada pelo Demônio da Evanescência. Mas ainda mais: o Demônio da Evanescência significa a falta de eixo, a falta de *idées-forces*, à caça da eficiência do momento, um *carpe diem* artístico.

A necessidade de concentração, de autolimitação criativa, de definição de limites. A descoberta de um texto. O estreito caminho beckettiano ou kafkiano, bem como a tendência de Claudel ao gigantismo literário.

Talvez seja a grande necessidade do teatro francês de se enraizar na tradição e encontrar alguns valores definidos, sólidos. Certamente, algumas pessoas pensam em modernizar a tradição. Mas a modernização tem de permanecer um procedimento superficial, uma toalete dos mortos, a repintura de uma fachada. O caminho a Racine não conduz à modernização, mas ao arcaísmo: pela descoberta do pecado e do tabu, entrando na sensibilidade do Port Royal. Para se escutar a potente voz de Corneille, é preciso se perguntar o que significa ser herói na França de hoje. De outro modo, ficamos com a retórica ou, no máximo, com o prazer estético. E o mecanismo de autoelogio de Gombrowicz: o espectador sente-se honrado por estar num lugar tão nobre e pelo fato de que grandes estrelas lhe ofereçam palavras de grandes poetas. Um jogo de autoelogio entre o teatro e o público. E é como pode se chegar ao aplauso estrondoso, eufórico. E eu, um estrangeiro, de outro sistema, de outra época – um pterodátilo – posso ver que o rei que me mostram está nu.

Há uma tendência para interpretar de modo simples. Mas Fedra e Hipólito não são *monsier* e *madame* Dupont.[1] Nem a caligrafia elegante de uma palavra.

*

Os pequenos teatros e grupos têm a consciência culpada por serem pequenos. Assim como nos anos de 1960, os grandes grupos e teatros tinham sentimento de culpa por serem grandes. Atualmente – o Teatro Principesco, ou o teatro em que o grande público é príncipe. Os dois se prostram diante do deus da amplificação e do fausto desenfreado. Então, tudo parece voltar ao normal. Será que é normal o teatro buscar amplificação através de Autoridades e Poderes temporais? E será que o teatro dos anos de 1960 fazia um jogo desonesto de hipocrisia, fingindo não ligar para o poder, mas para a celebração de valores inversos: vulnerabilidade, humildade, foco em pequenas coisas?

Pode-se também perceber aqui a dinâmica de transgressão: será que o teatro, por sua natureza de sonhar com o Poder Amplificado, descobriu assim sua própria dinâmica de incessante transgressão, ao encontrar uma grande caixa de ressonância numa caixa pequena?

2003

---

[1] Nomes famosos do casal francês médio.

ANTEK

Eu o conheci no início de setembro de 1959 – não lembro a data precisa –, no Plac Szczepański, em Cracóvia, ao lado do mítico ônibus mencionado anos depois por Grotowski – o ônibus que supostamente nos levou, os moradores de Cracóvia, a Opole, para trabalhar num pequeno teatro chamado Teatro das 13 Fileiras.

Não conhecia bem Antek antes disso. Ele decidiu ir conosco a Opole, recrutado diretamente por Grotowski ou por um de seus amigos. Ele estreara no Teatr Młodego Widza (Teatro de Jovens Espectadores), promovido por Maria Biliżanka,[1] uma figura popular da época.

Quando Grotowski e eu fomos incumbidos de dirigir o Teatro das 13 Fileiras, não foi tarefa fácil juntar uma equipe. A aventura não parecia séria, e, especialmente nos círculos artísticos, não era tratada como tal. Grotowski já tinha certa fama, mas era considerado um excêntrico. Além do mais, era somente outro teatrinho provinciano, numa cidade agradável, talvez, mas entediante e culturalmente estúpida.

---

[1] Maria Bielińska, nascida Bilig (1903-1988), atriz, diretora, dramaturga de peças infantis. Administrou e foi diretora artística do Teatr Rozmaitości de Cracóvia por muitos anos.

Em nossa mitologia particular, Grotowski e eu considerávamos isso uma oportunidade: era uma ação de isolamento no deserto. Éramos ambos maníacos: ele como praticante novato, eu como crítico novato. Nossas intuições eram messiânicas. Considerávamo-nos os últimos justos de Sodoma e queríamos redimir a arte do teatro. Para pessoas inclinadas ao realismo esse era, na realidade, um pobre empreendimento (e não ainda um "teatro pobre"). Assim, não houve multidões de atores se precipitando para juntar-se a nós. Não podíamos lhes dar apartamentos, e os salários que oferecíamos eram miseráveis. Os atores que decidiram nos acompanhar eram ou perdedores com pouca chance de serem contratados em outro lugar, ou ingênuos sem nenhum reconhecimento, ou fanfarrões que só queriam uma mudança de vida, ou amigos de Grotowski que confiavam nele. Uma periferia de profissionais.

Contratamos uma jovem atriz do Teatr Słowackiego. Ela deveria estar num lugar perto de nosso ônibus (por sinal, um veículo realmente frágil). Para nossa maior ansiedade, a atriz não apareceu. Todavia, percebemos seu diretor montando guarda na esquina. O famoso diretor certamente não gostava de mim, pois eu o havia tratado mal em minhas críticas (oh, jovem arrogância daqueles dias, onde estás agora?). Ele provavelmente veio conferir se sua atriz não partia com alguma gangue suspeita: foi como explicamos sua misteriosa presença. Ele venceu: sua principal estrela teatral não veio.

No entanto, outra pessoa apareceu: um jovem de cabeça não muito grande, mas levemente pontuda. Cabelo bem penteado, com uma risca. Tinha um nariz proeminente, um queixo um tanto recuado, e orelhas carnudas. Sua postura era empertigada, solene – e quando apertamos as mãos, senti seu polegar e indicador direitos um pouco rígidos.

Ele carregava uma maleta de papelão, bagagem comum na Polônia da época, uma trouxa de adereços teatrais e uma bengala com um castão: não uma verdadeira bengala de galã de cabaré/opereta, mas uma imitação de madeira, a bengala pintada de preto e o castão pintado de pérola. Seria possível acreditar facilmente que havia um chapéu surrado em sua trouxa.

Seu nome era Antoni Jahołkowski, e ele acabara de se juntar ao Teatro das 13 Fileiras, depois renomeado de "Teatro Laboratório".

Ao recordar nossa partida, Grotowski – que chamava nosso veículo de vagão de Tespis, disfarçado de ruína de carro velho – disse-me que naquela época Antek parecia um ator mambembe de província de uma famosa peça russa do século XIX. Um filho patético da profissão de ator, um eslavo, um *enfant du paradis* polonês.

Logo ficou visível que não havia nada para fazer em Opole a não ser uivar para a lua. Além do trabalho. Na realidade, esse era o recurso criativo de nosso deserto na baixa Silésia. Nesse deserto, Antek mostrou seu inquestionável talento e temperamento de cabaretista. Ele cantava canções satíricas e dançava com a bengala em festas, animado pelos risos e aplausos de seus amigos convivas. Até Grotowski, que sempre tentou manter distância, mal conseguia ficar de cara séria.

O fundador do Teatro Laboratório era um sério pesquisador do Absoluto e lutava com determinação pela transformação do ofício do ator (fui parceiro desses esforços, que, para os atores, eram uma "*eminence grise*" taciturna). No entanto, ele nutria sentimentos calorosos para com as típicas "pessoas da profissão artística", os comediantes ou acrobatas, com seu desejo infantil de fama, com sua devoção ao ofício, até com seu jeito inútil – desde que fossem autênticos e vitais.

Na realidade, os atores adoravam secretamente Ludwik Sempoliński [1899-1981], um eminente artista de cabaré (apoiei a adoração deles com toda intensidade do meu não fundamentalismo oculto) que, como se viu mais tarde, não retornou esses sentimentos. Ele era um ídolo e, para Antek, um modelo de artista de cabaré.

Grotowski era parcial com Antek. Eu tinha a impressão de que ele o queria exatamente pelo fato de ele ter sido objeto de sua aversão, que entre nós chamávamos da miséria do ofício.

Por sinal, creio que no fundo de sua alma, o próprio Antek estava farto de seu espírito clownesco e aguardava alguma mudança. Ele sempre confiou em Grotowski. Nunca considerou as ferozes exigências de Grotowski uma violação de sua própria natureza. Ele abandonaria aos poucos sua identidade anterior, pacientemente – eu diria: de maneira estável.

Atores se juntariam a nós e nos deixariam. Alguns não aguentavam a exigências insaciáveis do trabalho. Desistiam ou eram mandados embora. Levou um tempo até o futuro grupo, um emblema para o mundo, se estabelecer.

Antek ficou conosco desde o início. Sempre esteve ali. Não sobreviveu até o fim, por razões pelas quais ninguém poderia ser responsabilizado.

*

O primeiro verdadeiro papel de Antek: um Adão bíblico em *Caim*, de Byron, em 1960.

Foi também o primeiro espetáculo verdadeiro de Grotowski em nossa "firma" (como a chamávamos) de Opole, seguido do espetáculo bastante brando *Orfeu*, baseado em Cocteau. Mesmo nesse primeiro papel Antek manifestou a fúria de seu talento, o desejo indomável de uma avaliação total do mundo.

O famoso crítico russo Mikhailovsky[2] chamou Dostoiévski de "*жестокий талант*" ["*zhestokiy talant*"] – um "talento cruel". Essa fórmula histórica parecia adequar-se a Grotowski: ele era da família dos "talentos cruéis", e mesmo sem a necessária influência de Artaud.

Caim foi às vezes descrito como um "cabaré metafísico". Indubitavelmente, a estrutura do espetáculo manifestava influências conscientes da concepção eisensteiniana de "montagem de atrações" e das colisões meyerholdianas entre arte teatral elevada e *music hall*. Mas os temas do cabaré surgiram não apenas pelo cálculo erudito do diretor. Havia uma nostalgia de cabaré entre as pessoas do Teatro das 13 Fileiras, era parte da vida e dos costumes do elenco. Na realidade, alguns programas de cabaré eram apresentados em nosso palco: era nossa política intencional – "o jogo de espera". As principais diretivas do Teatro Laboratório estavam quase prontas – mas sua materialização prática levava algum tempo.

Antek era o principal portador do vírus cabaretiano entre nós.

Havia, ainda assim, outro talento (silencioso) do lado leve de Melpômene[3] em nosso grupo: Zygmunt Molik. Ele era um verdadeiro profissional, diplomado pelo Departamento Estatal de Entretenimento da Escola

---

[2] Nikolai Kanstantinovich Mikhailovsky (1842-1904).
[3] Musa da Tragédia (N.T.)

Superior de Teatro (PWST – atualmente, Academia de Arte Dramática Ludwik Solski). Zygmunt era também o único membro do elenco que conseguia diferenciar uma terça de uma quinta e dedilhar alguns acordes no violão. Nada mal para um teatro que em breve seria famoso pela disciplina musical/vocal das partituras de seus atores, restauração do "*triune chorea*",[4] como repetição do ato de nascimento da tragédia pelo espírito da música – do "ator-música", como Grotowski o denominou na fase pré-histórica da história do Teatro Laboratório.

Enquanto isso, em *Caim*, Grotowski utilizava os potenciais e as tentações cabaretianas dos atores. O primeiro pai, Adão (Antek), e a primeira mãe, Eva (Rena), com figurinos clownescos e máscaras minúsculas, com narizes vermelhos e bolas atadas aos traseiros – uma versão escrachada das penas de pavão enfeitando as divas do cabaré – dançavam e cantavam estrofes triviais compostas por eles e com o apoio profissional de Zygmunt.

Era uma forma de fazer um duro acerto de contas com a trivialidade de uma existência *nouveau riche*, a resposta de *outsiders* à "nossa pequena estabilidade",[5] apoiada por um jovem Abel saudável, de shorts e gravata que simbolizavam sua participação numa organização juvenil totalitária (no programa do espetáculo, eu explicava que podia ser, por exemplo, a Juventude Hitlerista).[6]

Antek, em confiante harmonia com o "talento cruel" do diretor, usando sua verve de ator de cabaré, parodiava-se. Creio que foi o ponto de partida da sua transformação futura. Ele transgredia o estatuto do ator-curinga.

---

[4] Música, dança e canto. Uma fórmula popularizada pelo eminente erudito polonês de cultura antiga, Tadeusz Zieliński.

[5] Uma frase famosa na Polônia, tirada da peça *Świadkowie, czyli nasza mała stabilizacja*, de Tadeusz Różewicz, é usada para descrever os anos de 1960 na Polônia, caracterizados por um clima de resignação, atrofia moral, conformismo e materialismo mesquinho – num contraste agudo com o curto período de entusiasmo e esperança de mudanças (do degelo) depois de outubro de 1956. Ver: "Os Filhos de Outubro Olham para o Ocidente", nota 8.

[6] Flaszen alude também à organização da juventude comunista. Ele não podia dizer abertamente por temor da censura, mas um leitor afinado pegaria a derrisão e sugestão implícita à juventude hitlerista.

E fazia isso cantando e dançando com uma bengala, aquela que trouxera a Opole (ou talvez fosse outra bengala, parecida?) entre outros itens do suposto equipamento necessário a um artista andarilho.

Um tema para jovens historiadores de teatro. "A influência do cabaré na República Popular da Polônia entre os anos de 1956 e 1960 e o entretenimento popular na busca criativa de Grotowski e do Teatro Laboratório."

*

Transformações de Antek. Seu caminho.

Não me lembro de suas apresentações públicas de cabaré – talvez porque ele se inspirasse realmente em festas particulares. *Fela* era um dos seus sucessos esmagadores:

> E Fela olha encantado
> Para seu governante, amante e amo...

As performances de Antek incluíam um tom de autoderrisão – "Bem, que grande artista sou!" –, mas também a autêntica satisfação de "governar e reinar" sobre a sociedade, de encantar seu público. Ele gostava de ser o líder de uma banda alegre, o instigador de uma travessura coletiva.

Grotowski ia justamente apresentar sua ideia-paixão daqueles anos: a noção de ator-xamã. O termo "xamã" soava exótico. Contudo, tínhamos uma frase familiar extraída de Mickiewicz: *Guślarz* [um Feiticeiro].

Julgando o trajeto artístico de Antek à certa distância, fica claro que havia aí uma espécie de lógica natural. Havia um lugar especial para ele nos espetáculos de Grotowski, nas experiências e dinâmicas do grupo. Ele trabalhava nos limites de certa especialização. Ganhou uma espécie de (desculpem meu francês) *emploi* [tipo característico] individual. Assim como o resto de seus colegas atores. Outro tema para um jovem pesquisador: "O *emploi* [tipo característico] do ator em Grotowski".

Em *A História Trágica do Dr. Fausto*, baseado em Marlowe, Antek – em parceria com Rena Mirecka – interpreta o papel de Mefistófeles. Ele provoca Fausto, um santo ingênuo, mas rebelde, e organiza as aventuras metafísicas de sua vida. É um guia espiritual perverso, revelando ao protagonista a ordem oculta do universo. Ele e seu alter ego feminino organizam um ritual e uma liturgia de acontecimentos. É um facilitador mágico e um mestre de cerimônias.

Em O *Príncipe Constante*, baseado na versão de Słowacki da peça de Calderón, Antek é o "rei" – chefe de uma estranha corte de *parvenus* vestindo culotes militares, botas de cano alto e togas de juiz. Lidera uma cerimônia de corte, o ritual de aceitação pela comunidade – aqui, um ato de castração –, dita as leis de hospitalidade, provocando confissões humilhantes de seus súditos, para homenagear generosamente o estranho prisioneiro. Ele é o instigador da tortura e sacerdote da apoteose religiosa de sua vítima. Um facilitador mágico no ato de liberação de energias ativas que, de tão demoníacas, se tornam caricaturas, fica impressionado quando confrontado com o extraordinário fenômeno do Príncipe, portador de energias luminosas e passivas. Ele protagoniza uma cerimônia que escapa de seu poder. Sabe que aconteceu algo que está além dele.

Em *Apocalypsis cum Figuris*, ele é o chefe de torcida de um grupo alegre peculiar. Quando surge o estranho e ingênuo recém-chegado, Antek anima uma recreação escrachada de eventos descritos no Novo Testamento. Algo que era para ser um trote e folia de bêbados, inesperadamente se transforma na avaliação das próprias vidas dos participantes, do mundo, de Deus. O entretenimento vulgar transforma-se num drama litúrgico – torna-se liturgia. O chefe de torcida transforma-se num celebrante, que finalmente percebe que a festa acabou. A brincadeira saiu dos trilhos e ficou séria. É a grande cena final de Cieślak e Antek. Um silêncio único que nunca ouvi no teatro.

*

Nos espetáculos de Grotowski, Antek é normalmente o líder de um bando de pessoas, de um grupo, de uma sociedade, de uma comunidade. Enquanto líder, ele provoca, catalisa, evoca acontecimentos e ações que se transformam num ritual de iniciação, numa celebração de mistério.

E embora o que ele lidera escape do seu poder mágico e se torne a derrota do líder da cerimônia, ele entende, e nós, as testemunhas, entendemos graças a ele. As outras *dramatis personae* são em geral ingênuas. E de algum modo ele tem de lidar com seu conhecimento.

Aos outros é dada a oportunidade de agir apaixonadamente, do prazer de se render ao impulso temporário da paixão, da graça de ir ao extremo numa cega paixão, e, acima de tudo, da iluminação pela transcendência, do ato total. Ele, um homem racional, compreendendo plenamente o que acontece, permanece desse lado. Refletindo.

Acrescentemos que na dramaturgia de Grotowski – que gradualmente teve crescente participação colaborativa do grupo – Antek, o protagonista do ritual, é uma réplica específica do *Guślarz* [*Feiticeiro*] de Mickiewicz. Ele é um *Guślarz*-provocador, um Feiticeiro com o difícil conhecimento do homem, do mundo e além-mundo, mas não tão ingênuo quanto o personagem do drama de Mickiewcz.

No entanto, mesmo em *Dziady*, o *Guślarz* defronta-se às vezes com algo mais poderoso que sua magia – um espectro indiferente ao seu feitiço para fazê-lo desaparecer: "Oh, meu Deus! Que monstruosidade! Ele nem fala, nem desaparece!" – o *Guślarz* experimenta uma espécie de acidente profissional.

O Feiticeiro de Antek tem problemas semelhantes em O *Príncipe Constante* e em *Apocalypsis cum Figuris*. Não domina todas as energias. Mas – como mestre de cerimônias, um especialista em questões humanas – ele lidera os outros para a escada de Jacó, oferecendo-lhes a possibilidade segura da autotransgressão. A ele resta a graça da compreensão; pode dizer com seu *ser total*: "é assim que é". E, talvez, aceitá-la? Refletindo.

Alternando entre memórias e reflexões, percebo que o teatro é entrelaçado à vida, e o ator ao ser humano. Talvez, talvez a relação entre esses dois aspectos não seja tão simples, há numerosas deformações, filtros, mecanismos de sublimação. É sempre mais fácil – e mais seguro – dizer que arte é arte, e vida é vida. Mas, naqueles dias, Grotowski – e também nós – desejava o teatro não mais como um jogo de ilusões; ele desejava a dádiva do ator como processo real.

No entanto, isso só pode acontecer por meio da técnica. A precisão foi o deus de Grotowski.

Consequentemente, Antek foi um mestre de técnica.

Certa vez, ele produziu um feito importante admirado por muito tempo. Há um momento em *A Trágica História do Dr. Fausto* em que Antek-Mefistófeles aparece a Fausto pela primeira vez. Ele fica em pé, na posição iconográfica do Anjo da Anunciação. Apoia-se em uma perna, com o joelho dobrado – a outra, também suavemente dobrada, estendida para trás, suspensa no ar. Um dos seus braços está erguido, o outro, pousado em seu peito. Ele profere seu poderoso encantamento com uma voz que ecoa mundos distantes.

Permanece imóvel – uma imagem, uma impressão, a própria essência do voo. Uma criatura maravilhosa, sobrenatural.

Sua mensagem tristonha, seu poder de respiração e triunfo, dura algum tempo. Não consigo lembrar um único momento em que o braço ou a perna se moveram. Uma obra-prima de técnica.

Naqueles anos, no início, tudo mudava muito rápido. Em dois ou três anos, o bando de semiamadores transformou-se num grupo de excelentes xamãs.

*

Grotowski me disse certa vez: "Antek é a quilha do grupo. Ele contribui para mantê-lo em equilíbrio".

Nosso barco não navegava calmamente – houve momentos difíceis por motivos internos e externos. E, com o passar do tempo – paradoxalmente –, houve cada vez mais desses momentos.

Grotowski queria liberdade para realizar suas ideias transculturais. Assim, quando me indicou para a função administrativa, eu impus uma condição: que Antek me ajudasse como conselheiro. Desse modo, ficamos íntimos. De noite, costumávamos voltar para casa juntos, pois éramos vizinhos.

Lembro que certa vez, em nossa volta para casa, disse a Antek: "Temos tantos problemas aqui, e Grot se afasta cada vez mais. Como se quisesse nos abandonar".

Antek respondeu, exatamente com essas palavras: "Não consigo pensar mal do Chefe. Ele nos fez a todos".

Antek e Ryszard Cieślak frequentemente me procuravam quando trabalhavam em algo que era para combinar a estrutura do espetáculo teatral com a abertura parateatral à participação das pessoas presentes. No começo, chamávamos isso – segundo a interessante formulação de Staszek Scierski – *Po Dostojewsku*. O fragmento desenvolvido e o título não se adequaram aos resultados. Sugeri outro título, modelado na fórmula emblemática do espírito barroco polonês: *O Tânatos Polonês*. Aceitaram. Depois, acrescentamos um subtítulo: *Encantações*.

A produção foi a reação do grupo à efervescência e às aspirações da época.[7] Antek atuou em seu tipo característico tradicional: ele era o guia da comunidade, uma espécie de mestre de cerimônias. O espetáculo incluía belas canções, improvisadas pelo grupo nos ensaios. Lembro-me da voz emocionalmente vibrante de Antek, liderando a cantoria.

Em março e abril de 1981 estávamos em Palermo, Itália, no teatro de Beno Mazzone, onde elaborávamos – sob minha direção – um programa de muitas etapas, inclusive o *Tânatos Polonês*, um ciclo parateatral de ações denominado "Árvore de Pessoas", oficinas individuais conduzidas por nossos líderes, concluindo com o Teatro das Fontes de Grotowski. O programa chamava-se *Realizzazioni*.

Zigmunt Molik e eu passávamos muitas horas até tarde da noite no quarto de hotel de Antek. Ele não se queixava por estar doente, mas frequentemente punha a mão no estômago.

Ele atuava normalmente no *Tânatos Polonês* e na "Árvore de Pessoas", com imensa energia. Apenas seu olhar estava provavelmente mais melancólico do que o habitual.

No começo de abril, houve um simpósio internacional em Trappeto, perto de Palermo, Itália, com tópicos relacionados à antropologia do teatro. Entre as pessoas presentes havia participantes da última "Árvore de Pessoas". Abaixo, o fragmento de um registro estenográfico, com as palavras de Antek, traduzidas do italiano:

> Gostaria de expressar minha opinião como um velho maluco falando bobagem. Pois não quero falar sobre a "Árvore de Pessoas". Depois das trinta horas de "Árvore de Pessoas" tive a impressão de que vivi num lugar especial, numa casa plena de paz. Não num lar, como uma criança entende, mas num abrigo aos que cresceram.
>
> Houve uma espécie de estranho relacionamento entre natureza, muito belo para mim, e os outros seres que coexistiram por trinta horas naquela natureza. Houve uma espécie de silêncio especial e de atenção mútua, e, no jantar, Zygmunt disse: "Parecia uma única família ao

---

[7] Flaszen refere-se à tomada de poder do sindicato livre Solidariedade, que culminaria, depois, na imposição da Lei Marcial, em dezembro de 1981. Ver também: "Dos Tabus às Alergias" nessa coletânea.

redor da mesa". E era verdade. Trinta horas é um tempo muito longo e, ainda assim, muito curto.

Para mim, bastaram trinta horas de felicidade. É tudo.

*

Numa bela tarde de outono – foi em 1981 –, Zygmunt Molik me informou da morte de Antek. Todos nós sabíamos que isso podia acontecer. Ainda que fosse algo inesperado.

Vivíamos próximos. Minha mulher Irena, Zygmunt e eu corremos para a casa de Antek; uns minutos depois, estávamos na moradia dos Jahołkowskis e vimos o defunto.

Havia algumas pessoas na sala: Marta, a viúva de Antek, seu filhinho Szymon, um médico e um amigo que tentara por muitos meses curar o câncer de Antek com métodos de "medicina alternativa".

Discutíamos o que acontecia com vozes abafadas.

Antek deitado numa cama, junto à parede. Seu rosto parecia vivo, como se tivesse acabado de dormir. Ele emanava calma.

Veio Grotowski. Abraçou Marta e Szymon. As conversas abafadas prosseguiram.

Grotowski aproximou-se do morto e chamou-o ternamente pelo nome. Pousou a mão sobre a testa de Antek por um tempo.

Veio Staszek Scierski.

De um lado, na parede pegada a ele, havia um retrato de Grotowski pintado por Waldemar Krygier. Parecia uma réplica de um ícone ruteno em prancha grossa: Grotowski, com as vestes de um santo ortodoxo, mas de óculos escuros, com a mão no peito, num gesto sutil que lembrava uma bênção simbólica ou possivelmente um *mudra* búdico.

Em certo momento, as pessoas do velório chegaram para levar o cadáver.

Colocamos Antek numa maca. Alguém correu primeiro para abrir a porta do carro. Outra pessoa me deu o sinal para erguer a maca.

Levamos Antek do sexto andar do bloco de apartamentos de Popowice, onde ele morava – uma pessoa na frente, eu atrás. A cabeça de Antek estava na minha extremidade. Descemos as escadas lentamente. Scierski me ajudou. Grotowski nos seguiu cuidadosamente.

Colocamos a maca com o corpo no carro. A maciça porta traseira bateu ao fechar, e o carro partiu.

Sentamos com Grotowski nas escadas da entrada do edifício por um bom tempo. Em silêncio. Houve poucas palavras concisas. Não consigo me lembrar delas agora.

É como me lembro disso.

*

Uma bela tarde de setembro. A grande capela do cemitério. A luz do sol atravessa as janelas de um domo elevado sobre o catafalco com o caixão.

Um belo padre jovem ao lado. Ele diz algumas palavras de despedida sobre o caixão.

De repente, no ar dourado pelo sol, surge uma grande borboleta colorida. Suas asas, vermelho-tijolo e pretas, com manchas brancas e azuis, opalescentes à luz do sol.

A borboleta senta-se sobre o caixão. No momento de o padre enviar sua fala, a borboleta executa umas acrobacias pelo ar e então pousa na sobrepeliz do padre bem acima de seu joelho. Fica ali por um tempo, movendo as asas.

E voa novamente, dirigindo-se ao caixão. Voa de novo por um tempo entre o padre e o catafalco, batendo rapidamente as asas.

Senta-se sobre a manga do padre.

Ninguém está ouvindo o sermão, na realidade, muito belo. A última palavra pertence à borboleta. Será que para dizer que não há despedida?

Carregamos o caixão até a sepultura. O céu acima de nós é quente, luminoso, sem vento. E o vento começa a soprar rapidamente. As árvores farfalham. Algumas rajadas de vento tornam-se violentas.

Sobre a grama alta, num canto ao lado da cova da sepultura, alguns jovens com rostos imóveis agacham-se em posições de caçadores indígenas. Eu os reconheço: colaboraram com Grotowski no período do Teatro das Fontes. O vento diminui.

É como me lembro disso.

2001[8]

---

[8] A ordem cronológica utilizada na coletânea foi revertida neste e no artigo anterior a pedido de Flaszen.

TEATRO, OU O OLHO DE DEUS

Grotowski e eu começamos a vaguear juntos sob o signo do Teatro Laboratório no período da rápida aceleração do processo posteriormente chamado, segundo o sociólogo Max Weber, de "desencanto do mundo". Foi no auge do modernismo. As pessoas – ou ao menos as elites intelectuais – percebiam que vivíamos na esfera da "quantidade", do racionalismo, da tecnocracia, decadência das sociedades tradicionais, desenraizadas, e sob a divisão cientificamente-influenciada do homem em corpo e alma, etc. Não vou estender a litania das deficiências, dos males e pecados da cultura Ocidental – uma litania tão apaixonadamente referida pelos artistas e intelectuais do mundo Ocidental –, uma prática continuada até hoje, através da realidade virtual, telefonia móvel e internet.

Depois de 1956, alguns sintomas da modernidade de estilo Ocidental também surgiram na República Popular da Polônia em nosso regime comunista furado. Foi um período chamado, segundo Różewicz, de "nossa pequena estabilização".[1] A secularização não foi somente uma ideologia imposta, uma compulsão oficial, mas também um fenômeno espontâneo, caseiro. As massas foram tentadas pelo Satã do consumismo, pelos vários relativismos, pela beleza sensual da "sociedade da fartura", por todos os

[1] Ver: "Os Filhos de Outubro Olham para o Ocidente", nota 8.

encantos permissivos – certamente não ilimitados, ainda assim não tão restritos quanto em outras sociedades do Bloco Oriental.

Para nós, membros da elite com tendências marginais e rebeldes, o mundo da arte comercial e da cultura de massa parecia trivial, banal e de um conformismo *nouveau-riche*. Sob a superfície de prosperidade (moderada e fugaz) existia vazio, mau gosto e esterilidade – inércia sendo um signo do "desencanto do mundo"... Uma característica genuína da Europa Ocidental!

Vale mencionar que nossos mestres românticos vivendo na Paris da época de Balzac utilizaram as liberdades ocidentais, embora criticassem agudamente a sociedade burguesa. Adam Mickiewicz, um dos "bardos românticos poloneses", e predecessor de Grotowski no Collège de France, pregou o conceito do "homem completo" (*l'homme complet*), a fórmula referida por seu sucessor, ajustando a ela sua própria forma – a do "homem total".

Grotowski atacou intensamente a civilização de rígido cartesianismo que divide a existência humana. René Descartes, autor do *Discurso sobre o Método*, foi então considerado o inimigo perigoso da humanidade, exatamente como George W. Bush hoje em dia.

O profeta gozador do espírito anticartesiano, o recém-chegado da mais remota província do leste da Europa latina sob domínio soviético, foi acolhido com assombro e aplauso na terra de Descartes. No verão quente de 1966, O *Príncipe Constante*, baseado em Calderón/Słowacki, tornou-se a sensação do Théâtre des Nations de Paris. Nasceu "um novo Artaud" – pensaram assim.[2]

O Mestre de Opole e Wrocław, inicialmente através do exemplo do "ator santo", e depois, nos anos de 1970, através do parateatro e do Teatro das Fontes, prometeu a unificação do homem dividido, do infeliz homúnculo, da vítima da modernidade, do patético anão da cultura de massa.

Creio que nosso Teatro Laboratório, com seu nome continuamente revisado (aqui o nome também esteve *in progress*, não somente *the work*),[3]

---

[2] Em polonês, Flaszen usa a frase *Natus est...* referindo-se ao renascimento de Konrad no *Dziady*, de Mickiewicz.

[3] Flazsen usa os termos em inglês nas palavras em itálico.

foi um laboratório de pós-modernidade. Éramos trabalhadores entusiasmados por um novo "encantamento do mundo".

Para Grotowski, o mundo era um ser vivo. Não um mecanismo, mas um organismo. Organicidade – como ele sempre repetia – era uma chave de sua busca, tanto no teatro quanto no período pós-teatral. Até objetos, figurinos, as paredes e o chão eram considerados parceiros vivos dos atores em suas ações, tanto nas apresentações quanto nos exercícios. "Pulsação", o "fluxo de vida", o "*élan*" bergsoniano (dito em francês) são palavras-chave, frequentemente recorrentes nas declarações de Grotowski. Referem-se não apenas ao processo de vida num sentido literal, à fisiologia ou à técnica do ator. Um filósofo diria que possuem um eco nítido de vitalismo, mesmo se Grotowski não incluísse o adjetivo "vital" da famosa fórmula de Bergson "*élan vital*".

Aqui, estamos muito próximos de algo que – para empregar um termo anacrônico, não mais usado por renomados antropólogos – poderia ser definido como animismo. Grotowski era uma espécie de animista – como um poeta, um homem primitivo, uma criança, para enumerar a trindade emblemática de parentes próximos. As árvores, a grama, o sol, a lua são seres vivos, na medida em que possuem almas. De modo similar, objetos inanimados escondem sua vida secreta sob a superfície endurecida – sua casca morta. As estações do ano, o dia e a noite, os fenômenos meteorológicos... Inclusive locais geográficos e paisagens, emanam um clima e uma energia particulares. Vivemos num universo de Energias, e de Poderes de secretas Presenças. Será possível que o universo também tenha uma alma? Será possível que essa alma seja feminina, como a Sofia Gnóstica?

Grotowski muito frequentemente falou a respeito – em especial no período do parateatro e do Teatro das Fontes: ele publicou suas opiniões em polonês. Mais tarde, ao deixar a Polônia, autocensurou as ideias anteriores: ele as publicou novamente apenas em resumos e compilações, em doses mínimas. Como se estivesse envergonhado – depois de renegar o parateatro – de suas confissões levemente animistas, que poderiam ser classificadas por um psicanalista como "pensamento mágico infantil" ou como "resíduos arcaicos" da moderna psique humana.

Em 1975, editamos uma coletânea de textos (intitulados simplesmente: *Teksty*) publicados pelo Teatro Laboratório de Wrocław, incluindo, entre outras coisas, uma extensa entrevista com Grotowski impressa um pouco antes em um dos jornais. O ponto de partida das reflexões de Grotowski (com algumas características confessionais) eram suas recentes perambulações (caminhadas e viagens de carona) pelos Estados Unidos e Canadá. Algumas citações:

> Para mim, o mundo na estrada estava conectado com um ser humano – e somente com um ser humano. Ainda assim... há alguns outros fenômenos, cruciais, por exemplo, os fenômenos totalmente e essencialmente sagrados do nascer e do pôr do sol, ocultando-se atrás da crosta terrestre. Da "realidade" e do "sonho". Fenômenos astronômicos, se forem também minhas próprias experiências, manifestam-se de modo sagrado. Não apenas o advento do dia e da noite, da Lua, da Via Láctea. Mesmo que você vagueie, encontrará o Lar, se você se dirigir à estrela Polar. Há uma árvore, o toque da terra em sua pele, o grande rolamento na grama. Há uma penetração que ultrapassa os limites do medo e interesse egoicos... há encontros com o vento, com uma árvore, com a terra, com a água, com o fogo, com a grama... – um animal.[4]

Portanto – comentemos –, o "Você" que o autor da declaração encontra não é apenas humano, não está somente no humano, mas também na natureza, no universo, na terra e no céu. Assim, o "encontro" refere-se também ao parceiro extra-humano. Deus, o parceiro invisível, não é mencionado. Estariam a vida e o *sacrum* em todo lugar, como se pulverizados ao redor? Como na famosa litania poética de Allen Ginsberg que começa com "Santo! Santo! Santo!".

É sabido que Grotowski protestava quando alguém tentava classificá-lo de panteísta. Seria provavelmente impossível falar sobre sua visão de mundo de um modo racional, discursivo. Nem sobre uma vida religiosa concreta, institucionalmente-codificada, apesar das numerosas referências ao cristianismo, à religião hindu, etc. Tampouco deve ser considerado membro de qualquer famosa linhagem de busca ou de

---

[4] "Rozmowa z Grotowskim" [Uma Conversa com Grotowski], in *Teksty* (Wrocław, Teatr Laboratorium, 1975), p. 17-19.

esoterismo contemporâneo. Bem, no final de sua vida, Grotowski destacou claramente seu endereço metafísico: ioga. Mas ioga significa prática. Ele se considerava um praticante... O resto, como afirmava, são apenas palavras – palavras que ele usaria com extrema cautela.

Em sua declaração intitulada "Wędrowanie za Teatrem Źródeł" [Vagando pelo Teatro das Fontes], publicada na revista mensal *Dialog*, Grotowski diz:

> Um físico alegou que no século XIX a física era mecânica. Os físicos imaginavam que um dia seria possível construir uma espécie de modelo ideal. Ainda assim, nos dias de hoje, quando entramos no mundo das menores e maiores dimensões, estamos num mundo "orgânico". O físico, na realidade, usou a mesma expressão de Stanislávski: "organicidade".

Grotowski dizia: "É como se você visse duas, três ou cinco árvores; aparentemente, são o mesmo fenômeno, ainda que cada uma delas seja diferente". Ele dizia: "Cada fenômeno possui uma 'personalidade', é específico, é orgânico, não mecânico".

As palavras do físico, cujo nome Grotowski não menciona, são comentadas por ele: "Algo orgânico – algo que brota de uma semente, algo com uma causa que tem permissão para agir. Há algo chegando como se das raízes".[5]

Será que Grotowski pensava não haver limite definido entre a matéria dita inanimada e a matéria dita viva? Provavelmente ele tentaria evitar responder a essa questão direta...

Ainda assim, repetimos, ele teve a experiência do mundo como um ser vivo. Esse tipo de sentimento de mundo característico dos primeiros filósofos gregos foi chamado de "hylozoismo" por alguns eruditos. *Hyle* em grego significa "matéria", *Zoe* significa "vida". Matéria-Vida.

Grotowski – adorador da Vida ubíqua. Gaia, Mãe Terra, Mãe? Ele se deleitava em mistério. Até o final da vida foi fascinado pelo vodu. Certa vez, perguntei-lhe se acreditava em *loa*. Ele sorriu – achou minha

---

[5] Grotowski, "Wędrowanie za Teatrem Źródeł". Ed. Leszek Kolankiewicz, *Dialog*, 11, 1979, p. 101.

pergunta impropriamente formulada. "Em quê?", perguntou, fingindo que não havia entendido. "Bem, nos espíritos de ancestrais, ou deuses, montando e cavalgando em alguns participantes escolhidos no ritual... Eles existem fora de nossa consciência? Qual é o seu estatuto ontológico? Eles existem objetivamente?" – Eu insisti academicamente, fenomenologicamente.

Antecipando que tal questionamento poderia surgir de algum ouvinte de suas palestras da Universidade de Roma "La Sapienza", na primavera de 1982, Grotowski incluiu em suas reflexões o termo antropológico "estrutura da mente" – característica de toda civilização. Nas culturas tribais africanas, o berço do vodu, não há conceitos como "objetivo" e "subjetivo". Tudo o que existe tem uma Vida específica; então, o limite entre o que consideramos interno e externo é líquido, ou possivelmente inexistente... Dessa forma, para entender as pessoas e outras civilizações – e a nós mesmos, enquanto representantes da civilização europeia –, é útil perceber nossa distinção entre subjetivo e objetivo de modo mais relativo. Talvez eles sejam nossos *loa* cartesianos...

Grotowski, um secreto rastreador de mistério, é literalmente fiel aos seus ancestrais românticos poloneses, e sua percepção de vida apoia-se na antropologia (bem, provavelmente Lévi-Strauss protestaria um pouco), e até na partícula física, um mistério da ciência contemporânea. Nossa Terra e até o Universo todo são seres vivos...

Alguém disse que os poetas são os últimos animistas de nossa civilização... Um eminente poeta polonês do século XX, Julian Tuwim (1894-1953), afirmou em um de seus poemas que "poesia é... o salto de um bárbaro que teve a experiência de Deus".[6] Certamente, o animismo dos poetas é característico de alguns artistas do verdadeiro teatro, com seu sagrado ancestral Dionísio...

Para Grotowski, o mundo nem sempre pulsava de vida e emanava energia mágica voluntariamente. Ele teve certamente alguns colapsos entrando na estupidez do "mundo desencantado". Para restaurar a organicidade do mundo e revelar sua vida oculta, foi preciso trabalhar honestamente, viver de modo especial e recorrer a alguns procedimentos

---

[6] Do poema *Poezja* de seu livro de estreia *Czyhanie na Boga* [Espreitando Deus] (1918).

mágicos, a suas próprias cerimônias, fora dos rituais institucionais desprovidos de mistério e do *sacrum*.

A utopia eufórica do parateatro, com seu próprio animismo explícito e poético, foi seguida pelo estrito postulado de verdadeiro trabalho sobre si mesmo, duro e rigoroso, para se ver e ouvir o que É, não que somos limitados pela linguagem, cultura, educação; não o que envenena nossa realidade comum. Temos de desbloquear nossa percepção – permanecer face a face com o que É. Quando abrimos a porta para fora, como diz Grotowski em um de seus textos – da época em que praticava meditação em espaços abertos, em movimento, em ação –, aí também se abrirá a porta ao interior. E não há certeza se o que percebemos vem de fora ou de dentro, ou melhor, se voa livremente entre essas duas dimensões polares. E, então, o que percebemos revela sua qualidade secreta – e encontra-se num estado de vida intensificada, exatamente como a pessoa que percebe.

Aqui, diz Grotowski, é o Despertar. Acrescentemos: aqui é o mundo retornando a um estado de encantamento.

Assim, para restaurar o estado primal do encantamento do mundo, é preciso algum esforço. O mundo precisa ser sacudido – precisamos ser sacudidos – para acordar. Os mestres espirituais sorridentes de várias tradições, incluindo os mestres Zen, vêm à mente. Talvez inclusive Gurdjieff, que desprezava uma humanidade sonolenta e desatenta. Um ser humano – um autômato em meio a uma massa de autômatos.

Grotowski, um profissional do teatro, criador do parateatro, perseguiu seriamente, em seu Teatro das Fontes, a Experiência essencial. No entanto, é muito discreto e cauteloso em suas confissões sobre essa Experiência... Ele diz que esse estado pode durar alguns instantes, um par de horas, vários dias. Ainda que seja óbvio.

Mas como distinguir entre um verdadeiro despertar e o despertar da Titânia de Shakespeare, que – enfeitiçada – experimenta uma revelação ao ver um rude mecânico a quem foi dada a cabeça de um asno, e declara seu amor por ele? Certamente, essas pessoas comuns que foram despertadas devem passar por constantes dificuldades. Os mestres espirituais também podem encontrar dificuldades em seu caminho de Iluminação mais elevada.

Espero que depois de muitos anos de busca Grotowski tenha tido a experiência de alguns instantes de revelação enxergando Adan Kadmon, o pré-humano feito de luz, por quem os gnósticos ansiavam.

No começo de 1982, praticamente logo depois de terminar suas atividades na Polônia, Grotowski fez palestras na Universidade "la Sapienza" de Roma, falando sobre suas experiências teatrais e não teatrais, com um vasto panorama de fenômenos antropológicos como pano de fundo. Na época, a Polônia era governada por uma junta militar. Grotowski, inseguro sobre seu futuro, fornece uma espécie de resumo de suas profundas fascinações reais. Pela primeira vez, falava tão ampla e abertamente sobre sua busca espiritual sob os auspícios do teatro.

O texto dessas palestras em italiano é de leitura fascinante. O que depois – de modo mais enigmático e sugestivo – é dito por Grotowski em seus textos concisos do período de Pontedera aqui parece ser iluminador precisamente pela amplitude do roteiro, editorialmente não trabalhado, e pela ausência de autocensura rigorosa. Isso certamente comprova a vasta erudição do futuro autor de "Performer", seu conhecimento de literatura mística e espiritual, de gnosticismo, inclusive. Podemos nos fazer uma das muitas questões não respondidas que ele abandonou: em que medida *o mundo real*, apesar das firmes garantias de práticas não verbais e da natureza extraverbal da Experiência, foi seu incentivo, seu sinalizador e, talvez, a fonte de conhecimento de sua jornada espiritual?...

Aqui, posso ver Grotowski, um entusiasmado e assíduo visitante – desde o início dos anos de 1960! – da famosa livraria esotérica "Vega", no Boulevard Saint-Germain, Paris. Contrabandeava os livros que comprava na bagagem, e os funcionários da aduana polonesa não sabiam se "ciências ocultas" significavam algo político ou não. Certa vez, a coleção de livros que acabara de comprar foi confiscada, apesar de ele alegar necessitar deles por motivos estritamente científicos, acadêmicos. Chamávamos esses livros de "pornografia espiritual"; líamos corados de vergonha, exatamente como adolescentes lendo literatura pornográfica. Nós dois bisbilhotávamos as estantes daquela livraria fascinante. Ela despertava em nós as emoções de um recém-chegado da Cortina de Ferro numa *sex shop*.

Em suas palestras romanas, Grotowski (confiando decisivamente em suas próprias fontes – uma "livraria Vega" particular) fala extensivamente sobre a "consciência transparente" (*coscienza transparente*), caracterizada pela amplitude. Grotowski – no âmbito do contexto antropológico da palestra – apresenta sua consciência como uma categoria espacial específica de outras culturas – costumeiramente chamadas "primitivas". Em nossa cultura ocidental unilateral, essa "consciência transparente" foi esquecida e suprimida. Para redescobri-la dentro de nós – para se cavar aí até o fundo – precisamos trabalhar constantemente nosso próprio interior.

A consciência transparente é ilimitada. Quando a atingimos, ela aparentemente contém tudo. Ela cobre tudo que chamamos de mundo externo – bem como o mundo interno: nossos pensamentos, nossas imaginações, emoções, sensações, palavras. Além do mais, percebemos nosso próprio corpo com seus sintomas de vida, e com sua fisiologia, como algo incluso na consciência espacial. É imóvel e ilimitado, cobre tudo. Nossa consciência se torna transparente quando abandonamos o pensamento orientado a um alvo e quando não pensamos na expressão. Então – mesmo no processo do ator que se perdeu na ausência de expressão –, a experiência da plenitude da existência surge com a intuição de outra consciência distinta da consciência comum e identificada com um "ego" empírico. É interessante que Grotowski introduz aqui o termo "veículo" para destacar o significado da partitura do ator em seu caminho para experimentar o que vai além da atuação.

Então, a consciência permanece misteriosamente tranquila enquanto tudo internamente está em fluxo e movimento: *ela constitui um testemunho; ela é presença*. Não sabemos sequer, diz Grotowski, se o que acontece é externo ou interno, pois essa oposição demonstra seu caráter relativo: aparece e desaparece.

A consciência transparente permanece imóvel, enquanto tudo está em movimento, tudo flui. *Movimento é repouso*. A essência do que está em movimento pode ser inquieta, turbulenta, até violenta, mas a consciência permanece em paz, em serenidade imóvel.

Parece que estamos aqui e experimentamos questões descritas no texto intitulado "Performer", um enunciado apresentado alguns anos depois das palestras romanas. Pertence completamente ao período da Arte como veículo. De algum modo, é o manifesto daquele período.

Cito:

> Pode-se ler nos textos antigos: *Somos dois. O pássaro que colhe e o pássaro que observa. Um morrerá, o outro viverá.* Ocupados em colher, bêbados de vida no interior do tempo, esquecemo-nos de tornar viva a parte de nós que observa. Assim, há o perigo de se existir somente no interior do tempo, e de modo algum fora do tempo. Sentir-se observado por essa outra parte de si (a parte que está como se fora do tempo) dá outra dimensão. Há um eu-eu. O segundo eu é quase virtual; não é – em você – o olhar dos outros, nem julgamento algum; é como um olhar imóvel: uma presença silenciosa, como o sol que ilumina as coisas – e isso é tudo. O processo pode ser consumado somente no contexto dessa presença imóvel.[7]

O texto "Performer" é imensamente rico de consciência aforística. Aqui estou interessado somente num de seus aspectos, possivelmente o aspecto crucial, ou seja: a relação específica entre "agir" e "ver" no processo do *performer*.

Grotowski – totalmente consciente – retornou a uma partitura da voz e do corpo, à partitura do ator do velho Teatro Laboratório. No entanto, como ele nos garante, mudou a função dessa partitura. Arte como veículo não pretende ser assistida por um espectador, uma testemunha externa, mas é para o outro eu do *performer* em ação, o "eu" que observa.

Certa vez, em nosso período de Gênesis, quisemos eliminar os espectadores ao transformá-los em *participantes ativos* em um ritual teatral.

Naquela época, o espectador teatral foi transformado em *testemunha*: alguém que não colaborava ativamente com o ator, nem participava assumindo a ação. Uma testemunha que assistia a, por quem um ator-humano se sacrificava. Aquele ato de transgressão – pela extrema sinceridade de si mesmo – levava à transformação do ator como ser humano. O papel de Cieślak em *O Príncipe Constante* é um exemplo representativo. Foi seu caminho

---

[7] De "Performer". In: *The Grotowski Sourcebook*, p. 376.

fora do teatro – ainda assim, dentro da instituição teatral. O Teatro – por assim dizer – como um veículo do "ato total".

Depois, a eliminação do *espectador-testemunha*: transformando aquele *espectador "in progress"* (em processo) num participante do ritual parateatral, introduzindo-o na dimensão incomum de existência, em que cessava a interpretação teatral e também a representação do "teatro da vida cotidiana".

Aquele que atua e aquele que observa, em relação mútua, sempre foram o critério ontológico do teatro e ao mesmo tempo um ponto de partida para a jornada ao não teatro.

Será que o teatro existe sem espectador, sem testemunha externa? Será que o teatro está aniquilado? Talvez precisemos de outro Sartre para divagar sobre o tema da Contemplação, na fenomenologia do *Olhar*.

No ponto atingido por Grotowski no final de seu trajeto – em Arte como veículo –, temos o "eu" que atua e o "eu" que observa encarnados numa só pessoa chamada *"performer"*. Consequentemente, as duas entidades – o antigo ator-xamã em ação, visível externamente, e o espectador--testemunha que ele leva dentro de si – [encontraram-se] internamente.

Será que esse "eu"-que-observa e esse "eu"-que atua não são um futuro desenvolvimento da relação do ator-espectador na busca de Grotowski? Será que eles não se originaram em nossa época de Gênesis, quando a árvore da vida era eternamente verde?

Agora o espectador tornou-se de algum modo um observador interno. Absorvido pelo interior de um homem atuando, como no passado foi absorvido pela reunião do ritual teatral – será que não desapareceu na realidade?

Entreguemo-nos a uma retórica mística-espiritual evitada por Grotowski como praga. Ainda que o espectador interno, apesar de sua origem teatral, não seja um órgão de introspecção psicológica normal. Seria ele um espectador transcendental de outra dimensão – um olho do *Le Sol*, um olho cósmico, um olho do Atman hindu, um olho do divino em nós, ou, talvez, somente o olho de Deus?

A descoberta dentro de si mesmo dessa duplicidade "eu-eu" resulta na transformação do ser humano. No caso do *performer*, que atua com seu corpo, tal descoberta dá a graça temporária de transformação no "corpo-e-essência", como formulou Grotowski. No caso de um mestre espiritual, um sábio, dá a graça de uma transformação permanente – em corpo-essência. Será que esse é também o caso de Grotowski, o "professor do *performer*", como ele humildemente se chamava?

É muito interessante o fato de que buscadores espirituais, mestres espirituais, místicos, místicos cristãos inclusive, geralmente utilizassem artes performáticas, dança, declamações, canto, várias práticas de movimento. Eles sentiram a decisiva necessidade do grande Olho. Será que desejavam ser atores, ou – mais – coprodutores do Teatro de Deus?

Um mestre secreto de Grotowski foi Gombrowicz (eu o considero meu mestre publicamente). Seu famoso romance *Ferdydurke* termina com a constatação de que não há escapatória da Careta e da Bunda.[8] Isso significa: não há escapatória do teatro. Em nossa vida social, apesar de nossa negação, súplica, busca, trabalho, fuga, o teatro espreita nosso caminho. Ou se intromete furtivamente, para transformar a seriedade de nossos atos espirituais num espetáculo. Isso não é culpa nem dos buscadores espirituais nem dos mestres espirituais – talvez possamos culpar Deus Nosso Senhor que está entediado e precisa de algum entretenimento. Como Platão declarou em *Leis*, somos fantoches nas mãos de um Demiurgo...

A menos que o "eu" que observa tenha a mesma substância de Deus. Ou talvez seja justamente Deus?

2009

---

[8] Ver: "Os Filhos de Outubro Olham para o Ocidente", nota 39.

GROTOWSKI *LUDENS*

INTRODUÇÃO: REGINALDO-BAŃBUŁA

A passagem terrena de Grotowski durou quase 66 anos. E sua passagem criativa, mais de quarenta anos. Ambas foram serpenteantes, cheias de desvios inesperados, rompimentos suaves e repentinos – não só com seus antigos companheiros de jornada, mas também consigo mesmo.

Como resultado – percebi anos depois – houve muitos Grotowskis. Mais do que pode ocorrer no curso normal de uma vida. O próprio Grotowski acrescentou algumas imagens a mais nessa galeria. Ele mesmo geralmente se envolveu nessa "produção de Grotowskis" para o mundo e para seu próprio uso. Ele gostava de praticar mudanças de identidade, por vários motivos: práticos, políticos – e também apenas por diversão.

A intensidade excepcional de sua "vontade de potência" (um termo emprestado de Friedrich Nietzsche, que na realidade não era apreciado por Grotowski) foi seu traço característico. Quando jovem, sentia a necessidade irresistível de exibir sua superioridade sobre o meio, sempre e em toda parte. Se não fosse o centro de atenção, abandonava a reunião.

Seu irmão Kazimierz, físico, declarou claramente que ele fazia experiências com as pessoas. Examinando as reações humanas antecipadas, ele se comportava com ironia oculta. Provocava e enganava os interlocutores, extraindo suas verdades escondidas. Parecia praticar o treinamento contínuo do diretor profissional no teatro da vida cotidiana. Tinha o temperamento de um homem nascido no teatro. Um completo homem de teatro. A esse respeito era parecido com um de seus pais teatrais, Vsevolod Meyerhold, que mudava de identidade de acordo com suas experiências criativas.

Fui parceiro por anos – e, às vezes, também objeto – de seus jogos de identidade.

Nós dois, no trabalho e na vida privada, usávamos várias máscaras. Apelidávamos um ao outro. Escrevíamos muitas cartas sobre os temas mais importantes num estilo gombrowiczino. Ele assinava Filidor, o sintético, e eu, o analista, Antifilidor, do *Ferdydurke*, de Gombrowicz, nosso mestre secreto. Ele assinava Frédéric Chopin, e eu, Józef Elsner (um compositor polonês, professor do jovem Chopin). Ele assinava Adrian Leverkühn – o compositor genial de *Doutor Fausto*, de Thomas Mann, que selou um pacto com o diabo para aumentar seus poderes criativos –, e eu, Serenus Zeitblom, outro personagem do romance, amigo e colaborador de Leverkühn, o humanista sincero e moderado.

Quase até o final de nosso contato, por décadas, Grotowski foi "Bańbuła, prefeito de um vilarejo polonês de fim de mundo, e eu fui "Deptuła, secretário do conselho local". Nossa principal preocupação era com a atividade do "clube dramático" do distrito local.

Uma das criações de Grotowski era um certo Reginaldo, um garoto apavorante de um desenho animado que assistimos juntos certa vez. Ele arrancava brinquedos das mãos das outras crianças para destruí-los, atacava os doces e a comida pela violência ou malandragem para devorar vorazmente – era um pequeno déspota, um reizinho com um chocalho como cetro. Eu era o irmãozinho Reginaldo – indefeso e aterrorizado por seus ataques, tentando explicar a ele que isso era injusto.

Não sei se é apropriado acrescentar que nossos jogos e brincadeiras refletiam aspectos e traços verdadeiros de nossa perpétua psicomaquia.

No final de sua vida, Grotowski escreveu uma carta a Zbigniew Osiński, dedicado historiador do Teatro Laboratório. A mensagem era supostamente confidencial, mas o destinatário publicou alguns fragmentos depois da morte do autor. Na carta, Grotowski reflete extensamente sobre as semelhanças e diferenças entre três exemplos conhecidos de parcerias criativas na história do teatro: entre Konstantin Stanislávski e Vladimir Nemirovich-Danchenko, entre Juliusz Osterwa e Mieczysław Limanowski, e – eu fui altamente classificado nas reflexões do mestre – entre ele e eu. Enfatizando meu "papel estimulante" em seu desenvolvimento de artista, Grotowski acrescenta: "Ludwik e eu significa amizade e polêmica constante – séria e de brincadeira. Koko e Augusto. Interessante".[1]

Koko e Augusto – claramente uma dupla de palhaços circenses. Sem dúvida, ele era o gordão, e eu era o magrelinho. Embora no fervor de nossa psicomaquia pudéssemos trocar de papéis.

Como podem ver, houve algo de beckettiano nisso tudo. Nunca pensamos em encenar uma peça de Beckett, porque, entre outras coisas, para nós, ele era completamente realista. Além do mais, na República Popular da Polônia, ainda que as peças de Beckett fossem raramente publicadas e raramente encenadas, ele se tornou um autor muito popular, apesar do parco nível de conhecimento sobre seus escritos.

Esperávamos Godot... sob uma paradisíaca árvore seca num país do "verdadeiro socialismo" e de soberania limitada. Mas Grotowski – Gogo ou Vladimir? – não aguardou preguiçosamente, apenas falando sobre a espera. Ele nem sequer convocou o irremediavelmente ausente Godot. Visto que ele não vinha, tínhamos de criar nosso próprio Godot. Ou, talvez, nós mesmos devêssemos nos tornar Godot?

Nos anos posteriores, quando ficou claro que não dispunha mais de tempo, ele sugeriu discretamente que deixássemos de brincar com aqueles jogos de troca de máscaras e de nomes. Ele simplesmente se tornou "Jurek", e eu, simplesmente "Ludwik".

A IMAGEM DO MESTRE ANTES DO PERÍODO DO GÊNESIS

Entre 1956 e 1958, quando nós dois morávamos em Cracóvia, eu conhecia o futuro Bańbuła apenas de vista, cruzava com ele no Clube dos Jornalistas, ou no café artístico "U Warszawianek" na rua Sławkowska, ponto de encontro dos intelectuais locais, escritores, artistas, palestrantes da Universidade e da Academia de Artes Plásticas, atores e diretores

---

[1] Osiński: "Grotowski o 'parach teatralnych'"..., p. 13.

de teatros locais. Em meio a essa elite intelectual fervilhante e visível, a personalidade mais moderna, sofisticada e de estilo era Tadeusz Kantor, grão-sacerdote e dândi. Comparado a ele, Grotowski parecia alguém que negligenciava completamente sua aparência e imagem.

É como me lembro dele da época do pré-Gênesis: de surradas calças azul-marinho, enfiadas sob sua protuberante barriga, e um casaco disforme da PDT (uma loja de departamento da época comunista). De camisa parcialmente desabotoada, gravata precariamente atada, usava meias disformes e sandálias marrons. Sem dúvida, era uma pessoa do circuito cultural local, mas desprovido de qualquer elegância ou deliberada casualidade artística. Uma figura bizarra.

Simpatizei com ele por sua negligência nas roupas e na aparência. Eu fantasiava: este homem pode ser um verdadeiro letrado, devotado aos estudos, alguém que não liga para aparências e permanece leal a uma espécie de paixão intelectual elevada...

Grotowski era obeso, pálido, de pele esponjosa, e muito míope. De óculos espessos, sempre carregando sua maleta cheia. Bebendo chá preto forte no copo, e fazendo anotações, ele folheava os livros com a ponta da língua para fora. Trabalhava sem parar – sozinho, mas em público... Absorvido no trabalho, afundado em reflexões, um ser recluso e silencioso, contrastando com a massa falante, barulhenta dos frequentadores do café...

Suas pernas eram fortes, de panturrilhas grossas, e, quando andava – com sua inseparável pasta debaixo do braço, ou com os ombros baixos –, emitia a aura de um homem que não tem tempo a perder, pois tem uma missão significativa a realizar. Ele avançava monumentalmente, com a cabeça erguida, como se deslizando acima do entorno. A imagem-modelo de um homem de ação.

Ainda assim, havia algo predominantemente professoral nele... De lábios finos, pálidos, moventes, verbalmente hábeis, obviamente melífluos... Os lábios melífluos de um professor. Talvez do Professor Pimko de Gombrowicz?[2] Na realidade, naquela época ele era membro júnior da equipe pedagógica da Faculdade Estadual de Interpretação (PWST, em

---

[2] Um professor do romance *Ferdydurke*, de Gombrowicz – o pedagogo proverbialmente conservador, autoritário, de mente estreita.

polonês; atualmente, Academia de Artes Dramáticas Ludwik Solski). E, posteriormente, diretor novato de um dos teatros locais – assim, também uma espécie de pedagogo: a profissão de um diretor no espírito de Stanislávski que eu associava, acima de tudo, com a direção de atores – dessa forma, com a pedagogia do palco... Diretores dessa escola especialmente irradiavam a missão de Ensinar – com um E maiúsculo.

Ele era assim quando eu o conheci, em maio de 1959; com um posto num pequeno teatro da cidade provinciana de Opole, chamei Grotowski para sugerir que ele se tornasse diretor e eu, diretor literário.

Em sua carta a Osiński citada anteriormente, Grotowski também menciona esse fato: "Ludwik escreveu muito criticamente sobre meu trabalho de diretor, mas, ainda assim, quando foi indicado como diretor do teatro de Opole, ele fez essa oferta a mim (dizendo: 'o senhor [usando o tratamento formal Pan] será o administrador e diretor, e eu serei o seu principal colaborador' – na época não nos tratávamos mutuamente com intimidade)".[3] Como disse antes, o encontro aconteceu em maio de 1959 em Cracóvia, no Clube de Jornalistas previamente mencionado, na St. Szczepańska 1, na esquina da Praça do Mercado Principal, com vista para a Sukiennice e para a Basílica de Sta. Maria. Era um dia ensolarado e muito quente.

Sem hesitar, Grotowski respondeu: sim.

Esse foi, na verdade, o ato fundador – embora informal – do futuro Teatro Laboratório, que – graças aos incríveis talentos políticos e artísticos do seu jovem administrador de 26 anos de idade – se tornaria em alguns anos uma parte da história mundial do teatro. Forneço esses detalhes para uso de historiadores.

Escrevo de modo aparentemente bombástico, apropriado ao fantasma de uma época mítica, entretanto também com certo espírito jocoso. As palavras ditas meio século depois, lembradas fielmente por Grotowski, soam muito modernas e atualizadas. A frase "O senhor será administrador e diretor, e eu serei seu principal colaborador" poderia ter sido dita hoje, como uma proposta confidencial estabelecendo um pacto discreto entre dois indivíduos muito ambiciosos. Além do mais, posso

---

[3] Osiński, "Grotowski o 'parach teatralnych'"..., p. 13.

confessar atualmente (não sei se é sábio) que na realidade nós tramamos uma conspiração... Nosso objetivo era reformar o teatro na Polônia e ao redor do mundo.

Não estou seguro se a trama realmente se efetivou. O teatro, uma besta teimosa e pesada, prudentemente coxeia pelo caminho de Leviatã.

Lembro-me de quando, depois de longas discussões, estávamos nos preparando para ir para Opole para assumir nosso teatro ali – o futuro Teatro Laboratório. Grotowski pediu à minha mulher para ajudá-lo a comprar roupas. Toda sua roupa estava esfarrapada e gasta.

Quem sabe se essa troca de roupas comum que acompanhou o estabelecimento de nosso *ashram* baseado em Opole no verão de 1959 não foi de fato o ato ritual do mestre para "assumir a ordenação"?

Na época, a obtenção de roupas decentes não era fácil, e consegui-las de acordo com seu gosto era ainda mais difícil. Exigia muitas visitas às lojas estatais, dependendo dos caprichos da "verdadeira-distribuição" socialista de bens. Certo dia, encontramos uma loja que – estranhamente – naquele mesmo dia disponibilizava verdadeiras camisas de marinheiros feitas de lona grossa, em decote V e gola de marinheiro. Grotowski comprou o estoque inteiro, em liquidação. As camisas eram muito práticas e transformavam qualquer um que as usasse num cão marinho.

Sem dúvida, isso correspondia ao sonho de Grotowski de viajar ao redor do globo. Na época, bem antes dos feriados, no final dos quais iríamos ao nosso retiro em Opole, ele viajou de barco pelo Mediterrâneo.

Usou as camisas por muitos anos. No calor, as camisas eram suas batas, e uma espécie de hábito monástico curto... Mas seu rosto infantil e sua figura obesa transformavam sua aparência numa espécie de uniforme escolar.

Foi assim que o garoto terrível, o futuro Reginaldo, irrompeu dessa crisálida informe.

Uma das poucas fotografias de Grotoswski comigo, reproduzida em muitos livros e jornais, mostra-nos sentados nos degraus do palco do Teatro das 13 Fileiras (foi tirada antes de removermos o palco) diante da cortina que apareceu no início do *Mistério Bufo* baseado em Maiakóvski. Grotowski, já usando os óculos escuros recomendados pelos oftalmologistas, vestia uma dessas camisas de marinheiro. Acima de nós, umas misteriosas figuras humanas monstruosas com rostos distorcidos por sombria paixão, cópias de algum quadro de Hieronymus Bosch. Nós, sentados e sorrindo um ao outro, em entendimento. Dois colaboradores, preparando juntos a peça perfeita. Isso foi quase o início do caminho. Uma longa jornada estendia-se diante de nós.

Foi também então – anuncio esta tese altamente científica – que os jogos de identidade de Grotowski na esfera pública começaram para sempre.

LUDI POLÍTICOS

Ele tinha o temperamento do político nato. Nosso Teatro Laboratório tornou-se uma espécie de ducado soberano, lutando constantemente por sua independência, um organismo fora do sistema dominante, porém usando a liberdade e o dinheiro do poder superior, do regime comunista. Grotowski – chefe do autoproclamado principado – foi forçado (e eu o auxiliei ao máximo) a fazer um jogo sutil e sofisticado com o regime. Ao mesmo tempo, ele se precavia de não envenenar as coisas essenciais que deviam permanecer intocadas e limpas. O Ducado do Laboratório teve de pilotar um caminho entre vários poderes institucionalizados e formadores de opinião.

Pois havia ali em nosso teatro umas coisas que o Estado e o Partido consideravam altamente inadequadas ("Um estado socialista não deve fornecer apoio financeiro ao absurdo incompreensível e ao misticismo"), pior que blasfêmias para a Igreja ("Eles estão celebrando missas negras"; "Isso é pornografia"; "Talvez estejam fundando uma seita herética e ímpia!"), e que levantavam suspeitas ao seguidor vistulino de Descartes ("que seja, homem...) e nem sempre apropriadas à opinião dos europeus modernos ("Talvez eles sejam apenas uma espécie de católicos obscurantistas poloneses").

Grotowski teve muito trabalho como político. Como ser uma instituição – existir desse modo num sentido legalizado e ter meios legais – e, ainda assim, permanecer um organismo verdadeiramente criativo, ou seja, ser minimamente institucionalizado? Como poderíamos ser subsidiados pelo Estado e ao mesmo tempo nos considerarmos rebeldes espirituais? Como permanecer um não conformista ou *outsider*, sendo ao mesmo tempo subsidiado pelo Estado? Como seguir as regras do jogo com o patrão e com a opinião pública rotineira, enquanto preservávamos a independência interna – contra o charme dos poderosos desse mundo e a sugestão de números de audiência? Como prevaricar e, se necessário, mentir ao patrão, mascarando e mudando de camuflagem sem destruir a verdadeira identidade? Como construir a casca de uma fachada, enquanto se preserva uma semente fértil? Como enviar sinais enganadores aos inimigos perigosos, sem confundir nossos amigos? E como saber quando parar o jogo – ou seja, quais os limites, quando não vale mais a pena?

Fazer esse jogo em vários níveis não somente requeria ações eficientes, mas era também familiar a Grotowski. Ele encontrava aí alguns elementos excitantes de risco, de aposta e paixão. Era também um teste da eficiência de sua "vontade de potência", uma saída das grandes tensões.

Os "gabinetes de guerra" secretos com os quais eu me ocupava quando arrancado da cama à noite – nunca tive certeza de quantas horas eu dormiria à noite – eram um ritual de nosso Ducado do Laboratório. Grotowski andava em círculo energicamente, como Napoleão, analisando a situação vigente e planejando as próximas versões de uma futura batalha, bufando como se fosse o comandante e ao mesmo tempo seu cavalo de guerra. De cenho cerrado, eu tentava, ao máximo, ser seu marechal de campo e apoiar seu raciocínio por meio de conselhos.

Havia também um elemento de humor nisso. Ironicamente escondido dos outros. Ainda que algumas vezes se manifestasse abertamente, ou sugerindo delicadamente sua presença. Grotowski era um *homo ludens*.

Nossas máscaras de Koko e Augusto, sempre de prontidão, foram muito úteis.

Tivemos nossos momentos de tensão e de conflitos – é natural que acontecessem entre nós em tantos anos de colaboração, sobretudo quando eu ficava muito desagradável em meu orgulho analítico e em minha arrogância. Nesses períodos, Koko e Augusto nasciam em nós apesar de nossa vontade, apesar das intenções das duas partes conflitantes. Ainda assim, tínhamos um acordo de cavalheiros de que o *teatro cômico* de nossas controvérsias permaneceria sem espectadores. Talvez somente o Criador sorridente nos observasse do alto de seu balcão, cercado de anjos. Grotowski tendia ao teatro sem público – também na vida real...

Às vezes, em nossos encontros confidenciais, Grotowski usava a máscara do Reginaldo travesso, quando discutíamos algumas decisões desagradáveis ou drásticas relacionadas à Firma e à equipe – decisões ou planos exigindo esperteza, audácia, arrogância, crueldade.

Havia outra versão do autoritário Reginaldo, um indivíduo escondendo-se em cartas e documentos por trás das iniciais "D. B.". Na realidade, não era sequer um indivíduo, mas uma parte de seu corpo, a de um autoritário ativo. O nome em código "D. B.". – eu o decifro aos futuros historiadores – significa: Dupa Bańbuły – a Bunda de Bańbuła. Surgiu numa de "nossas reuniões reveladoras", em que eu dizia a Bańbuła que seu método de ação favorito era sentar-se com o traseiro sobre algo. Sentar, ou seja, controlar tudo que fosse possível.

Hoje, meio século depois, é evidente a eficiência e a visão perspicaz dessa sentada. Na realidade, Grotowski sentou-se sobre a história e a memória toda do Teatro Laboratório. Ele deu um exemplo aos críticos e historiadores de como sentar-se sobre isso. O Duque que Sentava, de bom grado, convidou a corte de estudiosos e eruditos para sentarem-se à sua volta.

À medida que escrevo estas palavras, sinto a verdadeira presença do *ludens* de Grotowski.

Sentar-se era um dos truques da política de Grotowski, tanto na política externa quanto interna de nosso Ducado do Laboratório, incluindo a política particular do mestre, que pensava em construir sua fama de grande homem e artista. Certa vez, eu lhe disse: "Sabe o que você devia preencher no campo 'Ocupação' da ficha de dados pessoais? 'Jerzy Grotowski, ocupação: gênio'".

Uma vez, em Opole, depois da estreia de nossa primeira produção, no outono de 1959, fui vê-lo em sua cabana, cheia de livros, a cama sempre desfeita. Eu o encontrei preparando um álbum – um decorativo álbum *kitsch* de retratos de família – com as fotos da nossa montagem de *Orfeu*, baseada em Cocteau, inseridas cuidadosamente, com descrições detalhadas, *clippings* de imprensa, notas informativas. Havia etiquetas brancas nas margens das páginas daquele álbum quase memorial, preenchidas com comentários escritos à mão por seu autor. Lembro-me de uma delas que mais me espantou: "O inócio do 'grotowskismo'... (grotowszczyzna) em Opole".

Considerei isso o ato impróprio de megalomania de um artista apenas iniciante. Ele ainda não tinha atingido nada, a não ser uma produção de valor questionável, contudo estava preparando um álbum decorativo adequado a um jubileu... e aos dias iniciais de "grotowskianismo"... Pois com certeza haveria um "grotowskianismo", um completo movimento teatral incrivelmente promissor com o nome de Grotowski. Achei essa atitude de vaidade e autoconfiança imprópria a um funcionário, um eremita, um humilde servidor do ofício (era como eu imaginava o verdadeiro artista naquela época). Eu o repreendi intensamente. Ele olhou para mim como uma espécie de camarada ingênuo. Nós dois ficamos irritados.

De qualquer modo, o álbum desapareceu do horizonte e dos arquivos do "grotowskianismo" que, de fato, começou naquela época em Opole e continua até hoje, como previsto pelo autor do álbum.

Será que isso desapareceu? De várias formas – também invisíveis –, isso acompanhou Grotowski em sua jornada, instigado por ele, acrescentado e preparado por outros. E mesmo hoje, nem todas as páginas do álbum amarelaram. Também participei disso.

Depois de muitos anos, o orgulhoso profeta de Opole – esse título meio irônico surgiu ao lado de seu nome mesmo naquela época – apresentava-se como um humilde artesão ou, no mínimo, como um servidor da Tradição.

Nosso Imperativo – além do enunciado kantiano "o céu estrelado acima de mim e a lei moral dentro de mim" – era "a *raison d'état* (razão de ser) da Firma". A fórmula fazia parte do nosso dicionário.

Ambos éramos leitores cuidadosos de O *Príncipe* de Maquiavel – para mim, um estímulo à minha *virtu* de perspicácia profundamente oculta; para ele, infinitamente mais avançado em seu caminho, a busca, no livro do mestre florentino, de certas analogias inspiradoras e de um aconselhamento concreto: o que um governante deve fazer numa determinada situação difícil. Talvez esse fato pareça uma invenção puramente humorística, entretanto é a genuína verdade! A edição polonesa de antes da guerra de O *Príncipe* de minha biblioteca também incluía uma obra polêmica de Frederico, o Grande, intitulada *Antimaquiavel*. O que achávamos interessante nessa configuração, da qual falávamos, era o fato de o intelectual florentino independente se tornar o símbolo de malícia enquanto o rei da Prússia, um agressivo conquistador e militar responsável por crimes de guerra, era autor de reflexões políticas altamente moralistas.

Essa não era a única leitura de Grotowski sobre estratégia política, tática e pragmática. Ele também lia outras obras históricas de Maquiavel. Ao conseguir acesso aos livros em francês, ele leu diligentemente Clausewitz.[4] Grotowski gostava de discutir e resolver charadas de ações políticas, bem como planejar estratégias de combate. Assim como praticava ioga para manter a psique e o corpo, exercitava sua mente no terreno de técnicas políticas.

Ele se considerava o dirigente de nosso Ducado do Laboratório, responsável por seu destino. Tinha de guerrear e vencer as batalhas diárias por sua sobrevivência e seu futuro. Tinha de decidir as táticas de encontro com um "texugo" local – como chamávamos as autoridades representativas – ou, ainda mais difícil, com um "texugo metropolitano" de Varsóvia, de cuja boa ou má vontade dependia o futuro da Firma. Havia também os problemas internos correntes de gerenciamento da equipe.

Grotowski, suponho, tinha algum prazer estético nisso, como alguns têm em resolver problemas de alta matemática.

Ele era simplesmente fascinado por Charles de Gaulle e monitorava sua carreira e prática política com muito interesse. Comentava quase toda decisão de De Gaulle, deliberando o que teria feito diante da mesma situação. Acontecia de prever com precisão alguns movimentos de De Gaulle no tabuleiro político francês e mundial. Além disso, De Gaulle era um homem-modelo de um destino maior – uma figura carismática – e, ao mesmo tempo, de percepção realista. E possuía talento para fazer política com fórmulas surpreendentes – como a famosa "Europa, do Atlântico aos Urais", numa época em que a Europa estava dividida pelo Muro de Berlim. Foi uma espécie de encarnação de Talleyrand[5] e, ao mesmo tempo, personagem de uma tragédia de Pierre Corneille. De mais a mais, a encarnação escolhera um corpo um tanto cômico. Nós o chamávamos de "Aspargo", pela sua semelhança com um talo de aspargo.

---

[4] Carl von Clausewitz (1780-1831), soldado prussiano e teórico militar.
[5] Charles Maurice de Talleyrand-Perigord (1754-1838), diplomata francês muito bem sucedido.

O Grotowski político seguia o exemplo de De Gaulle no gerenciamento do Pleroma.[6] Como de hábito, não sem um senso de humor: lembro-me da queda do General Aspargo como um importante evento para nós. Era um sinal dos tempos. Ele diria que cair também é uma arte. E achávamos que De Gaulle era também um mestre na queda.

Depois da queda de De Gaulle, publiquei um ensaio sobre ele na revista mensal *Odra*, de Wrocław ("Ostatni 'Dziadek' schodzi ze sceny" [O Último "Homem" Sai de Cena"], *Odra*, 6 (1968), p. 105-107). Foi um testemunho de nossa paixão comum pelo carismático Aspargo.

Outro aspecto mais amplo – um tanto apocalíptico – do pensamento político de Grotowski: ler os sinais de *Kali Yuga* – nós dois tínhamos certeza de estar vivendo numa "idade de vício" – e conseguir opor-se aos poderes da entropia circundante...

Grotowski lia com paixão a imprensa política e a literatura, biografias de ativistas e de estadistas. Quando o vi pela última vez em Paris, acamado, aguardando para ser transportado à sua residência italiana, ele contou que lera recentemente as fascinantes memórias de Molotov.

Certa vez, em anos recentes, ele me pediu para procurar o livro *Hitler Fala*... O autor, Herman Rauschning, foi presidente do senado da Cidade Livre de Danzig, um aristocrata de inclinações intelectuais. O Führer discutia com satisfação assuntos com ele, ainda que Rauschning bem rapidamente percebesse o tipo de pessoa que era seu interlocutor. Vários anos antes da Segunda Guerra Mundial, ele voou secretamente para a Suíça.[7] Ofereci uma cópia do livro de Rauschning a Grotowski de minha biblioteca. A maior parte de nossas vidas temermos a prevalência dessa tentação totalitarista no homem, nas nações, nas massas, em várias civilizações.

"Dodolf (era o apelido que Grotowski dava a Hitler) não morreu; ele apenas foi tirar uma soneca." Grotowski misturava o nome de Hitler,

---

[6] Pleroma é um termo cristão e geralmente gnóstico em referência à totalidade dos poderes divinos, que Flaszen utiliza aqui e depois um tanto ironicamente para tratar do "cosmos" do Teatro Laboratório.

[7] Rauschning foi governador de Danzig entre 1933 e 1934. Alguns historiadores consideram suas declarações dos numerosos encontros com o Führer insustentáveis e o seu *Fala Hitler*, fraudulento.

Adolf, com a palavra francesa "dodo" – "cochilo, embalo para dormir": "Dodolf pode acordar um dia..."

Pessoas de várias raças e culturas se encontravam em nosso Ducado do Laboratório para trabalhar juntas, para encontrar uma linguagem comum. Suas experiências não negavam, mas enfatizavam diferenças, ainda que seu objetivo fosse encontrar algo que precedesse as diferenças...

Ludi Theatralis. Ludi contra o espírito de Kali Yuga.

UM FANTASMA DE DÜSSELDORF

Uma pequena digressão sobre o começo de nossa atividade.

Nossa estreia em Opole, *Orfeu*, baseada em Cocteau, em outubro de 1959, foi muito importante para nós; o futuro da instituição que tínhamos acabado de assumir dependia da recepção de nosso primeiro trabalho. Logo, o semanário literário de Cracóvia *Życie Literackie* publicou um ataque feroz a Grotowski, escrito por um crítico respeitável. O autor expressava seu espanto pelo fato de eu, um famoso jornalista e panfletário, ter decidido colaborar com Grotowski, um diretor iniciante de reputação duvidosa.

E eis minha resposta publicada no mesmo semanário do qual fui demitido alguns anos antes por apoiar os jovens radicais pela renovação do socialismo, entre eles Grotowski:

> Caro Editor!
>
> A reportagem do sr. Jan Paweł Gawlik, publicada no n. 40 da *Życie Literackie*[8] alertou-me. De fato, ao assumir o posto de diretor literário no Teatro das 13 Fileiras em Opole, entrei em má companhia, controlado por um vigarista profissional, famoso nos círculos criminais pelo pseudônimo de "Jerzy Grotowski". Desde o início de nossa cooperação tive algumas dúvidas se seria normal o supracitado indivíduo, como não é sabido pelo autor da reportagem, cometer alguns atos ambíguos, especialmente:

---

[8] Ver: Jan Paweł Gawlik, "Sztuka skromności" [A Arte da Modéstia], *Życie Literackie*, 4 out. 1959, p. 10.

1. Ele alega notoriamente ser o autor de *Balladyna*;[9]

2. Sob o pretexto de ser o último sucessor da dinastia Piast local, ele arranjou para si um apartamento luxuoso na cripta dos Duques de Opole;

3. Sob a desculpa de subsidiar o teatro, ele sistematicamente desvia dinheiro das autoridades locais – que na realidade é gasto com arranjos extravagantes no citado apartamento, sobre cujo propósito prefiro não falar;

4. Ele contratou um elenco, supostamente de jovens atores, mas consistindo na realidade de idosos e de viúvas, tratados com terapia de Voronoff por motivos evidentemente sensuais;[10]

5. Ele pratica "modernidade" e "experimentação teatral" pela mutilação dos corpos dos atores e pelos monstruosos deslocamentos de suas partes orgânicas;

6. Ele profere missas sacras em igrejas locais, alegando ser o primaz;

7. Ele é um Ser-em-si e não um Ser-para-si como deveria ser[11] qualquer cidadão decente. Juntando os fatos da reportagem do sr. Gawlik com minhas próprias observações, tenho toda oportunidade para supor que a imagem de Jerzy Grotowski é apenas um disfarce do Fantasma de Düsseldorf, caçado pela polícia há anos. Suplico-lhe segredo – estou sendo chantageado. Por favor, ajude-me o mais rapidamente possível.

Ludwik Flaszen, diretor literário da gangue do "Teatro das 13 Fileiras"[12]

---

[9] *Balladyna* é um drama poético escrito em 1834 (publicado em 1839) por Juliusz Słowacki, um dos três Bardos do romantismo polonês.

[10] Flaszen alude jocosamente ao outrora famoso (e então ridicularizado) cirurgião russo--francês que nos anos de 1920 transplantou tecido dos testículos de macacos em testículos humanos como tratamento antissenilidade.

[11] Flaszen está zombando de dois termos-chave do Existencialismo sartreano (então em moda): *l'être-en-soi* e *l'être-pour-soi*.

[12] Flaszen, "W sprawie 'Satuki skromności', carta ao editor, *Życie Literackie*, 18 out. 1959, p. 10.

Essa foi a primeira declaração oficial – publicada na imprensa – da parte da direção, emitida apenas um mês depois da inauguração do futuro Teatro Laboratório. O tom era engraçado. Portanto, esse foi nosso *ludens* fundador no domínio público.

A propósito, muitos anos depois, o agressivo crítico publicou sua crítica de *Akrópolis*.[13] Escreveu na última frase: "Uma das experiências teatrais mais interessantes de nossa época está acontecendo numa pequena sala de Opole". Foi somente em 1962 que o crítico Jan Paweł Gawlik teve bom faro. Suas profecias foram cumpridas.

Há dois momentos impressionantes na carta acima, na qual tentei utilizar todos os meus recursos de panfletário, parodísticos, etc. (na realidade, apesar de não considerar a maior realização nesse campo). Em primeiro lugar, há o enunciado referente a um assunto sério – a uma questão pendente até, pois se tratava de nosso direito básico de existir! –, ainda que tivesse a forma de brincadeira. Pertence ao gênero das inspirações lúdicas. Em segundo lugar, o artigo transforma Grotowski num gângster, num criminoso famoso por relatos criminosos (provavelmente inventamos juntos). Assim – uma das "brincadeiras de identidade" favoritas de Grotowski.

Os atores logo começaram a chamá-lo de Chefe. Será que foi nomeado para ser o chefe da gangue? Grotowski, sensível à sua imagem, aceitou seu papel-apelido. A análise profunda desses jogos terminológicos comprovariam algumas tendências à hipérbole, aos papéis humorísticos de "anti-heróis", criminosos, depravados – portanto, tendências num plano lúdico, porém sem referências hiperbólicas reais –, ao excesso, à transgressão e à provocação. Você diz que sou um vigarista? É muito pior: sou um gângster. "É muito pior", era sua figura de retórica favorita.

ANDRZEJ, O MESTRE

Nosso Teatro das 13 Fileiras, um humilde empreendimento marginal, rotulado de "teatro experimental", encabeçou rapidamente o que se tornaria um evento famoso na Polônia e no exterior com o nome de Teatro Laboratório e o *slogan* de "teatro pobre". Com que visibilidade deveria se apresentar o misterioso criador, o *spiritus movens* do acontecimento todo?

---

[13] Gawlik, "Akropolis 1962", *Trybuna Opolska*, 20-21 out. 1962, p. 6.

Como deveria parecer? O que deveria vestir? O que fazer para transformar a falha corporal – sua obesidade de Gargântua e compleição doentiamente pálida – numa criatura psicofísica e espiritualmente convincente?

A época da improvisação têxtil pobre, a época do "visual" pobre (como é chamado profissionalmente agora) terminava – "Eu usava o que tinha".[14] Um jovem artista de teatro ingressando num nível de alta proficiência e fama numa velocidade estonteante tinha de parecer um verdadeiro mestre.

Certamente, também aos olhos do elenco: para intensificar o carisma criativo, nunca é suficiente.

A figura de Andrzej Towiański era essa referência irônica à tradição: um messiânico polonês do período romântico, ativo na elite dos emigrantes poloneses em Paris nos anos de 1840, portanto antes de ter se mudado para Itália.[15] Towiański recebeu a visão divina de sua missão quando vivia numa remota província da Lituânia, e como mestre espiritual ele advogava por trabalho persistente, devotado à própria perfeição interior dos seus escolhidos, que deveria levar à salvação da nação polonesa considerada líder de outras nações no caminho da redenção mundial. Aparentemente, Andrzej, o Mestre, praticava esse trabalho interior e recomendava firmemente aos seus seguidores.

Grotowski, inspirado no daguerreótipo do século XX (de Towiański), vestia um casaco preto – um pouco mais longo que uma jaqueta moderna – com bolsos discretos no peito, colarinho estreito levemente erguido e lapelas estreitas que podiam ser abotoadas no pescoço. Seus olhos ficavam ocultos atrás de óculos escuros. Alguém que se apresentasse assim poderia ser considerado um clérigo sem batina ou um monástico laico, mas de modo tão discreto que podia aparecer em qualquer lugar diariamente, inclusive em instituições locais e no regime central. Um indivíduo de traços secretos. Um excêntrico.

Essa imagem foi elaborada, modernizada e produzida até o último detalhe por Waldemar Krygier, artista e diretor, conhecido também como figurinista e por ter criado os cartazes originais do Teatro Laboratório que pareciam impressões antigas.

---

[14] Palavras proferidas por Chochol ou o homem de palha em *Wesele* de Wyspiański, I, 3.
[15] Entre seus seguidores, os dois maiores poetas românticos poloneses, Mickiewicz e Słowacki.

Era uma criação de risco – especialmente na medida em que nós (e não somente nós) desprezávamos Towiański. Ainda que a referência a tal modelo tivesse alguns precedentes respeitáveis à arte teatral polonesa. Era o estilo dos mestres da Grande Reforma, inovadores e restauradores da arte teatral. Na Polônia, as manifestações mais criativas dessa arte justapunham a vanguarda do século XX com a revolta romântica, isto é, revolta contra a tradição com uma crença ambígua nesta. E – como se revelaria – era o caso de Grotowski... a vanguarda polonesa na poesia e no teatro – mesmo que oficialmente antirromântica – era caracterizada por jorros messiânicos, e ambicionava transformar radicalmente o mundo e a humanidade. Na realidade, não em nome da perene natureza, mas em nome da restauração de uma civilização urbana tecnológica. Cidade... Massa... Máquina.[16] Os salvadores daquela época.

Em seu traje negro, Grotowski parecia alguém se erguendo acima da moda vanguardista e das novidades insignificantes recém-importadas de Paris. O Grotowski negro – o modelo "Towiański" – era um *outsider*; exatamente como todo artista com autoestima deveria ser. No entanto, ele não pertencia ao rebanho dos boêmios que ressuscitavam na Polônia do pós-guerra, que manifestavam sua modernidade e cidadania da Europa moderna (com Paris como capital) por sua roupa e seus costumes. No início dos anos de 1960, Grotowski também não era um representante típico do teatro institucional da época como uma suposta caricatura de Honoré Daumier.[17] Assim, nem diretor de um teatro institucional, nem líder de um grupo de vanguarda. E perdeu a aparência de um professor de escola de arte dramática, um mestre da escola de arte.

Apenas a eternamente presente maleta que chamava de esposa era o elo com o mundo das pessoas comuns, da *intelligentsia* ou dos trabalhadores de colarinho branco – e dos homens casados, com filhos, lares e famílias.

Quando queria verificar suas anotações, seus documentos ou algum livro (e ele sempre carregava algum), enquanto discutia, ele costumava

---

[16] O título em polonês refere-se ao manifesto artístico (1922) do poeta vanguardista Tadeusz Peiper (1891-1969), que considerava "cidade-massa-máquina" como símbolos veneráveis de modernidade no espírito do futurismo.

[17] O artista francês, impressor e caricaturista (1808-1879).

pegar sua maleta e dizer: "Espera, espera, deixe eu abrir a minha esposa; preciso pedir-lhe um conselho...".

Era também uma alusão jocosa à dependência muito comum, quase proverbial, dos diretores teatrais em relação às atrizes-esposas... No Teatro Laboratório, a esposa do diretor era a maleta de Grotowski de conteúdos sempre ricos: oficiais, espirituais, farmacológicos. Ele a abria com frequência, pois examinava com precisão e anotava tudo. Um freudiano vulgar provavelmente sugeriria alguma função simbólica das esferográficas usadas por Grotowski...

Obviamente, o Grotowski negro despertava o interesse da opinião pública e contribuía para avivar a fofoca no meio. Quem diabos é esse Grotowski? Um homem de teatro? Um místico? Um charlatão? Um vigarista? Um autoproclamado adepto do ocultismo, praticando magia? Um maníaco sexual disfarçado? Um abade de algum estranho monastério?

Podia-se perceber uma espécie de nostalgia tradicional de monasticismo, ainda que oculto, nos teatros poloneses mais ambiciosos. Os patronos dessa nostalgia eram de formas variadas, os bardos românticos – todos eles do Círculo de Andrzej Towiański em algum período de suas vidas. Reflexões sobre disciplina monástica, humildade e devoção à arte como um caminho a Deus, ou simplesmente arte como Deus, fizeram bater mais forte muitos corações das pessoas de teatro de vários credos.

No chamado meio teatral, todos os tipos de tentações e iniciativas sacro-artísticas foram veementemente desprezados. Eram os temas favoritos das piadas contadas em festas de bêbados. Obviamente, Grotowski e nosso Teatro Laboratório pertenciam à categoria monástica de experiências espirituais no teatro para que o meio fofocasse sozinho. Na realidade, Grotowski e todos nós zombávamos da vaidade espiritual típica dos bardos.

Todavia, derrisão numa conjunção alquímica com apoteose (conhecida, depois, como a dialética da apoteose e derrisão), o segredo descoberto por Grotowski em sua prática de direção – abriu outra perspectiva previamente desconhecida.

O meio teatral seguiu o impulso em direção ao pragmatismo profissional que, de modo duvidoso, seria supostamente cinismo. Como um fenômeno enigmático, a severa disciplina da prática do ofício foi negativamente chamada "do monastério". E o que se encobre aí, homem? Blefe, burla, algum negócio suspeito. Uns truques mágicos baratos. Paranoia.

Suspeitas desse tipo acompanharam Grotowski por toda a sua vida. Desde o início. E por quase todo o período de sua atividade na Polônia – com várias intensidades. Gozadores de província foram silenciados quando Grotowski retornou do Ocidente na glória da fama internacional. Curiosamente, em anos recentes o mesmo motivo renasceu, também no Ocidente. Surgiu um capítulo aparte na Grotologia: "a lenda negra de Grotowski".

Grotowski conquistou sucesso na arena internacional anos antes de Tadeusz Kantor, um de seus gozadores por toda vida. Em Cracóvia, eu era próximo de Kantor, que me considerava um crítico talentoso e promissor. Quando lhe contei sobre meus planos de colaborar com Grotowski, ele comentou com desprezo neurótico, comprimindo o rosto: "Com aquela mediocridade pretensiosa? Suas pernas fedem".

Na realidade, a última observação do alto sacerdote vanguardista estava correta. Grotowski sofria de uma doença renal crônica e cheirava à urina apesar de se lavar várias vezes ao dia.

Daí em diante eu perdi os favores – ou a amizade? – do maior líder do Teatro Cricot e dos pintores de vanguarda do Grupa Krakowska, embora eu fosse ainda um jovem fã deles. Kantor começou por fingir que não me conhecia. Não lembro se ele rompeu ostensivamente comigo ou não, como costumava fazer com os indivíduos que proferiam opiniões ou cometiam atos que desmerecessem seus contatos.

Muitos anos depois, um eminente especialista esotérico, que se considerava um seguidor da antroposofia, declarou sua opinião sobre Grotowski. Grotowski quis conhecê-lo, pois gostava dele como tradutor de Carl Gustav Jung. O pio esotérico-antroposófico identificou Grotowski – e sua opinião foi publicada – como um determinado membro do movimento ahrimânico que estava ludibriando o mundo.[18] Segundo ele, Grotowski simplesmente parecia transformar o homem num animal.

---

[18] Segundo Rudolf Steiner, o fundador da Antroposofia, Ahriman é uma entidade demoníaca espiritual associada ao materialismo, progresso tecnológico e intelectualismo, desse modo responsável pela alienação da humanidade de suas raízes espirituais.

Felizmente, eu era uma figura muito insignificante para ser até mesmo percebido pelo humilde servo da bondade cósmica. Além do mais, por ser parceiro de Grotowski, um ahrimanista, alguém poderia encontrar em meus dados pessoais motivos interessantes que justificassem especular nosso complô a serviço da perversidade cósmica. Sem mencionar que meu livro mais importante se intitula *Cyrograf*, isto é, *Um Pacto com o Demônio*.

Vou repetir: Grotowski foi ridicularizado e, para piorar, ficou sob suspeita durante toda a sua carreira. Escárnio e suspeita foram seus companheiros fiéis de viagem. Às vezes secretamente, às vezes abertamente. Penso que foi parte de sua sina, parte de seu destino. Foi um raio de sua roda cármica. Grotowski, enquanto *homo sacer*, foi suspeito – e ainda mais suspeito como um *homo sacer* misteriosamente associado ao *homo ludens*.

DOUTOR KNOCK

Num turbulento 1968, Grotowski ainda se vestia de preto. Mas não era mais a versão doméstica de Towiański. Alguns anos antes, em sua triunfante aparição pedagógica no Ocidente, talvez bem pago, ele se abastecera com uma abundância de roupas novas. Depois disso, vestia ternos elegantes, casaco preto, chapéu preto com uma aba enfeitada, gravata preta e camisa branca, sapatos pretos pontudos, meias pretas. Tinha uma nova maleta brilhante, obviamente preta. Comparado aos árbitros poloneses locais do *elegantarium*, ele parecia esplêndido. Usava loção pós-barba ocidental, barbeadores ocidentais, pasta de dente ocidental. Ainda assim, permanecia fiel à sua humilde gama de cores limitada a preto e branco, como convém ao chefe de um teatro pobre. De significados sempre renovados, como sempre.

Aí estava Grotowski – o conquistador do Ocidente, um empresário cehio de energia, administrador de uma grande companhia, chefe de um negócio misterioso, quem sabe um Mafioso importante? Aqui, o título de Chefe, dado pelos atores, justificava-se plenamente.

No entanto, havia sempre algum segredo... Isso é como deveria parecer um jesuíta altamente graduado enviado numa missão muito importante. De todo modo, para mim, Grotowski sempre teve algo de padre. Bem, na realidade ele foi uma espécie de padre que se ordenou sozinho e fundou sua própria congregação...

Ele edificou sua igreja... Será que fui um de seus apóstolos? Qual deles? Metáforas do Evangelho – sem falar dos motivos religiosos dos espetáculos – circulavam em nosso meio. Posso dizê-lo abertamente: ele não gostava do clero. E ainda assim... Sou tentado por essa fantasia biográfica: Grotowski lembrava-se de que certa vez na infância um padre catequista o atingiu na cabeça... O menino ferido foi abandonado na igreja, e ele mesmo se tornou um padre catequista... Melhor do que aquele da escola. Com sua própria instituição e com um lugar de adoração. Com apresentações nas quais se consumava um sacrifício...

Grotowski – um padre alternativo. Fundador de uma igreja alternativa – no período de estiagem metafísica na Europa e Polônia.

Nessa clássica encarnação preta do Chefe para uso do Ocidente, com um elemento clerical discreto ao fundo, ele tendia a se fantasiar como um tipo específico de terapeuta, um médico de especialização misteriosa, um homem de medicina. Ele se apresentaria assim: "Sou o Doutor Knock".

Doutor Knock é um personagem da famosa comédia francesa de autoria de Jules Romains [*Knock ou le Triomphe de la Médecine*]. Trata-se de um doutor-vigarista que faz todo mundo acreditar que está doente. As pessoas almejam ser seus pacientes, e ele descobre nelas doenças desconhecidas que precisam ser imediatamente tratadas e prevenidas. Naquela época, Grotowski era muito popular como inventor de um chamado método, modelado segundo Stanislávski. Além do trabalho sólido, de longo prazo, com estagiários do Teatro Laboratório – em cooperação com nossos atores, cujos exercícios específicos faziam parte de seu ritual diário –, ele dirigia cursos rápidos do "método", na Europa e nos Estados Unidos, frequentados por testemunhas, observadores, espectadores.

Seus resultados eram com certeza espetaculares. Depois de uma sessão de trinta minutos de trabalho diante do público, o ator-paciente completamente rígido era capaz de realizar de modo suave algumas evoluções complicadas, quase acrobáticas, um "mudo" conseguia proferir um belo som mágico com uma voz que nunca percebera ter dentro de si. O público ficava impressionado e encantado. As pessoas queriam agradecer o mestre – um operário-miraculoso – com aplausos, ainda que o código de conduta das sessões testemunhais proibisse isso de antemão.

Grotowski – Doutor Knock – tinha não apenas conhecimento versátil – e prático! – sobre o funcionamento do organismo humano, sobre as técnicas do ator e de sua psicologia, mas muito mais: em cooperação com os atores, ele os compreendia de modo enfático, conduzindo com paciência ações que superavam todas as possibilidades previamente conhecidas. Algumas ações nas sessões do Grotowski terapeuta pareciam, na realidade, procedimentos médicos e exames: auscultação, percussão, apalpação, toque do organismo, massagem de certos pontos do corpo. Ele entrava numa troca energética secreta com o paciente, transferindo sua própria energia, e o paciente, aliviado, descobriria em si enormes reservas de energia, antes de, em seguida, ele se apropriar da atenção do público. Um curandeiro, um amigo, um xamã... num terno da Carnaby Street.

Nos primeiros anos de nossa residência em Wrocław, Grotowski morava num hotel (os atores tinham prioridade na obtenção de apartamentos), mas quando enfim conseguiu seu apartamento de um quarto, ele o arrumou deliberadamente ao estilo de um consultório médico. Comprou uma mobília alemã antiga da virada do século, uma escrivaninha gigante atrás da qual se sentava, uma poltrona para o paciente, uma delicada mesa de café, discretas lâmpadas baixas de abajures ornamentais azul marinho. Como dizia, era para ser o estúdio do Doutor Freud ou, melhor ainda, de C. G. Jung.

Na ocasião, seus atores lhe deram um enorme livro alemão de gravuras antigas – com capa de couro do século XVII, grossas páginas impressas em fonte Schwabacher e caligrafia esotérica de estilo inglês Copperplates – que parecia um livro de bruxo. Quando eu visitava Grotowski em seu apartamento e ele falava comigo, ele gostava de manter a mão sobre o livro. Estávamos no mundo de Fausto, em seu estúdio.

A maleta nova não combinava com a evolução da imagem do Doutor Grotowski. Procuramos por uma bolsa de médico especial – ou uma valise com alça e fechos que associávamos aos médicos de nossa infância. E encontramos uma – embora, infelizmente, fosse marrom, inadequada ao negrume rigoroso do dono.

Muitos anos depois, o livro, a escrivaninha, a poltrona e a lâmpada de estilo ornamental desapareceram. Algumas peças de mobília foram levadas ao meu apartamento de Wrocław. E ainda estão lá. Não soube o que aconteceu ao grande livro mágico. Eu o cacei no momento em que o Doutor Freud-Jung-Knock estava se transformando num jovem da última década dos anos de 1960. Foi o único livro de Grotowski, que eu saiba, do qual ele não arrancou as páginas nem sublinhou fragmentos necessários. Colecionar livros era minha necessidade, minha mania e meu vício desde a infância. Quando queria ver aquele livro, tê-lo em meus joelhos, olhar e pegá-lo, o dono concordava com relutância. Ele verificava se eu não estava com os dedos sujos. Instruía-me sobre como manusear as inestimáveis páginas antigas.

Depois de 1970, o Doutor Grotowski distribuiu com generosidade a qualquer um e em qualquer lugar todos os pertences escrupulosamente escolhidos. O transformado proprietário do apartamento de um quarto o esvaziou quase completamente. Quaisquer sinais de sólida estabilidade desapareceram. Um colchão simples, um saco de dormir – daí em diante, a vida acontecia no chão, sem mesa nem cadeiras, com uma estante, uma chaleira e um coador de chá, uma frigideira, uma panela, algumas colheres, garfos num suporte da cozinha, e toalhas servindo de "toalhas de mesa" espalhadas pelo chão na hora de comer e de tomar chá ou café durante um *ágape* acidental.

UM MILAGRE EM SHIRAZ

No final de 1970, num encontro público da Brooklyn Academy de Nova York – no final da triunfante turnê do Teatro Laboratório – Grotowski renegou o teatro. Ele, o criador de espetáculos famosos, um homem de teatro no auge da fama, anunciou *urbi et orbi*, que a prática dessa arte, baseada na interpretação, no fingimento de ser outro diverso de si, no uso de máscaras, na produção ficcional de realidades, não se harmonizava com as necessidades vitais daquela era de progresso, de esperança. A prática do teatro não ia nem parcialmente ao encontro das necessidades e dos sonhos essenciais da época, em particular das necessidades e sonhos das gerações mais jovens que estavam localizando o sentido da vida em algum lugar diverso do resto da sociedade. O teatro não ia ao encontro da era da indagação e da necessidade dessa era de uma espécie de fórmula para a humanidade diferente do que aquela baseada na luta pela sobrevivência. O orador aludia a uma analogia entre nossa época e a do nascimento do cristianismo...

Foi o Doutor Knock quem disse isso?

No outono de 1970, no aeroporto de Shiraz, no Irã, onde fomos com o grupo todo ao famoso Festival de Arte de Shiraz-Persépolis, organizado com patrocínio liberal da imperatriz Farah Diba, em meio ao comitê de recepção percebi um jovem iogue de roupa indiana branca que sorria para mim. Fiquei surpreso com seu aspecto muito branco para um nativo. Talvez houvesse indianos de cabelo louro escuro e de pele branca – pensei. Ele tinha cabelos compridos de cor de palha e uma fina barba escorrida e bigode; atrás dos óculos, grandes olhos. Tinha uma faixa delicada envolvendo testa e cabelo, tornando-o parecido às figuras de anjos das pinturas pré-rafaelitas.

Ele se aproximou de mim com um enorme sorriso. Tentei compreender o que queria de mim esse tipo estranho que se parecia com um buscador espiritual das margens do Ganges. Será que me reconhecia? Talvez – surpresa agradável –, graças a Grotowski, eu ficara famoso até na Índia?

Na realidade, era o próprio Grotowski, ainda que numa nova encarnação surpreendente. Abraçamo-nos cordialmente. Ele estava visivelmente contente por eu não o ter reconhecido. Como se tivesse realizado o truque perfeito – possivelmente, o melhor da vida. Pois aqui o brincalhão não estava fingindo, não estava interpretando outra pessoa, não estava mistificando. De corpo e mente literalmente transformado – e era visível. Sob o sol do deserto iraniano, Grotowski estava claro e luminoso – Grotowski *transfiguratus* –, numa forma parecida ao corpo etéreo das pinturas sagradas...

Ele era a evidência carnal, visível, da possibilidade da transformação radical do homem – uma transformação que os sábios antigos, místicos e alquimistas sonhavam. Entre eles, certamente, os que ele mais adorara desde a infância, acima de tudo: os iogues hindus, pregadores e praticantes de Advaita, exploradores extáticos (em sua própria experiência) da natureza idêntica de Brahma e Atman, Tantra do Caminho da Mão Direita – não da Esquerda,[19] como ele logo esclareceria...

---

[19] O Caminho da Mão Esquerda é um termo usado no ocultismo ocidental para descrever práticas religiosas consideradas imorais, com rituais transgressivos, mágica sexual, etc., especialmente conhecidas com referência ao Tantra.

Por muitos anos ele sempre manteve ao seu lado uma fotografia de Ramana Maharishi, assim como bons católicos mantêm uma imagem de seus santos padroeiros. Até onde me lembro, a fotografia era emoldurada. A cabeça do santo homem hindu na foto parecia irradiar uma luz rara, exatamente como as cabeças de santos católicos em imagens pintadas pelos antigos mestres ou pintores baratos...

Sat – Cit – Ānanda![20]

Será que o Grotowski transformado irradiava uma luz parecida?

Note-se que essa transformação – uma *metanoia*? – acontecia em 1970. Um historiador diria que isso aconteceu na onda dos memoráveis anos de 1960 que estavam apenas começando na Polônia com um atraso de quase dez anos. Os "Anos Sessenta" da Polônia duraram até meados de 1970, graças a outro abrandamento e liberalização do regime. O comunismo furado polonês abria-se novamente ao Ocidente.

Os líderes espirituais da contracultura, quase psicólogos, quase terapeutas praticantes, quase pensadores, sábios – entre eles os antipsiquiatras Ronald Laing, Alan Watts, Carl R. Rogers, Abraham Maslow – carregavam as nostalgias e esperanças dessa transformação de tudo nos anos de 1960 (recém-terminados no Ocidente). Seus textos e resumos de segunda mão alcançaram a Polônia através da Cortina de Ferro, nunca fechada o bastante, graças às editoras especializadas nas ciências da religião, sociologia, psicologia, até medicina...

Multidões de jovens culturalmente progressistas ansiavam por uma *metanoia* pararreligiosa. Sem mestres espirituais institucionais. Alguns deles acompanhavam a transformação de Grotowski.

Talvez a metamorfose psicofísica de Grotowski tenha sido apoiada inclusive por Carl Gustav Jung, não muito popular na era da boa vontade comum, da *não violência,* do amor e da tolerância. Nos retratos, o rosto de Jung é muito sombrio, de expressão pesada, e os olhos penetrantes do sábio atravessam assimetricamente. O gnóstico oculto atrás do signo de um médico psiquiatra tentava-nos com seu diagnóstico

---

[20] Em sânscrito: "Existência – Consciência – Bem-Aventurança"; a fórmula hindu para descrever a natureza fundamental, absoluta da realidade (Brahma) enquanto experiência de um iogue plenamente liberado.

impiedoso da crise da alma europeia, com os arquétipos mágicos, com uma visão da andança dramática da psique individual em meio às criações e aos espectros do inconsciente. E tudo isso com a perspectiva de salvação na metamorfose da alma doente, que talvez entrasse na zona de existência autêntica, marcada com os signos proferidos em diferentes línguas: *das Selbst*, *the Self*, *le Soi*, Ah, a dificuldade da língua polonesa: devíamos utilizar o termo *Jaźń*, inventado pelos escritores pós-românticos de Młoda Polska,[21] uma variante polonesa do modernismo? Ou talvez, com Bergson: "o eu profundo"? No jargão acadêmico, esse caminho todo foi chamado de "processo de individuação".

Talvez, então, nos meses anteriores ao seu surgimento no aeroporto de Shiraz, Grotowski completara com sucesso um processo bem mais longo. Muito apropriadamente, de acordo com a fenomenologia da alma humana estudada pelo Doutor Jung – significando que seu quadragésimo aniversário se aproximava do "entardecer de sua vida".

Certamente, ele vagueou não apenas por sua Índia sonhada, mas também por áreas secretas de seu *Self* – numa troca horizontal com as pessoas e numa troca vertical com os poderes dos céus e da terra, com os elementos, com o Universo.

O Grotowski de Shiraz era a encarnação individual – e visualmente manifesta – de um ser humano. E, não por acaso, ele surgiu dessa forma no Oriente, num mundo que apoiava as transformações das almas e mentes europeias, incluindo seu substrato somático.

Depois de Shiraz, eu também – seguindo Grotowski – experimentei minha própria transformação. Com orientação alimentar do mestre, eu mesmo, um quadragenário, muito gordo e sedentário, perdi peso e barriga. Não sem alguma hesitação, escondi minha roupa provinciana europeia de baixa qualidade no fundo do guarda-roupa e apresentei a receita ritual das "Ordens Sagradas" vestindo jeans...

A dieta seguida por Grotowski por muitos anos era baseada unicamente em proteínas – em especial, carne, ovos, *bacon*, gordura de porco. Sem amido, sem açúcar, muita água pura. Deus não permite sequer uma pequena migalha de pão. O resultado era impressionante. Com tal tratamento

---

[21] Ver: "Os Filhos de Outubro Olham para o Ocidente", nota 40.

se emagrece bem rapidamente. Grotowski me explicava que essa dieta era praticada pelos pilotos norte-americanos de jatos supersônicos.

Ainda em sua luta – ou, na verdade, em nossa luta, pois ele recomendou a dieta aos outros membros do grupo que começavam a ficar gorduchos –, a luta para transformar o corpo e o espírito ao mesmo tempo, Grotowski parecia um herético. Nessa época, jovens que ingressavam num caminho espiritual geralmente consideravam a ingestão de carne um ato vergonhoso. O vegetarianismo e a macrobiótica posicionavam-se como os padrões da geração. A *transfiguratus* de Grotowski comia imensas porções de carne e bebia dúzias de ovos crus direto da casca... Um buscador carnívoro (e onívoro) do Absoluto. Como de costume, ele evitava drogas rigidamente. Ao invés, ele ingeria grande quantidade de vitaminas – um remédio prioritário em seu equipamento nômade de primeiros socorros.

Tal transformação humana total, simultaneamente carnal e espiritual, tornou-se uma lei não escrita no código do Pleroma – um nome que parecia se aproximar mais intimamente de sua designação original. Essa metamorfose psicofísica tornou-se não apenas tarefa interna do grupo, mas a tarefa programática, ou objetiva, do antigo Instituto do Ator – o Teatro Laboratório – em várias versões, situado numa hierarquia precisa, com o grande Mistério no centro, no refúgio de Brzezinka.

IRMÃO JERZYK[22]

O chefe de roupa preta, casaco e chapéu preto desapareceu rapidamente depois de Shiraz. A nova encarnação era adequada aos anos maduros do famoso diretor, o administrador do Instituto de Pesquisa do Método do Ator do Teatro Laboratório de Wrocław, um metodologista do trabalho do ator, um orientador mágico de atores, não apenas os conduzindo a uma técnica elevada, mas também provocando transformações de personalidade, adentrando no processo de sua própria transfiguração. No caso de Ryszard Cieślak, Grotowski declarava abertamente que depois de muitos meses de trabalho com *O Príncipe Constante*, sem nenhuma testemunha, um duplo nascimento – de um mestre e um ator – aconteceu. Foi

---

[22] Diminutivo de Jerzy.

uma saída – como é comumente conhecido dos especialistas atuais – para experiências que vão além do teatro.

Grotowski transformou-se num jovem de cabelos compridos, de barba e bigode serrilhados, vestindo jeans e jaqueta de brim por muitos anos. Ele trocou os óculos por lentes de contato. No lugar de sua fiel esposa-maleta ele carregava um bornal ou uma mochila com uma garrafa térmica. Desabotoava sua camisa expondo em seu peito um amuleto ou medalhão *hippie* de couro, provavelmente ameríndio. Antes, sempre fora rigidamente abotoado, como se envergonhado de seu corpo. Agora, seu peito frágil, negligentemente exposto, parecia másculo e mais forte.

Certa vez, ele me anunciou, sorrindo radiante: "Sou um adolescente, estou em minha adolescência".

Naquela época, era cercado de jovens que cultivavam um estilo *hippie*, à moda da época. Ele mudaria para a forma casual com alguns deles. Alguns eram conhecidos de viagem e, às vezes, os que vinham em peregrinação ao Pleroma eram convidados a um contato mais próximo com o mestre. Ele dizia não ser um mestre, mas um irmão – como pedia para ser chamado. No entanto, isso não tem nada a ver com confraternização rotineira comum entre boêmios artistas. Não era fácil tornar-se um irmão. Os irmãos se tornariam companheiros de viagem, literalmente e num sentido criativo. Ainda assim, na realidade, quanto mais irmão ele fosse, mais mestre era.

Os irmãos assumiam novos nomes. Quando fui para Brzezinka como dito "assessor" das experiências parateatrais, fui chamado de "irmão Abel". Talvez a mudança de nomes supostamente quebrasse nossas relações ordinárias e nos levasse a outra dimensão.

Grotowski pedia aos jovens que o chamassem de "Jerzyk". Isso o divertia em reuniões oficiais ou sociais com pessoas fora do círculo dos iniciados. Ele falava com personagens ou com alguém diferenciado (diferenciado num sentido burguês) usando formas oficiais e polidas, mas ao mesmo tempo conversava sem cerimônia com um jovem ao seu lado. Interlocutores sérios ficavam impressionados. O que aconteceu com esse Grotowski?

Era uma versão lúdica de sua estratégia de vida para chacoalhar hierarquias. Ele gostava de criá-las e estabelecê-las – bem como de revertê-las e destruí-las.

Por muitos anos a palavra "irmão" foi a nomenclatura-chave de Grotowski. Mas nem todo mundo era irmão, como se poderia esperar do som generoso e cordial da palavra. Nem todo representante do *homo sapiens* era irmão, embora na época da não violência não ser um irmão não significasse necessariamente ser inimigo: ele era como era, segundo sua natureza específica. Somente os escolhidos podiam aspirar ao título de "irmão" – os exclusivamente escolhidos, pois a irmandade supõe uma espécie de proximidade, uma intimidade única. Um irmão é um ser com uma necessidade especial e com uma sensibilidade especial. "Portanto, nem todo mundo", como o irmão Jerzy[k] concluía em sua fala programática intitulada *Dia Santo* [*Święto*]. Para Grotowski, não apenas seres humanos eram seus irmãos, mas também, como disse uma vez, a terra, a água, o vento, a Via Láctea.

Os irmãos recentemente envolvidos permaneciam fora da prévia hierarquia artística do grupo. Ou, como alguém diria, acima daquela hierarquia. Habilidades de atuação podiam até ser um obstáculo. No caminho do Dia Santo, a pessoa tinha de se livrar não apenas da máscara cotidiana, da máscara do "teatro da vida cotidiana", mas também de todas as habilidades estudadas do ofício prático de ator. A pessoa tinha de romper com a própria casca. Desarmar-se a si mesma. E, estando desarmada, confrontar-se com a outra pessoa desarmada. Sem medo. Sem segredos. Como um ser total.

Estou parafraseando as palavras de Grotowski em *Holiday* [*Dia Santo*], o texto que publiquei com ele como consultor e humilde notário antes da publicação. Ele me procurou de sandálias, de pés descalços, carregando sua mochila. Ditou seus pensamentos e fórmulas – que abririam um novo período na história do moribundo Instituto de Pesquisa do Método do Ator – de seu caderno de anotações, gasto em viagens. Ele tinha dificuldade para ler as anotações escritas com pressa, talvez com o toco do lápis. Eram anotações de um caminhante, não de um diretor e metodologista. Ele testava suas metáforas poéticas – supostamente para serem entendidas de modo literal – em meus ouvidos de escritor. Como soavam? Eram sugestivas o bastante? Estimulantes o bastante? E, além do mais, eram concretas?

Em suas palestras, mesmo nas que soavam como promessa do paraíso terrestre, ele mantinha uma sobriedade e um pragmatismo do Bańbuła, "o prefeito de um vilarejo polonês de fim de mundo", ainda vivos nele. Argumentando com atores céticos (o público a quem ele mais se dirigia em suas palestras), ele garantia que estar desarmado não era o mesmo para alguns que teriam de abandonar suas habilidades como seria para outros sem nada a perder, exceto talvez sua máscara cotidiana. De qualquer maneira, a atuação teatral e "a atuação da vida cotidiana" estavam do mesmo lado, enquanto o abandono da atuação é uma dimensão completamente diferente de existência.

No centro das experiências parateatrais, em seu Refúgio[23] (uma das palavras favoritas de Grotowski), a maioria dos participantes era de jovens, não de atores ou amadores de teatros estudantis – e eles eram como a energia-guia; o ponto de referência para antigos mestres da arte do ator do Teatro Laboratório. Com exceção do líder, Ryszard Cieślak, o mestre do desarmamento humano em *O Príncipe Constante*. Assim, um desconhecido Henio ou Józio, graças aos seus traços psicofísicos ou à sua necessidade mais intensa de sentido de vida, ou – para colocar desse modo – pela aura energética que irradiava, tinha posição mais elevada na espiral hierárquica do que nossos excelentes atores profissionais que mais frequentemente agiam à margem, numa equipe de logística.

Tornar-se um xamã, um guia através das várias dimensões da Existência era a ambição oculta e, às vezes, aberta, dos pleromitas. Éramos todos xamãs. E xamãs mantêm seus segredos de maneira invejosa. Alguém já viu um xamã que amou outro xamã?

Devo admitir que eu também praticava meu xamanismo particular no meu cantinho, a princípio sem nenhuma licença para fazê-lo. Eu era um intelectual, um escritor, um teórico, não um prático. Ainda assim, fui enviado certa vez por Grotowski para buscar especialistas práticos e consegui trazer Jacques Casterman, famoso discípulo e colaborador de Karlfried Graf von Durkheim, o grande mestre espiritual da Floresta Negra. Ele ensinava uma versão europeia, quase cristã, de Zen.

Trabalhamos com Casterman num grupo. Ele dirigiu o treinamento por vários dias, comigo como aprendiz comum, então, fui líder por um

---

[23] Em polonês, *Matecznik* – nome dado pelos caçadores aos locais dificilmente acessíveis, livres de qualquer contaminação humana; o equivalente científico desse termo é *refugium*.

dia e Casterman foi um dos meus aprendizes. Depois de completar o treinamento, Casterman, mestre e aprendiz, disse a Grotowski que, ao trabalhar comigo, conseguiu um estado meditativo que não experimentava havia muito tempo porque, afirmou, se afastara disso pela rotina e pelos exercícios diários. Ele não conseguia explicar a si mesmo esse fato de maneira adequada, pois minhas ações, completamente contrárias às práticas espirituais aceitas, eram improvisadas e desprovidas de quaisquer exercícios precisamente estruturados. Ele também me disse diretamente que eu tinha um *hara* excepcionalmente bem desenvolvido – o centro energético identificado no Zen japonês, localizado cerca de dois dedos abaixo do umbigo –, com potencial de uma espécie de efetividade... Na realidade, como devotado leitor de livros espirituais, eu lera a respeito do *hara,* ainda que não soubesse possuí-lo numa extensão visível, cultivado por alguns métodos extratécnicos...

Depois da avaliação de um técnico profissional espiritual, não pude resistir a uma espécie de doce arrogância, embora soubesse que satisfação e orgulho nesse campo podem causar regressão a um ego narcísico, à espreita de que cada insignificante erro psicotécnico nosso prevaleça... Como resultado, a eficiência de minhas "Meditações em Voz Alta" diminuiu por um tempo. E fiquei zangado: por que, eu me perguntava, meu altamente desenvolvido *hara* se fechara, se atrofiara e murchara – apesar do emissário do mestre da Floresta Negra ter reconhecido em mim de algum modo uma marca dessa vocação...?

De todo modo, depois daquele episódio, Grotowski me deu a licença do iniciado.

Na realidade, tinha o aspecto adequado para liderar grupos experimentais de mistérios naquela idade. De barba, deixei crescer o cabelo, usava calças de brim, camisas e jaquetas. Olhava diretamente nos olhos das pessoas. Mantinha a cabeça levemente abaixada – para mostrar humilde compreensão e minha atenção para com o mundo e com as pessoas. Em meu peito, em meu coração, eu geralmente sentia uma espécie de felicidade tranquila, era leve e relaxado. Falava com voz calma, clara... Talvez essa tenha sido a época mais feliz de minha vida.

Muitos participantes das "Meditações em Voz Alta" compartilharam dessa felicidade comigo.

Naturalmente, Grotowski era o principal xamã. Ele procurava continuamente por um jovem discípulo que o representasse de alguma forma. Nem todos os pleronitas eram igualmente providos do carisma xamânico do Grande Xamã... Ainda assim, o carisma xamânico era estranhamente contagiante no Pleroma. Quanto mais afastado e inferior na espiral hierárquica, menos óbvio era. Era algo como as esferas gnósticas de éons. Ainda assim, algum tipo de reflexo nos atingia a todos, inclusive a equipe do secretariado.

Assim, obtive o carisma de um xamã autodidata.

Uma vez, em Paris, onde Grotowski me enviou para buscar praticantes espirituais para levá-los até nós, um de meus aprendizes de ascendência oriental colocou-me em contato com um grupo de dervixes nômades turcos. Ele me levou ao seu concerto particular. Eles tocavam e cantavam. Apesar de minhas expectativas, não houve danças giratórias. Devo admitir que nem nós, os vários convidados, nem os músicos experimentaram um alto nível de êxtase... Mesmo assim, alcançamos – não sei em que medida – um estado de encantamento. Os músicos deixavam seus instrumentos para inalar, com um borbulhar, de um narguilé compartilhado. Foi servido um chá com aroma esquisito. Havia densa fumaça pelo ar. Uma deslumbrante *ney* – flauta mística –, acompanhada por instrumentos de corda e melódicos tambores e tamboretes, foi criando sua própria obra de arte...

Depois do concerto, os dervixes me homenagearam em meio aos convidados com excepcional cordialidade. Perguntaram-me a respeito de minhas práticas espirituais... Talvez percebessem algumas energias peculiares em mim. Sugeriram que eu deveria ser um xeique...

Flaszen, o Xeique! Obviamente, enquanto apaixonado buscador espiritual, também provei um pouco de Sufismo, tentei *dhikr*,[24] e Jalāl ad-Dīn Rumi – o filósofo persa, autor, músico, místico e fundador da ordem dos Dervixes Giradores de Konya, Turquia – fora meu poeta favorito por muitos anos. Podia sentir nisso tudo uma espécie de alma de meus ancestrais hassídicos da Galícia,[25] que louvavam a Deus com canto e dança – e será que por esse meio eles O traziam à existência?

---

[24] "A lembrança de Deus", no Sufismo, é uma prática devocional que inclui rezas, canto, meditação, exercícios de respiração e dança estática conduzindo ao transe.

[25] Nome da partilha austríaca (1772-1928) da Comunidade Polonesa-Lituana do Sudeste da Polônia e da Ucrânia Ocidental atuais.

Encontrei nesses dervixes o equivalente aos curdos de Grotowski – exóticos, distantes e próximos fiadores de nossas iniciações – e não errei ao comunicar a ele minha descoberta...

OS INESPERADOS ALTOS E BAIXOS DO PRÍNCIPE FERNANDO

Nossa estada no Irã foi prolongada. *O Príncipe Constante* provocou um interesse tão grande que, logo depois de Shiraz, fomos convidados para várias semanas em Teerã.

Em dias em que não nos apresentávamos, nossos hospitaleiros anfitriões nos propunham algumas excursões ao interior do país. Todos ficavam livres para escolher a direção e o destino da viagem.

Grotowski foi ao Curdistão. Ele quis conhecer verdadeiros curdos, pelos quais fora fascinado desde criança. O romance de Karl May, *Durchs wilde Kurdistan* [Através do Curdistão Selvagem], era um dos seus favoritos: o escritor alemão de livros de viagem de aventura era um dos autores de escritos iniciáticos da vida inteira de Grotowski. Seus sonhos de infância e adolescência com os povos e as culturas exóticas – sobre cujos mistérios ele sempre teve curiosidade – foram preenchidos de forma perfeitamente literal.

Um dos proeminentes membros da família imperial foi seu guia nessa expedição real ao "Curdistão selvagem". Ao retornar, Grotowski contou-me, com um rosto radiante, que os chefes dos clãs o recepcionaram muito cordialmente. Eles o reconheceram como um parente de sangue e trataram-no quase como um xeique – um mestre espiritual – de um país distante, de uma tribo desconhecida. E eles até o iniciaram em alguns rituais em geral inacessíveis a estrangeiros. Mesmo o seu cicerone altamente graduado teve de aguardá-lo à distância, na companhia do motorista.

Ele não quis me contar o que se passou. Disse que não podia trair seus anfitriões que confiaram nele. Supostamente, era um segredo entre ele e eles – os homens iniciados.

Quanto a mim, quis ir para Qom, a famosa cidade sagrada dos xiitas, do santuário de Fatimah al-Ma'sūmah, uma das mulheres mais sagradas do Islã. Fui a Qom, mas não posso dizer que estive lá. Depois de uma longa jornada pelo deserto pedregoso, paramos a alguma distância dos muros da cidade sagrada. Estrangeiros não eram permitidos ali. Estávamos acompanhados de um dos primos da imperatriz Farah Diba. Apesar da longa distância, ele me aconselhou a permanecer no carro e – Deus me livre! – não sair para me aliviar. Poderia ser interpretado como uma profanação de graves consequências.

Admirei à distância os muros da cidade medieval, os domos azuis das mesquitas e os minaretes delgados acima. Sentia-me no mundo dos contos das mil e uma noites.

Alguns anos depois, Qom tornou-se o local da guerra dos combatentes radicais do Profeta que começou a esmagar o império do generoso anfitrião do festival.

Em Shiraz, O *Príncipe Constante* foi apresentado num antigo pavilhão histórico – um palacete adaptado para esse fim –, no belo jardim de Del Gosha, um oásis de verdura e palmas exaltado pelos poetas [persas], na cidade de seu príncipe, Hafez.

Uma noite, a imperatriz foi assistir ao espetáculo. Lembro-me de seguranças sentados em cada palmeira, ocultos no bosque de folhas.

Substituindo Grotowski, fiz as honras. Uma corte de acompanhantes apresentou-me cerimoniosamente à imperatriz, uma bela mulher, delgada, alta e charmosa. Quando estudante, fora jogadora de basquete. Falava excelente francês – como todas as pessoas da corte do xá. Respondi a suas perguntas de forma breve, pois naquela época minhas habilidades com a língua de Racine e Corneille estavam longe das regras da Academia Francesa. Era óbvio que ela estava impressionada com O *Príncipe Constante*. Suas palavras e curiosidade não pareciam convencionais. Ao se despedir, ela me cumprimentou dando sua mão, de acordo com o *savoir-vivre* europeu. Sua corte e o acompanhante fizeram uma profunda inclinação oriental, com as mãos no peito.

O *Príncipe Constante* teve uma acolhida surpreendentemente entusiasmada no Irã. Como os amigos iranianos explicaram, o público entendeu o espetáculo como uma peça de mistério sobre seu mártir sagrado. Eles associaram a intriga com a história de martírio e de apoteose de seu herói religioso, Hussein ibn Ali, neto do Profeta Ali, figura importante do Islã Shi'a, a denominação oficial do Irã. Assim, a peça, que funcionou na Europa como a paixão de uma vítima sacrificial, de um homem semelhante a Cristo, atormentado até a morte pelos muçulmanos, tornou-se aí a história de um mártir muçulmano... Talvez o público associasse as cenas do açoitamento e autoflagelação do Príncipe aos rituais de sacrifício dos xiitas, celebrando o aniversário da morte de Ali... Que paradoxo: Grotowski acabou passando por criador de uma peça de mistério teatral xiita...

Felizmente, os anfitriões e espectadores não entenderam o texto. A peça como tal não é especificamente anti-islâmica, porém o texto, embora estritamente esclarecido pela direção, incluía algumas opiniões a respeito do Profeta que certamente não seriam admiradas por zelosos confessores.

Uma noite, o espetáculo recebeu a visita do primeiro ministro do império, Amir-Abbas Hoveida. Como era seu hábito, Grotowski se trancou com os atores no espaço teatral para a preparação psicológica do importante e tenso espetáculo. Na época, fiz a recepção e coube a mim apertar a mão do primeiro ministro.

Hoveida era seguido por um excepcionalmente enorme grupo de guarda-costas. Por motivos de segurança, os espectadores podiam entrar na sala depois do aquecimento preliminar dos atores, que, com Grotowski, se escondiam no camarim. Lembro-me da manada inteira de enormes machos de terno preto e camisa branca querendo examinar a mim, inclusive o anfitrião (talvez eu não me parecesse com o anfitrião), para verificar se eu não ocultava algum instrumento letal. O primeiro ministro ficava cercado por eles tão estreitamente que o aperto de mão mencionado antes durou um segundo e nem sequer foi acompanhado de qualquer conversa convencional.

Hoveida era corpulento, rígido e mancava. Tive a impressão de que estava armado, escondendo uma pistola na perna da calça.

Durante a apresentação, fiquei fora, como sempre. Os seguranças que cercavam o edifício olhavam-me atentamente. Fiz alguns gestos amigáveis a eles, tentando convencê-los a não me temer. Respondiam com sorrisos mais desconfiados do que sombrios. No fim da apresentação, Hoveida, com os seguranças estreitamente à sua volta, saiu rapidamente. Não procurou os anfitriões para se despedir.

Fiquei curioso sobre o que a imperatriz e o seu primeiro ministro poderiam sentir ao assistir a um espetáculo sobre jogos despóticos de uma corte e sobre atos de crueldade de um autocrata obcecado e caprichoso contra um indivíduo solitário.

Nem Calderón de la Barca, o autor do *El Príncipe Constante* original, nem Juliusz Słowacki, seu enfático adaptador polonês, nem Grotowski tinham consciência antecipada do capricho das circunstâncias atuando com o espetáculo *O Príncipe Constante* no contexto do império decadente e da revolução islâmica próxima.

Na realidade, nem todos os artistas convidados se comportavam corretamente com os anfitriões. Era uma época em que a monarquia Pahlavi tentava reformar o país e o abriu ao mundo ocidental. Por sua vez, o Ocidente, na época, estava justamente experimentando uma era de contestação. Algumas pessoas do teatro norte-americano e europeu tentavam manifestar sua aversão ao poder despótico do xá que, então, estava experimentando e deliberando como se separar do modo tradicional do despotismo Oriental (a organização do Festival Internacional Shiraz-Persépolis era uma experiência dessa ordem). Os contestadores ocidentais, aproveitando-se da hospitalidade e dos luxos oferecidos pelos organizadores do Festival, às vezes se comportavam com o orgulho desafiador dos combatentes libertários.

É uma ironia peculiar do destino que as pessoas de teatro, de instintos anarquistas inatos contra o poder, contra a ordem e contra os governantes, utilizem o apoio financeiro e a proteção dos poderosos... E eles têm de fazê-lo; esse é seu carma.

Alguns anos depois, a dinastia Pahlavi caiu. Eu estava na França quando a revolução de Khomeini irrompeu. Um dia, todos os jornais publicaram em página de rosto uma foto enorme de um homem deitado de costas sobre uma mesa alta, com o peito coberto por com uma espécie de lençol branco hospitalar. Havia uma grande ferida intencionalmente exposta causada por uma bala próxima ao coração. Era o cadáver do primeiro ministro Hoveida, assassinado como exemplo pelos revolucionários islâmicos. Eles enviaram a foto para a imprensa internacional como um signo do triunfo da justa causa das pessoas pias, da justiça do Misericordioso e da vitória do aiatolá Khomeini.

A malfadada mão do condenado pousava ao lado do corpo; alguns anos antes, eu casual e momentaneamente segurei aquela mão.

De todo modo, *O Príncipe Constante* viajou pelo mundo conduzido por uma estranha coincidência ou pela mão irônica do destino. Em

1968, fomos convidados ao México para os eventos culturais que costumeiramente acompanham os Jogos Olímpicos. Depois de um longo e exaustivo voo, pousamos na Cidade do México. A caminho do hotel, percebemos tanques e veículos armados nas ruas. Havia uma porção de soldados e policiais. Nosso carro foi parado muitas vezes em pontos fortificados de verificação, e demorou muito tempo até chegarmos ao hotel. No dia seguinte, soubemos que naquela mesma noite de nossa chegada ao México ocorreram demonstrações estudantis massivas na cidade, na Plaza de las Tres Culturas e no distrito ao redor, e houve repressão sangrenta do governo. O número de mortos foi alto.

Novamente, o destino do Príncipe Constante de Calderón-Słowacki-Grotowski-Cieślak emergia com o da Grande História. Deixou sua marca no jovem teatro de toda a América Latina, e a imagem de Cieślak em seu ato total se tornou um ícone. Ele lembrava a famosa foto de Che Guevara em seu leito de morte, tirada um ano antes de nossa temporada no México. Mais uma vez, O Príncipe Constante – pela estranha revelação de seu *ludens* – viu-se envolvido, involuntariamente da parte dos autores. Um gnomo sombrio da História. Não éramos entusiasmados pelos regimes de Direita da América do Sul, nem admirávamos os movimentos comunistas latino-americanos e todos os românticos *guerrilheros*, bandidos poeticamente encantadores. Assim como não admirávamos a revolução islâmica, embora ela tivesse alguns crentes fascinados ou observadores fascinados em meio às elites intelectuais do Ocidente (Michel Foucault, por exemplo...). Ainda que o jovem teatro latino-americano estivesse cheio de pessoas talentosas, de vida e imaginação, Grotowski tornou-se seu modelo e poderia ter sido líder se não tivesse contestado o espírito superficial – e nem sempre artisticamente benéfico – de envolvimento jornalístico direto.

No entanto, penso que o ícone do Príncipe Constante foi mais forte que os debates e as diferenças de opiniões. Especialmente pela proximidade da sensibilidade latino-americana com a sensibilidade barroca, assim como com a sensibilidade polonesa de Grotowski e do Teatro Laboratório. No programa da apresentação escrevi abertamente sobre essas fontes barrocas.[26]

[26] Ver: "*O Príncipe Constante*. Notas de Rodapé do Espetáculo", nessa coletânea.

Simplificando radicalmente as coisas, pode-se dizer que, quanto ao aspecto político, *O Príncipe Constante* é perversamente anticomunista e antissoviético. Ainda que o espetáculo não assuma a forma jornalística. E ele ultrapassa a dimensão política, ingressando em algo que pode ser chamado de metapolítica. Com isso, surgem tais designações paradoxais... Seu estatuto ontológico é sempre renovado, multiforme, surpreendente... Será que essa é a característica das obras-primas?

Mas, ao mesmo tempo, em setembro de 1968, na Cidade do México, deprimidos, depois das repressões sangrentas à revolta dos jovens, lembro-me de *O Príncipe Constante* apresentado como se em isolamento, em silêncio, sem nenhuma publicidade. Era difícil respirar numa altitude de 2.300 metros acima do mar; sentíamos-nos bêbados, euforicamente enfraquecidos. Nosso camarim era equipado com galões de oxigênio, caso fossem necessários a atores que ficassem fracos ou com falta de ar. O Príncipe Constante mexicano, que caiu no redemoinho sangrento dos eventos, era um Príncipe no oxigênio.

Depois do México, devíamos ir aos Estados Unidos, mas o Departamento de Estado, apesar de nossos esforços, finalmente recusou nossos vistos de entrada. Era a época da intervenção militar das Forças do Pacto de Varsóvia na Tchecoslováquia (inclusive do Exército Popular Polonês), abafando a Primavera de Praga – o período dos principais atentados à liberalização do regime.

Negaram-nos entrada aos Estados Unidos, como se o Príncipe Constante fosse um mártir e rebelde que tinha invadido com tanques uma Praga liberada.

Na realidade, será que ele não foi o icônico irmão, meio ficcional, do estudante tcheco (Jan Palach) que se incendiou na Praça Wenceslas de Praga como um ato de autossacrifício, protestando contra os repressores da liberdade com botas pesadas e togas de juízes?

Muitos artistas e intelectuais protestaram contra a recusa de visto. Um ano depois, *O Príncipe Constante* foi apresentado e recebido com entusiasmo em Nova York. Dessa vez, foi associado aos atos de autoimolação dos monges budistas nas ruas de Saigon.

O espírito – ou um gnomo perverso? – da Grande História acontecia diante de nossos próprios olhos, no clima do Apocalipse Agora-e-Para-Sempre, que piscava ironicamente com seus olhos lacrimejantes...

PRÁTICAS SUPERSTICIOSAS

Como é sabido, atuávamos no âmbito das estruturas de um organismo teatral de estatuto duvidoso e, depois de 1970, no âmbito das estruturas de um quase organismo parateatral de uma forma e um futuro duvidosos.

Grotowski era constantemente atormentado por inúmeras ansiedades – primeiro, é claro, pelas ansiedades criativas. Ele temia a esterilidade. Qual é a próxima? E a perene questão – "uma questão colocada até por Lênin", como zombávamos – "O que fazer?".[27]

Ele vivia em tensão constante. Ao mesmo tempo era maníaco e pedante. Corrigia, aperfeiçoava, adaptava, consertava e revisava tudo: detalhes de exercícios e de espetáculos, versões impressas de suas palestras e documentos oficiais. Nada era concluído de maneira satisfatória para ele. Vivia num estado de permanente emergência. E mantinha todos os seus colaboradores nesse estado – contra as normas e os direitos trabalhistas da classe teatral. O grupo era bem treinado e devotado – esse era o critério de seleção –, e todo mundo aceitava a prontidão incessante, muitas vezes com um custo para a vida familiar e para a paz doméstica.

Quando se sentia atormentado por um problema, ele me tirava da cama de madrugada. Eu tinha de me vestir imediatamente, deixando minha parceira na cama. Ele considerava nossas namoradas e esposas como rivais, mas talvez elas também o considerassem um rival.

Engolia dúzias de pílulas e tranquilizantes para dormir, bebia grande quantidade de xarope e gotas de valeriana, sem falar dos remédios rotineiros para sua indisposição renal crônica. Bebia copos de café muito forte e chá preto – tão preto quanto café forte.

Ele me chamava em casos que considerava urgentes – ou mesmo, mais frequentemente, para uma conversa aberta, de acordo com nosso contrato não escrito. Um aspecto muito importante (talvez o mais importante) de nosso trabalho era o segredo: reuniões repentinas, conversas cara a cara, análises *ad hoc* de casos e situações, verificação de suas ideias criativas

---

[27] Uma alusão ao panfleto de Lênin Что делать? (literalmente: "O que fazer?", conhecido em português como *O que há por fazer?*). Lênin tomou a frase do título de um famoso romance do século XIX do filósofo russo Nikolai Chernyshevsky.

fora da sala de ensaio. Às vezes, praticávamos algo similar às sessões de *brainstorming*: sessões de livre associação para soluções não calculadas de situações inexistentes, quando se precisava ir ao outro lado do espelho para romper com o impasse.

Por iniciativa de Grotowski – meio irônica, meio séria –, consultávamos o *I Ching*, o livro chinês de adivinhações, usando varetas. Jogávamos dados. Buscávamos resposta na *Bíblia Wujek*,[28] dando um ao outro uma página e um verso aleatório que poderiam, por associação, nos levar à resposta apropriada.

Portanto, Grotowski lançava mão de jogos – de *ludi*, no significado literal da palavra! Ambos zombávamos dessas sessões de adivinhação e predição baseadas no acaso – embora acaso em que medida? –, de acordo com o *I Ching*, as varetas tiradas do monte, os dados lançados, os versos aleatórios da Escritura. Ainda que fôssemos subjugados pela febre de verdadeiros jogadores, verdadeiros apostadores, e pela expectativa do verdadeiro momento de Eureka...

Assim, lançávamos mão de práticas consideradas supersticiosas – e, como havia dito antes, foi Grotowski quem as iniciou. Ele era um romântico também nisso...

Mas ele não procurava um resultado direto na mensagem imediata desses jogos proféticos. Eles serviam para desencadear um mecanismo de associações – modeladas em Freud ou, antes, em Jung – para instigar e estimular a imaginação, enriquecer – de modo extralógico – um número de alternativas a serem consideradas, em suma: para abrir o canal de intuição. No final da sessão, Grotowski – contra Mickiewicz – utilizava "lentes e estudo".[29] Depois de ouvir a recomendação de instâncias extrarracionais, ele mudaria para seu "computador racional" (como

---

[28] Traduzida pelo Jesuíta Jakub Wujek, publicada em 1599, a chamada "Bíblia Wujek" foi a tradução oficial católica da *Bíblia* na Polônia por mais de trezentos anos, e moldou o estilo da linguagem bíblica polonesa.

[29] No original: "mędrca szkiełko i oko" (literalmente: "um pequeno vidro e o olho de um sábio"), uma citação da balada *Romantyczność*, um poema precoce de Adam Mickiewicz, escrito em 1821; o poeta evidencia a oposição entre sentimento e razão como meio de conhecimento, favorecendo o primeiro: "Fé e amor são mais perspicazes / do que lentes ou estudo" (de uma tradução inglesa de W. H. Auden).

chamava a razão) para as conclusões garantidas da análise racional. Eu – contra mim mesmo – atuava no papel de um racionalista de rotina.

Lembro-me de algumas sessões de conversas sobre o projeto que finalmente se tornaria *Apocalypsis cum Figuris*.

Grotowski, um diretor já famoso e muito experiente, encontrava-se num impasse criativo. Cansado do conhecimento rotineiro de especialista teatral, ele achava que não conseguiria concluir a obra que se perdeu na procura de si mesma. Grotowski buscava ardentemente uma abertura da imaginação, movimentar as camadas impenetráveis do subconsciente, pela graça – ou simplesmente, pelo entusiasmo com o trabalho...

Minha mãe, de quem Grotowski gostava muito, contou-me que, ao visitar meus pais em Cracóvia, preocupado com a sina deles, por volta de 1968,[30] ele se queixou de exaustão e esterilidade, e de não saber como a nova produção preparada avançaria. Ela me coagiu: "Você tem de ajudá-lo, vá trabalhar".

Minhas conversas com Grotowski na época, o quanto me lembro, eram próximas do *brainstorming*. Grotowski testava em mim a ressonância de suas associações, estimulando as minhas. Lembro-me, para o futuro papel de Ciemny, de Cieślak, de uma associação com um espantalho. Espantalhos sempre tiveram um enorme encanto mágico para mim. E me assustavam na infância. Provavelmente, foi o motivo de, muitas décadas depois, eu ainda me lembrar da aparência de um espantalho em nossas conversas. Esse estranho ser, feito de duas varas com camisas velhas rasgadas e trapos pendurados nelas – com um chapéu suspenso na vara vertical –, teve algum significado no trabalho de Cieślak no papel de Ciemny – extremamente árduo, considerando que ele ainda apresentava o Príncipe Constante, seu *alter ego*. Um espantalho – o dirigente perene da paisagem polonesa, um rei e um palhaço em um só, estimulava a imaginação.

Graças às descobertas improvisadas do grupo, Grotowski, um mártir de sua alta autoridade, vítima de suas habilidades como diretor, abriu-se ao acaso criativo. O acaso objetivo, por assim dizer. Será que foi apenas

---

[30] Flaszen refere-se à sua ascendência judaica e ao o antissemitismo alastrado pela Polônia nessa época, discutido mais detalhadamente adiante neste capítulo.

acaso? A obra, arduamente pesquisada e trabalhada por quase três anos, foi criada em seis semanas.

Grotowski, como disse anteriormente, jogava com a sorte. Na época, ele jogava para si mesmo de um modo particularmente arriscado. Será que o autor de O *Príncipe Constante*, um ícone da época, seria capaz de criar novamente uma obra definitiva? Pois ele tinha certeza, e disse-me diretamente, que a nova peça seria a última.

Os múltiplos *ludi* de Grotowski, inclusive os jogos de adivinhação, eram um elemento – penso que um elemento consciente – de sua psicotécnica pessoal, íntima, criativa. Era um jogo para si mesmo, para seu futuro criativo, para o futuro do Pleroma.

Esses jogos, sempre presentes na dramaturgia de Grotowski, tornaram-se, em *Apocalypsis cum Figuris*, o único fundamento do espetáculo, seu *spiritus movens*, gerador de seu curso. Tudo era baseado na lógica de associações que resultavam da imaginação travessa dos celebrantes...

Ele também jogava "paciência" com as cartas... Funcionará ou não? Para jogar esses jogos – infrequentes, mas práticas significantes – nos trancávamos no teatro. Ou em nosso escritório. Chamávamos isso de "reuniões de trabalho".

Certa vez, em memórias dos anos de 1920, lemos que o marechal Piłsudski, que morava no Palácio Belweder de Varsóvia,[31] e o pianista Ignacy Paderewski, mundialmente famoso, primeiro ministro do governo polonês – as duas figuras mais importantes dos anos iniciais da Segunda República polonesa –, encontravam-se com frequência para discutir questões correntes. O marechal Piłsudski, um líder carismático, chamava o primeiro ministro para reuniões muito urgentes e altamente secretas. Ninguém podia interrompê-los, nem mesmo para anunciar súbitas questões importantes. Entretanto, aconteceu de um mordomo de plantão violar a proibição mais severa e olhar pelo buraco da fechadura. Ele viu dois grandes estadistas jogando "paciência" na escrivaninha do marechal.

---

[31] Entre 1918 e 1922, o marechal Józef Piłsudski manteve o escritório do Naczelnik Państwa (Comando de Estado provisório – o Presidente *de facto*).

Grotowski chamava nossas sessões de "reuniões de Piłsudski e Paderewski". Na realidade, naquela época eu tinha um aspecto em comum com o último: uma rica safra de cabelo que costumava jogar para trás num gesto que era a marca registrada do virtuoso Paderewski, que ele fazia antes de tocar piano.

Figuras históricas eminentes, convencidas de estarem apostando alto, geralmente se entregavam a várias espécies de práticas supersticiosas – e ainda o fazem secretamente.

Embora, em alguns casos, em vez de desfazer o nó crucial do sucesso de seus empreendimentos, eles simplesmente o cortem, seguindo o exemplo proverbial de Alexandre, o Grande.

Jogando com o destino, Grotowski cortou várias vezes o nó górdio posto em seu caminho pelo Destino (?), pela Providência (?) ou por seu Carma. Deixar Cracóvia e mudar-se para Opole, para estabelecer o teatro que se tornaria o Teatro Laboratório, foi talvez seu primeiro "corte". Romper com o teatro para se envolver na peculiar aventura de Encontro-Dia Santo foi outro. Deixar o Pleroma e a Polônia, pedindo asilo político aos Estados Unidos, e depois buscar locais instáveis para suas experiências no exílio – foram outros cortes sem precedentes e vigorosos do nó górdio.

Ele exultava com os gestos do conquistador. Mesmo quando se sentia em risco de derrota. Ou talvez especialmente quando se sentia ameaçado de derrota.

UM *ALTER EGO* DE BENARES

Toda vez que Grotowski retornava do Oriente, especialmente da Índia, sua Terra Sagrada, ele me trazia uma lembrança. Na época, a Polônia comunista estava cheia de artigos devocionais (que possivelmente não podiam ser substituídos ou desenraizados por quaisquer símbolos seculares); seus equivalentes orientais eram raridades exóticas, ou mesmo esquisitices ridículas. Hoje, a Polônia independente ainda é fiel aos tradicionais artigos devocionais nativos, mas objetos baratos de culturas orientais são comuns. Várias imagens de Buda e Shiva de gesso, plástico e metal, supostamente antigas, carregam associações bem negativas – são apenas peças de lixo levadas pela onda recente da Nova Era. Grotowski – sem falar de mim, no meu papel de racionalista – evitava toda espécie de *kitsch* exótico e lixo metafísico, sobretudo porque o mundo de culturas distantes e de espiritualidade sempre foi precioso para ele. Era uma analogia criativa e um *yantra* – um instrumento – de experiências.

Hoje em dia, a cultura ocidental absorveu tantas técnicas espirituais, tradições inteiras e mistérios do Oriente que até me espanto se não são de fato igualmente baratas como as inúteis imagens orientais. O mercado dos vários modos e meios de salvação está suprido com abundância nos dias atuais. Qualquer coisa está disponível. O mundo ocidental pós-Descartes todo está entusiasmado e atarefadamente explorando o misticismo, buscando um remédio para a falta de sentido. O Dalai Lama desceu do alto do Himalaia para debaixo dos tetos de palha (teto moderno, naturalmente) das pessoas comuns, e um mantra não é mais um som-fórmula sagrado, mas um termo jornalístico.

A era Tecno acabou, abrindo caminho aos renascimentos do hip-hop e nu-rock. Milhares de jovens reúnem-se em salões, praças urbanas, campos rurais, pulando em processões rítmicas. O velho Dionísio, ressurgido na forma dos deuses dançantes africanos, discretamente patrocina a juventude apresentando uma dança de São Vito do mundo globalizado.

O Ocidente africanizou-se inconscientemente. A África tornou-se nossa Mãe. Temos a África em nossos quadris; Europa e América estão pulando ao ritmo da música barulhenta, ubíqua. Estamos todos pulando de joelhos inclinados, numa espécie de dança tribal sem fim, sem limites. Estamos nos movendo e chacoalhando nossos quadris. Esse é nosso cotidiano Yanvalou[32] inconsciente.

Santo, Santo, Santo – cantou Allen Ginsberg certa vez nas ruas de Los Angeles e de Nova York, levando o *sacrum* rebelde à civilização cinza e concreta de Moloch. Hoje, há uma fartura de tais "*sacrums*"[33] até mesmo especializados, "*sacrums*" acadêmicos: professores exaltados entoam as citações dos antigos mestres atrás de seus púlpitos...

---

[32] Dança sagrada do deus-serpente Dambalah do Vodu haitiano, que se originou no Benin, na África Ocidental. É um movimento praticado no Workcenter. Grotowski refere-se a ela em seu texto sobre o Teatro das Fontes "Tu es le fils de quelqu'un". Ver em *The Grotowski Sourcebook*, p. 299.

[33] Flaszen usa intencionalmente a forma incorreta com o propósito da derrisão.

E todas essas investigações do *sacrum* na arte, no teatro, na dança, na música, em várias espécies de terapias... Grotowski e eu o agarramos quase no começo dessa onda pararreligiosa, quando era uma expressão de rebeldia contra as religiões coletivas comuns, rotineiras. Atualmente, algo que certa vez costumava ser "trabalhado dentro de si" também se tornou um ritual coletivo, uma prática popular, e até uma moda.

Quando vejo esses mascotes que Grotowski trouxe para mim de suas viagens exóticas, tenho certeza de que o pequeno sonhador de Nienadówka, o estudante e diretor de Cracóvia, o mestre de Opole e Wrocław e o professor do *Performer* de Pontedera venceram. E nós, seus colaboradores de várias gerações, vencemos com ele. O mundo – incluindo uma remota Polônia provinciana – moveu-se em nossa direção. E, se foi assim – que essa vitória seja pírrica –, será que foi devido a um deslize?

Este é meu Buda. Um presente da primeira expedição oriental de Grotowski nos anos de 1960. Esta estatueta feita de madeira de sândalo leve é muito preciosa para mim: por anos, esteve em cima do espelho da sala na casa de meus pais em Cracóvia. Um Buda na antiga casa da rua Smolensk número 15, a um curta distância de caminhada do Castelo Real Wawel... Não vou dizer que ele emergiu do panteão da história polonesa, onde as relíquias de Mickiewicz e de Słowacki estão enterradas – para discutir confidencialmente com os espíritos dos autores de *Dziady*, *Kordian* e de *O Príncipe Constante*...

Este Buda é muito parecido com seu doador, Grotowski.

Obviamente, Grotowski não era uma encarnação de Shakyamuni, o Buda histórico; não tenho certeza nem mesmo se ele foi um Bodhisattva, embora algumas vezes – como velho também – ele tivesse uma espécie de iluminação de um Iluminado... Creio que se ele lesse as palavras que eu, com hesitação, acabei de datilografar, faria uma careta estranha. Grotowski, o buscador incansável da Essência, era uma pessoa metafisicamente tímida. Como me confessou certa vez, achou a Índia atraente porque, entre outras coisas, o deus hindu é uma Mãe. Ele fugiu do severo Deus-Pai para a Índia, onde as deidades são relacionadas à matéria viva, à energia... e onde elas circulavam nos ciclos de encarnações...

Este pequeno Buda de madeira, tão carnal apesar de uma rachadura que cruza sua protuberante barriga, é fisicamente estranho ainda que estranhamente belo. É um Buda dançante, provavelmente num estado de *samadhi*, com os braços erguidos, as mãos abertas para o céu na forma de algum *mudra*, com um imenso sorriso na boca, irradiando felicidade misturada à dor, visivelmente extático... Eu diria – um Buda-Dionísio... Ele é, de alguma forma, semelhante ao Grotowski daqueles anos. Naquela época, Grotowski era atarracado ainda que habilidoso no controle de sua massa corporal. E certamente – como sempre – sonhava com *samadhi*, um estado de plenitude e esvanecimento na Grande Unidade.

Grotowski tinha algo peculiar em suas mãos: suas palmas e dedos eram extremamente vivos, sutis, como se feitos para dançar, em especial uma dança oriental indiana, com *mudras* – gestos-signos – precisos. Falando, ele disporia de suas mãos, de seus dedos – seus braços – em fantásticos floreios, desenhando imagens no ar que irradiavam energia... Naquele tempo, Grotowski era desajeitado, informe, pesado e, ainda assim, tinha algo oculto no interior desse deselegante corpo gordo – um dançarino aéreo.

Estou exagerando ao dizer que ele vivia para dançar. Verdade que em festas ele dançava toscamente, como um urso. Segurava o traseiro de sua parceira, como os estudantes das vilas em festas da cidade. Podia até acontecer de que ele e sua parceira se desequilibrassem... Eu o vi rolando pelo chão e rindo depois de uma queda dessas. Ele dançava de modo vivo, esquecendo sua distância aristocrática costumeira.

Ele se comportava diversamente quando questões importantes estavam em jogo. Mesmo na vida, ao ouvir seu interlocutor, ele o fazia com seu corpo inteiro, e recomendava o mesmo aos atores. Como se estivesse tentando se adequar aos parceiros; conscientemente relaxado, ele assumiria o ritmo interior deles. Ele repassava o interlocutor dentro de si – e era um modo de entendê-lo melhor. Ele dançava internamente. Era preciso conhecê-lo bem para ver os menores tremores do seu torso massivo, dos seus ombros e braços, como se ele entrasse em seu interlocutor, entendesse suas intenções ocultas numa relação de corpo-corpo. Quando queria convencer seus parceiros, distribuía sinais e reações carnais apropriadas aos resultados recebidos. O crucial era fazê-los entrar nessa dança secreta juntos, enquanto ainda se sentissem livres. Desse modo, a distribuição deveria ser limitada, para fazer os parceiros pensarem que haviam chegado à verdade por si mesmos, sem perceber que eram discretamente conduzidos e controlados...

Todo diretor experiente pratica uma dança com o ator no decorrer dos ensaios para sugerir ação adequada, viva. Não estou falando sobre o método russo de показа [*pokaza*],[34] pois Grotowwski evitava intencionalmente isso; ele nunca mostraria a seu ator como atuar.

Depois de anos, a dança de Grotowski, o diretor, tornou-se, por assim dizer, uma prática interior. Silêncio, imobilidade, uma vigília – esse foi o método amadurecido de Grotowski. É óbvio que a dança do líder entraria discretamente nos momentos-chave dessa sessão criativa. E o ator a receberia em seu organismo. Grotowski a chamava de fluxo de impulsos do ator.

Os presentes de Grotowski sempre tiveram algum significado oculto. O Buda, um exótico gordo careca executando um magnífico gesto de plenitude, era como Grotowski, que sonhou com a autotransgressão num ato de plenitude. Esse sonho nunca o abandonou, ainda que ele o transferisse para um ator eleito... Acho que ele me deu a estatueta como seu duplo ideal.

Nunca tinha visto uma imagem de um Buda dançante antes. Quando examinei esse presente peculiar carregado por vários milhares de quilômetros, em pé, ao lado do doador, nós dois rimos maliciosamente. É óbvio, essa coisa – de madeira – é você Bańbuła.

Tal mitologização irônica era nosso costume diário. Irônica? Ou talvez não completamente? Talvez até um pouco séria? Pois o pensamento mitológico, mágico – pensamento por *correspondências* –, era característico dele.

Outro presente de Grotowski é um quadro de colorido berrante protegido por vidro em uma moldura prateada, uma imagem de Shiva e Parvati com o pequeno Ganesh – um bebê-elefante – em seus joelhos. A Sagrada Trindade Hindu ou a Sagrada Família. Ele deu esse presente para mim e para minha esposa, talvez com alguma ironia gentil, de multissobreposições. O tipo de imagem de um casal com um filho: um dia certamente teríamos esse filhinho-elefante também... Ao mesmo tempo, era lixo de

---

[34] Literalmente, "a exibição".

feira, muito engraçado – como se comprado numa feira de igreja na Polônia. Um ingênuo objeto de devoção de seu preferido equivalente hindu de Częstochowa...[35] De sua Terra Santa.

NÓS, OS FILHOS DO APOCALIPSE

Como dito antes, Grotowski tinha um dom peculiar de focar o concreto, uma paixão pelo detalhe – a ponto de loucura. Talvez sofresse de uma síndrome semelhante à desordem obsessivo-compulsiva. Seus atos compulsivos eram identificados com o trabalho. Não tinha paz até terminar a tarefa. Contudo, há alguma tarefa nesse mundo que possa ser terminada? Sua religião íntima era o Culto da Mãe, e sua deusa era também a Sacrossanta Mãe Precisão. Sob seu olhar atento, ele não descansaria até que tivesse sacrificado suas meticulosas atividades a ela.

Ele sempre procurou soluções concretas e práticas. O provérbio diz que "o diabo está no detalhe". Muitas vezes, em seus pronunciamentos, ele se declararia um artesão – e não era apenas um recurso de defesa para camuflar suas opiniões. Mesmo em seus primeiros pronunciamentos ele dizia trabalhar com os atores não como cientista nem como artista, mas como um sapateiro em busca do melhor lugar na sola para martelar os pinos.

Talvez tenha sido eu que o estimulei com a analogia da confecção do sapato. Durante a Segunda Guerra, no Uzbequistão Soviético, na Ásia central, fui aprendiz de um sapateiro não licenciado. Pregar pinos, com uma única abatida, nas solas do sapato, sem os quebrar, era o primeiro passo para dominar a profissão. A confecção tradicional de sapato foi um ofício artístico e, exatamente como o trabalho de um entalhador de vilarejo, podia servir de metáfora de algo a que aspirávamos: era uma espécie de prova do "teatro pobre". Uma atividade modesta, humilde e essencial. Como os antigos ofícios que desapareceram na era das máquinas.

No trabalho com o ator, Grotowski colocava em circulação o termo "conserto". Ou a busca através da atuação. Um dos termos técnicos do paleo--Grotowski, o Grotowski da era do Gênesis, era "consertar com o corpo".

---

[35] Częstochowa, uma cidade do sul da Polônia, desde o século XIV tem sido o local do monastério paulino de Jasna Góra, o centro de peregrinação mais importante do catolicismo polonês, com o famoso ícone da Madona Negra.

Em suas primeiras produções, Grotowski foi um orador metafísico, um tagarela cósmico falando atabalhoadamente do universo, e seu teatro tinha necessidade de epílogos explicativos, escritos e falados diretamente ao público para explicar o profundo significado "filosófico" do espetáculo.

Grotowski, embora fosse um adversário feroz do existencialismo, aceitava a famosa citação de Jean-Paul Sartre que eu ofereci a ele, tanto quanto lembro: "há metafísica atrás de cada técnica".[36] Significando: ofício.

O caminho ao Absoluto através do buraco da agulha do ofício.

Felizmente, Grotowski tornou-se um artesão num sentido muito especial da palavra, para o qual ofício e metafísica são um. Desde a nossa encenação de *Akrópolis* em 1962, esses dois não caminharam mais separadamente.

Grotowski canalizou sua paixão e loucura pelo detalhe em seu trabalho com o ator.

E até o final de sua vida, já em Pontedera, trabalhando na Arte como veículo, ele se declarou um professor de um ofício.

Não sei se alguém percebeu que Stanislávski, o mestre de Grotowski, utilizou o termo "ofício" de maneira pejorativa. Para Stanislávski, a arte do ofício do ator era uma forma menor de arte – uma pretensão ligeira, encoberta no verdadeiro "processo".

Um ofício é um ofício, ainda que Grotowski fosse um verdadeiro buscador do Absoluto – para usar (talvez segundo Honoré de Balzac) esse termo trivial. Seu sentimento de mundo foi verdadeiramente metafísico, com suas ramificações mais inatas e menos óbvias. Levavam nomes eruditos: escatologia – "Qual o sentido da existência?" – e soteriologia – "Quais são os caminhos da salvação (se houver algum)?". Com um inseparável Eros e Tânatos e uma energia criativa, uma carga causativa.

Para ele, tudo isso tinha uma clara inclinação apocalíptica. Não é por coincidência que seu trabalho final se refere diretamente ao Apocalipse, anunciando-o em seu título...

Certamente, não se trata do Apocalipse num sentido teológico, mas da imensa metáfora, de uma palavra de múltiplas ressonâncias.

---

[36] Flaszen está provavelmente parafraseando a opinião de Sartre sobre as técnicas *literárias*. Em seu ensaio sobre O *Som e a Fúria* de Faulkner, Sartre declara que "Uma técnica ficcional sempre se relaciona à metafísica do romancista".

O grande Apocalipse[37] está no horizonte, pode-se ouvir seu murmúrio à distância e de perto... Mas há também um pequeno Apocalipse, cinza e oculto nos detalhes da vida cotidiana. Não nas ruínas das cidades, mas na lenta remoção do gesso das paredes.

O que fazer quando o mundo parece piorar claramente? Como nos salvar e salvar as coisas preciosas para nós ao lermos os signos da inevitável queda à nossa volta?

A vida de nossa geração, de nossa infância em diante, foi misturada ao que poderia ser chamado de grande Apocalipse. E por décadas vivíamos no Apocalipse menor, com vários tons de cinza... Para nós, medo e tremor e ansiedade constante não eram uma fantasia pitoresca, um conceito filológico, um excitante sonho artístico, literatura, ou a peça de uma imaginação neurótica... Conhecêramos o Apocalipse de nossa infância. Foi nossa experiência geracional direta a começar com o rompimento da guerra. De setembro de 1939, quando a Polônia foi atacada pelos nazistas alemães e pela Rússia Soviética, nossas biografias foram definidas por eventos descritos nos livros de história.

Somos, para colocar de maneira elevada, os filhos do Apocalipse. O *tônus* de nossa injúria infantil foi crucialmente condicionado não por tristeza, medos e ressentimentos experimentados numa creche, mas pelo verdadeiro Apocalipse – de modos diferentes, naturalmente, como nos casos de Grotowski e no meu. Na realidade, perdemos nossa creche de repente: não tivemos tempo para experimentar nosso "triângulo amoroso familiar" freudiano, ou as turbulências edipianas em nossas camas, atrás de nossas próprias paredes. Nossa creche tinha paredes móveis, era um corredor cheio de pessoas variadas. Fomos vítimas dos eventos que aconteciam ali. Nossa creche foi um quarto movente, aberto de todos os lados. Nosso Édipo foi misturado ao medo da verdadeira perda do pai. E da mãe.

Assim, a ordem do mundo nunca é segura. É um recuo temporário do tumulto de eventos, uma calmaria provisória da energia do caos – o caos que aguarda sob a superfície prestes a ressurgir a qualquer momento.

---

[37] Utilizei o termo "um Apocalipse menor" há uns cinquenta anos ao rever um livro de contos de Sławomir Mrożek na revista *Przegląd Kulturalny* ("Witaj słoniu!", *Przegląd Kulturalny*, 25-31 de jul. 1957, p. 5). L.F. O famoso romance de Tadeusz Konwicki do mesmo título foi publicado muitos anos depois – 1979.

A ordem do mundo – é um estado transitório, o congelamento transicional das coisas num estado de equilíbrio instável. A queda pode ser gradual, quase invisível...

Penso que não apenas a Gnose, mas também o gnosticismo foram naturais tanto para Grotowski como para mim. Não como consequência de especulação filosófica, da concepção livresca de uma mente agitada. Foi nossa sensibilidade natural, uma reação espiritual natural.

É possível que o céu seja de fato vazio, ou um Demiurgo misterioso seja tanto criador como Carniceiro desse mundo... A frase "Criador e Carniceiro" vem de *Akrópolis*, a primeira obra-prima de Grotowski e do grupo. É dita por um prisioneiro num campo de extermínio, que se inclina humildemente com seus olhos ansiosamente erguidos, com seu gorro de prisioneiro agarrado convulsivamente pela mão, em pé, como um servo diante de seu senhor na Polônia antiga...

O Holocausto esteve firmemente presente nas considerações espirituais de Grotowski. Certa vez, quando visitei a aldeia de Nienadówka para conhecer a terra mítica da infância de Grotowski, uma velha camponesa e mulher de aldeia, que costumava ser sua amiga, contou-me não só sobre a pacificação das aldeias próximas, que serviam de esconderijo dos *partisans*, mas também sobre o arrasto dos vizinhos judeus, de famílias inteiras, incluindo as crianças...

E o irmão de Grotowski (Kazimierz) me contou sobre a pacificação das tropas de Wehrmacht, entrando na casinha em que sua família morava – a mãe e dois meninos –, quando os dois irmãos estavam doentes, de cama.

O hinduísmo de Grotowski partilhava também de uma sensibilidade apocalíptica – quem sabe ele procurava ali a resposta? Quando discutíamos os signos alarmantes nas questões políticas correntes, ou na degradação visível do transeunte, Grotowski sempre concluía: "Bem, quer saber... *Kali Yuga*".

Possivelmente, foi ele quem primeiro me disse essa bela, ainda que temível, frase. O termo hindu refere-se ao estágio final do ciclo cósmico de quatro fases – o período de sofrimento e de queda de todos os valores antes de o grande fogo inevitavelmente consumir o universo. Então, tudo supostamente deverá renascer novamente. Será que talvez numa forma antiga, conosco, ressurgidos, como Nietzsche supôs? Então, existe alguma esperança... Ou somente o retorno comum das coisas. Ainda assim, como encarar o inevitável?

"O que restará depois de nós? Algum lixo de ferro / E o remoto riso de escárnio das gerações", escreveu Tadeusz Borowski, antigo prisioneiro de Auschwitz e Dachau, um excelente escritor, que deixou o testemunho chocante e cometeu suicídio aos vinte nove anos.[38] Suas palavras consolidaram o lema de *Akrópolis*, a peça sobre o destino de nossa civilização europeia.

Estou consciente de que hoje, depois de sessenta anos de (relativa) paz na Europa, falar sobre o Apocalipse como metáfora das questões mundiais soa vazio, superficial e banal. Atualmente, o "Apocalipse" costuma ser um ponto de referência da reflexão do mundo – da cultura, não somente da teologia. Até entrou na linguagem dos jornais; qualquer jornalista que quiser anunciar o horror das questões atuais, inclusive do estado do meio ambiente natural, lança mão da eficiente ressonância da palavra "Apocalipse".

No início dos anos de 1960, quando começamos o Teatro Laboratório, esse termo não era usado tão comumente. Talvez interesse aos acadêmicos especialistas em Grotowski traçar como isso entrou gradualmente na circulação disseminada e se tornou uma categoria da antropologia cultural contemporânea.

É possível que Grotowski e o *Apocalypsis cum Figuris* do Teatro Laboratório tenham contribuído indiretamente para popularizar a palavra temível. O famoso filme *Apocalypse Now*, que Francis Ford Coppola produziu dez anos depois, inegavelmente teve sua parte na divulgação do termo junto ao público em geral. O diretor, de forma quase explícita e polêmica, refere-se ao famoso espetáculo *Paradise Now* do Living Theatre – não tão distante da corrente que gerou o *Apocalypsis cum Figuris*. Em suma, suponho que Coppola deve ter sabido do título da obra de Grotowski.

A situação ruim do mundo caindo em pobreza e destruição, ou em riqueza material e esplendor vazio, o fenômeno da "multidão solitária"

---

[38] Ver: "Os Filhos de Outubro Olham para o Ocidente", nota 15.

e os vários conformismos foram frequentemente discutidos pelos dois sujeitos de outra província, da Europa piorada. Grotowski e eu líamos os signos do Apocalipse farfalhando nos jornais da manhã numa cafeteria de Opole, de Wrocław, nos restaurantes da estação de trem à noite. Falávamos utilizando uma linguagem codificada, incompreensível aos outros. Era nosso "Apocalipse" particular oral, cheio de símbolos e pseudônimos que só nós, seus dois improvisadores *ad hoc*, entendíamos.

APOCALIPSE 1968

Já que estou datilografando obsessivamente a palavra "apocalipse", vale mencionar que o trabalho do *Apocalypsis cum Figuris* aconteceu numa era de crescente onda de retórica nacionalista da propaganda comunista. O antissemitismo quase se tornou a ideologia oficial, e, no interior do partido comunista, uma facção ligada à polícia secreta tomou o poder.

Os chamados "Eventos de Março" de 1968 foram o auge do processo. O movimento estudantil liberal, apoiado por palestrantes, intelectuais e escritores que defendiam a liberdade artística, foi esmagado. Eles protestavam contra o boicote da censura na apresentação da peça de Mickewicz, *Dziady*, obra-prima da literatura polonesa (encenada pelo Teatro Polski de Varsóvia). A famosa "Terceira Parte" de *Dzyady*, direcionada contra o despotismo russo, fala da perseguição tzarista à juventude revoltosa da geração romântica de Vilna, nos anos de 1820. Na Polônia, as obras dos poetas frequentemente cruzaram os caminhos da realidade; suas visões foram reações aos eventos reais, e, como consequência, deram vida aos eventos reais. Cento e setenta anos depois da peça escrita, as analogias com a política atual eram impressionantes: mais uma vez, *Dziady* tornou-se um paradigma do destino polonês em tempos de inquietação.

O movimento oposicionista foi contido pelas provocações da polícia. Naturalmente, como sempre, os judeus foram culpados dessa vez, foram chamados de "Sionistas" – um rótulo testado pelos laboratórios de propaganda soviéticos. Afinal de contas, os nacionais-comunistas poloneses usavam esse termo oficial – com uma piscadela – para mal encobrir o evidente antissemitismo e racismo semelhante à ideologia dos ultranacionalistas poloneses antes da Segunda Guerra Mundial. Todo mundo sabia que os "Sionistas" eram os inimigos secretos da nação polonesa, burgueses cosmopolitas, lacaios do imperialismo norte-americano, agentes de uma conspiração mundial contra o bloco socialista, envenenadores do espírito saudável da nação, portadores do miasma liberal, etc. Cuidado! Os Sábios de Sião ainda estavam tramando: antes da guerra, inspiraram o "comunismo-judeu" (Yid) e, atualmente, eles intencionavam os poderes do socialismo e progresso. Antes da Segunda Guerra Mundial, os nacionalistas poloneses afirmaram que pelo bem da nação os judeus deviam ser enviados para a Palestina. O *slogan* do dia era: Judeus fora da Polônia, mas também fora da Palestina.[39]

Antes da guerra, tais concepções "gloriosas" encontraram uma analogia inspiradora na Alemanha Nazista. Atualmente – depois da infame "conspiração dos Médicos"[40] nos anos finais de Stálin –, teriam apoio, amizade e exemplo em Moscou, a capital do socialismo mundial.

Intelectuais e estudantes foram forçados ao silêncio. Muitos foram expulsos das universidades. Muitos foram banidos do país como "Sionistas" e "revisionistas" – sem falar dos remanescentes comuns da judiaria polonesa. Forçados a emigrar, deixaram postos e apartamentos vazios, tanta coisa, mas como sempre...

A vida pública, cultura, imprensa e mídia estavam cheias da ideologia de grupos combativos de mentalidade semelhante à dos extremistas totalitários de direita. Os "nacionais-comunistas", com Apoio, Amizade e Exemplo do Grande Irmão – sentaram-se em volta das fogueiras dos acampamentos florestais dos *partisans* com os puros partidários da linha dura, incluindo mesmo alguns antigos soldados do Exército da Terra perseguidos no período stalinista... Patriotas unidos contra "*безродных*

---

[39] Embora a campanha antissemita fosse parcialmente uma tentativa de redirecionar o descontentamento público da situação econômica local, o contexto da política global dos eventos de março foi a Guerra dos Seis Dias de 1967, um conflito entre Israel e os países árabes. O bloco soviético forneceu apoio militar ao lado árabe e rompeu relações diplomáticas com Israel.

[40] Uma alegada conspiração dos médicos do Kremlim para envenenar o líder máximo da União Soviética – na verdade, uma provocação política inspirada por Stálin com objetivo de desencadear novos expurgos no partido. Os médicos acusados eram principalmente judeus.

космополитов" (*bezrodniye kosmopoliti*),⁴¹ os nativos – contra os estrangeiros, soldados valentes –, contra trapaceiros enganadores e miseráveis.

Milhares de poloneses de ascendência judaica e judeus poloneses foram forçados ou chantageados moralmente a deixar o país. As autoridades locais, inspiradas pela polícia secreta, organizariam comícios em fábricas para condenar os inimigos "sionistas" da nação e do socialismo. Lembro-me particularmente de um desses eventos patrióticos de massa numa enorme fábrica; assistindo a isso pela televisão, tive a impressão de estar alucinando.

Na época assistíamos TV, ouvíamos rádio e líamos jornais quase sem parar. Para nós, os programas e artigos eram sinais febris de Código Morse anunciando a chegada do Apocalipse.

O programa de TV que acabei de mencionar apresentava uma demonstração das assim chamadas massas trabalhadoras. As pessoas seguravam bandeiras dizendo: "Mãos ao alto, Polônia!", "Abaixo os lacaios do Sionismo global", "O Sionismo não passará!", etc. Um dos *slogans* invocava: "Sionistas, fora para o Sião!". Era ignorância, piada não intencional, ou uma paródia consciente? A realidade polonesa em tempos de inquietação geralmente se parece com o absurdo do *Ubu Rei* de Alfred Jarry (ou, *UB-Roi*, como líamos brincando).⁴² E, exatamente como na peça de Jarry, "isso se passava na Polônia – em outras palavras, em lugar nenhum". Considerávamos os eventos de março um excesso surrealista, uma combinação de loucura induzida, de horror e humor negro. O regime, em sua busca de legitimação, estava procurando – em Moscou – sua própria fórmula nacional de comunismo.

Os poloneses tradicionalmente comentavam os assuntos atuais com piadas, tais como: dois cavalheiros ilustres, membros do movimento Democrático Nacional do pré-guerra (o nacionalismo polonês de direita) sentam-se num parque de Cracóvia. Eles se queixam do regime e dos tempos duros. Um deles suspira: "Sabe, o antissemitismo era uma ideia tão bonita! E no que eles *transformaram*?".

---

⁴¹ Em russo: "cosmopolitas desenraizados". Era um eufemismo soviético para os judeus, amplamente usado na campanha antissemita de Stálin de 1949-1953.

⁴² Por estranha coincidência, os caracteres do título da peça são semelhantes à abreviação do nome para Urząd Bezpieczeństwa, a polícia secreta polonesa.

1968 foi o imenso pouso do Apocalipse polonês. A situação parecia tão terrível que um dia um vizinho amigo dos meus pais em Cracóvia, um homem comum, bateu em sua porta, propondo discretamente que, se necessário, ele poderia escondê-los em casa de parentes no interior, exatamente como alguns poloneses refugiaram judeus na ocupação nazista. Gostaria que esse bom homem não fosse esquecido das minhas lembranças de 1968. Seu nome, Józef Urbański. Foi um soldado do Exército da Terra durante a guerra, e suas atividades clandestinas foram reconhecidas nos primeiros anos da retomada da independência polonesa, depois de 1989. Ele nunca passou tempo algum ao redor "das fogueiras de acampamentos dos combatentes" com os "rapazes da floresta" do general Moczar.[43]

Na vida do Pleroma, o ano de 1968 foi excepcionalmente difícil. Durante os eventos de março – pois março é também "uma estação turbulenta aos poloneses"[44] – fui também atacado com brutalidade na imprensa, embora meu ancestral hebreu não fosse amplamente conhecido. Um jornalista de aluguel, utilizando um estilo tipicamente *"exposé"*, destacou meu nome de família estrangeiro e lembrou que tempos antes eu havia elogiado as obras de Sławomir Mrożek, um pobre escritor de tendências antipolonesas, morando em Paris como quase exilado. Em outra publicação do órgão militante do regime, alguém mencionou a mim, junto com Jan Kott e Sławomir Mrożek, como escritores que escreviam com "tinteiros cheios de merda".

Minha esposa e eu perdemos, durante nossa mudança, o dossiê de imprensa da época "gloriosa". Talvez fosse nossa intenção subconsciente perder os arquivos de recortes e jornais inteiros documentando as convulsões dramáticas e os espasmos da história polonesa. Sempre os mantivemos cuidadosamente em pastas especiais. Sabíamos que, na próxima "etapa", a propaganda encobriria o passado de amnésia oficial. Assim, seria razoável manter um arquivo particular. O Povo da República da Polônia – uma época de arquivos...

---

[43] Ver: "Os Filhos de Outubro Olham para o Ocidente, nota 20.
[44] Flaszen refere-se à frase da peça de Stanisław Wyspiański, *Noc listopadowa* [*Noite de Novembro*].

Então, com Kott e Kołakowski, encontrei-me numa lista de indivíduos a serem eliminados da vida pública polonesa. Ou será que seríamos expulsos do país?

Grotowski observou cuidadosamente o crescimento gradual dessa onda por vários anos. Às vezes, mencionávamos esse assunto ao discutirmos o estado do mundo, a situação da Polônia e do Leviatã – como chamávamos os soviéticos em nosso dialeto secreto – rosnando no horizonte. Antes de 1964, havíamos trabalhado no *Studium o Hamlecie* [*Estudo sobre Hamlet*], utilizando fragmentos do drama de Shakespeare e do ensaio de Wyspiański. Nosso espetáculo, depois de longa tecedura e pesquisa, tornou-se uma espécie de visão do fenômeno do populismo comunista e de suas fontes profundas (nativas, locais) – uma visão de um país arcaico de camponeses e soldados, como o solitário Hamlet-judeu, excluído da República de pessoas vigorosas; uma imagem (levada ao absurdo) do intelectual polonês visto pelo "povo" – os problemas eternos da elite polonesa, alienada do país "profundo". Lembro-me de que, na União Soviética, qualquer um que usasse óculos era considerado judeu.

O cartaz de *Estudo sobre Hamlet* – uma campina com um cavalo morto deitado de costas, as pernas para cima, e algumas aves necrófagas circulando acima – referia-se a uma novela de Stefan Żeromski, antes famosa, escrita no final do século XIX, apresentando uma visão simbólica das tropas russas destruindo um insurgente polonês da Revolta de Janeiro (1863). O insurgente ferido está deitado no campo em meio a homens e cavalos mortos. Um camponês de uma aldeia próxima despe os cadáveres do homem e do animal de tudo que possa ser útil para sua pobre vida e fazenda. Tira os sapatos dos pés do moribundo insurgente, que ainda está vivo.

A novela é intitulada *Rozdziobią nas kruki, wrony* [*Os Corvos e As Rapinas nos Bicarão aos Pedaços*] – uma citação de uma antiga canção de soldado polonesa –, e fala da tragédia dos levantes nacionais, combatidos por nobres, pelas classes educadas, pela elite da nação. As pessoas comuns, oprimidas e humilhadas, eram surdas às "revoltas dos senhores" – sua consciência nacional era totalmente fraca. Na realidade, foram as forças de ocupação, não os senhores poloneses, que aboliram a servidão.

Os camponeses permaneceram indiferentes às aspirações de soberania das elites. Eles ficaram do lado dos ocupantes...

Estudo sobre Hamlet, criado em 1964, inacabado, apresentado apenas poucas vezes para um pequeno grupo de espectadores, era um indicador do processo que se revelou plenamente em março de 1968.

Judeus e poloneses influentes de descendência judaica, escritores, intelectuais, e artistas foram perseguidos pela imprensa e mídia; também as pessoas comuns de origem "imprópria" foram demitidas voluntariamente. Por acréscimo, intelectuais e artistas sem o "fardo ancestral", mas, ainda assim, indesejáveis pelo regime ou envolvidos em atividades oposicionistas foram classificados de "Sionistas".

Isso lembrava um suculento episódio da vida de Joseph Goebbels que discutimos uma vez com Grotowski. No meio dos expurgos raciais entre a elite intelectual do Terceiro Reich e a queima de livros escritos por autores racialmente impuros, o ministro da propaganda nazista ordenou que as obras de Friedrich Gundolf, grande erudito literário, autor de famosas biografias de homens eminentes da literatura alemã, que por acaso foi leitor de Goebbels, fosse poupado. Ao ser advertido de que Gundolf não era de puro sangue ariano, Goebbels respondeu: "Eu decido quem é judeu e quem não é".

De fato, havia pouquíssimos indivíduos de ascendência judaica na *nomenklatura* do Estado e do Partido Comunista em 1968. Eles eram gradualmente descartados, aposentados prematuramente. Os bisnetos dos camponeses que inspecionaram os campos de batalha da novela de Żeromski assumiram o poder com ajuda dos herdeiros da Rússia tzarista. Não gostavam de "estrangeiros" e defendiam seus próprios privilégios. Costumavam se livrar de intelectuais suspeitos de ações contra o "estado popular" – independentemente de sua origem. Intelectuais independentes eram "Sionistas" por nomeação. E surgiu outro grupo: os "intelectuais--patriotas", a maioria deles acadêmicos menos habilitados sonhando com vingança contra os colegas mais talentosos. Depois dos expurgos dos "Sionistas" nas universidades, um grupo de jovens, candidatos ambiciosos e ágeis para postos acadêmicos, foi nomeado. Foram facilmente promovidos. E logo uma nova expressão desdenhosa foi cunhada para descrevê--los: "os professores de março".

Embora Grotowski diagnosticasse acuradamente o processo de desenvolvimento da mentalidade política na Polônia (eu, como alguém mais diretamente interessado, fui obviamente mais otimista), a precipitação dos acontecimentos de março o surpreendeu. Também a mim.

Aqui, o Apocalipse se encontrava no limite.

Quando – depois da repressão das greves estudantis pela liberdade cultural, depois da prisão de nossos colegas, depois do lançamento da campanha antissemita – percebi o quanto era séria a situação, pensei num momento em me demitir para salvar o Pleroma. É óbvio que Grotowski não aceitou essa solução. Os antissemitas encontravam-se na mais baixa categoria de pessoas que ele desprezava. Seu ódio pelo regime aumentou, levando em consideração que em 1956, enquanto participante ativo de um movimento juvenil liberal, ele tivera algumas ilusões, assim como muitos outros jovens de nossa geração, a respeito da evolução positiva do sistema totalitário na Polônia em direção da democracia. Como um clássico intelectual polonês de tradições progressistas, ele teria considerado minha demissão uma mancha indelével em sua honra.

Disse-me que estava com medo de ser preso. Se fosse o caso, ele poderia considerar até o suicídio. Hoje, ao escrever a respeito, parece inconcebível. Mas outra testemunha confiável confirma que Grotowski pensou nessa solução: Eugenio Barba. Ele traria a Grotowski (que me contou a respeito) um pouco de cianeto do Ocidente. Como de hábito, Grotowski era pragmático; quando pretendia algo, planejava cuidadosamente a realização. Era um catastrofista-pragmático. E, às vezes, possivelmente um catastrofista-sonhador.

De todo modo, o ano de 1968 foi pessoalmente difícil para ele. Seu pai, que ele não via desde a infância, morreu longe, no Paraguai. Talvez o fato não fosse neutro para ele. Na charada de seus destinos, em sua paisagem psicanalítica, a morte de seu pai mítico fora uma experiência significativa. Espantei-me quando me falou a respeito. Supunha que a perda do pai depois de muitos anos de ausência – quase a vida inteira de Grotowski – não o comoveria.

Suas dores renais crônicas pioravam. No exterior, ele fazia diálise, um novo tratamento médico, inacessível na Polônia. Ele também considerava o suicídio se o desenvolvimento futuro de sua doença levasse a um sofrimento de longo prazo sem esperança de recuperação.

E, como fiquei sabendo depois, ele fez um jogo extremamente arriscado. Ameaçou o governo de desencadear um escândalo mundial se eles mexessem comigo. Na verdade, havia anos que tínhamos alguns amigos influentes no Ocidente, prontos para organizar protestos públicos em nossa defesa se fosse preciso. Entre eles, Peter Brook, Eugenio Barba, Raymonde Temkine, famosa crítica teatral francesa, e Jacques Chwat, diretor norte-americano. Havia também um grupo de outros amigos com o qual podíamos contar se necessário. Era uma asa secreta da diplomacia de Grotowski. Suponho que nem todos os "iniciados" soubessem da participação de outros. Tal era a regra de segurança conspiratória. Grotowski pedia-me para não discutir esses assuntos com ninguém. Todos os "furos" podiam ser potencialmente perigosos.

Nem sempre cumpri o pedido do Chefe. O fato é que ele fez seus deliberados jogos políticos também no Ocidente.

Esse jogo *va banque* de 1968 foi suficientemente bem-sucedido em nível local, sem ajuda internacional. Não foi necessária a intervenção dos amigos ocidentais. Também porque fiquei em silêncio... Bem, não completamente em silêncio: entre os textos que publiquei na época para uma revista mensal muito decente, *Odra*, havia pequenos artigos em prosa, alegoricamente codificados, expressando minhas reações aos acontecimentos contemporâneos que considerava os mais dolorosos de minha vida. Escrevi num tom dramático e estilo frio, modelado nos estoicos romanos antigos. Não sei exatamente se esses homens de virtudes rígidas buscaram uma válvula de escape psicológica no álcool. Estando protegido, eu também me sentia culpado de não partilhar com dignidade meu destino com os despossuídos.

Grotowski tinha em sua biblioteca um livro famoso e luxuoso de Władyslaw Boziewicz intitulado *Kodeks honorowy* [*O Código de Honra*], uma obra para a alta sociedade nas condições da democracia moderna, incluindo (por exemplo) regras precisas de residências honrosas e questões como: "Quem é capaz de prover satisfação honrosa, e quem não é?", etc. Obviamente, líamos o livro de Boziewicz por diversão. Ainda que o assunto da honra – atualmente chamado de "dignidade humana" – fosse bem importante num estado totalitário. Como seria o homem honrado de Boziewicz numa Polônia governada pelos comunistas?

Os gestos de Grotowski e o estilo se pareciam aos de um senhor da nobreza e foram de grande ajuda em sua vida e estratégia, especialmente em relações formais com funcionários e autoridades. Ele era capaz de falar como um distinto cavalheiro ou – se preciso – como um funcionário altamente graduado. Na realidade, houve um general entre seus ancestrais. Assim, seu tom podia, com nuanças discretas para se adequar ao interlocutor, evocar uma reação hereditária de inferioridade, de respeito e subordinação entre os funcionários do regime. Graças à sua experiência política e excepcional intuição de almas com síndrome de autoritarismo (e havia uma abundância delas), ele conhecia a mentalidade desses *aparatchniks* – que chamava de "texugos" – e os imitava perfeitamente em nossas sessões lúdicas. Sabia como se dirigir a eles – ora como um funcionário a um soldado raso, ora como um senhor com seu servo preferido – e como explicar-lhes convincentemente o seu próprio interesse: por exemplo, que a propagação da fama do artista polonês (ou seja, da Polônia) – através do prestígio do Pleroma – no terrível Ocidente antipolonês era algo verdadeiramente patriótico...

Ele também jogava perigosamente porque aconteceu algo inesperado em março de 1968. A *Trybuna Ludu*, o órgão da imprensa central do Partido Comunista, publicou um pequeno artigo me acusando de queixa a respeito das condições precárias do Teatro Laboratório apesar do subsídio do estado. Para piorar, segundo se informava, eu o fizera na Alemanha Ocidental e publicara na influente revista *Theater der Zeit*.[45] O artigo da *Trybuna Ludu* comentava uma reprodução de capa do *Theater der Zeit* apresentando os rostos dos três artistas mais aclamados do teatro contemporâneo: Peter Brook, Julian Beck e Jerzy Grotowski, como especificava a nota. Por engano, meu rosto, não o de Grotowski, foi

---

[45] No final dos anos de 1960, a Polônia tinha relações abaladas com a República Federal Alemã; a propaganda polonesa, seguindo o exemplo soviético, frequentemente apresentava a Alemanha Ocidental como um potencial agressor, instigadora de guerra e abominável refúgio de nazistas do passado. Assim, denunciar alguém como "criticando a Polônia no país do inimigo" era um acusação bem séria.

colocado entre as fisionomias dos dois excelentes artistas. Fui confundido erroneamente com Grotowski...

O comentário – considerando o contexto de então – aludia vagamente ao fato de que o teatro mundial seria dirigido por três indivíduos de origem comum, como provava a errônea fotografia (tanto Peter Brook como Julian Beck são de origem judaica).

Esse episódio às margens dos acontecimentos de março poderia ter consequências imprevisíveis. Além disso, o órgão central de imprensa do partido tradicionalmente não gostava de Grotowski e do Teatro Laboratório desde o início. Quem sabe eu contribuía de algum modo para essa permanente desgraça? Em nosso período de Gênesis na província de Opole, apresentamos o espetáculo de estreia em Varsóvia. *Caim*, baseado em Byron, teve crítica desfavorável na *Trybuna Ludu* com o cáustico título: "*Byron nabity Flaszena*".[46]

E, mesmo assim, sobrevivemos ao dramático março de 1968 – o Pleroma, Grotowski e eu, aparentemente fomos considerados um "verdadeiro polonês".

Grotowski, além de muitos outros talentos, tinha o dom mágico de "cair sobre quatro patas". A habilidade dos puros predadores de raça.

Talvez aqui estivessem envolvidos alguns misteriosos poderes das relíquias do bem – como pode acontecer em momentos de confusão.

Não consigo resistir ao meu desejo de revelar um dos meus mitos particulares – os mitos aos quais lançamos mão (ou será que eles lançam mão de nós?) em momentos traumáticos, críticos de nossa vida. Em 1968, entre as pessoas mais graduadas que decidiam no pós-março, havia um filólogo polonês, meu colega mais novo, que me conhecera em minhas palestras acadêmicas espirituosas, e depois acompanhara de bom grado minha carreira. Ele provavelmente me considerava um "verdadeiro polonês", assegurando-me o papel de um *indygenat*[47] nacional racialmente-cego. Será

---

[46] Ver: Jaszcz (Jan Alfred Szczepański), "Byron nabity we Flaszena". *Trybuna Ludu*, 3 abr. 1960, p. 6. Literalmente: "Byron carregado em Flaszen" – um trocadilho com a expressão polonesa "carregar (alguém) num frasco" significando "fraudar alguém".

[47] Um *indygenat* na República das Duas Nações Polonesa-Lituana era aceito oficialmente como estrangeiro com um brasão de armas, ou seja, mostrando seu reconhecimento de nobre e, assim, como alguém que merecia o privilégio da nobreza polonesa.

que eu era uma versão de pós-março de Gundolf, o erudito judeu alemão – só que ainda vivo e sem data de validade?

Devo confessar que meu protetor (em que medida isso era imaginário?) ficaria desapontado se soubesse que seu presente era oferecido a um hipócrita. Naqueles dias, como nunca antes na vida, sentia-me um judeu. O permanente destino judaico me possuiu.

Ainda assim, devo acrescentar que minha Sacrossanta Mãe, a filologia polonesa, a rainha da língua polonesa, me protegia indiretamente. E ela definiu meu destino futuro.

O Apocalipse, com o audível tumulto dos cascos de seus cavalos, felizmente não se fazia conhecer todo dia. Em 1968, ele estacionou em nossa soleira.

Aquele março, graças aos saltos do *Zeitgeist*, trazia mais uma encarnação não intencional para Grotowski – em meu corpo. Para ser preciso, o corpo não era visível na foto, ainda que Grotowski certamente tivesse meu rosto.

Por uma estranha coincidência, esse recorte de revista – será que foi realmente uma coincidência? – sobreviveu em minha vida nômade e no caos de meus documentos.

VIAGEM AO FIM DAS METAMORFOSES

Muitos anos depois, já no exílio europeu, Grotowski se transformou num homem mais velho de poncho e gorro de lã puxado para cobrir as orelhas. A impressão é de que ele se protegia do frio e do mau tempo, a despeito da temperatura ambiente. Um sábio itinerante como uma espécie de Diógenes, ou talvez um vagabundo ou velho sem teto, SDF – *sans domicilie fixe*: "sem domicílio fixo" – como eufemisticamente chamam tal pessoa na França.

Contaram-me que quando Grotowski fez uma exceção e surgiu em Varsóvia para receber o prêmio ITI (International Theatre Institute), ele desmaiou na rua. Ele meio que se sentou, meio que se deitou na calçada por vários minutos antes de se recompor para continuar o caminho. Nenhum dos passantes prestou atenção nele. Aos olhos deles ele parecia um mendigo comum, possivelmente bêbado e tirando uma soneca na calçada, apoiando-se na parede de um prédio.

Grotowski comentou o episódio dizendo que numa Polônia soberana, a terra da solidariedade triunfante, a multidão da rua é mais indiferente do que a das metrópoles ocidentais.

Essa foi a última encarnação de Grotowski: velhice doente combinando com vestes especiais – um poncho e um gorro infantil enfiado na cabeça.

Muitos anos atrás, no seu auge, Grotowski falava publicamente sobre a transitoriedade da fama, e se via no futuro como um mendigo pedindo caridade. Um famoso artista africano de alguma nova revelação, o "teatro selvagem", triunfalmente desce alguns magníficos degraus em Paris; o outrora famoso artista do "teatro pobre" sentado na base da escadaria, estica o braço com um chapéu e diz: "Dê-me cinco francos, Kumba. Eu também já fui famoso um dia".[48]

Bem no final de sua vida, ele assumiu também a função de professor palestrante de antropologia teatral no Collège de France diante de uma ilustre audiência. Deixando seu poncho e gorro no camarim, ele surgiria diante de seus ouvintes com seu eterno terno preto, camisa branca e gravata preta torta. Somente a espécie de sacola que usava para guardar suas anotações (bem como seu cachimbo e utensílios de cachimbo) denunciava a procedência não acadêmica do professor.

Um digno idoso corpulento sentado no palco com uma mesinha. Seu rosto pálido cercado por longos cabelos cinzentos e barba abundante: a imagem viva de um acadêmico do século XIX; um escritor, ou poeta – alguém entre Darwin, Marx, Flaubert e Victor Hugo – tirado de um guia de viagem.

Depois disso, Grotowski interrompeu subitamente suas palestras parisienses devido ao estado de saúde e desapareceu para sempre dos olhos do mundo.

Eu o vi pela última vez em 11 de fevereiro de 1998. Gravemente doente, naquele momento sem condições de ser transportado, ele estava deitado aguardando a possibilidade de retornar à sua moradia em Pontedera, numa sala de visita da Estação da Academia Polonesa de Ciência

---

[48] "Conversation with Grotowski" (versão abreviada) por Andrzej Bonarski, tradução de Boleslaw Taborski. In: Jennifer Kumiega, *The Theatre of Grotowski*. London, Methuen, 1985, p. 222.

em Paris, na rua Lauriston. Não recebia ninguém, não queria nenhum visitante. Seu contato com o mundo era mantido através do seu assistente e cuidador, Mario Biagini.

Muitos dias depois do total confinamento recomendado, recebi uma mensagem de Mario, dizendo que o Chefe – então o velho nome sobreviveu tantas décadas! – queria me ver imediatamente para discutir os assuntos urgentes. Exatamente como nos velhos tempos.

Ele estava deitado numa cama desarrumada. Ordenou a Mario, com rispidez e impaciência, que o sentasse numa cadeira de rodas forrada, ao lado e pronta. Tentei ajudá-lo, mas ele insistia em fazê-lo sozinho. Na cadeira, cobriu-se cuidadosamente com uma manta. Tinha o rosto inchado, o corpo inchado, pernas inchadas. Estava muito pesado.

Seu coração – como me explicou mais uma vez, como se justificando – estava muito aumentado. Era somente um milagre, enfatizou, que uma parte dele ainda funcionava. Estava muito pálido, a pele acinzentada; ao me dar a mão, sorriu significativamente – seus dedos eram pálidos e túrgidos. O cheiro de ureia enchia a sala.

Para mim, essa foi a última encarnação de Grotowski. Ele queria se despedir de mim. Pediu-me também um cerimônia totalmente complicada, que consegui fazer rapidamente, na realidade, à custa de um conflito com outro antigo membro do clã.

Sinto que a publicação dessas palavras seja possivelmente inapropriada, e contra as intenções de Grotowski. Ele não queria ser visto, e certamente não registrado, nesse testemunho, na condição que ele estava vivendo.

Ele não queria se apresentar num estado em que o corpo estivesse impossibilitado de obedecer à vontade humana. Não aceitava visitas amigáveis ao pé da cama do paciente. Tentando manter sua dignidade, lutando com a fraqueza, tinha momentos de irritação e raiva compensatória. Não permitia que os outros o ajudassem quando precisava de algo.

Atingiu o ponto final do jogo.

Será que a cessação total do jogo significa solidão?

Embora nosso encontro final tivesse sido planejado somente para vários minutos, durou mais de duas horas. Não há espaço aqui para descrevê-lo em detalhes. Alguma energia entrou em Grotowski. Como se nós dois tivéssemos esquecido sua verdadeira fraqueza física. Somente de vez em quando, quando permanecíamos calados, era possível ouvir sua respiração pesada.

Ao sair, beijei sua mão. Saindo da sala, enviei a ele meu sorriso costumeiro, e rapidamente ergui o braço para mostrar o sinal dos meus dedos em "V". Supostamente significava: Resista, você precisa resistir.

Ele conhecia meu gesto muito bem e certamente o considerava uma consolação fútil. Fitou-me com olhos cegos. Seu rosto estava exausto e apagado.

Não, aquele rosto – essa última encarnação de Grotowski – não é seu retrato final na minha memória. Sua presença – quando era vivo e se ocultava atrás de uma cortina ontológica – era e ainda é cintilante, em incessante movimento. O original torna-se ainda mais misterioso. Uma parte dele foi misteriosa no trabalho. Até para as pessoas próximas dele.

E talvez ele fosse misterioso para si mesmo também.

Será que ele fugia de si mesmo? Fugia do "Grotowski concluído", de um Grotowski confinado em seu próprio discurso e no discurso de outros; fugia do seu próprio passado que não considerava plenamente preenchido; fugia do olhar das pessoas que o conheciam e que tinham opiniões conclusivas sobre ele, de suas imagens rotineiras: "Conhecemos você bem, amigo, não é?" Talvez fugisse do relacionamento e das trocas estéreis com seus colaboradores e companheiros de viagem. Ao abandoná-los, levaria aquilo com que eles o enriqueceram, e os privaria da preciosidade de sua presença. Toleraria a queda deles no esquecimento e, com raras exceções, no anonimato.

No final de sua estrada, no filme de Marianne Ahrne, ele tenta quitar suas dívidas lealmente.

Cansado da vida, talvez, parecia terminar seus refúgios em Pontedera, uma pequena cidade da Toscana. Alegava ter encontrado o que procurara por toda sua vida. Pontedera – a última estação.

Não, essa metáfora realista de estação de trem não parece apropriada. Grotowski foi escalando – perdendo seu caminho, tecendo, serpenteando, pegando a trilha estreita – as inclinações escarpadas do seu Monte Carmel.

Talvez esse persistente viajante também fugisse – por meio de seu veículo – de sua própria sombra, a sombra do "um-que-foi". Na realidade, ele se realizou muito jovem, bem antes de ter chegado aos quarenta. Suas produções das próprias imagens e as etapas de transformações que ele cuidadosamente identificou e nomeou foram aceleradas por temor das *egregore*[49] – o temor de si mesmo sendo finalmente realizado, de si mesmo famoso e avaliado por honoráveis doutorados e prêmios –, o temor de sua própria sombra.

Grotowski – um *has-been* (um-que-foi)?[50] [*бывший человек*] (*Bivshyi chelovek*)?[51]

Na galeria acima dos retratos de Grotowski, mesmo o transitório, que tive a oportunidade de ver de muito perto, à média e longa distância, ou nos retratos que imaginava – nunca o vi como um *"has-been"* (um-que--foi). Fiz o que pude para não vê-lo. Sentia uma resistência instintiva à imagem de Grotowski como um que foi – mesmo que fosse, em alguma medida, motivo de disputa, "o velho Grotowski" superou o Grotowski autor da *Akrópolis*, de *Doutor Fausto*, de *O Príncipe Constante*, de *Apocalypsis cum Figuris*. Talvez seja meu reflexo pavloviano – experimentado por um velho companheiro de viagem, um *advocatus diaboli* de longa data, um porta-voz e promotor da Companhia; talvez seja apenas autodefesa... Pois se o grande Grotowski se transformou em um-que-foi, certamente também eu sou um um-que-foi. Sou apenas um maço de comentários e de notas de rodapé de obras históricas cobertas de pó, preenchidas num catálogo "Grotowski, Jerzy".

Se Jerzy proferisse a Reza do Senhor, como ousado inovador ele certamente teria introduzido uma nova fórmula, desconhecida na liturgia: depois de "mas livrai-nos do mal", teria acrescentado "e livrai-nos de sermos 'um-que-foi'". Amém.

Certamente, Grotowski não foi "um-que-foi" que se lamentou. Nos últimos anos aconteceu que tive de lidar com um grande homem que parecia mostrar cordialidade ao seu colega e amigo do passado. A cordialidade fluía de cima, num eixo vertical.

---

[49] Um termo do ocultismo para o espírito comum a um grupo de pessoas, ou da "mente coletiva" que influencia os indivíduos.

[50] Em inglês no original.

[51] Russo para "um homem ancestral".

EM BUSCA DE UMA ENCARNAÇÃO MELHOR

Um dos conceitos sobre Grotowski que se prolongou por muitos anos – e às vezes surge até hoje – é a fórmula "teatro do corpo" (os franceses destacam-na como: "*théâtre corporel*"). Talvez resulte da necessidade de uma abreviação classificada. Desse modo, é mais fácil incluir o "teatro pobre" original na "corrente" do teatro mundial dos anos de 1960. A obra de liderança daquela era, *Em Busca do Teatro Pobre*, contém muitas páginas a respeito de exercícios físicos e vocais, detalhadamente descritos, classificados e nomeados. Aos grupos jovens, esses capítulos técnicos, escritos num estilo seco, foram fórmulas saudáveis para suas próprias deficiências – embora Grotowski advertisse muitas vezes que seu livro não incluía receitas, mas somente um registro –, como um diário de bordo – de uma certa fase da busca.

Os "pulos do tigre", "alongamentos de gatos", "voos", "paradas de mão", "ressonadores" e exercícios "rei-rei" eram atraentes pela disciplina e praticidade. Prometiam progresso concreto para energias elevadas, para a alquimia da profissão.

Grotowski – Teatro do corpo?

A década dos anos de 1960 foi uma época de fascinação pelo corpo e por suas técnicas. O tabu do corpo, tão típico da geração de nossos pais, era superado. O corpo invadia a alta cultura e tornava-se um substrato ubíquo à compreensão da vida e da alma – a era da sra. Dulska[52] e de Tartufo estava acabada.

A nudez, que costumava ter vida sublime, acadêmica, nos museus (e vida clandestina-comercial nos bares de *strip* das famosas grandes metrópoles mundiais "corruptas"), invadia a arte cinematográfica e era apresentada ao vivo nos palcos de ambiciosos teatros inovadores. Surgia nas grandes salas da Broadway. Alimentava a rebeldia do famoso Living Theatre e de muitos grupos teatrais jovens pelo mundo.

Era a *Belle Epoque* de inovadoras companhias de dança, sobrepujando os limites tradicionais reservados à arte do balé, reivindicando o nome de "dança teatro" e apagando as diferenças de gêneros com a mímica.

---

[52] Uma proverbial burguesa hipócrita, protagonista do drama naturalista *Moralność pani Dulskiej* [*A Moralidade da Sra. Dulska*] de Gabriela Zapolska (1906).

A liberação do corpo era um dos muitos movimentos de libertação adorados à época – de várias formas, também os sangrentos. Os movimentos de libertação do corpo eram caracterizados por um culto do amor universal, por uma filosofia de não violência, por uma revolta pacífica contra o mundo brutal e hipócrita da geração dos seus avós e dos seus pais. "Paraíso Agora!" tornou-se a urgência da época: a ressureição do corpo contra o mal do mundo.

Naturalmente, Woodstock, no grande palco do mundo. Mas espécies de mini-Woodstocks – na realidade, um pouco mais moderados – aconteceram em círculos respeitáveis, nas casas de palestrantes da *intelligentsia* e de acadêmicos. Sem citar a juventude artística, os ainda novos, sempre renascidos boêmios.

Lembro-me especialmente da cidade de Nova York, e em particular de nosso primeiro dia ali com o grupo todo em 1969. Aconteceu de – convidados por nossos amigos norte-americanos – participarmos dessas festas informais. Eram informais, ainda que sem a pressão de informalidade. Era permitido ficar nu, mas sem nenhuma obrigação de fazê-lo; não era inoportuno permanecer vestido. Tolerância. "Faça o que acha certo. Seja você mesmo." Certamente, havia algumas regras não escritas a serem seguidas. Tudo que acontecesse deveria ser considerado completamente natural. Não se devia fixar os olhos nos corpos dos participantes, sobretudo nas partes íntimas. Visíveis mudanças em corpos masculinos raramente aconteciam; não seriam chocantes, ainda que se pudesse perceber que naquelas circunstâncias elas não eram consideradas um exemplo de bom gosto.

A obrigatoriedade – embora algo ritual, sem nenhuma pressão – era não recusar o baseado, quando alguém – pretendendo compartilhar o sentimento de irmandade universal – tragasse com a boca cheia de saliva e passasse a você com um gesto generoso, convidando-o a tragar. Um baseado era como um cachimbo da paz – o cachimbo da paz –, um signo de amizade ilimitada, principalmente se oferecido por alguém que você não conhecia pessoalmente devido ao grande número de pessoas. De todo modo, não era necessário se apresentar. Você era amigo – ou irmão? – pelo simples fato de ser humano – nesse grupo, aqui e agora.

A regra era não ficar com o baseado. Você devia passá-lo ao vizinho, para deixá-lo ir a outra roda fraterna de boca em boca, seguro entre o polegar e indicador.

Deve-se ressaltar que esse tipo de festa não era – como nossos pais patriarcais, pudicos ou burgueses possam pensar – de bebedeiras clandestinas, pervertidas, moralmente impróprias. Faziam parte do comportamento apropriado às pessoas que nos velhos tempos seriam consideradas da "boa sociedade". Não tinha nada a ver com orgias, ou *partouze*, como é chamada em francês. Era o estilo da alta cultura.

De fato, havia algumas festas no limite da nobre tradição e da época contemporânea liberal. Em algum momento, geralmente mais tarde, alguém se despiria ou sugestivamente quase se despiria na sala de estar. Deveria ser feito pelos anfitriões para encorajar os convidados a serem menos formais. O anfitrião com a cara de "É hora!" ergueria uma pintura da parede para mostrar um armário embutido oculto ou um quartinho em que se guardava o saco de maconha. Ninguém se importava em esconder papéis de cigarrilhas – eles ficavam disponíveis. Eu testemunhei isso no coração de Manhattan, em boa sociedade, em algum arranha-céu elegante, guardado por porteiros uniformizados que abriam as portas das limusines e acompanhavam os convidados para dentro sobre um tapete vermelho, sob uma tela no teto arqueado; algo que conhecíamos somente nos filmes de Hollywood que descreviam a vida de riqueza.

Estava precisamente marcado no código de comportamento digno do Pleroma, quando nas garras do Moloch nova-iorquino, que se despir em público era inaceitável. Fumar maconha também era inaceitável, levando-se em consideração o fato de ser ilegal nos Estados Unidos: o que poderia acontecer se as autoridades norte-americanas – ou a embaixada polonesa – descobrisse? Quanto ao uísque com gelo, não era permitido mais de um copo. Sendo homens de destinos nobres, tínhamos de superar a imagem estereotipada do bêbado polonês e não ceder a essa inclinação (ainda que fosse difícil resistir) – pela condição e pelo etos da difícil tarefa do Pleroma.

Ainda assim, o primeiro ponto do código – não participarás de festas de nudez – não era problema para nenhum de nós. Como muitas pessoas da Cortina de Ferro, éramos mais envergonhados de nossos corpos;

embora nossos rapazes fossem mais ágeis nas reações naturais do que os homens norte-americanos, treinados na tradição puritana.

O próprio Grotowski, que eu me lembre, era um homem extremamente tímido. Ele evitava ser visto no banho. Não gostava de ser tocado, exceto num conveniente aperto de mão ou beijo formal no rosto. E tocar os outros era um sério esforço para ele. O relacionamento com seu próprio corpo – e talvez com os corpos dos outros – era totalmente neurótico.

Será que é por isso que ele era tão eficiente nas aulas públicas de anatomia do Dr. Knock? Tocar o corpo do ator-paciente era uma espécie de procedimento mágico: o próprio mestre falaria sobre uma espécie de charlatanismo em sua profissão de pesquisador e guia de atores.

A palavra "tangível" era um dos termos-chave de sua retórica. Se algo fosse "tangível", necessariamente era bom ou eficiente, seguramente concreto. Como se o sentido do toque fosse o órgão cognitivo mais elevado; o toque de um organismo vivo – considerado quase um ato de transgressão – era uma penetração em direção à Essência.

No período parateatral, o toque e seus derivados abriram – em meio às outras chaves – os portões do Holiday (Dia Santo). O contato com a pele viva do irmão... O contato com a grama... O contato com a terra, com a água, com o ar... E com o fogo, com o risco do contato direto com esse elemento...

Isso acontecia no período, relativamente curto, de vários anos de empenho em direção ao Dia Santo. Talvez esses tenham sido os anos mais felizes de Grotowski – no sentido de desfrutar da vida. No refúgio do Dia Santo, em Brzezinka, perto de Wrocław, o momento de nudez plena fazia parte do ritual. Talvez naquele momento único o mestre aceitasse seu corpo, que parecia adquirir – ou, quem sabe, recuperar – uma particular luminosidade. Quando estive em Brzezinka, eu vi – como aparições oníricas – figuras nuas que pareciam – em simplicidade e inocência – imagens do Paraíso de Hieronymus Boch ou de Rogier von der Weyden.

Esse paraíso, no curso natural das coisas, foi gradualmente se transformando num paraíso perdido. Supostamente, um mundo em que o comportamento dos homens, depois da queda do ancestral Adão, seria suspenso, e o corpo, santificado, levando os participantes à Percepção

Direta – ainda que a vida normal entrasse nos limites daquele mundo e alguns participantes da cerimônia simplesmente desaparecessem no meio do mato. Também os que supostamente deviam ser gentis guardiões da energia a ser dirigida, digamos, a objetivos extragenitais, acabavam por romper a proibição sexual do Dia Santo. Além do mais, os irmãos-xamãs, de modo muito humano, muito comum, começaram a se tornar rivais pelos favores do Xamã Maior e pelo acesso ao poderoso carisma.

Grotowski, o grande trapaceiro e psicotécnico, teria, imagino, uns períodos de ingenuidade infantil. Era, como podemos supor, o outro polo oculto de sua alta inteligência e do seu senso de realidade – o outro lado da paixão maquiavélica. Tinha extrema cautela, ainda que acontecesse de ele também cair numa espécie de doença, que chamei de *utopitis acuta*. Ele foi um Maquiavel e utopista num único corpo.

É interessante: Maquiavel, o autor de *O Príncipe* e Thomas More, o autor de *Utopia*, foram quase contemporâneos. Sua época foi o momento do nascimento da teoria moderna da manipulação política, bem como da mãe de muitas Utopias.

Numa verdadeira Utopia, a utopia sagrada, figuras humanas generosas de rostos encantadores andam nuas pelos jardins do paraíso.

Conforme me lembro, Grotowski – e sobretudo porque ele focou sua busca no ator – preocupou-se com algo que pudesse ser chamado de *dignidade do corpo* com uma solicitude paternal. O corpo do ator deve ser protegido. Ele pensava em proteção não apenas no sentido de higiene, saúde, condição física, mas também de cuidado moral ou mesmo espiritual. O corpo precisa preservar sua disposição máxima ao esforço do treinamento, prontidão para desafiar o Desconhecido no processo criativo, para superar as próprias habilidades. O corpo é mais do que um instrumento no trabalho do ator; é um transportador visível do ato de confissão. É o objeto do autossacrifício.

A modéstia corporal deve ser rigidamente respeitada no teatro assim como na vida. "Não o emporcalhe, não o transforme em cortiço", o Chefe repreendia seus (nem sempre obedientes) atores. Então, no camarim era proibido andar nu entre os colegas. Isso resultava em filas pela contínua falta de espaço na parte de trás do Teatro Laboratório. Havia também alguns casos inocentes de narcisismo, tão típico de atores.

Essa disciplina foi, ainda, reforçada depois da encenação de *O Príncipe Constante*, em especial no caso de Cieślak. Ele, particularmente, era protegido. A familiaridade com seus colegas e parceiros de atuação, embora muito habitual, não era aconselhável para ele. Era proibido usar palavras obscenas que se referissem ao corpo humano e à fisiologia. Príncipe Fernando, aguardando para entrar em cena, sentava de tanga, com os braços e o dorso cobertos com um lençol ou uma manta.

Grotowski estabeleceu um clima de tabu ao seu redor – também ao redor da cena. Seu corpo era tabu. Ele se tornou intocável – não como um pária hindu, mas, antes, como uma espécie de homem santo, ou de vaso sagrado.

Na verdade, esse Príncipe Constante em seu *ato total* teria sido completamente despido. E era como sua presença "cênica" deveria ser. No entanto, ele ficava ainda mais despido usando a tanga de Cristo ou de São Sebastião enrolada nos quadris.

Não obstante a onda liberadora da nudez no teatro e nos costumes da época, Grotowski nunca foi até o fim em seus espetáculos.

Quando se encontrava com grupos teatrais contemporâneos rebeldes, ele polemizava a tentação familiar de recorrer à nudez em cena. Ele preferia a *revelação* – a transparência do homem na *autossinceridade*. Era um ato de coragem, um verdadeiro ato humano, ao ganhar plenitude. Sem esse ato de *revelação*, como argumentava brilhantemente o mestre do Príncipe Constante, um corpo nu em cena era um corpo vestido. A nudez se tornava seu aparente traje atraente.

O corpo, repetia Grotowski, não era um objeto, não era um item, nem mesmo um instrumento, como afirmavam alguns especialistas teatrais. Não era nem uma máquina, nem um mecanismo, nem um boneco que se apresentava ou comandava hábil e perfeitamente. "Quando digo: 'corpo'", disse certa vez, "penso no homem total".

Segundo Grotowski, o corpo e a psique não são coexistências forçadas de diferentes entidades. Ele sugeria que era ainda mais do que uma unidade. Era uma identidade secreta. Haveria outro corpo além do nosso corpo visível de ascendência animal? Seríamos nós então somaticamente uma espécie de boneca Matryoshka (bonecas russas dentro de bonecas)?

Isso me lembra da famosa fórmula do poeta, artista e místico William Blake: "O corpo é a parte visível da alma".[53] Alguém poderia parafrasear a observação de Blake e dizer que sua alma é uma parte invisível do corpo. Grotowski foi especialista em todas as classificações corporais esotéricas, alquímicas, religiosas, místicas, orientais e europeias. Todos os corpos astrais, esotéricos, sutis, espirituais, gloriosos... Todos os dados de seres que devem supostamente servir de ponte sobre um intrigante abismo entre o mundo visível e o invisível, entre o externo e interno. Tais entidades esotéricas eram referidas em nossas conversas num clima de piadas amigáveis... Sem mencionar os "chacras".

Sem dúvida, a visão da complexa unidade mútua, corporal e psíquica, sutilmente versátil, polimórfica contribuiu para a eficiência do mestre-pragmático na pesquisa do fenômeno da arte do ator, bem como no seu trabalho com o ator. Foi no *ato total* – no trabalho com um único ator – que essa unidade ou identidade, despercebida na vida normal do teatro, pode surgir empírica e visivelmente.

Aqui o ator não é mais um ator, alguém que interpreta seu papel estudado – é um homem num estado extremamente poderoso de existência.

E a palavra do texto, o logos de Calderón-Słowacki, levada pelos impulsos vivos do homem-ator, transformava-se numa qualidade diferente. Tornava-se mais do que um discurso dramático, mais do que uma palavra-ato, mais do que um som, mais do que música da voz humana. Era como uma secreção orgânica, a acústica de um organismo no auge da ação. A palavra falava por si, expressava-se, articulava-se, levada pelos impulsos de um homem, num ato. Embora a partitura verbal completa fosse precisamente fixa e repetida de cor, não se tratava mais da interpretação de uma pessoa falante, da realização de um virtuoso da retórica cênica. Não sem alguma exultação, poderia se dizer que a palavra aqui estava encarnada. A palavra – nos limites do teatro – tornou-se carne... Parecia que o organismo do ato faria gerar a fala, as palavras, o logos...

---

[53] Paráfrase da frase de Blake de *Marriage of Heaven and Hell*: "Man has no Body distinct from his Soul, for that called Body is a portion of Soul discerned by the five Senses, the chief inlets of Soul in this age" ("O homem não possui o Corpo distinto da Alma, pois o chamado Corpo é uma porção de Alma discernida pelos cinco Sentidos, o principal conduto da Alma nessa era.")

O corpo tornou-se uma área privilegiada da exploração de Grotowski em sua paixão de buscador do Absoluto.

O corpo – o Santo Graal de Grotowski.

O autor de *Vers um Thèâtre Pauvre*[54] utilizou várias definições técnicas do corpo, dependendo do estágio de suas experiências. Por volta de 1969, usou o termo "memória corporal". Logo começou a evitá-lo, porque (como explicou) os atores associavam isso com introspecção, com verticalização do mundo interior, com a contemplação passiva de memórias. Tal termo nem estimulava os atores, nem os induzia à ação. Podia ser uma espécie de meditação ou psicoterapia, mas não um desafio que os provocasse à atividade, ao contato com o parceiro, à comunhão.

Em 1970, no começo da fase parateatral, Grotowski introduziu, com um sentido algo retrospectivo, uma versão estendida mais dinâmica desse termo: "corpo-vida". Ele diz:

> É preciso perceber que nosso corpo é vida. Todas as experiências estão escritas em nosso corpo, no corpo todo. Estão escritas em nossa pele e sob nossa pele, desde a infância até a idade presente, e talvez mesmo desde antes, antes de nossa infância, e talvez até antes do nascimento de nossa geração. Corpo-vida é algo tangível [...] há sempre um encontro nele, há sempre o Outro, presente deste ou daquele modo, indiretamente, diretamente, aqui, agora, uma vez... e alguma outra coisa surge, algo que chamamos impulsos. Não há sequer um modo de nomeá-lo. E quando digo corpo, digo aqui: vida, digo eu mesmo, você, você total [...] E aquele que é parceiro do encontro, aqui e agora, e aquele que esteve em sua vida, e aquele que virá – estará presente simultaneamente – e Ele será um.[55]

Atrás desse "Ele" com letra maiúscula, a fala de Grotowski nos transporta para fora da dimensão teatral. E o encontro com Ele, que será Um, torna-se possível graças ao corpo, o corpo-vida. Começando com o corpo? Saindo do corpo?

---

[54] Flaszen usa o título francês de *Em Busca de um Teatro Pobre*.
[55] Grotowski, "Co, było"..., p. 115.

Grotowski e o corpo é um tema significativo em muitos aspectos. O relacionamento de Grotowski com seu próprio corpo é toda uma história muito dramática. Seu corpo era cronicamente doente. Desde a tenra infância tinha consciência da morte espreitando os tecidos de seu organismo. Carregava dentro de si o perigoso inimigo.

Ou será que esse inimigo carregava Grotowski? Tentando dominá-lo, ou mesmo controlá-lo e torná-lo seu aliado, Grotowski tinha de lidar como isso. Começou praticando uma ioga que estudara em livros exóticos existentes nesse remanso. Como autodidata em muitos campos, ele tentou seu próprio caminho até encontrar um padre, um orientalista erudito, ele mesmo praticante de ioga, talvez buscando algum alívio de sua pia rotina na igreja.

Certa vez, Grotowski contou-me confidencialmente que quando criança ficara muitos meses no hospital, e um médico indelicado augurou que aquele paciente viveria somente até depois dos trinta anos. Grotowski contou-me que pressionou os médicos para lhe contarem a verdade abertamente; ele alegava ser muito melhor ser informado de sua não longevidade. Ao saber que não tinha muito tempo pela frente, agia rapidamente.

Será que graças a isso ele se tornou vigilante, um observador meticuloso do corpo, seu ouvinte atento e explorador de seus mistérios?

Tinha o nítido sentimento de que somos inseparáveis do próprio corpo, que estamos sentenciados ao próprio corpo. De que o corpo é o destino do homem.

Certamente, teve seus momentos de alarmes falsos. Pequenos episódios de hipocondria... Preocupado com a saúde, acontecia de exagerar no exame de seu organismo e dos sinais de sofrimento. No entanto, evitava médicos – será que temendo ouvir um diagnóstico fatal? Costumava dizer: "O que eles sabem sobre minha doença?". Na realidade, sua doença era extremamente rara. Fui seu fiel companheiro de hipocondria (incluindo minha alegada *angina pectoris* diagnosticada certa vez por um residente de pronto-socorro), e ainda assim devo admitir que Grotowski não era um hipocondríaco passivo, lamentando incontrolavelmente e exigindo compaixão e conforto. Nesses casos, era um hipocondríaco combativo e heroico. Ele que me levava ao pronto-socorro à noite à estação ferroviária de Opole quando era atacado de falta de ar por dificuldades indubitavelmente neuróticas. Talvez eu tivesse de estar seriamente doente para ser um parceiro à altura do amigo e mestre seriamente doente.

Ele estudava diligentemente obras de medicina, farmacologia, e até livros de bolso de fitoterapia. Tinha perfeito conhecimento de medicina psicossomática, à época um campo florescente e da moda. Quando o famoso livro sobre estresse de Selye[56] foi publicado na Polônia, Grotowski o levava com ele e lia com muita frequência. Naquela época, o conceito de frustração – e seu impacto negativo na saúde de ratos e de homens – tornou-se popular na Polônia.

Grotowski sem dúvida conhecia sua saúde melhor do que os médicos. Costumava ditar a eles os conteúdos de prescrições médicas (ele teria receitado a si mesmo sozinho, não fosse necessário um carimbo do especialista de saúde para a compra dos remédios). O quanto me lembre, acontecia de ele acrescentar algo à lista das drogas prescritas e até falsificar as receitas. Na realidade, foi um dedicado grafólogo amador que treinava para adivinhar o manuscrito de seus correspondentes (e, às vezes, dos colaboradores); o mesmo acontecia no caso dos candidatos ao Pleroma. Nessas ocasiões, ele treinava copiando as assinaturas das pessoas "para entendê-las melhor". Em minha ausência, acontecia de ele colocar minha assinatura em documentos oficiais urgentes. Suponho que em algum lugar dos arquivos das farmácias de Opole e de Wrocław seja possível encontrar muitas receitas assinadas por ele "em nome" de seus médicos.

Como homem com "vontade de poder" extremamente intensa, ele sem dúvida acreditava (na realidade, isso estava em conformidade com a retórica oficial reconfortante dos médicos) que o aspecto psicológico é crucial para o prognóstico positivo do paciente. Para Grotowski – que foi o Príncipe Constante das lutas por sua saúde e prisioneiro das condições inesperadas do seu próprio organismo de defesa – isso não era retórico, mas a convicção mais profunda e testada: saúde e doença dependem da vontade do homem, bem como do reconhecimento astucioso de seu segredo. Assim

---

[56] Endocrinologista canadense, Hans Selye (1907-1982) teve seu livro *Stress without Distress* publicado na Polônia como *Stres okiełznany* (1977). Selye foi a primeira pessoa a usar o termo "estresse" em ciência médica.

era o caso de uma psicotécnica eficaz – certamente com bases científicas, mas também associando alguns elementos de charlatanismo. A união indissolúvel de Psique e Soma era crucial aqui. Grotowski, o mestre xamânico autodidata, era seu próprio Médico...

Trabalhava meticulosamente sobre sua vontade. Também lia diligentemente todos os livros disponíveis sobre o desenvolvimento da vontade. Entre eles, um livro de grande aceitação no século XX, *Éducation de la Volonté* [*Educação da Vontade*], do educador francês Jules Payot, bem como obras do filósofo e pedagogo polonês J. E. Dawid. Tratava-se da época da neurose de *fin-de-siècle*, sonhos de poder e visões de *Ubermensch*. Nietzsche, profeta de *Der Wille zur Macht*, dava seu último suspiro, cuidado por sua mãe, num estado de profundo colapso psíquico, assinando suas últimas cartas como "o Crucificado" e "Dionísio".

Como um Quietista ardente – e abúlico por convicção – eu zombava dos livros do desenvolvimento da vontade de Grotowski. Aliás, ele talhou sua vontade! A prática da ioga foi com certeza uma parte desse programa. Frequentemente, tomava um banho frio. Ele protegia, mas também testava seu organismo.

Talvez valha a pena lembrar que a disciplina e o esforço físico aos limites do tolerável foram leis da vida e dos trabalhos dos atores, do Pleroma todo. Como se poderiam classificar as *Vigílias* parateatrais, as experiências de privação de sono por dias do *Projeto Especial* e da *Montanha de Fogo*, os banhos de inverno num buraco de ar, o rolamento na lama, as tentativas de caminhar sobre brasas? A luta com a própria fraqueza franqueou a desejada Outra dimensão, em que energias liberadas pareciam ilimitadas aos participantes e a fadiga se assemelhava a um mito hilário sobre as limitações da resistência humana.

Grotowski empacotou numa palavra precisamente selecionada as piores falhas, os piores defeitos de caráter e estados humanos: "indolência". Devia-se lutar contra a indolência individual – aqueles que hesitavam no trabalho eram em geral repreendidos com dureza – enquanto ele desprezava a indolência coletiva, doença tipicamente polonesa. A atmosfera de um país escravizado contribuía para essa indolência coletiva. Foi uma época em que os trabalhadores inventaram o dito popular: "Não importa se você está de pé ou deitado, seu salário deve ser pago".

Mas – contra os climas predominantes – não no Pleroma. Aqui, o mínimo atraso em ensaio era punido. Aborrecimento e vergonha.

Grotowski, um homem da medicina, foi de certo modo somaticamente predestinado a provar e praticar técnicas espirituais, foi o núcleo da unidade acima mencionada, a filtragem mútua das esferas de um ser humano, hierarquicamente organizada em nossa cultura como "corpo-alma-espírito".

Ioga, pertencendo às técnicas nobres dessa espécie, era parte do ritual rigidamente observado por Grotowski nas atividades diárias. As mais sofisticadas *asanas*, dominadas perfeitamente por ele, eram, digamos assim, a reza gnóstica de um agnóstico *na estrada*.

Outra forma de reza diária e totalmente secular era a leitura de jornais e revistas.

As práticas de ioga de Grotowski, incluindo sua característica intrínseca – enriquecida de elementos de todos os tipos de métodos de trabalho com o ator – eram seu impulso evidentemente secreto. Muitos anos depois, ele alegaria abertamente que inventara sua própria ioga, e que essa era sua aspiração básica em meio às divagações de sua vida artística.

Por décadas, desde o tempo da mítica aldeia Nienadówka, Grotowski foi secretamente inspirado pela ioga... E, no final de sua estrada, criou sua própria versão de ioga, sendo parte da eterna linhagem da Tradição, como destacou em seu último testamento.

Grotowski e o corpo... Anteriormente, antes da Pontedera final, e depois da fase "corpo-memória" e "corpo-vida", alguns outros nomes-conceitos do corpo surgiram *na estrada* (do incansável buscador), acrescentando ainda mais significados, tais como: o "corpo primal", o "corpo réptil" (ou seu aspecto intrigante – o "cérebro réptil"), vivendo em nós, coexistindo com nosso ser contemporâneo. O contato com eles é especialmente criativo e revelador para nossa humanidade – se mantivermos a presença de espírito, a disciplina e a ordem, possíveis graças à precisão da partitura do *"performer"*, um *yantra* (instrumento) dessa jornada às camadas arcaicas de nosso organismo psicofísico.

Por necessidade, surge também "o corpo dos ancestrais" – o corpo de nossos antepassados, que podemos erguer dos mortos graças aos poderes vibracionais dos cantos deles herdados.

"*Tu es le fils de quelqu'un*" – "Você é filho de alguém" – era assim que Grotowski chamava seu texto no qual invocava esses seres misteriosos – meio cientificamente, meio esotericamente, como de costume – em seu cânone em constante desenvolvimento. Talvez se pudesse dizer: um cânone-em-progresso.

Parece que aqui também, como em geral acontecia, Grotowski foi um filho fiel do romantismo, especialmente do romantismo polonês. Uma canção primal – das antigas profundezas populares, do estágio vibracional – possibilita-nos fazer parte do universo vivo, recuperar nossas "raízes", vivificar energias esquecidas e fazer contato com os ancestrais... Com as almas dos mortos que viveram antes de nós – e parecem codificados em nossos corpos. Em nosso corpo-vida, quem sabe?

A febre poética da imaginação na ação? Uma espécie de poesia ativa? Poesia – ou a verdade? Poesia – e a verdade? A verdade?

Uma coisa é certa aqui – desçamos de um hino à linguagem técnica, ao laboratório formativo de Grotowski – existe o *performer* "em processo" antes de nós.

Grotowski – já um "professor do *Performer*", cavalgando persistentemente no caminho que chamou de estrada do conhecimento (ou Gnose) –, ao se encontrar próximo ao topo de seu Monte Carmelo (Arunacala), falou sobre "corpo-e-essência" e "corpo-essência". Essência, uma dimensão – ou modalidade? – de existência que não depende do ambiente, nem é condicionada por fatores externos. Essência é fora do tempo; não é produto de uma história individual – é inata ao homem individual. Para cavar a Essência, é necessário o multifacetado "trabalho sobre si mesmo". A pessoa descobre a essência dentro de si, agindo com o corpo e com a voz. Acrescentemos que para Grotowski a voz era uma continuação do corpo, seu órgão invisível. Em contato com a Essência – *a conexão mais elevada*, acrescentava o mestre –, nosso corpo produz as marcas visíveis da transformação: torna-se lúcido e luminoso. É isso a *metanoia*?

Tocamos num domínio não tratado pelas pessoas cautelosas e respeitadas do espírito. Ainda assim, há uma certa hierarquia natural nesse contato com a Essência. No caso do *Performer*, esse contato é temporário – ele consegue isso apenas durante sua atuação, por pouco tempo. Desse modo, "corpo-e-essência". Uma síntese exigindo muito trabalho, apesar de ainda fugaz. "Corpo-essência", por outro lado, é uma conexão permanente e plena. Grotowski refere-se aqui ao caso de Gurdjieff: uma das últimas fotografias desse mestre espiritual é a imagem de um homem de "corpo-essência". Ele emana obviedade e simplicidade. Graça, talvez?

E quanto ao professor do *Performer*? Será que foi dado a ele, por definição, esse "corpo-essência"?

Repitamos: para Grotowski, o corpo era o Santo Graal, o vaso sagrado no qual sublimam Energias e de onde emana o Mistério.

Para Grotowski, quando ele começou a explorar a anatomia da atuação, uma das *idées-forces* chave era algo a que chamava – no espírito dos antigos vitalistas, exploradores dos mistérios da matéria viva – "o fluxo de vida". "O fluxo de vida", estimulado pela atuação do ator, demandava uma forma, uma estrutura construída precisamente para evitar um deslizamento ao caos. Liberdade de improvisação, pulsação espontânea, ainda que disciplinada, do "fluxo de vida" podia surgir graças a essa estrutura e no interior de suas armações ("Pulsação é outro termo-chave do dicionário de Grotowski). Espontaneidade – a recompensa para uma disciplina honestamente trabalhada. Quando – graças à partitura – a tensa distorção do efeito desaparece, abre-se um horizonte ao Desconhecido: dentro de si, fora de si. O corpo torna-se leve e livre de resistência. Surge uma nova qualidade nele. E o sintoma de tal qualidade é – como Grotowski formula em algum lugar – "o fluxo visível de impulsos". Como se o corpo fosse aniquilado. Ele se torna algo que experimentamos como um organismo num estado intensificado, que parece ser uma luz peculiar.

Não, isso não é um "teatro do corpo", "*théâtre corporel*". É um teatro do corpo transformado – se ainda pode ser chamado de teatro.

Eu diria que a aspiração secreta de Grotowski – talvez semiconsciente – era buscar uma encarnação melhor. Para si e para seus atores. E para o ator – o parceiro escolhido. Grotowski transformava fraqueza em poder, no divisor de águas de Arquimedes. Ele trabalhava na encarnação – não no corpo, no seu condicionamento físico ou ginástico.

Depois de muitos meses de trabalho com Cieślak – em particular, sem testemunhas – falava num renascimento mútuo.

Quando o velho mestre de Pontedera ainda era jovem, frequentemente repetia sua famosa fórmula hermética que encontrou nos livros esotéricos, na época muito difíceis de encontrar na Polônia: o corpo humano é um microcosmo, uma miniatura análoga ao universo – o macrocosmo.

Grotowski foi muito interessado nas obras de Pierre Teilhard de Chardin depois de publicadas na Polônia. Para Teilhard, um paleontologista e pensador erudito, um jesuíta e gnóstico, o universo todo era um organismo vivo, desenvolvendo um feto humano – um organismo em constante transformação, partindo do ponto Alfa inicial até o ponto Ômega final, o Cristo Cósmico.

Para o jovem Grotowski – como escreveu com alguma ênfase na *Invocação*, de nosso primeiro espetáculo em Opole, *Orfeus* baseado em Cocteau –, "o mundo é um dançarino infinito e eterno". Ele se referia à imagem de Shiva, a deidade hindu, que dança, criando e destruindo mundos. Shiva como um deus encarnado. A Índia Sagrada, inseparável de Grotowski, era um universo de deuses e seres constantemente mudando suas encarnações, como uma espécie de infinita mascarada cósmica.

Seria exagero afirmar que Grotowski – trabalhador e buscador de encarnações – foi um avatar de algum deus adorado às margens do Ganges. Mas quem sabe?...

Sua imaginação a respeito da encarnação girava em torno de Jesus de Nazaré. Sou tentado a dizer que, embora agnóstico, ele era um crente de Cristo. Um cristão não denominacional, laico.

Levando em consideração o conceito final de corpo-essência, eu diria (ao modo de um ensaio fantasioso) que Grotowski procurava o corpo glorioso.[57] Em seu trabalho com o ator. Em seu trabalho consigo mesmo.

Nos anos de 1990, ele visitou Israel para apresentar o documentário de *Akrópolis*, filmado várias décadas antes. Os espectadores choravam e beijavam suas mãos. Ele me disse que não visitou Jerusalém por se sentir muito fraco. Uma noite, foi ao Muro das Lamentações, quando ninguém estava por perto. Além do Muro, ele visitou – sozinho – Emaús. O lugar em que Jesus apareceu aos discípulos e onde eles cearam

---

[57] Flaszen refere-se ao significado religioso do termo – *corpus glorificationis*, o corpo transformado depois da ressurreição.

juntos. Grotowski me falou muitas vezes a respeito de Emaús. Olhava atentamente para a pintura de Rembrandt. Aquele lugar e evento – onde o mestre surgiu e se encontrou com os discípulos – descritos pelos autores dos Evangelhos Sinóticos estimulavam sua imaginação.

Segundo os Evangelhos, o mestre surgiu ali em seu corpo terreno depois da ressurreição. Em outro episódio, o Cético Tomé colocou seu dedo na ferida do Ressurreto, encorajado pelo próprio Mestre, para fazê-lo acreditar nele. Lembro-me de que o Cético Tomé foi uma imagem a que Grotowski se referia frequentemente. Por isso ele chamava de seus seguidores os que resistiram por muito tempo ao Pleroma antes de confiar nele. Ele gostava particularmente dos seguidores convertidos com dificuldade.

Certa vez, depois de minha estada em Jerusalém, disse a Grotowski que ele parecia um hassídico – com seu casaco e chapéu pretos, com tiras de cabelo iluminado saltando do chapéu; vi muitos hassídicos de cabelos luminosos com cachos laterais cor de palha em Jerusalém e Safed, uma cidade cabalista. Ele se parecia com eles.

Na realidade, Grotowski tinha verdadeiro interesse e se inspirou profundamente no hassidismo, a fonte hassídica, das terras do Parlamento Polonês-Lituano e das obras de Martin Buber. Quando falava da Mãe, a Mãe transcendente, arquetípica, ele se referia ao conceito cabalístico da Shekhinah. Era uma Mãe, não um Pai, a *imago* básica de seu universo interno. Grotowski, embora nascido católico, nunca mencionou a Virgem Maria ao se referir à Mãe. Além da Shekhinah, ele se referia à deusa hindu Shakti. Destacava que achava especialmente interessante no hinduísmo o fato de Deus, nessa religião, ser uma Mãe. No hinduísmo também as deusas mudam de encarnações...

A propósito, aconteceu de ele ser confundido com um hasside. Quando conversávamos em Paris, provavelmente formávamos uma estranha dupla, pois os passantes nos notavam – o que é muito raro na capital cosmopolita da França. Será que nos parecíamos com Koko e Augusto?

Certa vez, um velho amigo, sem saber de minhas raízes hebraicas, perguntou-me: "O que você tem em comum com aquele velho hasside?" Ele se referia a Grotowski.

Muitos anos atrás, ainda na Polônia, Grotowski me disse que nossas paixões mais profundas estavam impressas em nossa forma física.

"A famosa Mãe de Pondicherry[58] é uma judia francesa", ele explicou, "ainda assim, ela não é a mais pura hindu? E você", ele continuou com um alegre brilho nos olhos, "não parecia um chinês quando éramos fascinados pelo taoísmo e você lia Zhuangzi?"

De fato, a marca da paixão de anos pela sabedoria chinesa é visível numa foto de Grotowski e minha em Opole.

Grotowski, fascinado pelo hassidismo, era parecido com um hasside. Era como explicava para mim. E ria de mim por me parecer com um personagem de *A Trilogia*[59] de [Henryk] Sienkiewicz.

"Pelo amor de Deus", protestei, "espero não me parecer com Skrzetuski!".

"Não. Você se parece com Zagłoba."

Suspirei aliviado.

Brincamos com jogos de identidade por muitos anos. Mas os riscos eram sérios. Grotowski, mudando de máscaras, percorrendo várias encarnações como Proteus – desde as brincalhonas, passando pelas essencialmente espalhafatosas, até as somaticamente autorizadas –, parecia tratá-las como uma forma especial de treinamento. Ele fazia exercícios e tentativas para achar o ponto em que o corpo e a essência se tornariam idênticos. E, quem sabe – como é o caso de alguns grandes atores –, também ia em busca do ponto em que o papel e o *performer* se tornariam a mesma coisa?

O que se pode fazer depois de alcançar (se for possível) o curso do mágico período do "quem sou?"

---

[58] Mirra Alfassa (1878-1973), conhecida como A Mãe, foi a primeira ocidental a se tornar uma guru indiana; ela foi a parceira espiritual de Sri Aurobindo, o fundador do Ashram de Pondicherry.

[59] *A Trilogia* é o nome comum da série de novelas populares de ficção histórica: *Ogniem i mieczem* [*Com Fogo e uma Espada*], *Potop* [*O Dilúvio*] e *Pan Wlołodyjowski* [*Coronel Wołodyjowski*, traduzido também como *O Fogo na Estepe*], publicadas entre 1884 e 1888, ambientadas no século XVII no Parlamento das Duas Nações Polonesa-Lituana durante a Revolta dos Cossacos, a invasão sueca e as guerras entre a Polônia e o Império Otomano. Skrzetuski é um cavaleiro ideal, jovem e belo, religioso e orgulhoso, um homem de honra, sempre fiel ao seu senhor, o duque. Zagłoba é uma figura cômica parecida com o Falstaff de Shakespeare, um beberrão obeso e fanfarrão, mas vivaz e corajoso, a encarnação de "Sarmata", o estereótipo do nobre polonês.

Na época do imperador Diocleciano, o ator romano Genesius costumava interpretar mártires cristãos, parodiando-os. Posteriormente, ele se tornou um crente e mártir. Ouvi essa versão da vida de São Genésio de Grotowski, contada com irônica admiração.

Não consigo lembrar quando. Muitas vezes.

NA PASSAGEM ENTRE MÁSCARAS

Esse Proteus necessitava muito de sinceridade, nas coisas que fazia e dizia. Simplesmente – sinceridade. Ele sabia que a sinceridade – no mais elevado sentido, codificada no interior do trabalho, remodelada numa forma visual – era o segredo da criação. Repetia Dostoiévski que uma grande criação é a confissão do autor – um caminho individual para seguir a questão: "Quem sou?". O processo criativo de um caminho de autoconhecimento. Stanislávski falava de um "se mágico". Hoje, se eu acompanhasse Grotowski em seu laboratório de palavra-formativa, eu recomendaria o uso do termo do "mágico" "quem sou?".

Sua profissão de diretor, como é sabido, era o trabalho específico de um confessor. Ele guiava o ator para verdades sobre si mesmo, testadas na intensidade da presença carnal. Não dizia respeito às confissões verbais. Era sobre uma "confissão com o corpo", uma confissão de todo o ser. Fixada na partitura do ator, extrai uma verdade pessoal – a verdade mais perturbadora e provocativa – à dimensão mítica, extraindividual, existencial.

Deixe-me lembrar *à propos* que meu trabalho com Grotowski, além do que era aberto, incluía um diálogo "analítico" totalmente sincero, uma investigação do que nele era "autêntico", o artista. Uma procura pelo lugar a que sua natureza – seu impulso criativo nem sempre autoconsciente – o conduziu às apalpadelas. Investigar algo ele chamaria posteriormente de "a principal tentação", algo que exige ser descoberto. Talvez eu o ajudasse a perceber o seu verdadeiro tentador na figura do Sábio; o subconsciente dominado pela Mãe, não pelo Pai, como sugeriria Freud. Quando falei disso nos anos de 1970, ele ficou um pouco irritado. A Mãe é o arquétipo polonês básico, típico do inconsciente coletivo polonês. Uma vez, em Opole, ao tentar atingir os mistérios desse Édipo, com um instrumento freudiano, ele me disse algo que ainda me recordo:

"Não tenho pai. Eu sou meu próprio pai."

Disse isso sem a habitual ironia.

Ser seu próprio pai... Não tenho certeza se nessa época ele ou eu abraçamos plenamente a magnitude de associações envolvidas nessa afirmação. Certamente, ela incluía a alusão trivial de sua situação pessoal: ao irromper a guerra de 1939, seu pai *de facto* abandonou a ele, à sua mãe e ao seu irmão mais velho. Mas ser o próprio pai – ou, de um modo, conceber-se?... O motivo de nascimento paródico, ou de bebês e crianças grotescas, surgia em seus espetáculos. No período do "teatro de espetáculos" o próprio Grotowski – como disse anteriormente – parecia uma criança, uma criatura fisicamente incompleta. Então – em 1970, o ano do milagre – um renascimento aconteceu na Índia... E, como consequência, a população inteira dos pleromitas começou sua busca pela Transformação, pela Metanoia, pelo renascimento uterino do parateatro...

Várias doutrinas e ensinamentos espirituais – inclusive os ensinamentos de Gurdjieff – participam da convicção de que não chegamos a este mundo de uma forma acabada – que somos embriões de seres humanos. Assim, temos de renascer, de modo apropriado.

Para renascer precisamos de um mestre antes de descobrir (com a ajuda dele) nosso guia interior. Esse nascimento – supervisionado por um mestre – pode durar muitos anos. É preciso devotar absoluta obediência a ele – pois, de acordo com a Tradição, ele é o mensageiro de Deus, ou talvez o próprio Deus. Não há dúvida de que Grotowski não teve um guru permanente na forma de carne humana. Ele não seguiu o difícil caminho de um *chela*[60] regular. O mestre da Arte como veículo se considerava um continuador da perene Tradição, teve contatos *ad hoc* com alguns praticantes do "trabalho sobre si mesmo", com algumas personalidades interessantes. Ele espiaria e roubaria, como confessava, vários elementos que achasse úteis para si. Falava, inclusive, em usurpação – além do caminho apropriado à iniciação. Era uma espécie de "caminho de um gurdjiefiano astuto".

Nos anos de 1990, ao ler sua famosa entrevista sobre Gurdjieff, *Uma Espécie de Vulcão*,[61] disse-lhe que sua descrição de Gurdjieff era na

---

[60] Discípulo de um mestre espiritual, no hinduísmo.
[61] Grotowski, "A Kind of Volcano". In: *Gurdjieff: Essays and Reflections on the Man and His Teachings*. Ed. Jacob Needleman e George Baker, com a editora associada Mary Stein. New York, Continuum Publishing Co., 1998.

realidade um autorretrato. Ele concordou serenamente, como se confessasse um segredo.

Quando lhe perguntei sobre a identidade de seu entrevistador anônimo, ele respondeu novamente num tom confidencial que era Peter Brook. O envolvimento de Brook num grupo (ou, de fato, liderança) era um segredo aberto em Paris. Intrigado, perguntei a Grotowski se pertencia a esse grupo também. Ele sorriu e negou, ainda que admitisse ter frequentado algumas reuniões de alto nível por curiosidade.

Queria saber sua opinião sobre os "movimentos" praticados pelos seguidores de Gurdjieff. Eu li a respeito, ouvi falar deles, e tinha até alguns amigos entre os membros ativos dos "grupos". Em meu treino, usava o famoso exercício do "Pare", que se mostrava surpreendentemente efetivo mesmo em minha versão autodidata... Ele me perguntou, com o tom do iniciado "Professor do *Performer*", como eu sabia o que eram realmente os movimentos.... Naturalmente, eu garanti que meu conhecimento era totalmente limitado, pois a maior parte disso vinha de leitura. Admiti, ainda, ter imaginado diferentemente os movimentos – sendo menos teatrais do que os que eu tinha visto em uma das grandes salas de cinema no Les Champs Élysées. A apresentação incluía uma entrevista com a velha Mestra-professora, Jeanne de Salzmann, na tela, e Peter Brook presente na sala como coanfitrião. Grotowski, um mestre de discrição, ficou evidentemente surpreso com o fato de que algumas práticas secretas que ele aprendera em particular, num círculo de iniciados, estavam sendo reveladas ao público.

Ele não queria – era sua eterna estratégia – pertencer a nenhum movimento, a nenhuma escola, a nenhuma "tendência" – nem no teatro, nem no não teatro, nem em nenhuma escola de espiritualidade, tão popular no Ocidente no final do século...

Depois de muitos anos de andanças e de estudos, foi seu próprio *chela* e guru. Assim pode-se dizer, metaforicamente, que ele deu a luz a si mesmo. Os outros lhe forneceram inspiração, exemplos, instrumentos. Ele foi "seu próprio pai".

Depois de quase cinquenta anos, ainda me lembro claramente de suas palavras. Espero que minhas especulações bizarras, cheirando a "análises existenciais" (fascinações juvenis reveladas na velhice!), não sejam fantasias negligentes. Aqui, temos mais uma encarnação de Grotowski: o pai de si mesmo. Às vezes, eu desejaria, entre outras responsabilidades no Pleroma, ter sido para Grotowski o que foi Johann Peter Eckermann para seu amigo Goethe: apenas um humilde registrador, escrevendo meticulosamente as palavras do mestre em benefício das próximas gerações.

A despeito de suas tendências proteanas, ou mesmo de seu carma proteano, Grotowski possuía um elemento de afável sinceridade. Quando, certa vez, lhe perguntaram por que praticava teatro, ele respondeu: para me livrar da solidão. Ao fazer teatro, você está com os outros. Outra vez, falou abertamente sobre a tentação do despotismo, típico de diretores, e admitiu não estar livre disso.

Certa vez, na época da utopia do parateatro, Grotowski publicou na Polônia o registro de um encontro com título de manifesto: "O Mundo Deveria Ser um Lugar de Verdade" ["Świat powinien być miejscem prawdy"].[62] Contudo, de fato, nosso Teatro Laboratório, quase desde o início, desde o início dos anos de 1960, supostamente devesse ser um lugar de verdade – apesar da natureza da arte teatral.

Enfatizemos: a necessidade de Grotowski de abandonar o círculo mágico do jogo foi profunda. Paradoxalmente, o teatro se tornou um lugar em que ele viu a possibilidade de satisfazer sua necessidade. Um "teatro pobre"... o "ator exposto"...

Até que chegou a hora. Um dos motivos de ele romper com o "teatro de espetáculo" foi que ainda havia "teatro demais" em seu teatro! E juntou-se à longa lista – cheia em cada geração desde a Antiguidade, incluindo Tertuliano, Orígenes, Agostinho, Jean-Jacques Rousseau, Leon Tolstói, Bertolt Brecht –, uma lista de pregadores, servos de alguma causa nobre, que censuraram o teatro por sua aridez, banalidade e fundamental imoralidade. Espetáculos, eles afirmavam, deixam-nos comovidos com o sofrimento das vítimas sem nenhum comprometimento moral; são uma arena de efeitos para divertir e para as emoções doentias da multidão; um lugar para angariar prestígio e

---

[62] Grotowski, "Świat powinien być miejscem prawdy", uma transcrição feita para publicação por Leszek Kolankiewicz, *Dialog*, 10, 1979, p. 138-41.

popularidade; uma versão substitutiva da vida satisfazendo nosso narcisismo; uma droga atraente para fugir da verdade de si mesmo; um emblema de Ilusão.

Nesse registro de pecados e atrações suspeitas – cujo santo patrono é Dionísio, impostor e trapaceiro cruel –, fundi conscientemente os argumentos de Grotowski com as declarações dos Pais da Igreja, com o *moralisme* repúblico-puritano de Rousseau, com a estética niilista de Tolstói, chocado com a luxúria da arte num mundo de sofrimento, e com o anti-ilusionismo de Brecht. Ainda assim, a condenação de espetáculos pelo chefe do Pleroma esteve longe do *moralisme* seco dos clássicos, obcecados com o pecado e determinados a corrigir a comunidade. Tal atitude levaria diretamente ao "teatro engajado" contemporâneo, usando de retórica acusadora ou construtiva – alheia ao Pleroma. O único dever do artista é ser fiel a suas próprias fontes, à verdade pessoal e à "tentação" interior – que ativa um processo criativo, potencializando de autenticidade artística o espetáculo, ao invés de uma impostura moralista ou política. O que está em jogo é o dever mais alto do indivíduo criativo consigo mesmo: de se realizar, e se tornar uma mensagem dirigida aos outros indivíduos...

Quero acrescentar que acompanhei o Mestre Jerzy em seu caminho – rasguei-me entre o postulado parental da Bondade e a brutalidade fascinante da Beleza. O niilismo estético foi uma das minhas íntimas reações espirituais. Essa talvez fosse a fonte de minha fascinação ambígua como o Leviatã do Teatro, um criatura coletiva e carnal, em que os artistas pressionam uns contra os outros; e – contra o postulado da soberania do individuo criativo – são sujeitos às leis de hierarquia, dependência e ao jogo de poderes institucionais. Os textos dos sagrados reveladores da total perversidade do teatro estão entre as descobertas que influenciaram enormemente meu modo de pensar o teatro.

Grotowski tinha consciência das excepcionais dificuldades e armadilhas do caminho. Será que evitou as ciladas? Ele repetia: para alcançar algo é preciso ser louco, ainda que louco de mente lúcida e clara.

Quarenta anos atrás, Grotowski deliberava: "Como se livrar da máscara? Essa é uma tarefa completamente relativa. Pois se já nos livramos de uma máscara, imediatamente colocamos uma nova, por exemplo, a máscara de 'despojei-me da máscara'. Todavia, entre os dois pontos – *na passagem* – acontece um milagre, algo vivo".

As palavras acima são relativas às experiências pós-teatrais. Grotowski continua: "Por mais que em *Em Busca de um Teatro Pobre* esteja claro como nossos exercícios se desenvolveram, eles nunca foram ortodoxos, foram sempre apenas uma *passagem* e sempre algo individualizado".[63] Portanto, uma passagem, o conceito de uma passagem – também em relação aos exercícios do ator, no auge das experiências teatrais.

Aqui o termo tem um significado estritamente técnico. Grotowski, anatomista meticuloso do ofício do ator, enfatizava que o crucial na partitura do ator não é o esquema geral das ações, as grandes figurações, posturas ou gestos, mas as passagens menos espetaculares entre isso. É aí que flui o "fluxo da vida" – o "fluxo de impulsos" que provocam a soma de estar vivo e orgânico. A passagem de uma figuração à próxima pode também ser mecânica, puramente volitiva – externamente dinâmica, ainda que internamente vazia.

Em outro texto, ele observa que: "Na realidade, acontece a dança quando o pé está no ar".[64] Portanto, acrescentemos, na passagem entre a estase e a dinâmica do corpo, na suspensão entre elas.

O período mais produtivo da vida de um jovem teatro é quando ele luta com seu próprio diletantismo, quando ainda está na estrada para o profissionalismo – já competente, mesmo assim não fechado em seu *savoir-faire* –, quando se mantém em mudança, com o constante empenho por maior precisão. Talvez esse já tenha sido o caso do Pleroma no passado.

Grotowski falou certa vez de uma terra de nômades como o alvo de sua procura. Preciso destacar que sua especialidade era operar em zonas intermediárias raramente frequentadas, em passagens, nas *entre*-(zonas), abundantes de tentações.

Entre teatro e não teatro.

Entre a técnica do ator elaborada e pesquisada detalhadamente e o Desconhecido que se abre quando se vai além da técnica.

---

[63] Grotowski, "O praktykowaniu romantyzmu" [Praticando Romantismo]. *Dialog*, 3, 1980, p. 116-17.

[64] In: Peter Brook, *With Grotowski: Theatre Is Just a Form*. Ed. Georges Banu e Grzegorz Ziółkowski, com Paul Allain. Wrocław, Grotowski Institute, 2009, p. 92.

Na passagem entre a história ficcional do espetáculo, entre a preparação e o jogo – e a verdade literal, testemunhada pelo corpo do ator em seu processo do *aqui e agora*.

Na passagem entre vigília e sonho na interpretação do ator, onde o sonho está desperto, lúcido e controlável, e o despertar muda sua qualidade ontológica e se torna um tênue sonho-vigília, sonhar acordado, uma evidente atuação de sonho.

Na zona imediata entre o que consideramos espiritual e o que consideramos carnal – quando os dois modos entram em osmose mútua e fluem um para o outro –, onde o corpo do ator se torna espiritual e seu espírito, carnal.

Na operação verticalizada do *Performer*, em que as energias vitais humanas "grosseiras" se elevam para se transformar em energias "sutis", e então vão para baixo até a "densidade do corpo", como diz Grotowski, "professor do *Performer*".

Na passagem entre várias culturas, tradições espirituais e rituais – entre o antigo e o atual – entre o homem arcaico dentro de nós e nossa moderna existência – em mútua simbiose criativa.

Na passagem entre as artes performáticas e as práticas espirituais. Acrescentemos: entre Grotowski – um homem de teatro – e Grotowski – criador de sua própria versão de ioga, ou um mestre espiritual.

Na passagem entre uma escolha consciente do caminho e algo que não pode se passar de outro modo – entre livre opção e destino.

"Pois essa terra é só uma hospedaria / em nossa grande jornada" era o tema de *O Príncipe Constante*, produzido muito antes de Grotowski deixar a Polônia e optar pela emigração. Ele se tornou um exilado, um nômade, um errante. Apesar disso, deixou claro que para ser criativo é preciso ser fiel aos próprios ancestrais e ao país de origem – lembrar-se de que "você é filho de alguém".

Cada assentamento é apenas uma parada no caminho – uma taverna, um lugar de descanso temporário. Uma passagem.

Em 1980 – um ano cheio de esperança e de perigos, um momento crítico para a Polônia e (como perceberíamos depois) para a história europeia –, Grotowski dizia, ainda na Polônia: "[...] quando a história gira, é muito importante ser capaz de ficar sozinho: ser capaz de não ser coletivo e ser você mesmo".⁶⁵ Ele continuava: "E, agora, pode-se observar uma falta de confiança em nossa civilização. Como consequência dos tremores, todos os sistemas políticos e estruturas sociais estão caindo. Vivemos numa época transitória. Estamos numa zona de trânsito, como num aeroporto".⁶⁶

Bem, na República Popular da Polônia, país europeu provinciano atrás da Cortina de Ferro, não falávamos sequer numa "zona de trânsito num aeroporto", mas, antes, em salas de espera de estações de trem e de ônibus.

No "entremeio". Numa sala de espera. Tivemos de suportar essa condição humana conscientemente.

"Estejam de passagem", disse Cristo no Evangelho Gnóstico apócrifo de Tomé (*logion* 42), um texto que se transformou na Bíblia de Grotowski nos anos de 1980.⁶⁷

A condição humana em trânsito é histórica, política – contudo, quando o rugir do Apocalipse pode ser ouvido, surgem algumas indagações que vão além das inquietações e turbulências do mundo atual. Entre os perigos e mudanças de resultados imprevisíveis, abre-se uma outra dimensão, que pode ser chamada de "destino" – para usar o antigo termo fora de moda. O "homem em trânsito" de Grotowski é uma versão do homem – de um exílio ontológico, separado do Pleroma –, não de nossa Companhia, mas do Pleroma de que os antigos gnósticos falavam. É impossível buscar uma base sólida, uma solução dos problemas fundamentais em qualquer movimento coletivo ou em qualquer crença, igreja, utopia hedonista ou mística. No final de sua estrada, Grotowski não quis salvar o mundo – como queria quando jovem. Nem salvar a arte do teatro – como tentou depois. Nem salvar o homem por meio do teatro. Nem por meio da visão do jardim do paraíso dos escolhidos. Ele se refugiou no humilde papel de um artesão cercado de vários aprendizes escolhidos; somente um seria indicado pelo mestre.

---

⁶⁵ *Grotowski powitórzony* [*Grotowski Repetido*]. Ed. por Stanisław Rosiek. Gdańsk, słowo/obra terytoria, 2009, p. 34.
⁶⁶ Ibidem, p. 43.
⁶⁷ Essas palavras são também ditas e cantadas perto do final de *Action*, o *opus* criado no Workcenter como parte da pesquisa da Arte como veículo.

Praticou seu ofício numa oficina de portas fechadas, embora – não sei se tinha quaisquer dúvidas – perto do *Axis Mundi*. Às vezes, ele abria essa porta só um pouco para um pequeno grupo de pessoas selecionadas – ainda menor do que no Teatro Laboratório e em Brzezinka.

Ele riria – na passagem – das becas e dos chapéus acadêmicos dos doutorados honorários que lhe foram dados.

O ÚLTIMO ENCONTRO

>Oh! Pesar, sofrimento meu!
>Não consigo encontrar
>Onde vou ter meu primeiro abrigo
>Quando minha alma escapa do meu
>Corpo
>O LAMENTO DE UM MORIMBUNDO[1]

1.
Em 14 de janeiro de 1999, em Paris, recebi um telefonema de Pontedera. Era Carla Pollastrelli, diretora administrativa da Fondazione Pontedera Teatro, uma mulher muito conhecida pela população internacional dos seguidores de Grotowski. Era sua assistente na organização da vida pública do Workcenter, ficando inteiramente a serviço do velho mestre. Talvez tenha sido, em certa medida, graças a ela que a vida final ainda ativa de Grotowski encontrou refúgio nessa província italiana; ele pagou a hospitalidade que recebeu dessa cidade ao introduzir seu nome na história do teatro do século XX. "Pontedera" tornou-se um sinônimo da fase final do caminho de Grotowski.

Falando precisamente, o quartel general do mestre situava-se em Vallicelle – uma das aldeias próximas de Pontedera, onde ele se trancava com

---

[1] "Skarga umierającego" [O Lamento de um Moribundo]. In: *Polska poezja świecka XV wieku* [*Poesia Secular Polonesa do Século XV*]. Ed. Maciej Włodarski. Wrocław, Zakład Narodowy im. Ossokolińskich, 1997, p. 68-69.

seus colaboradores em casas rurais abandonadas, transformadas – com o humilde nome de "Workcenter" – num misterioso estúdio com uma disciplina especial.

Ao visitar ocasionalmente o local, achei parecido com Brzezinka perto de Wrocław – a aldeia em que Grotowski dirigira seu trabalho pós-teatral nas construções da floresta. Aquela Brzezinka italiana situa-se numa bela região – embora não seja a Toscana *dolce* e *sfumato* –, porém muito inóspita para a Toscana. Apesar dos ciprestes despontando aqui e ali, a paisagem local evoca associações com o interior polonês. A não ser pelas *thujas*, árvores comumente encontradas nos cemitérios poloneses, não há ciprestes na Polônia – nem em Nienadówka, onde Grotowski passou a infância, nem em Brzezinka, o local de sua maturidade.

É impossível evitar a arriscada associação de que no decorrer de sua longa carreira – incluindo o episódio do deserto da Califórnia rural, com um "yurt" especialmente construído, um quase refúgio de Brzezinka – Grotowski tenha buscado conscientemente (ou talvez inconscientemente) aquela mítica Nienadówka, o lugar de sua infância,[2] como herdeiro direto dos românticos poloneses com sua interminável nostalgia da terra natal, local das primeiras fascinações e mistérios mágicos, onde tudo existe pela primeira vez.

No fim de sua vida, Grotowski parecia recriar – em várias versões geográficas – sua infância de Nienadówka, ainda que sem o regresso sentimental, literal do original. Onde quer que estivesse, ele montava, construía e supervisionava a aldeia de sua infância, segundo as condições locais. Sua Nienadówka mental era um tijolo portátil, errante – o hábitat de um buscador e de um gnóstico que sabe que em qualquer lugar que esteja é apenas um transeunte desta Terra.

Carla, eternamente jovem, um Hermes feminino, era geralmente minha conexão com Grotowski entre Pontedera e Paris. Acostumei-me com seus telefonemas.

Naquele momento, em 14 de janeiro de 1999, Carla me telefonara para avisar que "algo" tinha acontecido; Grotowski morrera havia

---

[2] Flaszen usa a expressão "kraj lat dziecinnych" tirada do poema de Mickiewicz *Pan Tadeusz* (1834).

algumas horas. Ela enfatizou que – talvez de acordo com o desejo do falecido – eu era a primeira pessoa, além dos mais próximos de Pontedera, a ser informada a respeito.

Mal conseguia dizer que estava surpreso. Ainda que estivesse surpreso de certo modo. Do modo mais absurdo. Eu não acreditava que Grotowski pudesse falecer.

Ficara sabendo há muito tempo que isso podia acontecer em qualquer dia. O próprio Grotowski me falou várias vezes. Ao redor do mundo, havia frequentes rumores a respeito. Carla costumava me informar sobre sua condição. Thomas Richards e Mario Biagini, pessoas que cuidaram dele até o fim, foram muito relutantes – certamente, a pedido de Grotowski – em anunciar os registros médicos de sua saúde.

Como me disseram, ele estava cada vez menos disposto a manter contato frequente com o mundo exterior. O próprio Grotowski conseguiu me contar que, apesar de algumas preocupações e muitas coisas a serem organizadas antes da última partida, ele só conseguia ficar ativo por cerca de uma hora por dia. Conforme o tempo foi passando, assim falam as testemunhas, as horas se transformaram em quartos de hora, e então, somente minutos. Não quis ir ao hospital. Como sempre, não podia suportar a condição de paciente.

E talvez ele, emissor e transportador das altas energias que doou às pessoas, não quis se mostrar num estado de vitalidade declinante e degradação carnal do moribundo. Certa vez, contou-me que, desde o rompimento de um vaso capilar do cérebro, tinha problemas de memória. Ele temia que – apesar de recuperar alguma forma – um gasto orgânico pudesse também afetar a clareza dos pensamentos e a habilidade da fala. Uma vez, quando eu o confortava, formulou seus temores de modo brutal. Declarou ter mais medo da idiotia senil do que do sofrimento físico. Cansava-se com facilidade: ocasionalmente, entrava numa espécie de estado semicomatoso ou alucinatório.

Ao visitá-lo em Paris, não conseguia ver – como eu o assegurava – nenhuma piora. Ou será que eu não gostava de reconher isso? Não podia imaginar a possibilidade de perder o fantástico interlocutor de quem eu precisava cada vez mais no zumbido informacional que nos cercava – e com quem eu levava discussões imaginativas.

Com o tempo, ele falava menos do que o habitual, e ouvia mais. E ele não ouvia mais como um velho basilisco sondando o parceiro. Ele destacava cada palavra, como se se preocupasse mais com a pronúncia do que com qualquer necessidade de expressividade retórica. E ao invés de um sorriso irônico, divertido, provocativo, brincando com alusões, citando coisas com um olhar sapiente, surgia uma nova espécie de sorriso em seu rosto: moderado, tímido, envergonhado – ou de desculpas. Como se quisesse dizer: "Veja como terminei".

Os russos chamam esse sorriso de "*виноватая улыбка*" ["*vinovataya ulybka*": "sorriso culpado"]. Os idosos – e velhos cães – geralmente sorriem desse modo. Como se a velhice e as indisposições do organismo vivo fossem sua culpa.

Ou talvez fosse o novo *modus* de Jurek de irradiar sua destinação, modificada segundo a fisiologia da idade: corpo-essência? Sua lucidez elevada? Sua própria versão da *serenité* do sábio, um sorriso de reconciliação com o mundo, com as pessoas, consigo mesmo, com o que está à sua frente?

Não escondo que, afora o aspecto amigável de nossas relações, sempre me interessei por seus profundos processos espirituais pessoais. Especialmente agora, quando ele, que se considerava um guerreiro espiritual, estava tão próximo de Tânatos. Embora Tânatos – segundo o código do guerreiro – seja o mais alto desafio e teste. O que esse "trabalho sobre si mesmo" nos oferece nos momentos finais, na situação involuntária de risco, mas imposta a nós, que não nos pertence? E o que ele oferece quando nosso corpo dói e falha?

E o que acontecia, então, ao duplo "eu" da unidade – o "eu-eu" discutido no manifesto com título de "*Performer*"; será que esse "trabalho sobre nós mesmos" nos dá um modo mais corajoso e nobre de sair, será que ele *fecha* nossa vida de um modo digno, ou talvez – que indagação infantil! – abra algo de um modo digno? Será que leva a uma Explicação?

Depois do telefonema me informando do acontecido, fiquei mudo, e seguiram-se alguns clichês mentais: então é assim... ele não vai sofrer mais... E alívio: sem mais espera... Visualizei Grotowski em seu leito de morte. Será que a morte encolheu seu rosto? Ou talvez o relaxasse, em sinal de aceitação do inevitável?

Tranquei-me no meu quarto em meio aos livros e às pastas. Evitei minha imagem no grande espelho acima da lareira de mármore barato, um adorno típico dos velhos aposentos de casas francesas.

Comecei murmurando umas palavras avulsas de uma prece hebraica, que sobrevivia na memória, cujo sentido eu não sabia. Minha avó materna me ensinou essas palavras em minha primeira infância. Ela foi queimada em Auschwitz com meu avô, não muitos anos depois de ter dado aulas sobre a piedade ancestral ao seu neto polonizado.

No momento, esse foi meu *kadish* – o *kadish* de uma memória falível (ou descrente?).

Então, eu recordo, recitei o Pai Nosso que não me ensinaram quando criança e sobre o qual eu não tenho direitos confessionais. Mas eu aprendi o misterioso Pai Nosso na infância; ouvia toda manhã, em pé, com as mãos ao longo das costuras de minhas calças, quando os outros meninos e a professora proferiam antes do começo da aula com as mãos no peito e os olhos fixos no crucifixo da parede.

E palavras de rezas ecoaram em mim sem rima ou razão: "agora e na hora de nossa morte"... nos encontraremos na casa de nosso Pai...

Não sei se Grotowski quereria essas migalhas de rezas para si. E não sei de onde vieram parar em meus lábios. Será que o estresse revelou minha tendência oculta para a retórica elevada que resultava numa antologia inteira de citações pias?

A promessa de encontro "na casa de nosso Pai" sempre me comoveu nos funerais católicos. Embora nunca estivesse convencido da certeza de que nos encontraríamos.

2.

Quis ir a Pontedera para a cerimônia do enterro, embora Carla me informasse que Grotowski não queria qualquer cerimônia. Ele exigiu ser cremado quase anonimamente, diante de apenas poucas pessoas entre seus colaboradores mais íntimos. E, num momento apropriado, que se espalhassem as cinzas – Thomas Richards foi indicado para fazê-lo pessoalmente – na Índia, na montanha mítica de Grotowski, Arunachala, aos pés da qual ficava o ashram de Ramana Maharishi. As cinzas daquele sábio, cremadas numa pira funeral segundo a prática hindu, foram espalhadas na mesma área havia cinquenta anos.

Grotowski, um jovem na aldeia de Nienadówka, perto de Rzeszów, graças ao livro de viajantes ingleses,[3] recebera a extraordinária notícia de que um grande sábio – possivelmente um bruxo –, que vivera na misteriosa terra da Índia, perto do monte de Arunachala, quis conhecer esse monte pessoalmente no final de sua vida, mesmo que em forma de relíquia de pós-cremação. Ele quis ser alguém sem túmulo, como um sábio oriental. Mas não num rio, como os hindus, e sim no seio da Montanha – da Mãe.

Eu soube depois que Rena Mirecka chegou para assistir à cremação, embora contra a vontade dos moradores de Pontedera e apesar de a data e hora da cerimônia terem sido mantidas em segredo.

Lembro-me de que Grotowski e eu frequentemente discutíamos os incidentes de Adrian Leverkühn, o compositor genial, herói de *Doutor Fausto*, de Thomas Mann. Grotowski, certa vez, se reconheceu brincando como o personagem. Fazíamos tais jogos muitas vezes buscando os arquétipos de nossas vidas em modelos miticamente sublimes ou literários. Eram troças metafísicas de eruditos, com alusões a assuntos pessoais e íntimos, e às vezes não sem um sonho de nos identificarmos com grandes figuras, como fazem alguns rapazotes. Isso incluía confissões camufladas – eu era de preferência honesto. Grotowski, em muitas ocasiões, necessitava de alguma referência irônica-erudita para confessar e ao mesmo tempo não confessar algo.

Foi um procedimento praticado (depois de Thomas Mann) também por Grotowski em seu trabalho como artista teatral, um guia de atores, e talvez também um guia sem nenhum atributo. Os espetáculos incluíam muitos motivos camuflados – não sem ironia –, muito pessoais, confissões *per procura*, fantasmas encarnados, segredos instintivos. Do modo mais óbvio isso se aplicava aos atores. Suas confissões mais sinceras eram protegidas por associações míticas, arquetípicas e pela precisão composicional da partitura vocal e corporal de ações.

---

[3] Flaszen refere-se ao livro de Paul Brunton, *Uma Busca na Índia Secreta*, traduzido para o polonês como *Ścieżkami jogów* e dado para Grotowski por sua mãe quando ele era garoto.

O tema de Fausto, um erudito e mago, de audácia metafísica e a insaciabilidade de um buscador do Absoluto, esteve presente durante todo período teatral do trabalho de Grotowski. E – quem sabe? – talvez até depois, até o fim, incluindo os riscos que resultaram dos impulsos fáusticos.

Três vezes na vida artística de Grotowski o diretor desafiou Fausto. Em 1960, na época do Teatro das 13 Fileiras do Teatro Laboratório de Opole, encenou o *Fausto* de Goethe como diretor convidado do Teatro Polski, em Poznań. Em 1963, em Opole, encenamos *A Trágica História do Dr. Fausto*, do elisabetano Christopher Marlowe. O último trabalho do Teatro Laboratório, *Apocalypsis cum Figuris*, finalizando oficialmente nossa atividade teatral, já em Wrocław, não se referia abertamente aos temas fáusticos, mas o próprio título da peça, originando-se da série de xilogravuras de Albrecht Dürer, foi tirado do romance *Doutor Fausto*, de Thomas Mann.

Quando Grotowski trabalhava em Opole no *Fausto* de Marlowe, ele às vezes parecia um visionário, fascinado e amedrontado por suas próprias visões. Uma vez, confessou-me – respondendo à minha observação de sua aparência terrível – que não dormira a noite toda e tivera alucinações. Quando perguntado se tivera febre alta, negou. Garantiu-me que estava exausto pelo trabalho e aumento das dores renais crônicas. Talvez o que experimentasse de vez em quando, continuou, era apenas envenenamento de uremia. Irônico, como de costume, acrescentou que isso parecia com o avanço noturno na vida de Adrian Leverkühn, ao ter uma visão do Demônio disfarçado de moleque da periferia social.

O que aconteceu naquela noite no quarto de Grotowski, apertado e cheio de livros, com a cama sempre desarrumada, na Rua Pasieczna, em Opole? Será que ele assinou um pacto com o demônio? Isso foi o que Grotowski, um estreante Leverkühn polonês, me sugeriu então com seu rosto picaresco, alegando ter tido os calafrios e sentido um frio estranho, exatamente como o protótipo do romance de Mann.

Essa confissão estava no espírito de nossos habituais jogos metafísicos.

Naquela época, a eficácia artística de Grotowski era – tão logo se revelou – excepcionalmente grande. *A Trágica História do Dr. Fausto* pavimentou uma estrada que para nós seria do mundo. Graças aos estratagemas de Eugenio Barba, um aprendiz estrangeiro, assistente de direção, que, por meio de um truque, levou os participantes do Congresso Internacional do Instituto de Teatro (acontecendo na Polônia) para assistir ao *Fausto* de província, a notícia se espalhou pelo mundo anunciando que surgira um gênio teatral numa pequena cidade polonesa. Chegou a Londres, ao já famoso Peter Brook, que contribuiu enormemente com a explosão e instauração da fama internacional de Grotowski – e que permaneceu seu fiel apoiador até o fim. A aclamação internacional serviu de escudo protetor contra inimigos e gozadores locais do nosso Teatro Laboratório e desarmou a suspeita, a distância e – nos momentos mais difíceis – o diabólico propósito do patrocínio estatal comunista.

Em minha opinião, o espetáculo *Fausto* de Marlowe era de fato uma obra genial. Eu sempre o considerei o auge da direção de Grotowski. Zygmunt Molik, excelente ator com a natureza cética de um artesão habilidoso, sentava junto ao público, em meio aos convivas do banquete de Fausto, fazendo uma avaliação de sua vida. Supostamente, devia interpor observações estúpidas como um simples espectador. Molik dizia que em algumas noites sentia o cheiro de enxofre no ar. Fascinado, teve problemas para interpretar o papel de um grosseiro ingênuo.

Tive impressões parecidas. Além do mais, uma vez eu vi na Sala uma luminosidade violeta-azul-acinzentada de onde as figuras humanas e os objetos pareciam emanar. Será que enxerguei a aura mencionada pelos esotéricos? (A última frase deveria ser tratada como efeito literário.) Em vez da falta de espaço e das ações afiadas, rítmicas dos atores, cujos corpos cozinhavam de suor, havia uma frieza peculiar no ar. Um exorcista profissional provavelmente teria constatado que sentíamos ali a presença próxima de um Espírito Maligno.

Certamente, o espetáculo era um exorcismo. A presença de poderes, de energias desatadas, era de uma grandiosidade tamanha que eu – um espectador experiente, um frequentador profissional de teatro – nunca conhecera em minha vida. Aquele clima único foi sentido de modo semelhante pelas testemunhas estrangeiras que anunciaram ao mundo Ocidental um extraordinário fenômeno teatral nascido em Opole.

Isso não se parece com os incidentes de Adrian Leverkühn? Acho que o compositor genial que supostamente assinou um pacto com o diabo para obter o dom da genialidade foi um ponto vital de referência para

Grotowski. Ele entendeu – com Thomas Mann – que atrás de uma vocação em arte há algo que pode ser convencionalmente chamado de "demonismo". Que uma espécie de jogo de risco com os Poderes acontece aqui, que é preciso dominá-los e controlá-los: torná-los servidores da arte que traz alguma ordem – ainda que seja com o caos pulsando por debaixo. E como evitar o destino do aprendiz de feiticeiro?

Não estou certo se a luta de Grotowski com *A Trágica História do Dr. Fausto* (para ele, Fausto era um jovem santo de hábito monacal branco) resultou no exorcismo completo dos poderes desatados. Não estou certo se o espetáculo trouxe purificação, *katharsis*, um retorno à Ordem. Era o grito de um homem diante de um gélido – e vazio? – céu. E um zombeteiro riso provocativo da ordem do mundo.

Poucas testemunhas da Última Ceia de Fausto numa pequena sala teatral da Praça Principal de Opole, sentadas em altas banquetas, e recebendo a oferta de cenas da vida de seu anfitrião, não experimentaram um final calmo, o retorno – depois das violentas turbulências – da Harmonia Primordial da existência. A dramaturgia tinha algo sem precedentes – algo que eu chamaria de percepção da *frieza quente*. *Ludens Misterium Tremendum et Fascinosum* – esse era o nome sintetizado por Michael Kustow em seu testemunho, um homem próximo das experiências do (imaginado) teatro artaudiano da crueldade conduzido naquela época por Peter Brook em Londres.

Por anos, Grotowski e eu jogávamos o jogo quase escolar dos heróis de *Doutor Fausto* de Thomas Mann, um livro que eu conhecera antes, numa bela tradução russa. Eu lembro que convertia Grotowski para acreditar em Thomas Mann, fanaticamente entusiasmado – desde a adolescência, seus romances foram minha Bíblia, minha iniciação mais elevada nos mistérios do espírito europeu. Grotowski lia com entusiasmo Aldous Huxley, o escritor inglês que eu odiava naqueles dias: eu o considerava um didático escolar, um crânio, palavras-sem-carne. Quem sabe, talvez meu trabalho apostólico a favor do irônico escritor metafísico alemão fosse útil a Grotowski – um Leverkühn polonês *in statu nascendi*.

Grotowski gostou da novela *Mário e o Mágico* sobre um mágico e a escandalosa apresentação do hipnotizador. Tornou-se entusiasta das *Confissões do Impostor Félix Krull, Homem de Confiança* e pretendia adaptar o romance para o palco numa tradução sofisticada do escritor cravoviano Andrzej Rybicki (que, por sinal, tratou de velhas condessas de Cracóvia com hipnose).

Grotowski gostava daquele tom perverso, picaresco que o escritor exercitou no decorrer de sua vida. Ele era ironicamente parcial com os personagens. Mann considerava-os – esses atores, fingidores, trapaceiros – um protótipo da vocação do artista, do poeta, e dos indivíduos ativos no vago limite entre *Dichtung und Wahrheit*, ficção e verdade.

Grotowski me contou com prazer – meio rindo, meio admirando – sobre os pitorescos mestres espirituais. Ele me recomendava como obra--prima do gênero Madame Elena Petrovna Blavatsky – um arauto dos Mistérios da Existência, em constante contato com os Sábios Invisíveis, mortos e vivos. Ele me deu uma edição antiga de seu livro *A Chave da Teosofia*. Num espírito semelhante, quando discutíamos a nova visão do teatro, em restaurantes da estação de ferro, ele jocosamente chamava nosso modo de pensar de "*teatrosofia*".

Era, como posso ver atualmente, muito próximo da chamada "teodramática", formulada quase duas décadas depois por Hans Urs von Balthasar, um teólogo jesuíta que tentou incluir a inspiração do teatro moderno em sua teologia; não me surpreenderia se ele se referisse a Grotowski em algum lugar das notas de rodapé de sua obra volumosa.

Creio que o tom de Mann era semelhante ao de George Ivanovich Gurdjieff. Depois, ao estudar mais sobre o sábio trapaceiro, Grotowski gostava de contar episódios dos *Relatos de Belzebu ao seu Neto* e considerava o livro como a própria mensagem de Gurdjieff (francamente, nunca pude terminar a leitura dessa obra). Considerava outras leituras da "doutrina" – por sua retidão – menos críveis, menos interessantes, fechadas em fórmulas fixas, em algo que permanecia em suspenso.

Na biografia espiritual de Grotowski, Gurdjieff foi precedido por Thomas Mann. O próprio Mann, fascinado por esoterismo, e até espiritismo e todos os tipos de ocultismos, tornou-se, graças à sua proverbial ironia, um domador de Mistério para as mentes europeias envenenadas de ceticismo. Serviu para ingressar nas pesadas *Portas da Percepção* (1954) de Huxley – como Grotowski geralmente fazia –, ao menos como um fio oculto de ironia, ajudando a reconhecer o caminho na escuridão e naqueles rincões Labirínticos.

Assim como a Existência precede a Essência, Félix Krull precede Gurdjieff no estúdio de Fausto em Opole.

Eu dizia a Grotowski: "Você é um gênio possuído por poderes infernais".

"Certamente", ele concordava. "Sou um gênio. E você", ele acrescentava, "é o amigo do gênio, Serenus Zeitblom, o humanista. E você escreverá minha biografia, você – um escriba erudito, com fiel compaixão e consternação amigável. Mas, por favor, não lamente o destino de seu amigo condenado".

Serenus Zeitblom era um conferencista de filologia clássica num seminário de província. Também era autor do libreto da comédia musical de Leverkühn e seu fiduciário e conselheiro. Não era ele uma espécie de diretor literário no universo criativo de Leverkühn?

Zeitblom é o narrador do romance de Mann, o autor da biografia de seu amigo genial e louco.

Ao escrever essas palavras, percebo que realizo meu dever para com esse Leverkühn, cujo destino me conduziu na vida. Deveria tê-lo feito com mais humildade ainda, pois minha mão não é levada pelo gentil fantasma de Thomas Mann.

Lembro-me de Grotowski intrigado com a descrição do funeral de Leverkühn, subitamente acompanhado por uma dama misteriosa de rosto coberto por um véu. Quem era essa mulher, provavelmente ocultando um segredo da vida amorosa do genial músico?

Grotowski fantasiava ironicamente: "Quem será a dama do meu funeral?". Certamente, sua vida amorosa – ou vida erótica – era um mistério intrigante, objeto de várias conjecturas, culminando em piadas no "meio teatral" e no silêncio tácito dos atores. Houve várias mulheres próximas do mestre cada vez mais famoso. Eram geralmente excêntricas, marcadas por um pouco de espiritualidade carinhosa e raras aspirações nobres. Não eram apenas as meninas bonitas que normalmente acompanham os artistas eminentes. Escreveriam cartas tão poéticas que para respondê-las era preciso a presença de um literata profissional. De vez em quando, fora de minhas outras obrigações, acontecia também de eu redigir as cartas de Grotowski a elas, especialmente quando o tema era algo entre diplomacia amorosa e Eros místico.

Grotowski e eu tentávamos adivinhar qual das correspondentes (quem, apesar de fisicamente presente, falava de assuntos tão importantes em suas cartas) compareceria ao túmulo ainda aberto de seu amado. E quem desapareceria tão misteriosamente – e para sempre – como a dama do *Doutor Fausto*, de nome desconhecido mesmo para Serenus Zeitblom?

E várias décadas depois, quando o antigo piadista metafísico foi cremado e aguardava seu funeral, a dama surgiu em Pontedera, ainda que com o rosto descoberto, sem o véu. Era Rena Mirecka, a eminente atriz, mas também – como aconteceu depois – uma mulher errante no caminho pessoal do xamanismo!

Sem dúvida, sua presença lança alguma luz no mistério do Eros de Grotowski. Foi seu ato de gratidão. No entanto, lembro-me bem de que, em nossas fantasias relacionadas a Fausto, admitíamos que ela tinha um potencial para isso. Nós a chamávamos pelos nomes dos personagens místicos das obras românticas polonesas: ela seria Atessa e Eolion.[4]

É difícil determinar com firmeza se qualquer mulher de carne e sangue surgiria no horizonte libidinal comum do mestre, embora houvesse algumas candidatas por quem ele sutilmente sentia várias emoções complexas ou um respeito especial – na verdade, exatamente como Adrian Leverkühn. Irmãs? Pias servidoras devotadas? Mães? *Devis*[5] protetoras? Não importa. Ouvi muitas vezes o modo respeitoso de ele se referir ao detalhe característico da vida de Mahatma Gandhi, que dormira perto de uma menina, na mesma esteira – era um tópico vital de seu ascetismo espiritual. Poderia ser dito que a presença de Shakti, a divina energia feminina, pertencia à íntima teologia mística de Grotowski. O nome da deusa hindu tornou-se parte da linguagem diária do nosso ashram autoestabelecido. Quando Grotowski queria destacar o papel crucial e vital de certa mulher na vida de certo homem, ele a chamava de Shakti. Ele aceitava e gostava de nossas namoradas e esposas quando concluía que Marta ou Dzidka era a Shakti de Antek ou de Stanley [Stanisław Scierski], e que Irena, a minha. Shakti é a transportadora de energias místicas criativas, indispensáveis ao caminho da realização espiritual.

---

[4] Personagens das obras místicas de Juliusz Słowacki, entre outras, do drama poético *Samuel Zborowski* (1845).

[5] Deusas hindus, um termo acrescentado aos nomes femininos como expressão do mais alto respeito.

Portanto, Rena Mirecka, a Shakti do grupo do Teatro Laboratório – como consequência, a única Shakti do nosso Pleroma, a única mulher presente ali do começo ao fim (com uma pequena interrupção) –, surgia naqueles dias dramáticos em Pontedera para prestar as últimas homenagens ao mestre.

Estou voltando ao dia 14 de janeiro de 1999. Se tivéssemos discutido a data com Grotowski, perceberíamos certamente que, deixando de fora o 1 e virando o 999 de cabeça para baixo, se chega ao 666 – o número da besta do Livro das Revelações. Excelente *correspondência*. Mas deixemos de lado as investigações numerológicas relacionadas ao dia. Basta dizer que naquele dia o telefone do meu apartamento em Paris tocou sem parar. "O que aconteceu com Grotowski?", perguntavam seus amigos parisienses, inclusive alguns deles habitantes do "parnaso local", normalmente de difícil contato. Grotowski não dera nenhum sinal de vida por meses. Involuntariamente, tornei-me o mensageiro de Tânatos. Parecia que as notícias inquietantes já estavam circulando por Paris. Não sei ainda por que fui considerado o informante parisiense do funeral de Pontedera.

Como não fui convidado a Pontedera para prestar minha última homenagem ao Jurek, escrevi, como manda o costume, as condolências às pessoas próximas dele. O trabalho de preencher cartões elegantes com palavras apropriadas desviou-me de meu próprio "trabalho de luto" – como Sigmund Freud chama o processo espiritual depois da morte de alguém próximo.

Enviei a Pontedera, por um serviço de floricultura, um imenso maço de flores com uma faixa de luto. Os floristas franceses, especialistas em epitáfios, talvez tivessem problemas com a escrita lacônica de minha mensagem em polonês: "Drogiemu Bańbule na tę Jego drogę naprawdę w Nieznane – Deptuła" [Ao meu querido Bańbula por Sua Jornada pelo Verdadeiro Desconhecido – Deptuła].

Eu ponderava em que depósito de lixo, na cinzenta cidade de Pontedera, meu maço de flores finalmente pousaria. Era a primeira vez que oferecia flores a ele. Na realidade, ele não gostava delas, pois no teatro flores são algo convencional. Quando as recebíamos depois das estreias, ele as dava imediatamente a qualquer mulher ao seu lado, apressadamente, como se livrando de um peso embaraçoso. Embora fizesse algumas exceções de cortesia. Normalmente, em muitas ocasiões, nos concedíamos livros um ao outro. Ainda tenho alguns que Grotowski me deu, com dedicatórias especiais. Uma delas eu considero especialmente memorável, escrita pelo doador da publicação polonesa da coleção de suas obras, intitulado *Teksty*. Diz: "Ao meu bom Deptuła numa espreguiçadeira – de Bańbula". Em nossa linguagem secreta, "uma espreguiçadeira" significava voo para o Ocidente, emigração. Uma "espreguiçadeira" de onde? Novamente, Thomas Mann é a fonte; em seu romance *A Montanha Mágica*, os pacientes de um sanatório (passam muito tempo em espreguiçadeiras), isolados do mundo cotidiano, vivem uma vida peculiar, extraterritorial – também no sentido espiritual. Esse foi o assunto de nossas discussões secretas por muitos anos. E, finalmente, nós dois – ele primeiro, eu depois – terminamos na diáspora, cada um em sua própria "espreguiçadeira".

E agora, ele – primeiro, novamente – foi ainda mais longe.

E o que restava dele na diáspora terrena – uma urna com suas cinzas.

Depois disso, Pontedera tornou-se para mim um lugar em que aquela caixa aguardava sua última passagem para a Índia. Onde está a caixa, eu pensava, em que lugar? No apartamento em que ele morreu? Na casa de seus amigos? Na casa de sua querida *chela*, a *chela* de um verdadeiro lama antigo? Na sala, na área do fundo, onde as ações são realizadas? Em algum salão funerário oficial?

Às vezes, eu me acusava de ser um estranho tânatos-maníaco. Sempre fui, mesmo quando criança, supersticiosamente interessado em todos os detalhes da morte humana. A agonia, o último suspiro. A fisiologia dos cadáveres. A expressão de um corpo morto. Os utensílios funerais. Caixões, túmulos. Rituais. Tumbas. Cemitérios. O cheiro das plantas e flores do túmulo. Os mistérios da mesa de autópsia, quando não se é médico.

Tomara que os psicólogos muito curiosos não joguem suspeitas de necrofilia sobre mim.

Em setembro de 1939, quando fugia das incursões nazistas, via corpos mortos; no distante Uzbequistão, levado com meus pais ao centro profundo da União Soviética, como criança e jovem milagrosamente resgatado, via pessoas nas ruas morrendo de fome, de tifo e diarreia, em meio aos passantes indiferentes. Depois que regressei do exílio, na calma

Cracóvia, fiquei até o último instante da morte de minha família: meu primo, meu pai, minha mãe.

Acontecia de, quando uma pessoa moribunda atravessava o limiar e a respiração parava, quando tudo afundava num silêncio peculiar, eu ouvir mais claramente o guincho da mobília, os sons dos ecos da rua ao redor, do zumbido de uma mosca, cada som distintamente gravado no ar, como o som de instrumentos musicais. E uma paz extraordinária caía sobre mim. Eu sentia calor, uma bola macia de calor atrás do meu coração. Será que era um estado de meditação espontânea? Um estado de meditação diante da morte de outra pessoa? Por quê?

Será que minha tanatosmania é apenas a inclinação doentia de um hipocondríaco? Ou a perene necessidade de autossublimação – um ensaio de minha própria morte? Ou – oh, vaidade narcisista! – um exercício espiritual, uma preparação ao Inevitável? Uma etapa do caminho à Explicação?

3.

Em novembro de 1999, dez meses depois do falecimento de Grotowski, fui a Pontedera na Perúgia, uma antiga cidade Etrusca-Umbriana, onde dirigia uma oficina teatral no refeitório do antigo claustro. Durante os exercícios que dirigia na sala de pedra do século XVI, com um autêntico teto em abóbada e chão antigo, surgiram diante de meus olhos algumas cenas do espetáculo de Opole *A Trágica História do Dr. Fausto*; o local parecia ter sido construído para a peça.

Certamente, já era um teatro multi-imaginativo. A maioria dos atores participantes do espetáculo – Zbigniew Cynkutis, Ryszard Cieślak, Antoni Jahołkowski, Andrzej Bielski – morrera havia muito tempo. Recentemente, Grotowski, o diretor-mágico, juntara-se a eles. Os grandes mestres do arcano do novo teatro. A sonata dos Espectros.

A caminho dali, parei em Florença. Era a única conexão possível de trem. Leva relativamente bastante tempo para ir de Florença até perto de Pontedera, uma cidade cinza, cheia de fumaça da indústria local. É um caminho rural de via única; o trem vai parando em pequenas estações. As vozes roucas dos alto-falantes das estações parecem o eterno anúncio da estação de Cracóvia: "Pooociąg ossoboowy do Kocmyrzowa odjedzie z toru przy peronie... Proszę wsiadać... drzwi zamykać!" (Trem lento para

Kocmyrzów está partindo da via ferroviária X da plataforma Y... Por favor, embarquem e fechem a porta!).

Era uma noite prematura, enevoada e úmida quando deixei Florença.

O objetivo de minha viagem era uma reunião administrativa na Fondazione Pontedera Teatro – incluindo o presidente Roberto Bacci, a indispensável Carla, e os dois herdeiros de Grotowski, Richards e Biagini, trabalhando sob o guarda-chuva administrativo da eficiente instituição. Eles pretendiam organizar uma sessão devotada à história do Teatro Laboratório; era o quadragésimo aniversário da instituição. Queriam registrar a genealogia teatral de Grotowski, seu início com os "espetáculos teatrais", a introdução da Arte como veículo, a atividade essencial do mestre que atingiria o auge no Workcenter de Jerzy Grotowski e Thomas Richards.

Imagino que os herdeiros quisessem saber mais sobre a pré-história do mestre, da qual, na realidade, eles só tinham conhecimento muito básico – como eu logo perceberia. Posteriormente, nos anos seguintes, um Painel do parateatro e do Teatro das Fontes seria organizado. E, então, uma sessão final, coroando o evento inteiro, sobre Arte como veículo – ou seja, a atividade dos anfitriões, com o último selo oficial do mestre.

Não sei se me convidaram para presidir a primeira fase inaugural do evento por ser esse o último desejo de Grotowski. De qualquer maneira, a coisa toda foi planejada de modo muito inteligente. Carla e eu deveríamos supostamente editar um livro com alguns escritos de ou sobre o Grotowski do período teatral, desconhecidos no exterior (fora da Polônia), bem como meus textos, sendo uma espécie de testemunha da era passada, da época do Gênesis, "paleo-Grotowski", como chamei no prefácio do grosso livro.[6]

Desse modo – *post mortem* –, a tampa da vida criativa de Grotowski seria fechada. Comigo como dinossauro da tribo dos iniciadores, prestando meu tributo aos que estavam fechando a história do mestre, e – *ex definitione* – no nível mais alto de evolução.

---

[6] *Il Teatr Laboratorium di Jerzy Grotowski 1959-1969. Testi e material di Jerzy Grotowski e Ludwik Flaszen com uno scritto di Eugenio Barba* [Texto e Materiais de Jerzy Grotowski e Ludwik Flaszen com um artigo de Eugenio Barba]. Ed. Ludwik Flaszen e Carla Pollastrelli, com a colaboração de Renata Molinari. Pontedera, Fondazioni Pontedera Teatro, 2001.

Como um dos participantes iniciais dessa história – fico imaginando como seria a vida de Grotowski sem mim, e como seria minha vida sem ele –, sinto-me honrado. Aqui, tive um lugar garantido na bibliografia do movimento e, como eu dizia, em nossa época constantemente mutável, a bibliografia é o único perpétuo da memória das futuras gerações, ou colocado simplesmente – o único fiador de imortalidade. A bibliografia é um mausoléu coletivo monumental.

Sentado num ruidoso trem à "Kocmyrzów italiana", como seu lugar nas crônicas do teatro mundial, pensava meio adormecido não somente sobre a próxima sessão do dia e as decisões da reunião de cúpula. Fui assombrado pelo pensamento de estar me aproximando do lugar em que a urna das cinzas de Grotowski aguardava sua jornada final à terra natal espiritual, para serem espalhadas pelos ventos na Sagrada Montanha-Mãe, a Montanha de Fogo.

Cheguei a Pontedera tarde da noite, recebido por Carla, que me conduziu a um hotel próximo, bem conhecido dos recém-chegados dos muitos países do mundo.

Meu quarto estreito, com uma janela abrindo-se para o quintal, era muito pequeno e frio. Achei um cobertor a mais e travesseiro num velho guarda-roupa e me enterrei imediatamente nas roupas da cama, limpas como num hospital-modelo.

Havia uma pia e um espelho à minha frente, um guarda-roupa com um espelho à direita, junto à cama, e um parapeito e uma janela escura bem acima de minha cabeça. Era um prisioneiro de reflexos de aberturas cegas no espaço aberto daquele labirinto de espelhos. Era literalmente impossível escapar das próprias reflexões.

Não dormi a noite toda, não apaguei a lâmpada, escondi meus olhos em livros (não me lembro dos títulos); viajando, sempre levava uma biblioteca inteira de livros espirituais e veneráveis, algo de Sêneca ou Epicuro e a velha *Bíblia* que eu, afogado pelo ruído multilinguístico da diáspora, costumava ler para fortalecer meu polonês.

A que distância, em que direção estava o salão funerário – como Carla me informou – em que estava depositada a urna com as cinzas de Grotowski?

Erguendo a cabeça do livro e olhando ao redor, o quarto parecia estar conectado a um vago risco. Vi meus reflexos nos espelhos e na janela escura – reflexos de meu rosto e da silhueta toda deitada na cama de lençóis brancos, como a imagem de alguém doente no hospital, ou de um cadáver levemente coberto com uma mortalha.

Não dormi a noite toda. De manhã, exausto, com o corpo doendo e uma enxaqueca, só engoli um expresso com espuma cremosa num café próximo – e fui levado à reunião administrativa. A direção da Fondazione Pontedera Teatro explicou de modo amigável, com a cordialidade italiana, a importância de minha função no empreendimento. Eles queriam tornar-me presidente do evento inteiro, ou seja, da primeira etapa dele. Pedi para ser dispensado daquela honra. O presidente tinha de falar muito blá-blá-blá formal. Queria ficar livre dessas obrigações formais. Aceitei que o evento todo fosse "*a cura di Carla Pollastrelli*", uma pessoa altamente qualificada e com habilidade organizacional, e prometi apoiá-la com conselhos e conhecimento das fontes em meu eterno papel de consultor.

Thomas e Mario apareceram no meio da sessão, ouviram as conclusões a que chegamos e nossa visão prática do importante evento, e saíram – como uma visita voadora de suserania –, apressando questões urgentes a eles relacionadas.

O tempo todo que passei naquela reunião preliminar fiquei pensando onde – em que direção, a que distância dali – estava a urna das cinzas de Grotowski.

Pedi para ser levado lá o mais rápido possível. Isso aconteceu, creio, no dia seguinte, depois de um papo amigável no apartamento de Mario, que me mostrou *The Grotowski Sourcebook*, celebrando o livro como um breviário. Como lembro vagamente, embora não consiga registrar quem iniciou aquilo, foi então que mudamos para a forma casual de conversa com Mario e Thomas. Um dinossauro com jovens lobos.

A que distância – e em que direção – estava a urna das cinzas de Grotowski?

Thomas levou-me ao lugar no final da tarde num conversível elegante, ainda que muito usado. Soprava um vento e chuviscava de nuvens esparsas.

Ficamos diante de um estranho edifício cinza com grades da feia periferia pós-industrial – algo entre um hospital, uma casa de cômodos e um escritório de uso e de autoridade indeterminados. Tudo era decadente.

Passamos o portão de ferro e entramos no pátio lamacento. Havia um edifício baixo, à esquerda do portão, oposto ao prédio.

"É aqui", disse Thomas depois de um tempo, aparentemente respondendo ao meu olhar inquisitivo: urnas com cinzas mortuárias são mantidas nesse contexto?

Thomas contatou um homem que demorou a aparecer. Parecia um simples operário de um centro de eliminação de resíduos.

"Precisamos esperar", disse Thomas, "até que tragam algo".

Ele não disse o significado de "algo".

Passamos por uma porta baixa larga e entramos num salão imenso, muito baixo, diante de um galpão. Os caixões ficavam em prateleiras, em filas retas. Andamos por um corredor estreito entre as prateleiras. Havia caixões dos dois lados, à altura do joelho e ao nível do rosto, a um braço de comprimento.

Quis perguntar se havia corpos nos incontáveis caixões, aguardando um funeral ou uma cremação.

Percebi aliviado que algumas tampas não estavam completamente fechadas; algumas delas estavam meio abertas de vários modos ou perpendiculares aos caixões, apoiadas nas estantes. Os caixões estavam vazios. Esperavam os candidatos, os habitantes. Barcos de Caronte de província para os pobres, cheirando a madeira fresca, tinta e cola de carpinteiro.

Uma vez, ouvi uma história contada por uma testemunha de um encontro público de Grotowski num grande teatro do Brasil... A mesa presidencial ficava no palco. Havia vários caixões pretos nos bastidores, retirados para as discussões do painel. Provavelmente, eram parte do cenário de algum espetáculo. Grotowski os notou. Depois do encontro, ele fez um aparte sobre a peculiar decoração dos bastidores para sua palestra. "É um bom palco montado para mim. Pois já estou morto."

Pela confirmação da testemunha, Grotowski falava isso de modo leve, com típica ironia.

E agora eu ia encontrá-lo num cenário real, não teatral. Do outro lado da cancela. Numa futura dimensão, pós-caixão, no entanto, em meio aos caixões.

Como geralmente acontecia no passado, dessa vez eu estava escondido atrás da poesia. Talvez instintivamente. Palavras, fragmentos, imagens dos poemas de Leśmian – o grande mestre da morte, de seus utensílios e trocadilhos –, "um menestrel dos eventos"[7] tendo lugar entre dois mundos.

Thomas nem sequer piscou, como faz normalmente, mas manteve os olhos fechados. Senti-me mais velho e mais forte do que ele. Ou será que a proximidade de Grotowski na forma pós-mortal era mais dolorosa para ele do que para mim? Ele acompanhou seu "professor de *Performer*" até o último suspiro. E talvez quisesse esquecer. Ou, de acordo com as sugestões do professor, desprezar a morte como um guerreiro, ou aceitá-la serenamente como um acontecimento natural, como um dos processos cíclicos da Mãe Natureza. Ou talvez ele só quisesse acabar com essas cerimônias pós-morte.

Suponho que de algum modo eu aborrecia meu guia – eu, um recém-chegado, um intruso do passado de Grotowski, de outro ramo, do ramo anterior da família. Eu sabia de coisas que o rapaz não sabia. Talvez ele temesse os pontos cegos na biografia de seu Professor. Thomas, um representante do ramo mais jovem e último, precisava de todos os pontos preenchidos para realizar seu *Trauerarbeit* (trabalho de luto) (para usar um termo freudiano novamente) honesta e detalhadamente. Ainda por cima, esse prolongado *Bardo* terreno dos restos mortais do Professor, esperando seu repouso na Índia – a verdadeira presença deles na cidade, na vizinhança, com acesso aos seus despojos –, não tornava as coisas mais fáceis...

Depois de longa espera, cheia de silêncio e de palavras interrompidas, surgiu um homem parecendo gerente de depósito e nos informou que a urna chegara.

Onde?

O homem, com conhecimento de causa, como um gerente de depósito deve ser, conduziu-nos ao final do corredor entre os caixões. À esquerda, virando a esquina, encontrávamo-nos em frente a uma espécie de tela enrugada ou cobertura cinza puxada horizontalmente feita de plástico flexível.

Ele a abriu com um ruído delicado; a persiana aterrissou nos encaixes de metal.

---

[7] Flaszen utiliza a expressão "pieśniarz dziejby"; *dziejba* é derivada de "dziać się" (acontecer) ou "dzieje" (história), um dos numerosos neologismos de Leśmian. Sobre Leśmian, ver: "O Fracasso, ou Sobre a Necessidade do Prazer", nota 4.

Pensei que veria um catafalco com flores e velas acesas e a urna em cima.

Quando a cortina foi puxada para trás, eu não sabia realmente onde estava a urna. Era um quarto pequeno, um nicho de escritório daquele lugar que foi transformado em depósito de caixões. Eu esperava que fosse um corredor que levasse a outra sala, própria, cerimonial.

"É aqui", sussurrou Thomas, indicando com o dedo e não olhando para a frente.

Havia vários diplomas emoldurados e documentos na parede, uma paisagem *kitsch*, uma pintura sagrada, com recortes, notas, papéis, formulários de pedidos, colocados atrás dessas molduras.

Havia um crucifixo negro pendurado na parede, alto e assimétrico – uma imagem comum na Itália.

Ao tentar entrar na sala, tropecei num alto degrau de pedra – o escritório era um pouco acima do chão da sala do depósito.

Descoberto e aceso por lâmpadas fluorescentes, parecia dominar o espaço todo. Era insuportavelmente apertado ali dentro.

A urna permanecia sobre uma escrivaninha ordinária, velha, barata, com o tampo coberto igualmente com vidro ordinário. Não tinha certeza se eu devia entrar ou permanecer daquele lado da mesa, como um freguês ou um requerente.

"*Je veux me recueillir un peu*",[8] disse calmamente a Thomas. Examinei o bolso do casaco onde mantinha uma vela e fósforos que comprara no caminho.

"Fique o tempo que quiser, aguardarei no carro", respondeu Thomas sossegadamente, e me empurrou levemente adiante para eu poder fechar a cortina.

Encontrei-me – inesperadamente – face a face com a urna. Movi-me para a frente, para a parede, do outro lado da escrivaninha. Fiquei por um instante sem saber o que fazer. No final, sentei numa cadeira perto da escrivaninha. A sala era apertada; a urna, diante de mim, estava quase colada ao meu rosto.

---

[8] Francês para: "Gostaria de me concentrar". Uma expressão referindo-se, entre outras coisas, à ação de rezar e velar o morto.

Havia alguns documentos, recortes com anotações, pedaços de lápis, esferográficas, selos cobertos de tinta estendidos perto de mim – a bagunça diária do trabalhador que cuidava daquele escritório. Ainda assim, superficialmente limpos, de modo descuidado e apressado. A urna encontrava-se sobre um tecido marrom amarrotado que provavelmente serviu para levá-la até ali.

Minha cabeça estava completamente confusa. Levantei-me, coloquei meu chapéu de pele e acendi uma vela. Novamente, alguns fragmentos de reza surgiram em minha boca, os únicos traços remanescentes da memória do cuidado espiritual de minha avó pela saúde e segurança de seu neto. Não sei se minha reza foi *à propos*. Devia ser meu *kadish* para Jurek.

Sentei-me, olhando para a urna: era muito simples, feita de madeira manchada, com uma placa de latão.

Depois de hesitar por muito tempo, toquei a urna com as duas mãos, primeiro dos dois lados e, depois, em cima. Coloquei as mãos sobre o tampo, fechei os olhos para sentir o que as cinzas me comunicavam – naquele momento, não pensava que cinzas não podiam comunicar nada. Certamente. Sua mensagem era vaga, ou aparentemente não existia. Ainda assim, senti um leve calafrio em meus dedos, uma espécie de brisa fria.

Murmurei em voz alta, ou talvez algo murmurou em mim: "Você tem de me perdoar, se pensei mal, falei mal de você no passado, se quebrei nosso acordo de silêncio, se abdiquei de minha lealdade – na realidade, você também fez isso secretamente –, precisa me entender, perdoe-me – eu o perdoo".

Murmurei algo parecido com isso, talvez não literalmente, ainda que nesse espírito. Aspectos sombrios de nossa relação arrepiavam-me. Era evidente que talvez fosse mais forte do meu lado, ainda que jamais quisesse admitir isso: que contra as aparências, de algum modo mais tarde, Grotowski também se tornou meu mestre, e talvez tenha acontecido sem intenção de sua parte ou da minha.

Um psicanalista diria – é meu comentário retrospectivo, depois de anos, que a tentativa de preservação daqueles momentos sobre a urna de Jurek com minha velha máquina de escrever barulhenta – que é meu *Trauerarbeit,* meu *"travail du deuil"*, meu "trabalho de luto", com suas ambivalências, com um toque de narcisismo, e que meu processo-ritual interno ainda não se completou dentro de mim. E eu não tinha certeza se queria continuar aquele processo, ou fazer qualquer coisa para terminá-lo.

Meu diálogo com o morto continuava.

Alguns fragmentos de O *Príncipe Constante* zuniam em minha cabeça – a poesia me resgatando novamente... A mim, um cético, as palavras dos grandes poetas podem servir espontaneamente de reza.

> ... Aquela beleza de seu corpo
> Pesando tanto quanto meu esqueleto –
> Tanto quanto a mim – um punhado de pó...

Caos.

Tentei me acalmar, aquietar meu balbucio íntimo, talvez – como eu sentia – não da melhor qualidade...

Ainda assim, era somente o meu caos, ou – seria uma ideia ousada, supersticiosa e infantil? – será que um punhado de pó deixado por Jurek também emanasse caos e sua sombra o atormentasse em algum lugar em seu Sheol particular, pessoalmente designado?

Não consegui encontrar um estado de silêncio, um calor meditativo perto do coração, e de repente senti necessidade de sair para algum espaço aberto, só para encontrar uma espécie de clareza naquele aperto asfixiante.

Levantei-me e fui até a janela, ao menos um pequeno recorte de céu.

Mas já estava escuro atrás da janela: caía um precoce anoitecer de novembro. Perto da janela, pude ver meu reflexo nos vidros duplos. A escrivaninha, os documentos, o crucifixo na parede à luz fraca das lâmpadas fluorescentes. E a urna sobre a escrivaninha, e novamente meu reflexo, duplicado pelos vidros, e a chama da vela, projetando uma luminosidade amarelada sobre a urna, e senti o vago desconforto de que talvez pudesse surgir, atrás do claro-escuro de minha silhueta na vidraça, outro reflexo a mais, sem equivalente no mundo real dos objetos.

Um clarão de um meio pensamento, meio sentimento, percorreu minha mente, que essa era a mensagem do punhado de pó atrás dos cercados de madeira da caixa, dirigida a mim mesmo. Jurek gostava de fazer isso em sua vida deste lado.

Quando não queria responder à minha questão, ele a repetia precisamente – exatamente como um mestre Zen. E agora – será que ele está me mandando de volta ao meu próprio reflexo da janela escura?

Senti que a visita terminava – um desfecho natural, com a sentença de que chegara a hora de partir.

Apaguei a vela com o dedo úmido de saliva, o pavio soltou fumaça por pouco tempo. Inesperadamente para mim, fiz uma profunda prostração cerimonial da maneira ortodoxa diante da urna. Quem sabe a sombra de Dostoiévski, nosso companheiro íntimo no Teatro Laboratório, andasse por perto?

Parti abrindo a dura tela com dificuldade.

Corri pelo corredor entre os caixões e disparei dali aliviado. Respirei profundamente. O ar estava úmido de orvalho. Nosso carro estava estacionado bem atrás do portão; Thomas dormitava ali, enfiado em seu assento, firmemente coberto com seu casaco.

Não consegui dizer uma palavra. Quando o paciente guia e motorista acionou o motor de seu velho conversível, um dito ficava estúpida e teimosamente martelando em minha mente ao ritmo mecânico do carro: "Um velho mendigo falava ao quadro, ainda que o quadro não lhe respondesse..."[9]

E não me ocorreu outro pensamento a não ser o da sala com o chão erguido e o degrau acima do nível do depósito inteiro, com os biombos mecanicamente deslizantes, como uma pretensa cortina especial – uma espécie de cena teatral. *Theatrum Mortis* de Grotowski. Infelizmente, sem sua perfeita direção. E eu, um espectador-*voyeur*, me intrometi em sua própria – involuntária, não programada pelo "professor do *Performer*" do teatro pobre – morte.

Isso tudo se criou por si mesmo, como uma estranha coincidência, para dar alguma satisfação – para quê? Para a história?[10]

---

[9] Provérbio polonês que diz que não há propósito em começar a discutir com alguém que você já conhece de antemão, pois não mudará sua opinião – evocação de "palavras que caem em ouvidos surdos".

[10] É possível que o autor tenha unificado erroneamente as duas visitas a Pontedera em uma. No entanto, decidiu não mudar o texto, pois a essência é a mesma.

FIM DE JOGO

Há algum tempo, a companhia parou de existir praticamente como um grupo criativo coeso. Tornou-se uma cooperativa de indivíduos com trabalhos independentes em direções variadas.

Isso segundo a natureza mesma das coisas. Acreditamos que, como Laboratório, cumprimos o que nos propusemos a realizar. Nós mesmos estamos impressionados por persistirmos como grupo por um quarto de século, constantemente mudando, inspirando uns aos outros, irradiando nossa energia comum aos outros.

A época criativa de uma companhia não é a mesma que a época criativa de um indivíduo. Alguns de nós assumiremos o risco de uma vida artística plenamente independente: outros – talvez – quererão continuar seu trabalho juntos, em algum outro sistema institucional novo.

Cada um de nós lembra que nossas origens estão na fonte comum cujo nome é Jerzy Grotowski, o teatro de Grotowski.

Estamos desconsolados com a perda dos últimos anos de Antoni Jahołkowski, Jacek Zmysłowski e Stanisław Scierski em seu esplendor.

Depois de vinte anos, ainda nos sentimos próximos uns dos outros, exatamente como no início, independentemente de onde estamos agora – mas também mudamos. De agora em diante, cada um de nós tem de encontrar sozinho o desafio da própria biografia criativa e da época em que vivemos.

Assim, em 31 de agosto de 1984, o Teatro das 13 Fileiras, O Instituto do Método do Ator, o Instituto do Ator – em outras palavras, a companhia do Teatro Laboratório, depois de exatamente 25 anos, decidiu dissolver-se.

Queremos expressar nossa gratidão a todos os que nos ajudaram nesses anos, acompanharam e confiaram em nós, em Opole, em Wrocław, na Polônia e ao redor do mundo.

Membros Fundadores
Ludwik Flaszen
Rena Mirecka
Zygmunt Molik
Ryszard Cieślak
e a companhia[1]

---

[1] "O Teatro Laboratório Decidiu Romper"; a tradução é de *The Grotowski Sourcebook*, p. 171.

O documento acima – o ato de dissolução do Teatro Laboratório – foi escrito por mim; tem o carimbo típico de meus hábitos estilísticos. Consultei os supracitados signatários a respeito, principalmente Zygmunt Molik.

Como último diretor oficial do Teatro Laboratório, negociei com as autoridades as condições e a data da dissolução oficial.

Um dos membros fundadores, ainda vivo, Zbigniew Cynkutis, não foi incluído entre os signatários do documento. Soubemos que ele tinha alguns projetos individuais e dava alguns passos relevantes para terminá--los, embora não informasse nem à equipe nem a mim a respeito. Depois de voltar dos Estados Unidos para a Polônia, ele abriu o chamado Segundo Estúdio de Wrocław (Drugie Studio Wrocławskie) no edifício do Pleroma dissolvido. Morreu tragicamente num acidente de carro, acompanhando a lista dos parceiros e colaboradores de Grotowski prematuramente falecidos. Foi o esplêndido jovem monge Fausto no espetáculo baseado na peça de Marlowe, de 1963 – a peça que abriu uma porta ao mundo, graças à corajosa ação de Eugenio Barba e ao vivo interesse do já famoso Peter Brook.

Entre 1978 e 1980, Zbigniew Cynkutis foi administrador "por procuração", de acordo com a fórmula rotineira do diretor, Jerzy Grotowski.

Grotowski, absorvido em paixões pós-teatrais, foi gradualmente se afastando da direção do Pleroma e do grupo. Passava muitas semanas isolado do mundo em Brzezinka com colaboradores recém-recrutados, "especialistas em técnicas da fonte". Viajava muito: com eles, faria "viagens de pesquisa" (inclusive com Teo Spychalski[2]) à Índia, à África, ao Haiti e ao México.

O grupo se reorganizava de um novo modo. Não havia mais divisão entre os antigos artistas de mérito do Teatro Laboratório e os novos adeptos, envolvidos com o parateatro dos anos recentes, exceto entre o grupo

---

[2] Zbigniew (Teo) Spychalski (n. 1944), antigo participante do treinamento e assistente de Grotowski no período teatral, foi coordenador das atividades do Estúdio Internacional, além de uma figura importante do período do Teatro das Fontes. Desde 1982 dirige o teatro baseado em Montreal, Le Groupe de la Veillée. Ver www.laveillee.qc.ca/. Acessado em: novembro de 2009. Para mais informação sobre o trabalho e os colaboradores, ver a edição especial de *Polish Theatre Perspectives*, "Voices from Within: Grotowski's Polish Collaborators". Ed. Paul Allain e Grzegorz Ziółkowski. Wroklaw, Grotowski Institute, junho de 2010.

exclusivo de pesquisadores do Teatro das Fontes e o grupo unido dos antigos atores e jovens veteranos da agora acabada utopia parateatral. Novos e antigos juntos, uma equipe de líderes e coanimadores de treinamento e oficinas – com uma paixão pela ação.

Um novo período da história do Pleroma estava para começar. Não havia mais equipe do Teatro Laboratório ou sequer a equipe unida do "Instituto de Pesquisa Cultural, na fronteira da arte, especialmente do teatro".

A última fórmula, parte nome, parte lema programático conciso, pode não ter sido muito bonita, mas unificou efetivamente, sob um signo comum, a variedade de iniciativas e o trabalho da equipe, dividida que estava em "grupos de trabalhos" separados. O signo comum nos autorizava a todos e conduzia à profusão de carisma, tradicionalmente relacionado aos membros do Grande Pleroma – embora o mestre abertamente enfatizasse que suas atividades atuais não tinham nada a ver com as atividades da oficina. De qualquer maneira, o signo – e a separada atividade multidirecional da equipe – deu um significado pragmático e "socialmente útil" à existência da Companhia – e, no âmbito dessas estruturas, Grotowski pôde levar adiante seus trabalhos exclusivos, sofisticados e misteriosos.

Sua política de recursos humanos – completamente diferente do período teatral – era excepcionalmente suave naquela época. A regra era que ninguém podia ser demitido, mesmo no caso de não haver habilidades necessárias para continuar o trabalho individual, distante do mestre.

O estado real das coisas ficou completamente claro – e declarado como programa – em 1979, na palestra de Grotowski numa reunião pública festiva por ocasião da celebração do vigésimo aniversário do Teatro Laboratório. Participei da edição dos primeiros rascunhos da fala de Grotowski; talvez outros pleromitas também tenham sido consultados. A palestra foi publicada na imprensa com o título "Hipoteza robocza" [Hipótes de Trabalho].[3]

Entrávamos num período sem axiomas, e tudo, inclusive a continuada existência da Companhia, tornava-se uma hipótese.

---

[3] Grotowski, "Teatr Laboratorium po dwudziestu latach. Hipoteza robocza". *Polityka*, 26 de janeiro de 1980, p. 1 e 10.

A celebração do vigésimo aniversário terminou numa festa pomposa frequentada por amigos e amigáveis funcionários de baixa graduação. Houve dança e álcool, e uma banda cigana tocando. A festa aconteceu no salão principal, a histórica sala do *Apocalypsis*. Um espaço sempre especialmente protegido, excluído do uso diário. Um espaço tabu.

Será que a festa anunciou um fim, como normalmente acontece nos dramas shakespearianos?

Depois da festa, depois que todos os convidados partiram, Grotowski, minha mulher Irena e eu ficamos os três na sala vazia, mais ou menos limpa, e sentamos nos baixos bancos que serviam de assentos aos privilegiados espectadores de *Apocalypsis cum Figuris*. As luzes estavam apagadas, havia apenas umas poucas velas acesas no chão, aos nossos pés. Não me lembro do que falávamos. Ou talvez apenas permanecêssemos em silêncio, no clima: muito bem, muito bem, tantos anos – e agora? Sentamos esquecidos até o amanhecer. Quando decidimos partir, a porta estava trancada por fora. Por fim, tivemos de bater e gritar por ajuda para nos soltarem.

Era óbvio que o Pleroma entrava na fase crepuscular.

O crepúsculo foi declarado por um terremoto especial no final do outono de 1975, quando nos apresentamos na Bienal de Veneza. A revolta foi instigada pelo antigo candidato "delfim", Włodzimierz Staniewski, que liderava o evento principal de nossa viagem veneziana a uma ilha deserta no lago de San Giacomo nel Palude, nas ruínas de uma antiga fortaleza, adaptada para a finalidade. Os edifícios eram mofados e úmidos, e pequenos escorpiões negros (uma espécie local peculiar, como nos informaram os venezianos) se arrastavam pelas paredes.

Grotowski não estava particularmente satisfeito com Staniewski e com sua equipe de trabalho. Creio que um dos motivos da explosão foi uma competição invisível entre os vários candidatos a "delfins". Também a presença do jornalista de Varsóvia, B., que nos acompanhava, acrescentava um elemento de caos. Grotowski o levou conosco por sua habilidade em promover a Companhia na imprensa. Talvez B. fosse designado para ser um correspondente-testemunha e divulgasse notícias sobre o próximo sucesso estrangeiro da Companhia na Polônia. Infelizmente B., um homem de postura napoleônica, era autoconfiante demais e interferia nos relacionamentos internos do grupo, aproveitando-se da ausência temporária de Grotowski em Veneza.

Ainda me lembro da cena inacreditável no salão do hotel. Grotowski disse algo que feriu Staniewski. Staniewski explodiu com uma tirada poderosa contra o mestre: "O senhor não sabe o que quer; trabalho como um cão para o senhor; o senhor não é nem inconformista nem rebelde, mas apenas um simples covarde e oportunista".

Grotowski não disse nada. O que acabara de acontecer era inconcebível.

Lembro-me – amargamente. Achava que Staniewski, um jovem *homme révolté*, estava se aproveitando da fachada construída por um velho experiente que trabalhara duro (também) para ele, para tornar possível sua revolta. Pela primeira vez na vida, eu – que pelo bem da Companhia fora forçado às vezes a funcionar por anos como "ketman",[4] num jogo de decepção e hipocrisia – me sentia como um pai com problemas com o "filho ingrato".

Estava claro que Włodek Staniewski tinha de partir. Ele provavelmente fez isso por sua própria iniciativa.

O episódio veneziano era, como logo ficou claro, o fim do parateatro. Era também o ato fundador do Teatro Gardzienice – uma companhia que se transformaria num eminente teatro e tornaria famoso o nome de uma pequena aldeia ao leste da Polônia.

Staniewski, apesar de sua vida bela e criativa, talvez ainda não tivesse resolvido seu complexo de Édipo com Grotowski, que se tornou "irmão" – o grande irmão possivelmente também um pai? Acho que Grotowski guardou aquela "ferida veneziana" até o fim de sua vida. Discretamente – tanto quanto pode –, aguentou o filho pródigo de Gardzienice e ofereceu-lhe sinais de reconciliação, embora Staniewski não respondesse a esses gestos conciliadores.

Grotowski não gostava de pessoas gentis, "maricas", como ele as chamava. Gostava de "jovens lobos" – como ouvi da boca do cavalo. Ele

---

[4] *Ketman*: prática nascida na civilização islâmica do Oriente Próximo e da Ásia Central, amplamente difundida no mundo soviético, consiste em a pessoa disfarçar ou ocultar suas verdadeiras convicções, "desempenhando" o papel que ela despreza e odeia, fingindo acreditar naquilo que secretamente abomina e combate. Cf. em Victor Brombert, *Em Louvor de Anti-Heróis*. São Paulo, Ateliê, 2011, p. 111. (N. E.)

usava a expressão "jovem lobo" mesmo na era da suavidade, depois dos anos de 1960, quando as associações zoomórficas teriam se focado em animais mais suaves. Staniewski era um puro jovem lobo criado. Infelizmente, jovens lobos mordem.

Em Veneza, sentíamos que se aproximavam novos tempos. Típico daquela época do ano, era frio e úmido no lago e na Piazza San Marco coberta de água, e as gôndolas pareciam deslizar nos canais como barcas de Caronte transportando almas para a outra margem do Styx.

Dirigi minhas "Meditações em Voz Alta" num belo laranjal no Giardini. Foi uma das experiências mais interessantes de minha vida. Talvez a qualidade da experiência dependa da alquimia humana. Em dois grupos que dirigi em Veneza, o trabalho foi excepcionalmente eficaz e conducente ao viajar conjunto na Experiência da Coroa – ou, talvez, ao devaneio compartilhado? Essa alquimia humana era apoiada pela metafísica da cidade que era como uma alucinação, especialmente nessa época sombria do ano.

Para chegar ao Giardini, a cada final de tarde eu era transportado pelo Grande Canal com uma lancha fornecida pela Bienal.

Uma noite, durante as "Meditações em Voz Alta", num momento de movimento intenso, rompi o tendão de Aquiles. Minha perna foi imobilizada. O cirurgião constatou que podia ser operado em duas semanas – de modo que dava para terminar a oficina.

Um dia aconteceu de precisarem da lancha que me levava todo dia ao Giardini para levar a equipe ao San Giacomo nel Palude. Então, usando uma bengala, com minha perna provisoriamente imobilizada, manquei até um píer de "vaporetto" próximo e fui ao Giardini, onde os participantes da oficina esperavam para me levar ao nosso laranjal mágico e continuar nosso sonho noturno de outono.

Enquanto viajava naquele "vaporetto" gasto e velho, vi a lancha com vários jovens a bordo, ancorada num dos píeres. Os jovens acenavam; uma das meninas tocava violão. A prioridade: *Projeto Especial*, Dia Santo, Święto.

Pensei orgulhosamente: não havia violão em minhas "Meditações em Voz Alta" – apenas vozes humanas. Esse era meu "parateatro pobre" – ao lado do "parateatro rico" de Brzezinka.

Muito tempo atrás, eu discutira com Grotowski que, na realidade, suas experiências "pobres" precisavam da natureza magnífica, do céu e da terra como cenário. Ainda assim, não seria suficiente ter algumas pessoas numa sala fechada para fazer uma viagem extraordinária ao indescritível? Creio que meu mancar doído contribuiu amplamente para pavimentar o caminho direto da Experiência da Coroa. Senti-me como o Jacó do Velho Testamento, com o quadril quebrado depois de lutar com o Anjo. Hoje eu chamaria isso de injúria iniciatória. Um Veículo--Membro talvez?

Morte em Veneza – sem os itálicos?

Depois do meu retorno a Wrocław, minha perna foi coberta de gesso até a virilha. Ainda no hospital, mandei uma carta de demissão ao Teatro Laboratório. Grotowski, que ainda estava em Veneza, respondeu-me através de um mensageiro especial. Ainda tenho a carta dele em meus arquivos. Explicava-me o quanto era difícil sua própria situação. Ao regressar, visitou-me e rasgou minha carta de demissão em pedacinhos. Beijamo-nos como irmãos.

Portanto, ele não foi o único prejudicado em Veneza – tive minhas feridas venezianas também. Minha perna ficou engessada por seis meses e manquei pelos próximos dois anos – um *advocatus diaboli* manco. Contra a opinião dos professores, parei de mancar, mas até agora minha perna direita é visivelmente mais fina do que a esquerda. Minha ferida veneziana é física.

Depois de Veneza, ainda tivemos vários anos de abundância, embora o sol do Pleroma estivesse se pondo. Nosso *kairos* histórico estava acabado. O tumulto da Grande História, ouvido na Polônia, amortecia as vozes de indivíduos que meditavam sozinhos ou em pequenos grupos.

Depois de Veneza, Grotowski focou exclusivamente em seu novo projeto, conhecido como Teatro das Fontes.

Ele estava partindo gradualmente. Em 1978, indicou Cynkutis – o único membro do grupo com algumas habilidades de administração e organização do trabalho artístico – para ser diretor "por procuração".

Contudo, o mestre ainda tentou cuidar de cada projeto. Às vezes, confiava uma tarefa a alguém. Eu participaria – como observador e consultor – de vários empreendimentos independentes do grupo, florescendo de iniciativas. Lembro-me de minha participação silenciosa na oficina de Teo Spychalski chamada "Sua Canção" (Twoja Pieśń). O ambicioso Teo, que se considerava um dos "delfins", protestou. Ele não queria ninguém o observando de fora. No entanto, minha cooperação com Cynkutis e Rena Mirecka foi harmoniosa. Eles dirigiam uma oficina relacionada à técnica e direção de ator. De vez em quando, eu também participava ocasionalmente de outras experiências. Ainda que na época ainda considerássemos o trabalho teatral algo do passado, e os antigos mestres teatrais tentassem "se parateatralizar", devo dizer que aprendi muito – no campo de trabalho com os atores – enquanto lhes dava consultoria e observava o trabalho deles.

Às vezes, tinha minhas dúvidas quanto ao autoritarismo deles, talvez seguindo o antigo exemplo do mestre, e quando pressionavam, comandando sem parar "Repita – não, faça de outro modo, mais uma vez". Testemunhei as veementes intervenções de Teo direcionadas aos participantes de suas oficinas. Não esperava que ele, um dos pilares do parateatro, exercesse atos tão violentos. Pelas regras elaboradas em conjunto, nem Grotowski podia entrar nas sessões dos outros líderes.

Grotowski indicou, com ajuda de Cynkutis, um projeto parateatral chamado "Árvore de Pessoas", com participação de todos os membros do antigo grupo (comigo, inclusive) como "atores-animadores". Ele estava muito menos interessado no *Thanatos Polski*, o último empreendimento da companhia do Teatro Laboratório.

Grotowski tentava dar um *modus operandi* eficiente, um método que oferecesse colchetes unificadores à unidade dispersa, à instituição em sua peculiar condição de florescência (suspeita, talvez). Surgia o conceito de "cultura ativa".

O cartaz do projeto "O Caminho" – para manter a continuidade da marca quase oficial – incluía o título "Teatro Laboratório com a liderança de Jerzy Grotowski". Ao lado, lemos: "O Teatro Laboratório é um Instituto de Pesquisa Cultural, na fronteira da arte, especialmente do teatro". Essa nomenclatura barroca, uma mistura de jargão oficial e científico – acho que fui consultado a respeito – era um signo da época, um período de fluidez na existência do Pleroma.

O mestre começou a partir passo a passo. Encontrou uma analogia otimista na biografia artística de Stanislávski. Ao final de sua vida, Stanislávski retirou-se do famoso MKHAT (Teatro de Arte de Moscou) que fundara uma vez, e, sem dúvida, alguns destacados membros da companhia saudaram alegremente sua decisão. Então, ele continuou trabalhando no famoso método das ações físicas (só depois) com um pequeno grupo de pessoas confiáveis em sua chácara particular. Um especialista chamaria isso de "processo natural" – um historiador concordaria. Grotowski gostava de citar um dito de nosso amigo, o eminente diretor e pensador teatral professor Bohdan Korzeniewski: a expectativa de vida de um grupo teatral é igual à expectativa de vida de um cachorro – dez anos, ou por aí. Bem, nós conseguimos vinte. E aconteceu de durarmos ainda mais.

Certamente, depois de 1975, estava ficando cada vez mais claro que Grotowski deixava o Pleroma que estava se desintegrando em Éons individuais. Alguns de nós, em particular os jovens adeptos do parateatro longe de Brzezinka, sentiam-se órfãos. Em seu período fecundo, quando irradiavam energia e mistério, eu os chamava de "korybantes" em minha linguagem particular.[5]

No entanto, recordo-me de certo fato, completamente desconhecido pelos especialistas de Grotowski, e também possivelmente esquecido por suas testemunhas ativas... Não me lembro do dia exato, ainda que tenha acontecido, com certeza, depois de 1976. Houve uma reunião do antigo grupo no apartamento de Cynkutis em Wrocław. Grotowski relatou o novo projeto – Teatro das Fontes, creio – e nos perguntou quem gostaria de participar dessa sua iniciativa pessoal. Os potenciais participantes ergueriam as mãos. Somente duas mãos se ergueram, a minha e a de Antoni Jahołkowski.

Pareceu-me que, em decorrência, Jahołkowski executou algumas funções como assistente de Grotowski por pouco tempo. Grotowski não me aceitou como candidato, pois, como explicou, seu projeto exigia isolamento, enquanto que minha presença como porta-voz da Companhia e

---

[5] Os korybantes eram sacerdotes da antiga deusa frígia Cibele, adorando-a com procissões que incluíam danças orgiásticas, toques de tambores e atos de automutilação.

membro da direção era inevitavelmente "periférica" (como chamávamos em nosso jargão de trabalho).

Em minha opinião, essa reunião e seu resultado foram um teste muito esclarecedor – e talvez doloroso – para o mestre. Na realidade, foi nosso teste de fidelidade. Aconteceu que – explicitamente, diante de todo mundo, num confronto cara a cara – da mesma forma que o mestre parecia estar nos abandonando, ele também – como que mutuamente – estava sendo abandonado. Ou, pelo menos, a vasta maioria se afastava do espírito de fidelidade incondicional para com alguém a quem devia muito – ou tudo, talvez.

Talvez – como disse no ato de dissolução – o grupo se transformasse numa cooperativa de mestres, líderes de experiências grupais e de oficinas, artistas prontos para a independência, idealizadores de seus próprios projetos individuais e pedagogos experientes, revelando aos poucos suas ambições de direção.

No Teatro Laboratório – onde a ação do ator exigia energia e envolvimento psicofísico excepcionais –, os atores se tornavam pedagogos ou diretores mais cedo. A idade-limite dos atores era comparável à dos bailarinos, embora, sem dúvida, um pouco maior.

Na realidade, o período da desintegração gradual do grupo foi uma época de prosperidade pessoal independente para quase todo mundo. As experiências parateatrais, as oficinas dos atores, com o onipresente trabalho de corpo-voz de Zygmunt Molik, o trabalho com os estudos dramáticos, inclusive com as "Meditações em Voz Alta" – tudo sob o signo do Teatro Laboratório – eram muito populares no exterior e, por um tempo, na Polônia. De todo modo, o Pleroma esteve, por anos, sentado em cima de um muro dividindo o Ocidente e o Oriente.

Para muitos de nós foi um período de paixão criativa ampliada, de busca individual entre o teatro e o não teatro, em forma de jornadas fascinantes nas profundezas de uma natureza e arte humanas – nos segredos do som, das habilidades expressivas e extraexpressivas do homem. Falando francamente, foi uma época de liberdade arriscada, de saída da dependência do chefe, do pai, do mestre... Para experimentar o prazer e a dor de ser mestre de si mesmo...

Sem dúvida alguma, também havia o aspecto financeiro. Os tempos estavam ficando cada vez mais duros – e nós pertencíamos à categoria, embora modesta, dos chamados "detentores domésticos de moeda estrangeira".[6]

Assim, abandonar o mestre também tinha algumas vantagens.

Quero destacar aqui o vetor de algum modo bidirecional daquele abandono.

Sem dúvida, depois de muitos anos de colaboração, os pleromitas perderam o apelo criativo para o mestre. O termo "chinelo"[7] – "chinelo velho" – pertencia ao dicionário de antipatias, assim como a palavra "preguiça". Grotowski, o líder de nossa família, era involuntariamente alérgico aos "humores familiares", típico de velhas famílias, com seus hábitos, ligações e amarguras, com sua exaustão e rotina; ele reagia a tais humores com o sentido de seu próprio esgotamento.

Na realidade, não tinha formado família em sua vida privada. No entanto, tinha uma atitude positiva para com as relações estáveis dos pleromitas e os apoiava moralmente, considerando-as uma cura do deslize no caos da boemia e do excesso de casos eróticos do grupo; em sua opinião, estes inevitavelmente trariam elementos privados dispersivos à dinâmica criativa grupal.

Penso que a exaustão da atração criativa – e humana – era algo mútuo. A fascinação pelo mestre diminuiu com o tempo. O grupo vivia sua própria vida. Sem dúvida alguma, as pessoas gradualmente se tornavam cada vez menos francas.

Nos casos de problemas que exigiam a mediação ou o conselho do mestre, era comum que eles decidissem não contar a ele. Dizia-se rotineiramente: "Não vamos perturbar o Chefe, para não chateá-lo". A mensagem oculta era: ele tem coisas suficientes perturbando-o, inclusive constantes problemas de saúde...

Desde então – desde o Teatro das Fontes em diante –, Grotowski entrou num período de criação permanente de novos grupos. Ou seria de

---

[6] Sob o regime comunista, a moeda polonesa não tinha câmbio, e os salários médios valiam poucos dólares por mês; era ilegal ganhar ou possuir moeda estrangeira sem permissão especial.

[7] Isso era muito característico do idioma de Grotowski, mas tinha conotações semelhantes à ideia de usar chinelos e fumar cachimbo (isto é, conforto cafona, conformismo de classe média).

novos clãs? Ele costumava dizer – com exagero extemporâneo –, sobre o Teatro das Fontes, que sua pesquisa pós-teatral se relacionava com o ingresso na velhice. Parece que nos anos entre o Teatro de Fontes e a ancoragem final em Pontedera surgiu uma espécie de fluidez em sua vida criativa. Talvez conectada à situação de exílio, com a incerteza do destino de um homem na diáspora.

No parateatro, pode-se notar um traço da equipe, do grupo estável; ao abandonar a utopia parateatral, Grotowski abandonou essa ideia. Estava aberto o caminho "da fase da companhia teatral até a Arte como veículo" (como chamou sua comunicação fundamental, publicada muitos anos depois).[8]

Ainda na Polônia, no período do Teatro das Fontes, surgiu um novo conceito: a relação mestre-assistentes (em geral chamados "especialistas em técnicas de fonte"). Essa relação foi preservada *de facto* até o fim – "especialistas em técnicas de fonte" na fase da Arte como veículo se transformaram em "*Performers*", ou em especialistas domésticos, formados pessoalmente por Grotowski. Somente um deles se mostrou merecedor de se tornar o herdeiro espiritual, iniciado no arcano prático, como confirmado no testamento do mestre.

Um punhado de jovens cuidadosamente selecionados (candidatos a *Performers*?) era, de fato – em troca de ensino grátis e acesso ao nível básico das iniciações –, o grupo que consumava a "*Action*"; graças a eles a obra podia ser continuada, e o futuro herdeiro poderia ser chamado de Mestre-*Performer*.

Por que "*action*" – uma espécie de criação de forma de teatro –, em que a experiência interior individual, a "conexão mais elevada", seria o produto final?

Portanto, mesmo aqui, na procura da Essência, parece que não há escapatória do teatro. Ou, parafraseando Gombrowicz: é uma igreja humana, e seres humanos são necessários para torná-la possível.[9] Talvez não seja possível evitar o estrangulamento no elemento humano coletivo – no

---

[8] Grotowski, In: Thomas Richard, *Trabalhar com Grotowski sobre as Ações Físicas*. São Paulo, Perspectiva, 2012, p. 127-51.

[9] Como ateu, Gombrowicz apresentou seu conceito da transição da humanidade da "igreja divina" à "igreja humana" na peça *Ślub* [*Casamento*].

entre; talvez só consigamos nos referir aos outros seres humanos. Talvez um ermitão precise não apenas de verticalidade – para que a verticalidade aconteça, é preciso horizontalidade. Talvez seja necessário que o ermitão, um homem de espírito, esteja imerso na sociedade e compartilhe com as pessoas aquilo que obteve de seu devotado esforço. E talvez tenha de consumir energia, vitalidade e a vida de outros para se tornar o que é. Talvez o forte não consiga se realizar sem o fraco.

É preciso dizer que Grotowski tinha consciência desses mecanismos e fez muito para superá-los de modo seletivo – suspender as necessidades impostas por um "entre" horizontal.

Em Valicelle, o mestre, envelhecido e doente, invisível aos participantes, oculto em sombras (segundo se informa, literalmente nas sombras), observava discretamente o trabalho.

Mais uma vez, Grotowski mostrou-se um organizador genial. Cuidava de seu "veículo". Sua presença era suficiente para manter uma dimensão misteriosa ao trabalho – não mais liderado por ele. Em tempos de dramática necessidade, ele também foi um mestre em transformar fraqueza em força, ausência em vantagem, defeitos em vitórias. Seu declínio adquiriu a forma de uma ascensão. E será lembrado como ascensão.

Ele sabia, como grande mestre de xadrez, como desempenhar seu fim de partida – no duplo sentido do termo: do xadrez e no de Beckett.

O Sétimo Selo, de Ingmar Bergman, era seu filme favorito. Gostava da famosa cena do jogo de xadrez entre o Cavaleiro e a Morte.

Sua última manobra brilhante foi a ordem para espalhar suas cinzas em Arunachala, a montanha sagrada (na Índia) que (como é amplamente sabido) mesmo antes de sua morte se tornou parte das lendas fundamentais de sua vida.

Na Europa, na Polônia ou na Itália, ele provavelmente teria tido um funeral secular, não religioso. Suponho que seria contraditório com sua percepção mais profunda dos segredos da existência. Grotowski não pertenceu a nenhuma igreja ou religião.

Ainda assim, a dissipação das cinzas espalhadas pelo monte mítico num país distante, sua terra natal espiritual, não é um puro gesto espetacular. Contém um elemento da metafísica. De sua metafísica íntima. De sua crença pessoal.

Ele deixou esse mundo sem um túmulo por decisão própria. Aqui Grotowski permaneceu um verdadeiro eremita, um imigrante do círculo dos vivos, sem a companhia sequer de outro falecido em algum cemitério. Será que ele quis desaparecer como uma espécie de sábio mítico, como Lao Tsé, sem deixar nenhum traço físico?

E, além do mais – imagino que levou isso em consideração –, talvez quisesse evitar o tumulto, a garrulice e quem sabe até as "disputas malditas" em cima do seu caixão.[10]

Como disse em outro lugar deste livro, falávamos bastante de morte.[11] Fazíamos isso em vários tons, mais frequentemente de modo humorístico e irônico. Certa vez, já em Paris, durante uma dessas conversas "tanatológicas", perguntei-lhe diretamente onde queria ser enterrado.

"Não sei", respondeu, fingindo constrangimento.

"Talvez em Cracóvia, em Skałka, ao lado de Wyspiański?".[12]

"Não", ele fez uma careta. "Seria vergonhoso ser enterrado em algum lugar abaixo de Wawel".[13]

"Na cripta, além de Adam (Mickiewicz) e de Juliusz (Słowacki)", eu sugeri.

"É tão lotado ali. Sem falar da urna de Norwid...".[14]

Não lembro se mencionou Arunachala durante nossa conversa. Talvez eu não o escutasse muito bem. Ele quase sussurrava, devido a sérios problemas dentários.

---

[10] Uma alusão ao verso muito conhecido do epílogo de *Pan Tadeusz*, poema épico de Adam Mickiewicz; o poeta lamenta os implacáveis conflitos entre os emigrantes poloneses.

[11] Ver, especialmente, p. 379.

[12] A cripta da histórica Igreja de São Stanislau, em Skałka, é um local funerário polonês de muito destaque, particularmente aos que viveram em Cracóvia, entre eles Stanislaw Wyspiański e Czesław Miłosz; na verdade, as controvérsias sobre o enterro de Miłosz em Skałka, em 2005, transformaram-se em uma "disputa maldita".

[13] O histórico Castelo Real do Monte Wawel em Cracóvia, ao lado de Skałka, é elevado não apenas num sentido físico, mas também representa a alta escala do "Panteão nacional", como local funerário de reis poloneses, destacados estadistas (Józef Piłsudski, Władysław Sikorski) e dois dos chamados bardos do romantismo polonês, Mickiewicz e Słowacki.

[14] Cyprian Kamil Norwid (1821-1883), destacado poeta polonês da segunda geração romântica, passou a maior parte de sua vida no exílio.

No outono de 1980, eu substituí Cynkutis no cargo de diretor "por procuração". Grotowski persuadiu-me a fazê-lo depois de uma longa discussão; dizia não ver outro candidato a não ser eu. Devia aceitar "para o bem da Companhia, para o bem de todos nós". Concordei sob algumas condições.

Em primeiro lugar, Antek Jahołkoswski, um homem sensato e tranquilo, seria meu braço direito e mediador na relação com o grupo. Na realidade, ele participou de nossas negociações. Em segundo lugar, a carga do trabalho administrativo seria assumida por Stefa(nia) Gardecka, uma pessoa verdadeiramente confiável.

Foi uma decisão que surpreendeu o grupo, em estado de certa desintegração. A disputa aberta e oculta por influência, liderança, prestígio e carisma prosseguia.

Como sempre, não me envolvia em tais conflitos. Assim, Grotowski presumiu que apenas eu seria capaz de manter esse organismo permanentemente febril num estado de equilíbrio instável.

Assumi o posto no início da revolução do Solidariedade. O país ansiava por liberdade. A Grande História intrometia-se em nossa pequena história. Era a época das grandes esperanças e da incerteza diária do destino. Era difícil de acreditar que o Solidariedade pudesse vencer. Hesitávamos sobre o que fazer. Como dar sentido à atividade da Companhia numa nova situação, completamente inesperada?

Que sentido podia ter nossa atividade nessa época, num momento de poderosos movimentos de massa, sem precedentes em regimes totalitários?

Grotowski excursionava pelo país com seu grupo do Teatro das Fontes. Como um peregrino, um caminhante indigente, buscando a verdade nas províncias pobres. O grupo, dirigido por Ryszard Cieślak, trabalhava em *Thanatos Polski*.

Thanatos Polski era uma cerimônia performática com canções, dança, movimentos e palavras faladas. Os textos, poemas de Mickiewicz, Miłosz, e Wojaczek,[15] revelavam associações com a situação vigente,

---

[15] Rafał Wojaczek (1945-1971), poeta polonês que viveu em Wrocław, autor de uma lírica brutal e depressiva, comparado por alguns aos *poètes maudits* como Lautréamont e Rimbaud. Logo depois de sua estreia (1969), cometeu suicídio.

oferecendo uma reflexão sobre o destino da nação, sobre a ansiedade, nostalgia, necessidade de purificação, o exorcismo da esperança. O clima de *Thanatos Polski* era diferente do tom de peças poéticas, tão comuns naqueles dias, apresentadas em igrejas por atores famintos de purificação depois de anos de compromissos morais em teatros estatais. O título, referente à tradição do barroco polonês (seguindo o *Mars Polski* [*Março Polonês*] do século XVII), era coerente com as ansiedades vigentes – parecia que muito em breve os acontecimentos desandariam e se transformariam numa revolta violenta, sangrenta, brutalmente reprimida pelo mortal regime em risco de extinção. Sabíamos que todos os nossos levantes nacionais – combatidos no século XIX, bem como o do século XX, o Levante de Varsóvia em 1944 – terminaram em derrota. E, como em cada momento crítico da história da República Popular da Polônia, temíamos pela intervenção militar soviética.

Quando todos os teatros entraram em greve, também nós suspendemos todas as atividades, embora, devo admitir, não fosse um ato de especial heroísmo, pois as pessoas estavam acostumadas com o fato de que de vez em quando conduzíamos laboratório interno, trabalho preparatório, invisível exteriormente.

Grotowski, considerando nosso estatuto específico e nossa reputação internacional, evitava cuidadosamente quaisquer gestos que pudessem ser usados pelas autoridades como forma de apoio ao regime. Mesmo antes de 1980, quando os comunistas, depois de muitos anos de negligência, decidiram apreciar meus méritos no campo da cultura e quiseram me homenagear com um medalha menor, Grotowski, com tática maquiavélica, salvou-me disso, sugerindo-lhes que adiassem a cerimônia até o jubileu de 25 anos do Teatro Laboratório. O aniversário de 25 anos acabou sendo o momento da dissolução da Companhia, felizmente sem nenhuma celebração.

O perfil interno de nossa atividade não mudava muito, ainda que emergissem novas espécies de nuances. Surgia um clima estoico em minhas "Meditações em Voz Alta". Como poderia essa prática se apoiar em serenidade e perseverança numa época de desastre, derrota ou calamidade? Nossa geração conhecera isso desde a infância. Estávamos acostumados aos fracassos coletivos.

Achávamos que em 1980 vivíamos na boca de um vulcão capaz de irromper a qualquer momento, ou no olho de um tornado. Lembro-me de momentos de silêncio alarmante na cidade, na Praça Principal de Wrocław, ao redor das paredes do edifício e nos becos próximos da Companhia – antigamente, Teatro Laboratório, naquele momento, usando um nome fluído, em constante progresso.

Era claro que não estávamos completamente afinados com o espírito dos tempos. Nosso público, as pessoas que precisavam de nós, sentia o magnetismo mais intenso das ideias e crenças coletivas; isso não era surpreendente na situação atual.

Qual o sentido de participar do projeto "Árvore de Pessoas", ou da "busca de outra percepção" na prática de meditação em movimento, ou num tipo de experiência absolutamente individual – quando se está diante e participando da Grande História? (Ainda assim, as "Meditações em Voz Alta" tinham uma espécie de mensagem. Entre os participantes de minhas oficinas havia alguns jovens, ativistas do Solidariedade, que seriam logo presos).

Por iniciativa de Grotowski, assumimos uma nova ação, chamada "Cinquenta Anos Depois de Reduta. O Teatro Laboratório em Excursão pelo País".[16] A ação, que se referia à famosa "campanha" dos membros do Reduta dos anos de 1930, teve início em Olsztyn, em janeiro de 1981. Incluía, além da "Árvore de Pessoas", as primeiras apresentações do que logo se transformaria (por minha sugestão) em *Thanatos Polski. Inkantacje*. Eram simplesmente chamadas de "Primeiros Ensaios Abertos do Novo Projeto".

"Cinquenta Anos Depois de Reduta" foi um nome realmente bem concebido. Soava a serviço social, muito apropriado ao momento. Certamente, era uma espécie de "serviço social" – feito sob medida para nós, sem ser desleal para com o espírito do Pleroma. Viajar pelo país, num estado de tensa expectativa, como preparação de um salto incalculável.

---

[16] Reduta foi uma companhia teatral polonesa inovadora fundada por Juliusz Osterwa e Mieczysław Limanowski, ativa entre 1929 e 1939. Reduta, um teatro laboratório, em busca de novos métodos de atuação e com uma prática monástica como disciplina, foi um ponto de referência frequente para Grotowski. O logo do Teatro Laboratório se assemelhava intencionalmente ao do Reduta.

Daí em diante, os empreendimentos coletivos do grupo – na Polônia, bem como no exterior – aconteceram sob minha orientação. Não consigo me lembrar da data precisa, mas me lembro de Grotowski examinando um cartaz e propondo que eu me tornasse o chefe oficial da Companhia – inclusive da direção artística. Pouco antes, ele já tinha transferido a mim, como uma possibilidade, todo comando artístico, administrativo e pessoal (esse último, obrigatório). Não usei de meus poderes – a não ser os relacionados às "atividades artísticas", sobretudo quando a reputação da Companhia estava em risco.

Disse ser inadequado substituir o nome de Grotowski pelo meu como chefe. Depois de discutir por instantes ele concordou em deixar o cartaz como antes. Nossas discussões me parecem tão irreais agora. Apenas algumas cartas de autorização – documentos escritos num tom seco e firme – preservadas no Instituto Grotowski, bem como em meus próprios arquivos, podem provar o que realmente aconteceu.

E eu – concordando com Grotowski – em meus primeiros meses de direção planejei responder ao chamado dos tempos. Os resultados foram decepcionantes – quando relacionados à dimensão do Pleroma. Sentia-me desencorajado, e, depois de discussões com Grotowski, enviei-lhe a seguinte carta, mantida nas pastas secretas de meus arquivos:

Wrocław, 4 de fevereiro de 1981

Querido Jurek,

Quanto à discussão que tivemos na semana passada, eu confirmo – ao escrever, para esclarecer completamente – o que confessara a você então, ou seja, que decidi me separar da Companhia até o final de 1981.

Assim como você, pensei que pudesse proporcionar um tipo de oportunidade à futura existência do T(eatro) L(aboratório). Esperava – e foi por isso que me responsabilizei pelos encargos de toda a Companhia num momento tão difícil em muitos aspectos – ser capaz de estabelecer algo convencionalmente chamado de "escola": uma pequena incubadora de *intelligentsia* de qualidade, formada em contato com algo que os membros daquele grupo não possuem normalmente – Experiência, como nós a compreendemos.

Depois de navegar vários meses nesse barco louco tenho certeza de que essa estranha escola não poderia ser estabelecida – não apenas baseado em nosso próprio grupo, como se poderia facilmente imaginar, mas até à margem dele, como uma organização criativa paralela. Há estagnação demais, completamente natural depois de tantos anos de trabalho compartilhado. Como iniciar algo novo nesse clima? E essa obrigação de fidelidade hipócrita – da qual eu teria de ser o porta-voz pela integridade... Devo repetir – meu próprio caminho é diferente – a história de Brzezinka e dos outros?

De qualquer maneira, ninguém, a não ser Antek, suponho, se entusiasma com meu projeto, e provavelmente eles têm razão, pois não é o caminho deles.

O chefe aqui deveria ser alguém do *Fim de Jogo* de Beckett – há esse personagem na peça, mas é fácil imaginar –, um diretor proporcionando dedicadamente umas caixas grandes e confortáveis; cada um de nós orgulhosamente ficaria em nossa própria caixa, e até faria algo belo dentro dela, e até saltaria fora por um tempo, para dançar num ato comum, e então retornaria à sua própria caixa. O diretor poderia também ter sua própria caixa, ainda que não muito grande, e sentar ali do seu próprio modo quando se sentisse livre de cuidar dos outros.

Tenho coisas para fazer em minha vida e não gostaria de envelhecer no molho da companhia, embora – admitamos – às vezes isso ainda seja vantajoso. É melhor dar uma oportunidade ao coração, olhar para trás com alguma distância e dizer para si mesmo: "Foi uma grande coisa e foram pessoas maravilhosas".

Querido Jurek, embora informalmente, você já abandonou – por que, então, deveria eu ficar?

Um caloroso abraço,

Seu Ludwik

Grotowski convenceu-me de que seria mais recomendável para todos nós se eu ficasse.

Senti como se tivesse me entregado um estado falido para administrar. Ele podia continuar sua jornada com calma, deixando-nos de consciência tranquila – sentindo certamente que não prejudicaria ninguém.

Ou talvez só quisesse testar minha proposta repentina?

Era um tempo de incerteza. Nenhum de nós tinha certeza de qualquer coisa. Talvez ele também... Ele vagava com seu Teatro das Fontes.

Pouco antes de 13 de dezembro de 1981, quando o golpe militar do general Jaruzelski terminaria com os sonhos da sociedade, nós todos – mesmo os que trabalhavam no Ocidente na época – voltamos para a Polônia para comemorar o Natal com as famílias e os amigos.

Grotowski, com seu grupo de Teatro das Fontes, constituído principalmente de estrangeiros, permaneceu em Brzezinka, sua ermida florestal.

No sábado à noite, em 12 de dezembro, fiz uma pequena festa com meus vizinhos, uns poucos salgados e vodca obtida com certa dificuldade de um vendedor ilegal de bebidas. De repente, Cyncutis correu avisando que uma de nossas secretárias, uma mãe solteira com um bebê, tinha sido espancada por uma gangue armada que invadira seu apartamento.

Expliquei a ele que o ataque de criminosos era completamente improvável na Polônia, pois somente as forças estatais possuíam quaisquer armas. Senti que "algo estava para acontecer". Descemos e fomos ao apartamento de nossa secretária de carro. Nevava intensamente. Havia muitas peruas militares e carros de polícia na cidade. Achei isso suspeito, então pedi a Cyncutis para ficar com o carro estacionado na esquina. Passei por um corredor escuro e entrei pelo quintal.

Tive de bater à porta do apartamento da secretária por bastante tempo antes de ela abrir. A moça tinha um hematoma na testa. Contou-me que uma hora antes uns homens invadiram, bateram sua cabeça contra a porta e queriam prendê-la. Então, perceberam que a haviam confundido com a vizinha, uma jornalista famosa e ativista do Solidariedade.

Cynkutis levou-me ao ponto de táxi da estação de trem. Pelo caminho, podíamos ver incontáveis vans militares, possivelmente cheias de pessoas presas. As rondas massivas haviam começado. Passava da meia-noite. O rádio estava em silêncio.

De manhã, a televisão transmitiu o discurso do general Jaruzelski, proclamando a Lei Marcial. Através das janelas, na rua Legnicka, víamos tanques, vans militares e carros de polícia com as sirenes estridentes.

Milhares de pessoas foram presas naquela noite e no dia seguinte em Wrocław. Homens eram arrastados sem roupa de suas camas. Ouvíamos histórias de milhares de pessoas mantidas no Salão Centenário.[17] As fábricas entraram em greve, mas foram atacadas por tanques. De manhã, por cerca das dez horas, ao caminharmos até o centro da cidade para ver o que estava acontecendo no Pleroma, vi tanques regressando à base depois de terem concluído a tarefa; estavam cobertos de pó e tinham marcas de ataque, possivelmente de pedras. As máquinas – os cavalos pesados desajeitados, barulhentos do Apocalipse que conquistaram a cidade – tinham as marcas das forças armadas polonesas, mas tive a impressão de que os motoristas do pequeno tanque silencioso não tinham traços particularmente poloneses.

À tarde, minha esposa e eu pegamos o micro-ônibus da Companhia e fomos a Brzezinka. Grotowski não sabia de nada dos acontecimentos correntes. Ele nem sequer tinha rádio. Levamos nosso pequeno rádio Sony. Tudo que transmitiam era o discurso de Jaruzelski e o apelo do Primaz da Igreja para evitarem violência e derramamento de sangue.

Passamos a noite em Brzezinka, dormindo em camas provisórias perto da fumaça de um aquecedor à lenha, e regressamos a Wrocław de manhã. Grotowski juntou todos os convidados estrangeiros nos edifícios da Companhia. Por segurança, não deixaram o teatro, e permaneceram nas salas às escuras. Aos poucos, iam sendo devolvidos ao exterior, à medida que as conexões ferroviárias com o mundo externo eram restauradas. As linhas telefônicas ainda estavam cortadas.

As prisões continuaram por vários dias. Muita gente foi presa. Nossos amigos nos contavam que os membros da *intelligentsia*, enquanto líderes potenciais de resistência, eram especialmente caçados. Ainda me lembrava de nossa experiência com as deportações em massa ao interior

---

[17] O Salão Centenário, construído na então Breslau Germânica (Wrocław) em 1913, no aniversário da Batalha de Leipzig e recentemente incorporado ao Patrimônio Mundial da Unesco, foi, na época de sua construção, o maior edifício desse tipo do mundo; seu espaço central contém sete mil assentos.

soviético em Lviv, em 1940.[18] Tínhamos a impressão de que algo irreversível acontecera. Pensávamos que teríamos de passar o resto da vida numa "grande penitenciária como terra natal", que se espalhava do rio Elba à península de Kamchatka.

A pressão do ar era elevada, vinte graus abaixo de zero, com bom tempo ensolarado. Gralhas de penas surradas que normalmente acampavam na cidade nessa época do ano, buscavam algum calor na neve, brilhando ao sol. Não eram tão irrequietas quanto os pombos. Patrulhas armadas andavam pelas ruas: essas figuras encolhidas, cinzentas em "ushankas" (gorros de pele com abas de ouvido), pareciam invasores de outro planeta.

À noite, ouvíamos os rangidos de seus passos na neve, o estrondo de suas vans militares, as sirenes dos carros de polícia: quem eles levam agora? Será que não estão chegando em nosso prédio?

Grotowski e eu passávamos muitas horas no corredor mal aquecido do andar térreo do teatro (ele costumava morar e dormir ali na época), discutindo alguma espécie de solução. Por medo dos "grampos", conversávamos em código secreto.

Depois de um tempo, os novos dirigentes militares permitiram viagens ao Ocidente no caso de artistas que já tinham contratos assinados no exterior, via Pagart.[19] Estávamos entre os felizardos e decidimos agarrar a oportunidade, embora tais viagens fossem desprezadas pelos que se consideravam heróis falidos. Ainda não podia esquecer do meu trauma de infância vivido numa noite de verão em Lviv, em 1940, quando minha família, escoltada por guardas e cães do NKVD (que se tornou KGB em 1954), foi forçada a entrar num caminhão de gado e levada ao Cazaquistão. Quando os dois meses de Lei Marcial passaram, tive permissão para ir a Berlim Ocidental para dirigir minhas "Meditações". Depois de

---

[18] No início da Segunda Guerra, a União Soviética, então aliada da Alemanha nazista, invadiu a Polônia e incorporou um terço de seu território. Estima-se que de 1930 a 1941, entre 500 mil e mais de 1.500.000 poloneses étnicos foram deportados à Sibéria ou à Ásia Central, dos quais morreram cerca de 350 mil. Flaszen, então com dez anos, foi deportado de Lviv com seus pais em 30 de junho de 1940.

[19] Agência Polonesa de Arte, instituída em 1957 e dissolvida nos anos de 1990, era a monopolista agência oficial estatal que controlava a promoção dos artistas poloneses no exterior e a organização das apresentações dos artistas estrangeiros na Polônia.

conseguir atravessar a fronteira entre os dois mundos na Friedrichstrasse, ao sair do trem "para o outro lado" da (estação) Berlin Tiergarten, e ao descer no feio salão sujo da estação ferroviária, quis abraçar e beijar todos os vagabundos, viciados em drogas e prostitutas, como belos símbolos do mundo livre.

A realidade – negra num país oprimido, mas radiante na feiura do Ocidente – tinha a consistência aérea de um sonho. Um devaneio e uma realidade num sonho.

Assim, viajamos ao exterior durante a Lei Marcial. Através de minha esposa, doei o dinheiro recebido no Ocidente para ajudar as famílias dos presos. Nossa Companhia, famosa no mundo todo, recebeu aportes de ajuda humanitária, às vezes organizada pelos estagiários franceses ou alemães. Depois de pegar uma quantidade mínima de comida para nós, eu costumava enviar as vans ao palácio do arcebispado, local de apoio às famílias dos presos mantido pelo comitê. Mais tarde, fiquei sabendo que os potenciais receptores da ajuda aos comitês tinham de ser católicos. Então, parecia que eu, como alguém não batizado e agnóstico, não tinha direito de utilizar a ajuda que eu mesmo às vezes enviara aos pios distribuidores.

Nos primeiros dias da Lei Marcial, Urszula Kozioł, uma eminente poetisa de Wrocław, convenceu-me oficiosamente a ir à nave lateral da igreja da Santa Cruz, perto do centro. Ali, na presença de um conhecido intelectual, Urszula deu-me um código secreto para o monastério de Ostów Tumski[20] de onde eu podia passar notícias em caso de saber da prisão de alguém dos círculos artísticos. As detenções pararam logo. Não tive oportunidade de realizar minha missão secreta.

Quando estava prestes a viajar a Paris pela primeira vez depois da Lei Marcial, pediram-me que informasse os jornalistas franceses de que Jósef Pinior, um importante ativista do Solidariedade, havia desaparecido. Ao chegar a Paris, a primeira notícia que li na fresca edição do *Le Monde* foi a informação da prisão de Pinior. Ao menos ele fora achado, e alguma organização de direitos humanos poderia representá-lo. Desse modo, minha função de correio clandestino foi novamente redundante.

---

[20] A parte histórica mais antiga de Wrocław, construída sobre (o que costumava ser) uma ilha do rio Odra.

Viajamos pela Europa, dirigindo oficinas individuais e de grupo.

Eu acreditava que devíamos agir evitando publicidade, para não sermos usados como propaganda da fachada "liberal" do regime militar. Certa vez, em Cardiff, no País de Gales, a televisão BBC quis gravar um grande programa sobre a Companhia e seu trabalho atual. Eles me contataram, como líder do grupo, oferecendo um pagamento de mais de 10 mil libras esterlinas. Discuti a intenção deles com Zygmunt Molik, um membro sênior do grupo, e recusei. Nem sei se informamos nossa decisão aos colegas.

Staszek Scierski, apelidado de "Stanley", um homem encantador e eminente artista – interpretava João em *Apocalypsis cum Figuris* de modo excelente –, esteve conosco em Cardiff. Infelizmente, na época ele não controlava mais seu vício alcoólico. Certo dia, eu estava ocupado no escritório, quando ele entrou na sala caminhando pesadamente e falando em voz alta, ignorando nossa necessidade de nos focarmos na papelada. Antes, pedi-lhe sorrindo para não nos perturbar, então, depois de muitas tentativas, eu o reprimi asperamente e pedi que me aguardasse no andar de cima. Havia uma grande sala bem acima do escritório, com lareira e forro de estuque enfeitado.

Vários minutos depois de ele ter me deixado, ouvimos um baque terrível. O teto e as paredes do escritório tremeram. Corri pela escada em espiral e irrompi na sala. Toda ornamentação de estuque tinha caído do teto. Pedaços de gesso cobriam o chão. Acima de minha cabeça pude ver alguns fios, uma rede de metal e placas de assoalho de madeira saindo do teto.

Stanley, mudo, estava sentado num elegante sofá usado, em uma parede, com uma pilha de gesso aos seus pés. Felizmente, o pedaço de estuque sobre sua cabeça não tinha caído. Sua vida estava salva.

Contudo, não escapou da morte e, menos de um ano depois, depois de seu regresso a Wrocław, faleceu tragicamente. A mulher e uma filha recém-nascida sobreviveram.

No final de agosto de 1982, fui a Veneza para dirigir minhas "Meditações em Voz Alta", em Santarchangelo (dei Teatri). Grotowski visitou o então famoso festival para apresentar seu Teatro das Fontes. Tinha urgência em falar com ele, queria saber de seus planos e ouvir seus conselhos. Eu o encontrei numa cabana de madeira, bem longe do centro da cidade.

Cumprimentamo-nos e ele me perguntou diretamente, ainda que de modo ambíguo: "Então, já está na hora?".

Em sua opinião, a situação na Polônia era desesperadora. Imaginava que o regime, temendo a queda, não teria outra solução a não ser o terror, inclusive o extermínio de seus inimigos. E mesmo se aquele roteiro não acontecesse, outras formas mais sutis de terror seriam introduzidas. O regime preservaria uma fachada de legalidade, enquanto "esquadrões da morte", grupos secretos de chantagistas e assassinos, espalhariam terror e caos.

Naquela época, muitas pessoas da Polônia compartilhavam de previsões semelhantes. Em outras páginas deste livro, já mencionei a "sensibilidade apocalíptica" de Grotowski.[21] Talvez esse fosse o motivo de seu tom tão sério. Ele perdera a frieza e ironia costumeiras. Seu tom era prova de que nem ele estava satisfeito com a precisão do prognóstico.

Lembro-me de ter lhe contado que o regime talvez abrandasse com o tempo. Eu acreditava que os "texugos", mesmo os de uniformes, ainda tinham alguns resíduos de gentileza polonesa, ou que eram simplesmente cronicamente incapazes de concluir suas tarefas. Ainda assim, Grotowski disse: "Um punho de ferro em luva de veludo".

Foi nosso último encontro antes de sua decisão de permanecer no Ocidente. Não demorou muito. Logo, alguém foi pegá-lo, ele estava ocupado, com pressa.

No final de 1982, estávamos na França, na famosa Abadia histórica de Prémontrés, perto de Nancy, dirigindo uma série de sessões de treinamentos e oficinas. Dia e noite, as paredes acústicas do velho e amplo monastério ressoaram as inúmeras vozes, como se as gerações de monges que costumavam viver ali estivessem continuando seu canto sagrado. O edifício todo de múltiplas dependências, com um labirinto de corredores, parecia se transformar num instrumento musical vibrante, acompanhado de coros invisíveis.

O Natal se aproximava. Num par de dias devíamos voltar para casa. Um dia, André Gregory surgiu de repente em nossa Abadia mágica. Gregory, o diretor norte-americano de quem nos tornamos amigos,

---

[21] Ver, por exemplo, p. 338-48.

e conhecido homem de teatro então, visitava-nos com frequência em Wrocław; geralmente nos convidava à Cidade de Nova York onde participava de nossas oficinas. Sua casa aberta e hospitaleira era nosso abrigo nova-iorquino – assim como a casa dos Temkine em Paris.[22] Chiquita, sua esposa, era nossa Ártemis devotada – creio que é uma boa analogia mitológica.[23]

Dessa vez, Gregory foi enviado a nós como mensageiro do próprio Grotowski. Sua delicada missão era informar-nos pessoalmente de que Grotowski decidira não regressar à Polônia e estava pedindo asilo político aos Estados Unidos. Cada um de nós poderia fazer o mesmo na França. Alguns funcionários altamente graduados já tinham sido informados e estavam prestes a ajudar. Um advogado famoso, especialista em direitos de asilo e de formalidades relacionadas, aguardava-nos em Paris.

O advogado, um velho senhor notável, recebeu cada um de nós, individualmente, em seu luxuoso escritório da avenida Kléber. Para surpresa dele, ninguém decidiu apelar para o asilo. Consequentemente, depois de completar nossas tarefas individuais na França, cada um de nós regressou à Polônia.

Grotowski quis falar com alguns de nós por telefone. Um telefone tocando significava Nova York. Discutíamos por horas. Encorajava-me a segui-lo: "Na verdade, se você não quer pedir asilo, tudo bem, mas seria uma boa ideia fechar a companhia. De qualquer maneira, a decisão depende de você, não posso forçá-lo". Confessou que sua saúde se deteriorava dramaticamente. Sentia-se sugado e tinha de se recompor moralmente. Para isso, tinha de permanecer fora não apenas da Polônia, mas até da Europa, indiferente à sombra do Leviatã (como ele chamava a União Soviética). Dizia que trapacear com os novos "texugos" de uniformes militares lhe parecia impossível. Já não valia a pena e era vergonhoso. Se regressasse à Polônia e

---

[22] Sra. Raymonde Temkine é autora de um dos primeiros livros sobre Grotowski publicado no Ocidente, em 1968. Chamado simplesmente *Grotowski*, foi publicado em inglês por Avon, em 1972.

[23] Chiquita, ou Mercedes Gregory, produziu vários filmes importantes sobre Grotowski, inclusive *Com Jerzy Grotowski – Nienadówka 1980*. New York, Atlas Productions, 2008 e *Downstairs Action*. New York, Atlas Productions, 1989, o primeiro documentário da pesquisa da Arte como veículo.

interrompesse o jogo, certamente seria perseguido. Seria pressionado – já tinha vivido um pouco disso – a ser o orgulho da junta militar, "uma flor do uniforme", como nós chamávamos isso. Quis saber de nós, e das reações dos pleromitas ao seu ato. Pediu-me para explicar-lhes que foi necessário, embora doloroso para ele. Não lembro se lhe contei que os pleromitas, ao menos em minha presença, reagiram à sua decisão – um peculiar presente de Natal – com um pesado silêncio. No entanto, não ouvi nenhuma palavra de condenação deles. Foi o destino...

Para mim, não foi surpreendente, na realidade. Percebera há muito tempo que era inevitável.

Depois de várias semanas no limbo em Paris, recebi um telefonema dele marcando um encontro comigo em "nosso lar parisiense", a casa dos Temkines. Falou-me que provavelmente estava sendo espionado por pessoas do regime, por agentes secretos, talvez, que o estavam seguindo. Sobre minha observação a respeito de sua hipersensibilidade como recém-refugiado, ele respondeu que lhe mandaram uma pessoa famosa da Polônia, ligada ao regime naquela ocasião. Grotowski evitou ao máximo encontrar a pessoa, mas, por causa da ingenuidade de seus anfitriões nova-iorquinos (André e Chiquita Gregory), teve de manter uma conversa indesejável com ela. Grotowski não quis revelar o nome de seu interlocutor ou detalhes da discussão; certamente, era uma forma de sondagem. Dizia se sentir acossado em Nova York. Advertiu-me contra tais visitantes da Polônia. Decidiu rumar pelo trajeto mais distante até a costa Oeste, para se curar de todos os acontecimentos. Dizia que tinha de continuar suas atividades em condições tranquilas, e fazer o que tinha de ser feito. Garantiu-me que estava fazendo de tudo para evitar consequências negativas de sua decisão para nós e que nunca faria nada que pudesse nos prejudicar.

De fato, ele não fez declarações públicas, não publicou declaração política, não deu entrevistas, embora – fiquei sabendo depois – tais atos o tivessem ajudado na obtenção de asilo político.

Quanto a mim, enquanto ainda na Abadia de Prémontrés, enviei minha demissão de administrador às autoridades de Wrocław. Ainda sabendo que seria considerado administrador. Fui procurado. Escondi-me para ganhar tempo. Tive medo da repressão, dos interrogatórios. Tive certeza de que cassariam meu passaporte.

Fiquei na casa dos Temkines. Um dia, o telefone tocou, e Raymonde atendeu. Era Janusz Warmiński, um destacado ator e diretor, presidente da seção polonesa do ITI (Instituto Internacional de Teatro). Ele me procurava, e Raymonde simplesmente falou que eu estava. Warmiński ficou feliz em encontrar-me. Assim, em decorrência da ingenuidade de minha amiga – exatamente como com Grotowski em Nova York – eu abandonei meu porão parisiense.

Stanisław Krotoski, o chefe do Departamento de Cultura do Conselho Regional e Municipal Nacional de Wrocław, foi me ver. Ironicamente, muitos anos mais tarde, depois do colapso do comunismo, ele – o demônio enganador do regime que me pegou no esconderijo, em meu refúgio parisiense temporário – se tornaria administrador e cofundador (com Zbigniew Osiński) do Instituto Grotowski.

Certamente, ele tinha instruções de seus superiores. E seus superiores obviamente tinham instruções de seus chefes mais graduados, do alto da junta militar; a questão era muito importante devido ao prestígio internacional de Grotowski.

Jantei com Krotoski num restaurante chinês do Bairro Latino. Fiquei de boca muito fechada, ao menos a respeito de assuntos cruciais. Tenho certeza de que contei sobre o sofrimento de Grotowski. Tentei ser sentimental e lembrar-me de Wrocław nostalgicamente. Não foi difícil, pois eu passara os mais belos anos de minha vida ali. Garanti ao meu interlocutor que retornaria no verão depois de completar meus contratos. Não contei a ele que alguns deles eram fictícios, dados a mim "só no caso de" por meus amigos, antigos participantes de oficinas, diretores de pequenos teatros alternativos, tão numerosos na França daquele período. Sem contratos legalizados aprovados pelo Pagart, meu passaporte seria invalidado.

Minha mulher Irena veio me ver e voltamos juntos a Wrocław através de Viena. Temia a irreversibilidade de minha decisão, e o possível interrogatório. Adeus, Europa, pensei, bem-vinda prisão natal de Elba a Kamchatka! Em minha vida, jamais mulher alguma me vigiou tão cuidadosamente quanto minha mulher durante nossa transferência em Viena e em nossa caminhada pela cidade. Aparentemente minha postura e comportamento irradiavam demais uma hesitação hamletiana.

Precisava ir ao banheiro público. Minha mulher ficava de olho em mim. Suspeitava que minha necessidade natural fosse um truque de fuga. Eu não pretendia voar. Sentia-me resignado, como possível condenado. Meu único consolo era que estava com minha mulher e logo veria minha mãe idosa em Cracóvia.

Krotoski e eu concordamos em fechar a Companhia em 31 de agosto de 1984 (uma data Orwelliana!), e até aquele dia tudo permaneceria como antes: trabalho e viagens ao exterior. A dissolução seria anunciada em 1º de janeiro de 1984.

Krotoski propôs que eu me tornasse simplesmente o diretor do Teatro Laboratório para garantir sua continuidade. Recusei. Então, disse que, já que fecharíamos a Companhia, tínhamos de organizar um imenso colóquio internacional combinado com a celebração do 25º aniversário do teatro. Novamente recusei, explicando a ele que seria um triste jubileu e um estranho colóquio. Não fazia sentido organizar um banquete funeral internacional. Krotoski mencionou a medalha oferecida a mim há algum tempo. Respondi que isso poderia ser adiado.

Ele prometeu que haveria dinheiro para tudo.

Presumi que Krotoski, diretor do Departamento de Cultura, tivesse boas intenções. Ainda assim, o que queriam as autoridades? Encobrir o escândalo do fechamento da destacada instituição? Usar o prestígio e nome da Companhia para apoiar a junta que – depois de impor lei e ordem – se preocupava com sua boa reputação como patrocinador cultural? Mostrar que não podia acontecer nada de mal com Grotowski na Polônia, e desacreditá-lo no exato momento de seu pedido de asilo político?

Ou talvez parte da questão fosse também a ambição do conselho da cidade, orgulhoso com a fama de Wrocław, a "Meca do teatro mundial", como era chamada. Como consequência do "caso Grotowski", Stanisław Krotoski foi forçado a se demitir do posto.

Devo admitir que a junta do general Jaruzelski agiu sensatamente quanto ao caso de Grotowski. Não fomos prejudicados. A data distante da dissolução – que nos foi dada de acordo com os postulados da época da consulta com o grupo – permitiu que nos recuperássemos do choque e encontrássemos um novo lugar num mundo sem lar.

Durante a Lei Marcial, tivemos muito cuidado em não abusar de nosso emblema ou signo do infinito herdado do Reduta, em não colaborar com a ditadura militar. O Príncipe Constante, em contraste com seus perseguidores fascinados, não usava botas militares, nem culotes nem togas judiciais – o símbolo da manutenção de todos os poderes numa mão.

Nosso fim de partida – o fim de partida do Teatro Laboratório – do grupo e de cada um de nós, os antigos pleromitas, apresentou-se suavemente.

Para nós, era o início de uma nova vida. Uma vida na diáspora – no sentido metafórico e literal da palavra.

UM LUSTRO FINAL

Este livro é um resumo fragmentário (será realmente um resumo?) de uma jornada, nos vários sentidos dessa palavra, vivida pelo autor com Grotowski, e por Grotowski com o autor. Levou cerca de cinquenta anos para ser escrito! Mais da metade dos textos foram escritos especialmente para este livro.

Espero que este desfile de textos tenha uma inteireza uniforme.
A ordem cronológica dos textos parece garantir a consistência do livro. O destino dá ao autor o privilégio – e talvez o dever? – de testar muitos discursos relacionados a Grotowski, discursos de vários formatos e de várias acepções. A começar com uma opinião de crítico sobre os inícios do futuro mestre em minha função de "jornalista-chacal" de um importante jornal de Cracóvia, passando pelos manifestos do Teatro Laboratório (alguns deles publicados com as falas históricas de Grotowski), às deliberações, investigações e registros *Depois do Fim*.

Na realidade, o trabalho é tão peculiarmente coeso, semelhante à coesão do solo das escavações arqueológicas, que contém traços significativos do terreno e, se profundamente investigado, dá um retrato de uma história viva e organicamente crescente. Será que é, assim, uma espécie de arqueologia grotowskiana? Bem...

Um livro grosso também pode ser considerado no espírito do "fragmentário", em harmonia com o espírito romântico da supracitada jornada – inclusive a jornada através dos textos.

Pode-se também usar a chave de uma categoria *non finita*: a incompletude da obra abre espaço à imaginação e conjectura do leitor. Ao enumerar a evidência (não sei se suficiente) de sua coerência, não se deve ignorar a categoria de obra aberta, passível de ser continuada em várias versões e de vários pontos de vista.

Contudo, é possível que a mudança de meu estatuto ontológico, ao me abordar inevitavelmente, colocará um ponto final definitivo depois da última palavra deste texto.

De qualquer modo, não gostaria que este livro fosse considerado o último testamento do autor. É somente o traço visível de um diálogo entre mim e Grotowski, durante sua vida, e mesmo depois dela. E, obviamente, um diálogo comigo mesmo.

Talvez muitas coisas discutidas aqui já sejam de conhecimento dos especialistas, que conhecem os materiais de Grotowski.

Como um dos últimos pais fundadores do Teatro Laboratório e um dos últimos companheiros de trajeto do Mestre Jerzy durante suas atividades na Polônia ainda vivo, sinto-me de algum modo na obrigação de fazer esta publicação acontecer. Quando trabalhava nisso, percebi que o DNA do trabalho de Grotowski estava aqui constituído desde muito cedo, e que não mudou radicalmente na vida criativa posterior do Mestre (sob seus vários títulos).

Desde 2009, graças à decisão da Unesco, Grotowski pertence ao legado cultural da humanidade. Talvez o autor, ficando aos pés desse monumento, não devesse empregar um tom ultrafamiliar ao discutir com o Mestre, nem tentar escalar o pedestal. Espero que Grotowski, mesmo tratado de modo íntimo, não seja a estátua do *Il Commendatore*,[1] e não segure minha mão para sempre.

*

---

[1] Uma referência à peça de Molière, *Don Juan* (1665), na qual a estátua de *Il Commendatore* agarra a mão do protagonista para levá-lo ao inferno.

A lista dos que tornaram este livro possível é extremamente longa. Muitos deles não estão mais entre nós, os vivos. Seus nomes aparecem nas páginas deste livro. Além das pessoas há também as instituições; algumas não existem mais, enquanto outras ainda são ativas, entre elas o Instituto Jerzy Grotowski de Wrocław, o Instituto Adam Mickiewicz de Varsóvia, ou a Icarus Publishing Enterprise.

Sem a ajuda e o esforço deles, a publicação deste livro seria impossível. Os nomes dos responsáveis podem ser encontrados nas páginas iniciais e no índice. A todos eles – os distantes e próximos, segundo as categorias de tempo e espaço – quero oferecer minha gratidão.

Gostaria de mencionar particularmente Jan Stolarczyk, o editor chefe da agora extinta editora Dolnośląskie.

Quero agradecer a Eugenio Barba por seu incentivo, pela atenção dada a este livro e por seu belo prefácio. Gostaria também de agradecer a Paul Allain por sua cuidadosa edição e pelo apoio generoso, sem o qual a versão inglesa do livro não teria sido desfrutada. Por fim, mas não menos importante, gostaria de agradecer a Irena Kozaczka-Flaszenowa.

Dedico este livro às sombras dos meus colegas mortos do Teatro Laboratório.

O Autor

NOTAS EDITORIAIS

Esta lista mostra quando e em que contexto os artigos foram publicados pela primeira vez em polonês, bem como as reedições subsequentes. Também indica onde os textos foram publicados em inglês e, em um caso, em italiano. Informação adicional mais detalhada sobre a procedência de Flaszen encontra-se também incluída nas introduções de alguns textos.

1. **Os Filhos de Outubro Olham para o Ocidente.** Transcrição de palestra ocorrida na França, em 16 de março de 2007, intitulada "Por Volta de 1956. Revolta e Conformismo na Vida Cultural Polonesa", traduzida por Eric Veaux. Publicada em polonês em três partes no jornal *Gazeta Wyborcza* como "Dzieci Października patrzą na Zachód", com o título e o subtítulo escolhidos pelos editores originais: Parte I: *Gazeta Wyborcza. Świąteczna*, 21-22 de fevereiro de 2009, p. 17-18; Parte II: *Gazeta Wyborcza. Świąteczna*, 28 de fevereiro – 1 de março de 2009, p. 30-31; Parte III: *Gazeta Wyborcza. Świąteczna*, 7-8 de março de 2009, p. 28-29. Essa palestra também foi publicada em italiano como "Intorno al 1956. Rivolta e Conformismo nella Vita Culturale Polacca", de Ludwik Flaszen, introdução, tradução e notas de rodapé de Eugenio Barba, *Teatro e Storia*, XXI (2007), p. 15-56.
2. **O Fracasso, ou Sobre a Necessidade do Prazer**, *Przegląd Kulturalny*, 15-21 de agosto de 1957, p. 1, 5. (Revista cultural semanal publicada em Varsóvia entre 1952-1963.) Reedição de Ludiwik Flaszen, *Teatr Skazany na Magię [Um Teatro Condenado a Praticar Magia]*, ed.

Henryk Chłystowski. Cracóvia–Wrocław: Wydawnictwo Literackie, 1983, p. 49-54.
3. **O Tchékhov Contemporâneo e o Que Surgiu Daí.** *Echo Krakowa*, 29 de abril de 1959, p. 3. (Jornal local fechado em 1997). Reeditado em *Teatr Skazany na Magię*, p. 69-72.
4. **Um Comentário sobre os Comentários.** Escrito em Paris, em novembro de 2006, e publicado em *Misterium zgrozy i urzeczenia. Przedstawienia Jerzego Grotowskiego i Teatru Laboratorium*, ed. Janusz Degler e Grzegorz Ziółkowski. Wrocław: Grotowski Institute, 2006), p. 27-30.*
5. *Orfeu* – **Algumas Informações.** *Materials – Discussions*, 1 (março de 1960). Publicado pelo Teatro das 13 Fileiras (Teatr 13 Rzędów), Opole.*
6. *Caim* – **Algumas Informações.** *Materials – Discussions*, 2 (janeiro de 1960). Reeditado em *Teatr skazany na magię*, p. 266-69.*
7. *Mistério Bufo* – **Algumas Informações.** *Materials – Discussions*, 4 (julho de 1960).*
8. *Sakuntala*. **Um Guia de "Como Assistir", para o Público e, Especialmente, para os Críticos.** *Materials – Discussions*, 5 (dezembro de 1960). Reeditado em *Teatr skazany na magię*, p. 290-93.*
9. *Dziady*. **Um Comentário sobre a Direção de Jerzy Grotowski.** *Materials – Discussions*, 6 (junho de 1961).*
10. *O Idiota*. **Notas Marginais sobre a Direção de Waldemar Krygier.** *Materials – Discussions*, 6 (outubro de 1961). Reeditado em *Teatr skazany na magię*, p. 294-96.*
11. **Teatro das 13 Fileiras.** Materiais ocasionais (Opole, dezembro de 1961). Também: "13 Rzędów. Teatr bez sceny". *Współczesność*, 1-15 de março de 1962, p. 3 (revista quinzenal). Reeditado em *Teatr skazany na magię*, p. 297-302.*
12. *Kordian*. **Um Comentário sobre a Direção de Jerzy Grotowski.** *Materials – Discussions*, 7 (fevereiro de 1962).*
13. *Akrópolis*. **Um Comentário sobre o Espetáculo.** *Materials – Discussionss* (outubro de 1962).*
14. *Dziady, Kordian, Akrópolis* **no Teatro das 13 Fileiras.** Os três artigos foram publicados sucessivamente como documentos de trabalho interno. Uma cópia datilografada original encontra-se no arquivo do autor.

Escrito antes de 1964. Primeira publicação: *Pamiętnik Teatralny*, 3 (1964), p. 220-34. Reeditado em *Sto przedstawień w opisach polskich autorów*, ed. Zbigniew Raszewski (Wrocław: Wydawnictwo "Wiedza o kulturze", 1993), p. 233-39, como um fragmento de *Akrópolis; "Dziady" od Wyspiańskiego do Grzegorzewskiego*, ed. Grzegorz Niziołek e Tadeusz Kornaś (Cracóvia: Księgarnia Akademicka, 1999), p. 107-15, como um fragmento de *Dziady; Teatr skazany na magię*, p. 310-35. Uma versão quase idêntica (o texto aqui é uma nova tradução e tem diferentes títulos de seções) da parte sobre *Akrópolis* foi publicada em *Towards a Poor Theatre* [*Em Busca de um Teatro Pobre*], de Grotowski (Holstebro: Odin Teatrets Forlag, 1968), com o título "Akrópolis: Treatment of the Text" [Akrópolis: Tratamento do Texto], p. 61-69. Foi previamente publicada numa tradução inglesa de Simon Sanzenbach com o título "Wyspiański's *Akropolis*" – como a segunda parte de um artigo "A Theatre of Magic and Sacrilege" [Um Teatro de Mágica e de Sacrilégio] com um texto de Eugenio Barba na primeira parte – em *The Tulane Drama Review*, 9. 3 (Spring 1965), p. 175-82.*

15. **Um Teatro Condenado à Prática da Magia.** Originalmente escrito em 1963, publicado em *Odra*, 6 (1965), p. 79-80. (Revista cultural mensal situada em Wrocław). Reeditado em *Cyrograf*, 1ª ed. (Cracóvia: Wydawnictwo Literackie, 1971), p. 23-25; 2ª ed. (Cracóvia: 1974), p. 107-08; 3ª ed. revista e ampliada (Cracóvia: 1996), p. 23-25; *Teatr skazany na magię*, p. 303-05.

16. *A Trágica História do Dr. Fausto*. **Um Comentário sobre o Espetáculo.** *Materials – Discussions* (abril de 1963). Reeditado em *Teatr skazany na magię*, p. 306-09.*

17. **Estudo sobre Hamlet.** Primeiramente publicado como um documento ocasional (Teatr Laboratorium 13 Rzędów: Opole, março de 1964). Reeditado in *Teatr skazany na magię*, p. 337-39.*

18. **Hamlet no Teatro Laboratório.** Texto escrito no início de 1964 para um periódico teatral inglês (ligado a Peter Brook e Charles Marowitz). Na época, a publicação no exterior era arriscada porque o Teatro Laboratório das 13 Fileiras estava sendo ameaçado de fechamento. Publicado posteriormente no periódico teatral *Notatnik Teatralny*, 4 (inverno de 1992), p. 167-71.*

19. **Sobre o Método de Atuação.** Esse texto era destinado a uma coleção do autor e de Grotowski sobre a técnica da atuação que nunca se materializou. O texto foi incluído numa coleção de materiais teóricos sobre o Teatro Laboratório, preparado para uma comissão oficial que decidiria seu destino (Opole, 7-8 de abril de 1964). Publicado primeiramente em polonês no programa de *O Príncipe Constante* (Wrocław: abril de 1965). Reeditado em *Teatr skazany na magię*, p. 350-56. O texto também foi relacionado a um artigo, "Teatr Laboratorium 13 Rzędów", em *Kalendarz Wrocławski* (1966), p. 183-85 e 188-89. Também foi reeditado como "Polskie laboratorium teatralne", *Polska*, 1 (1966), p. 26-27 e 28b.*
20. *O Príncipe Constante.* **Notas de Rodapé do Espetáculo.** *Materials – Discussions* (abril de 1965). Publicado pelo Teatro Laboratório das 13 Fileiras, Wrocław. Reeditado em *Teatr skazany na magię*, p. 340-42. Uma versão quase idêntica a essa (o texto aqui é uma nova tradução) foi editada em *Towards a Poor Theatre* [*Em Busca de um Teatro Pobre*], de Grotowski (Holstebro: Odin Teatrets Forlag, 1968), p. 81-83. Esse texto começou como uma nota do programa bilíngue (francês e inglês) intitulado *O Príncipe Constante*, de tradutor anônimo.*
21. *O Príncipe Constante.* **Uma Sinopse Cena por Cena.** Publicado pela primeira vez como documento ocasional para circulação no Teatro Laboratório das 13 Fileiras (Wrocław, 1965).*
22. **Depois da Vanguarda.** Texto escrito para a Turnê Internacional de Jovens Escritores, Paris, fevereiro de 1967. Primeiramente editado em *Odra*, 4 (1967), p. 39-42. Reeditado em *Cyrograf*, 1ª ed., p. 25-31; 2ª ed., p. 109-15; 3ª ed., p. 25-31; *Teatr skazany na magię*, p. 357-64. Publicado em inglês em *Theatre in Poland*, 7-8 (julho-agosto de 1968), p. 11-17.
23. *Apocalypsis cum Figuris.* **Algumas Observações Preliminares.** Baseado num documento do arquivo pessoal de Flaszen, bem como em traduções para o francês e inglês do programa do espetáculo *Apocalypsis cum Figuris* (Wrocław: Instytut Aktora – Teatr Laboratorium, sem data).*

* Denota que estes textos foram coletados em *Misterium zgrozy I urzeczenia. Przedstawienia Jerzego Grotowskiego i Teatru Laboratorium*. Ed. Janusz Degler e Grzegorz Ziołkowski. Wrocław, Grotowski Institute, 2000.

24. **Ecléticos ou Doutrinários.** Transcrição de uma discussão com Jan Błoński, Jerzy Broszkiewicz, Ludwik Flaszen e Jerzy Jarocki em Cracóvia, 3 de abril de 1971, publicado em *Dialog*, 11 (1971), p. 117-27. (*Dialog* é uma revista mensal de Varsóvia.)
25. **O Livro.** *Odra*, 9 (1973), p. 59-61. Reeditado em *Cyrograf*, 2ª ed., p. 291-98, 2ª ed., p. 227-36; *Teksty* (Wrocław: Instytut Aktora – Teatr Laboratorium, 1975), p. 69-79, *Kosmopolityzm i sarmatyzm. Antologia powojennego eseju polskiego* [*Cosmopolitismo e Sarmatismo: uma Antologia de Ensaios Poloneses do Pós-Guerra*], ed. Dorota Heck (Wrocław – Warszawa – Cracóvia: Zaklad Narodowy im. Ossolińskich – Wydawnictwo, 2003), p. 348-51.
26. **Meditações em Voz Alta.** *Odra*, 3 (2000), p. 76-86. Ver a introdução do capítulo para informação adicional sobre o desenvolvimento do artigo.
27. **Sobre Dialogar e Algumas Outras Coisas.** *Odra*, 4 (2000), p. 48-53. A maior parte dessa conversa de 1978 foi publicada no livro de Marek Miller *Reporterów sposób na życie* [*Um Modo de Reportagem da Vida*] (Warszawa: Wydawnictwo Czytelnik, 1983), p. 306-16.
28. **Dos Tabus às Alergias.** *Odra*, 5 (2000), p. 60-64. Ver a introdução do capítulo para mais informações sobre o desenvolvimento do artigo.
29. **A Metafísica Foi para a Rua.** *Odra*, 7-8 (2000), p. 79-81.
30. **Grotowski e Silêncio.** *Odra*, 10 (2007), p. 58-65. O texto foi escrito em 2004.
31. **Teatro – a Arte do Intervalo.** Do *Teatr – sztuka antraktu. Marzyciele* [*Teatro – a Arte do Intervalo. Sonhadores*]. Ed. Zbigniew Jędrychowski e Zbigniew Osiński (Wrocław: Osrodek Badań Twórczości Jerzego Grotowskiego i Poszukiwań Teatralno-Kulturowych, 2003), p. 7-21, publicado por ocasião de um encontro aberto com Ludwik Flaszen em 18 de dezembro 2003, em Wrocław.
32. **Antek.** *Notatnik Teatralny*, 22-23 (2001), p. 99-108.
33. **Teatro, ou o Olho de Deus.** *Odra*, 10 (2009), p. 61-63.
34. **Grotowski Ludens.** Inédito
35. **O Último Encontro.** Inédito
36. **Fim de Jogo.** Inédito. A seção de abertura, "O Teatro Laboratório Decidiu Romper", foi inicialmente um documento interno,

subsequentemente publicado em *Gazeta Robotnicza*, 28 de janeiro de 1984, p. 5, e como "Rozwiaząnie Teatru Laboratorium". In: *Dialog*, 4 (1984), p. 173. Reeditado em *The Grotowski Sourcebook*. Ed. Lisa Wolford e Richard Schechner. London e New York: Routledge, 1997, p. 171.
37. **Um Lustro Final.** Inédito.

> Obs.: Todas as inserções e notas de rodapé dos capítulos são dos editores e do tradutor, a não ser as indicadas como sendo de Flaszen, com suas iniciais L.F.

ÍNDICE ONOMÁSTICO

A
Adorno, Theodor W., 33, 43
Agostinho, 373
Ahrne, Marianne, 351
Alexandre, o Grande, 136, 328
Alfassa, Mirra, 369
Ali, Hussein ibn, 319
Ali, Profeta, 319
Allain, Paul, 7, 11, 15, 67, 217, 375, 404, 435
Andrzejewski, Jerzy, 43-44
Arquimedes, 366
Artaud, Antonin, 20, 61, 162, 259, 265, 275
Auden, Wystan Hugh, 325

B
Bacci, Roberto, 394
Balthasar, Hans Urs von, 388
Balzac, Honoré de, 28, 210, 275, 334
Barba, Eugenio, 7, 13, 23, 78, 81, 344-45, 385, 394, 404, 435-36, 438
Barca, Pedro Calderón de la, 61, 152, 154, 321
Baudelaire, Charles, 49
Beauvoir, Simone de, 34
Beckett, Samuel, 32, 160, 162, 232, 235, 250-51, 254, 259-60, 288, 415, 421

Beck, Julian, 346-47
Bergson, Henri, 276, 311
Berman, Jakub, 54
Biagini, Mario, 350, 381, 394
Bielski, Andrzej, 86, 89, 92, 95, 98-99, 105, 108, 136, 139, 393
Biliżanka, Maria (Bielińska Maria), 262
Blake, William, 359
Błoński, Jan, 172, 440
Bonaparte, Napoleão, 293
Bonarski, Andrzej, 349
Borowski, Tadeusz, 33, 123, 337
Bosch, Hieronymus, 89, 292
Boziewicz, Władysław, 345-46
Brecht, Bertolt, 61, 236, 250, 373-74
Brook, Peter, 23, 257, 345-47, 372, 375, 386-87, 404, 438
Buber, Martin, 206, 368
Bush, George W., 275
Byron, George Gordon, 68, 84-86, 96, 265, 347

C
Camus, Albert, 32, 39, 47
Casterman, Jacques, 315-16

Chaplin, Charlie, 254
Chardin, Pierre Teilhard de, 367
Chopin, Frédéric, 287
Chwat, Jacques, 345
Cieślak, Ryszard, 61, 99, 108, 136, 139, 154, 170, 221, 239, 268, 270, 283, 312, 315, 322, 326, 358, 366, 393, 403, 417
Claudel, Paul, 260
Clausewitz, Carl von, 296
Cocteau, Jean, 82-83, 265, 294, 298, 367
Conrad, Joseph, 187
Coppola, Francis Ford, 337
Corneille, Pierre, 260, 296, 319
Craig, Gordon, 140, 160, 171
Cynkutis, Zbigniew, 95, 98-99, 105, 108, 136, 154, 170, 393, 404, 409-11, 417, 422
Czapska, Maria, 29
Czapski, Józef, 29
Czartoryski, Adam Ludwik, 29

D
Dalai, Lama, 329
Darwin, Charles Robert, 349
Daumier, Honoré, 302
Dawid, Jan Władysław, 363
Debord, Guy, 251
Degler, Janusz, 22, 77, 437, 439
Descartes, René, 222, 275, 292, 329
Diba, Farah (Farah Diba Pahlavi), 309, 319
Diocleciano, 370
Dostoiévski, Fiodor, 68, 72, 96, 98, 102, 166, 169-70, 240, 265, 370, 402
Dürer, Albrecht, 385
Durkheim, Karlfried Graf von, 315

E
Eckermann, Johann Peter, 373
Eliot, Thomas Stearns, 166, 170
Elsner, Józef, 287
Ésquilo, 233, 254

F
Feuerbach, Ludwig Andreas, 206
Flaubert, Gustave, 349

Foucault, Michel, 322
Frederico, o grande, 295
Freud, Sigmund, 307, 308, 325, 370, 391

G
Gałczyński, Konstanty Ildefons, 45
Galilei, Galileo, 54
Gallowa, Jadwiga Halina, 66
Gardecka, Stefania, 417
Gaulle, Charles de, 296-97
Gawlik, Jan Paweł, 298-300
Genesius, 370
Genet, Jean, 162
George IV, Rei, 84
George, Lloyd, 88
Giedroyć, Jerzy, 29
Ginsberg, Allen, 277, 329
Goebbels, Joseph, 343
Goethe, Johann Wolfgang von, 229, 373, 385
Gógol, Nikolai, 47
Gombrowicz, Witold, 29-30, 46, 52, 172-73, 175, 252, 260, 285, 287, 289, 414
Gomułka, Władysław, 28-30, 39
Górgias de Leontinos, 221
Górki, Máximo, 53
Greco, El (Domenico Theotokópoulos), 157
Gregory, André, 427, 429
Gregory, Mercedes, 428-29
Grotowski, Kazimierz, 286, 336
Gundolf, Friedrich, 343, 348
Gurawski, Jerzy, 92, 95, 99, 105, 136, 154
Gurdjieff, George, 280, 366, 371-72, 388-89

H
Havel, Vaclav, 23
Hemingway, Ernest Miller, 32
Herbert, Zbigniew, 28-29, 34-37
Hertz, Zofia, 29
Hertz, Zygmunt, 29
Hitler, Adolf, 297
Hoveida, Amir-Abbas, 320-21
Hugo, Victor, 254, 349
Huxley, Aldous, 387-88

I

Ionesco, Eugène, 48, 64-66, 68-69, 162, 250

J

Jahołkowski, Antoni, 83, 86, 89, 92, 95, 98-99, 105, 108, 136, 139, 154, 170, 263, 393, 403, 411
Jahołkowski, Marta, 272, 390
Jahołkowski, Szymon, 272
Janowski, Mieczysław, 108, 136, 139, 154
Jarry, Alfred, 340
Jaruzelski, Wojciech, 49, 422-23, 431
Jastrun, Mieczysław, 33-34
Jeleński, Jerzy, 83
Jeleński, Konstanty 'Kot', 29
Jesus, 167-69, 367
João Paulo II, Papa, 41, 228
Jung, Carl Gustav, 304, 307-08, 310-11, 325

K

Kadmon, Adam, 281
Kafka, Franz, 144
Kalidasa, 90, 92
Kantor, Tadeusz, 50, 59, 250, 289, 304
Kapuściński, Ryszard, 45
Khomeini, Ruhollah, 249, 321
Khrushchev, Nikita, 30
Kijowski, Andrzej, 54
Kołakowski, Leszek, 38-41, 342
Kolankiewicz, Leszek, 205, 278, 373
Komorowska, Maja, 98-99, 105, 108, 154
Kopczewski, Aleksander, 99, 105
Korzeniewski, Bohdan, 411
Kossak-Szczucka, Zofia, 56-58
Kott, Jan, 341-42
Kozioł, Urszula, 425
Krasiński, Zygmunt, 171, 207
Krotoski, Stanisław, 430-31
Krygier, Waldemar, 7, 70, 95-99, 136, 154, 170, 272, 301, 437
Kulig, Gaston, 108, 139, 154
Kumiega, Jennifer, 12, 19, 225, 349

L

Laing, Ronald, 310
Leach, Robert, 20
Lênin, Vladimir, 324
Leśmian, Bolesław, 67, 398
Lévi-Strauss, Claude, 279
Limanowski, Mieczysław, 15, 288, 419
Lubowiecka, Ewa, 92, 95, 98-99, 105

M

Maeterlinck, Maurice, 235
Malevich, Kazimir, 160
Mann, Thomas, 287, 384-85, 387-89, 392
Maquiavel, Nicolau, 295-96, 357
Marlowe, Christopher, 134, 136, 267, 385-86, 404
Marotti, Ferruccio, 217
Marx, Karl, 31, 40, 349
Maslow, Abraham, 310
May, Karl, 318
Mazzone, Beno, 216, 271
Meyerhold, Vsevolod, 61, 87, 287
Miciński, Tadeusz, 172
Mickiewicz, Adam, 12, 30-32, 43, 47, 93-96, 102-03, 109-11, 113-15, 121, 139, 171-72, 175, 267, 269, 275, 301, 325, 330, 380, 416-17, 435
Mikhailovsky, Nikolai, 265
Miller, Marek, 12, 20, 205, 440
Miłosz, Czesław, 29-31, 34, 38, 42-43, 45, 48, 69, 416-17
Miłosz, Oscar, 29-31, 34, 38, 42-43, 45, 48, 69, 416, 417
Mirecka (Kądziołka), Rena, 83, 86, 89, 92, 95, 98-99, 105, 108, 136, 139, 154, 170, 267, 384, 390-91, 403, 410
Mnouchkine, Ariane, 250
Moczar, Mieczysław, 39, 49, 341
Molière (Jean Baptiste Poquelin), 209, 434
Molik, Zygmunt, 2, 83, 86, 89, 92, 95, 98-99, 105, 108, 136, 139, 154, 170, 265, 271-72, 386, 403-04, 412, 426
Molinari, Renata M., 81, 394
Molotov, Vyacheslav, 297

More, Thomas, 357
Mrożek, Sławomir, 28, 52, 60, 172, 335, 341

N
Nemirovich-Danchenko, Vladimir, 15, 288
Nietzsche, Friedrich, 36, 259, 286, 337, 363
Norwid, Cyprian Kamil, 416
Nowak, Jerzy Adam, 66, 69
Nowak, Tadeusz, 28

O
Orígenes, 373
Osiński, Zbigniew, 15, 287-88, 290, 430, 440
Osterwa, Juliusz, 15, 288, 419

P
Paderewski, Ignacy, 327-28
Palach, Jan, 323
Paluchiewicz, Andrzej, 108
Pascal, Blaise, 31, 235
Paul, Jean, 7, 11, 15, 39, 110, 217, 334, 375, 384, 404, 435
Payot, Jules, 363
Piłsudski, Józef, 327-28, 416
Pinior, Józef, 425
Platão, 285
Po, Chü-i, 232
Pollastrelli, Carla, 81, 379, 394, 396
Prus, Maciej, 108, 136
Przyboś, Julian, 54
Pushkin, Alexander, 47
Putrament, Jerzy, 54
Puzyna, Konstanty, 54

R
Racine, Jean-Baptiste, 260, 319
Ramana, Maharishi, 310, 383
Rauschning, Herman, 297
Rembrandt, Harmenszoon van Rijn, 153, 368
Richards, Thomas, 381, 383, 394
Rimbaud, Jean Nicolas Arthur, 49, 417
Rogers, Carl R., 310

Romains, Jules, 306
Romanowicz, Kazimierz, 29
Rousseau, Jean-Jacques, 373-74
Różewicz, Tadeusz, 30, 266, 274
Rudnicki, Adolf, 33-34
Rumi, Jalal ad-Din, 317
Russell, Bertrand, 41
Rybicki, Andrzej, 388

S
Saint-Martin, Louis Claude de, 43
Salzmann, Jeanne de, 372
Sandauer, Adam, 56-57
Sartre, Jean-Paul, 32, 34, 39, 284, 334
Schechner, Richard, 20, 242, 441
Schiller, Leon, 171
Schopenhauer, Arthur, 72
Schultz, Bruno, 179
Scierski, Stanisław (Stanley), 108, 154, 167, 170, 270, 272, 390, 403, 426
Sempoliński, Ludwik, 264
Shakespeare, William, 69, 71, 110, 134, 137, 139, 140-41, 172, 280, 342, 369
Skarga, Piotr, 39, 379
Słonimski, Antoni, 57
Słowacki, Juliusz, 59, 61, 65, 96, 103-04, 121, 152, 154, 171, 175, 268, 275, 299, 301, 321-22, 330, 359, 390, 416
Sócrates, 206, 208
Solzhenitsyn, Alexander, 23
Spychalski, Zbigniew (Teo), 404, 410
Stálin, Josef, 43, 66, 339-40
Staniewski, Włodzimierz, 406-08
Stanislávski, Konstantin, 15, 59, 61, 71, 236, 239, 278, 288, 290, 306, 334, 370, 411
Steinbeck, John Ernest, 32
Strindberg, August, 235
Swinarski, Konrad, 175
Szajna, Józef, 108
Szczepański, Jan Alfred (Jaszcz), 262, 347

T
Taborski, Bolesław, 188, 205, 349
Tácito, Públio Cornélio, 229

Talleyrand-Perigord, Charles Maurice de, 296
Tchékhov, Anton, 7, 70-73, 97, 149, 235, 437
Temkine, Raymonde, 345, 428
Temkine, Valentin, 231
Tertuliano, 161, 373
Tolstói, Leon, 373-74
Towiański, Andrzej, 301-03, 305
Tsé, Lao, 233, 416
Tuwim, Julian, 279

U
Urbański, Józef, 341

V
Voronoff, Serge, 299

W
Wagner, Richard, 79
Wajda, Adam, 175
Wałęsa, Lech, 44
Warmiński, Janusz, 430
Watts, Alan, 310
Weber, Max, 274
Weil, Simone, 31, 166, 170
Weyden, Rogier von der, 356
Witkiewicz, Stanisław Ignacy (Witkacy), 50
Wojaczek, Rafał, 417
Wojtała, Czesław, 108
Woroszylski, Wiktor, 44
Wujek, Jakub, 325
Wyspiański, Stanisław, 59, 102, 106-07, 121-23, 137, 139-41, 171-72, 229, 235, 238, 251, 301, 341-42, 416, 438

Z
Zapolska, Gabriela, 353
Żeromski, Stefan, 342-43
Zhuangzi, 369
Ziółkowski, Grzegorz, 11, 22, 77, 375, 404, 437
Zmarz-Koczanowicz, Maria, 22
Zmysłowski, Jacek, 403

Da mesma coleção, leia também:

No teatro contemporâneo, o trabalho de Jerzy Grotowski é um dos mais significativos. Escrito por dois especialistas em teatro que trabalharam lado a lado com Grotowski, este livro é uma obra de referência que atravessa todos os aspectos do trabalho do diretor (principais produções, teorias, experimentações, projetos culturais), sendo ao mesmo tempo uma introdução a quem deseja conhecê-lo e uma fonte bibliográfica essencial aos já iniciados no tema.

Coletânea de ensaios sobre o trabalho de Ryszard Cieslak, o ator que deu vida ao ideal artístico de Jerzy Grotowski. Entre os textos aqui reunidos, destacam-se os depoimentos de Peter Brook e de Grotowski e a última entrevista concedida por este ator que marcou uma época.

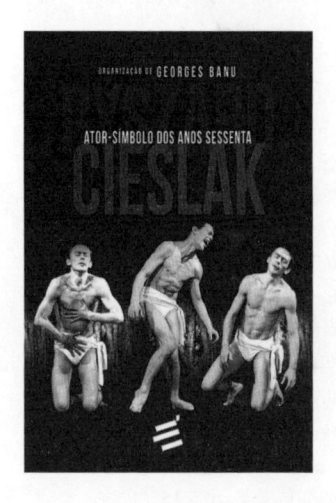

Este livro esclarece a metodologia do ator, diretor e pedagogo polonês Zygmunt Molik, destacando o "Alfabeto do Corpo", sistema que permite que o ator concilie o corpo e a voz em seu processo de preparação. A edição inclui ainda uma extensa galeria de fotos que documentam a vida e o trabalho de Molik, além de um DVD com os filmes *O Alfabeto do Corpo* (2009), *Dyrygent* (2006) e *Acting Therapy* (1976).